毛泽东和他的秘书

田家英

董边 镡德山 曾自 / 编

辽宁人民出版社

ⓒ董边 镡德山 曾自 2016

图书在版编目（CIP）数据

毛泽东和他的秘书田家英 / 董边，镡德山，曾自编.
— 2版. — 沈阳：辽宁人民出版社，2017.6
ISBN 978-7-205-08681-7

Ⅰ．①毛… Ⅱ．①董… ②镡… ③曾… Ⅲ．①田家英
（1922-1966）—纪念文集 Ⅳ．①K827=7

中国版本图书馆 CIP 数据核字（2016）第 182073 号

出版发行：辽宁人民出版社
　　　　　地址：沈阳市和平区十一纬路 25 号　邮编：110003
　　　　　电话：024-23284321（邮　购）　024-23284324（发行部）
　　　　　传真：024-23284191（发行部）　024-23284304（办公室）
　　　　　http://www.lnpph.com.cn
印　　刷：北京中印联印务有限公司
幅面尺寸：170mm×240mm
印　　张：24
字　　数：390 千字
出版时间：2017 年 6 月第 2 版
印刷时间：2017 年 6 月第 1 次印刷
责任编辑：王阳春
特约编辑：张京京
装帧设计：仙境书品
责任校对：王　雪
书　　号：ISBN 978-7-205-08681-7
定　　价：58.00 元

毛泽东和他的秘书田家英

出版说明

　　毛泽东一生中,先后任用过很多秘书,他们当中不乏才华出众的优秀人才,田家英就是其中的一位。田家英从1948年10月到1966年5月任毛泽东秘书,长达18年。

　　1966年5月,"文化大革命"的序幕刚刚拉开,田家英遭陈伯达、江青等迫害致死。党的十一届三中全会以后,1980年3月28日,田家英的冤案获得彻底平反昭雪。

　　人们深情地缅怀田家英。他的战友、同志、同学、亲属和与他接触交往过的群众,以自己的亲见亲闻写出一篇篇感人至深的文章、诗词,陆续在报刊上发表出来。田家英的亲属和专业人员把这些文章和诗词编成一本回忆、纪念文集。书中收入毛泽东致田家英信 25 封,书信手迹5件。收入的回忆文章也多涉及毛泽东和田家英非同一般的关系,特别是曾在田家英领导下工作十六年的逄先知的长篇回忆"根据自己的亲见亲闻,向读者介绍田家英是怎样给毛泽东当秘书的,他们的关系是怎样的,并以此为主线,记录一些有关他们两人的史实。"正如胡乔木在《校读后记》中所说,"这里的记载对于了解由40年代到60年代的毛泽东的思想变化,进而了解这一期间的中国共产党和中国的历史命运,尽管限于一个侧面,其重要性和珍贵性自不待言。"因此,编者用逄先知长篇回忆文章的标题《毛泽东和他的秘书田家英》作为本书的书名。

　　1989年底,《毛泽东和他的秘书田家英》由中央文献出版社公开出版发行,受到各界读者广泛关注和好评,很快发行了数十万册。1996年中央文献出版社又出版发行了增订本。海内外许多学术著作和研究文章纷纷引用该书的史料。

2012年,是田家英同志诞辰九十周年,原书编者对本书再次作了修订:新增加了毛泽东写给田家英的书信和手迹;增加了一些回忆文章和多幅历史照片;调整了部分篇幅,使本书更加丰满厚重、更加珍贵了。

获悉《毛泽东和他的秘书田家英》又作修订,辽宁人民出版社经过一番努力,取得编者的信任和支持,荣幸地肩负起出版发行新的修订本的光荣任务。经过我们精心编校、精心印制,这本新的修订本和广大读者见面了。我们热忱地希望青年朋友,广大党员、干部和各界读者,都喜爱这本思想内容丰富、教育意义深远、史料价值珍贵的好书。

辽宁人民出版社

2011年7月

伯达家英同志：

　　我看论你一次修改，请即重抄清样两份，一份交你达看，一份送我再看。论形成逻辑的後面戈段，词意不畅，还须段修改。其他有些部分也还须修改。

　　此已件在重看之後，觉得以不加入此次选集为宜，因为像教子教科书，放入选集非好确实践倫了的劳动力，不知你们感觉如何？此点待将来再决定。

　　你们暂时不要素，待我论清样再看其他文着一部分之後开素时间大约在月半。

毛泽东

三月八日

1951 年 3 月 8 日毛泽东致陈伯达、田家英的信

家英同志：

此件请再印、校正，送来再看。

毛泽东

三月廿七日

1951 年 3 月 27 日毛泽东致田家英的信

家英同志：

　　《中国共产党在民族战争中的地位》，
　已看论了，请不要送去翻译，校对後
　再送我看。

　　已注好印出版名篇，请送来看。

　　　　　　　　　　　　　毛泽东
　　　　　　　　　　　　　四月一日

1951 年 4 月 1 日毛泽东致田家英的信

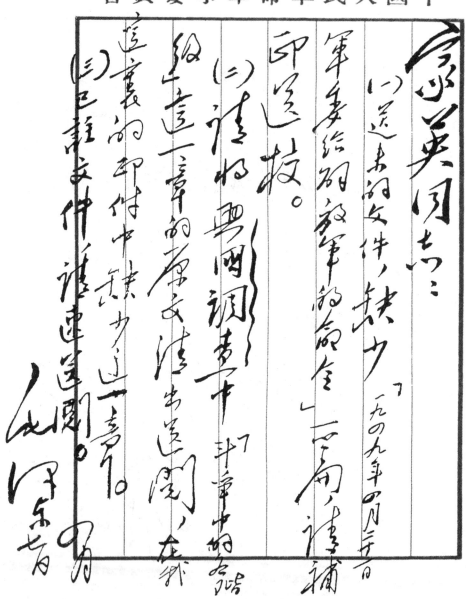

家英同志：

（一）送来的文件，缺少「一九○九年四月三日」军委给胡敬军的命令「」一三届，请补即送拔。

（二）请将要调查中「」斗争中的各给经这一章的原文清出送阅，在我这里的即付中锁少迈一章。

（三）已经改件请连连阅。

毛泽东
七日

1951 年 4 月 7 日毛泽东致田家英的信

家英同志：

這些請你送給陳伯達同志看一下，如
付改印，照此校對勿誤。陳已批明再送
我看者外，即可送交俄譯組校譯。

毛澤東

四月十三日

1951 年 4 月 13 日毛泽东致田家英的信

家英同志：

此九篇佳送陈伯达同志阅后代回林处正。其中，和英国记者谈话，和中央批范长江谈话，一个极其重要的政策，全世界革命力量团结纪书菁の篇，我已照原件修改，请即四此改正，再送去这一件稿子我就不大看了。

以上这些及昨付图第二次看过的一大批，都可付翻译——惟其中的一篇即《井冈山的斗争》，请送去再看一次。

毛泽东 四月十六日

1951 年 4 月 16 日毛泽东致田家英的信

田家英同志：

请你持此信去图书馆借

些鸿老先生的夫人廖慕尧处

其有无困难，是否需要帮助

（政府是否已有帮助）

告知为盼！

毛泽东

十二月十三日

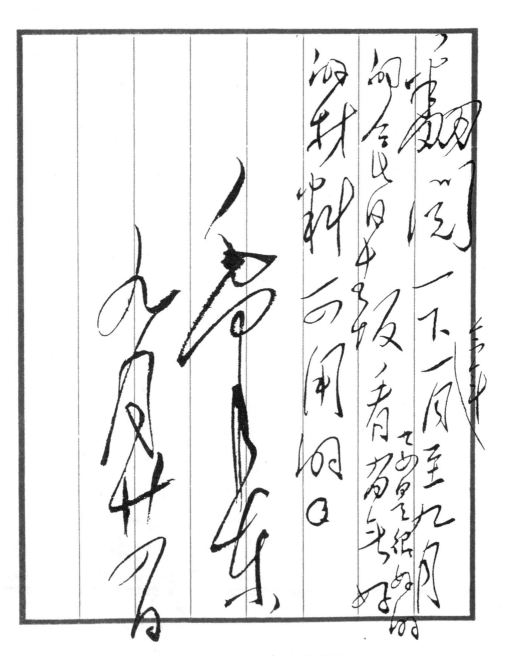

1955 年 9 月 24 日毛泽东致田家英的信

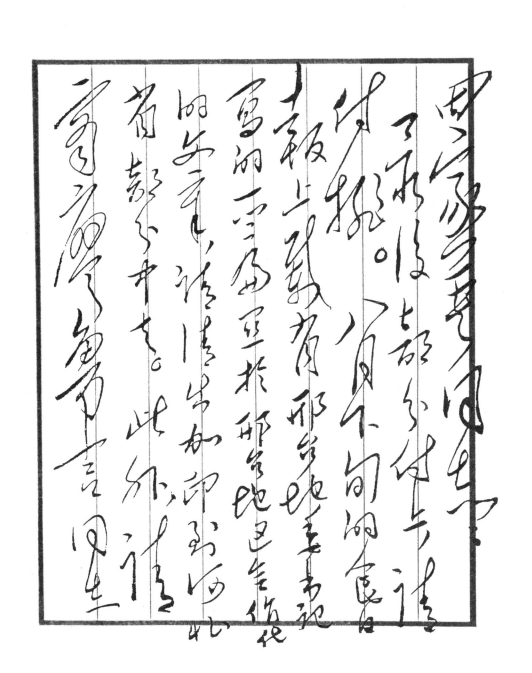

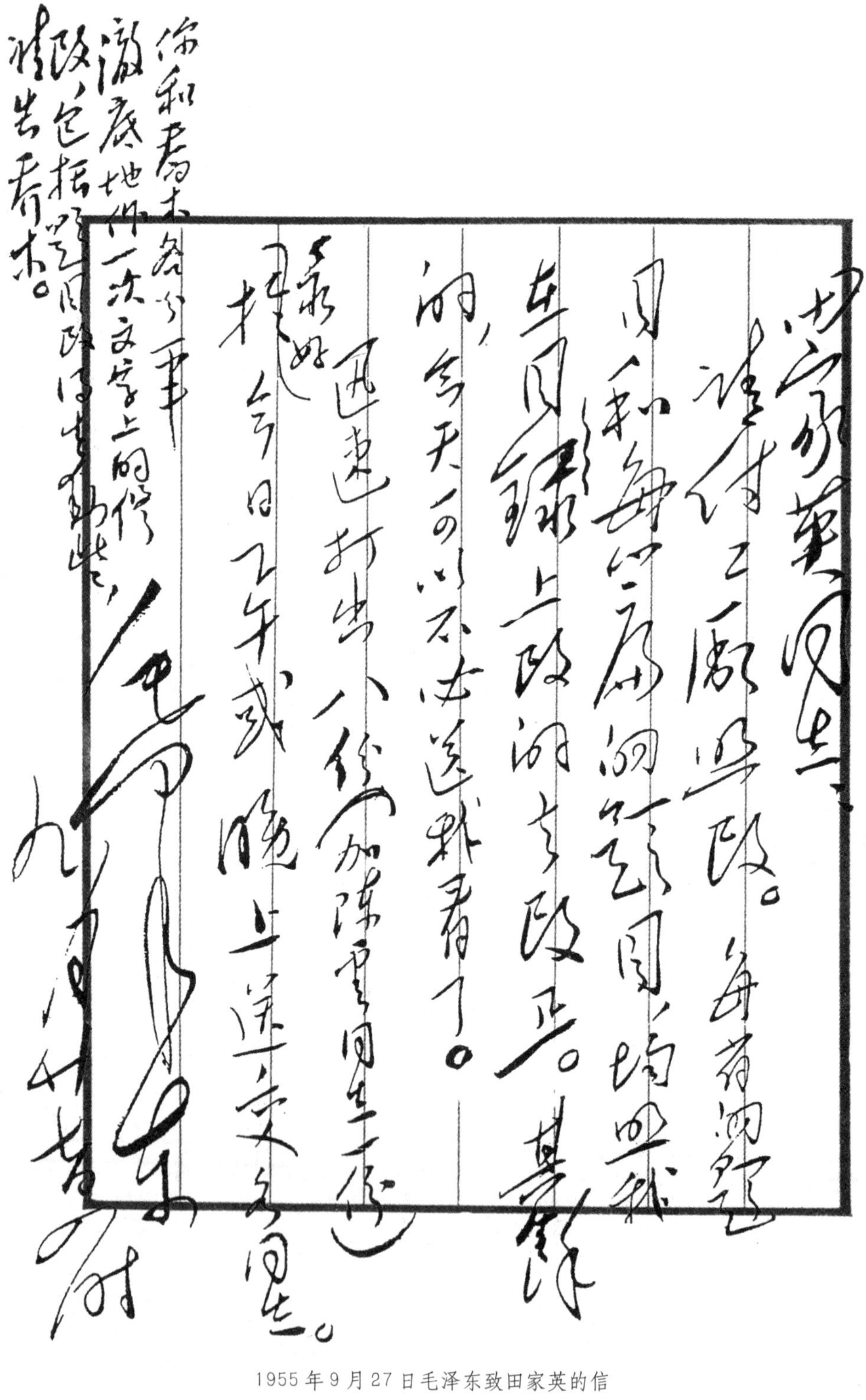

田家英同志：请照修改的文字付排。
主席

昨夜十二点後，少奇同志處電話告我，是
少奇同志對序言田有两處文字方面的意見：

（一）第二頁倒数第二行"好像如果不趕快割去這个毒瘤"
一句中的"毒瘤"二字，大奇同志主張加一引号（即作"毒瘤"）。

（二）第四頁倒数第四行"這地区得很多的同志对於這个
問題没有提起他們的注意"十大奇同志主張删去"他們的"三字。

请主席考慮。
田家英

不要加引号，因為這已经就人身的毒瘤说，对抗合作社是比喻，不是直说合作社。

少奇同志

"他們的"三字，已删去。

吾主席以下各頁均已有完付上。有两事请你注意：（一）同樣要照每篇題前有修改的文字加以改正；（二）校语修改簿交另篇要照看改在這个本子上，十月一日要出書（稿本）稿趕快改好付印。

1955 年 10 月 1 日毛泽东在田家英信上的批语

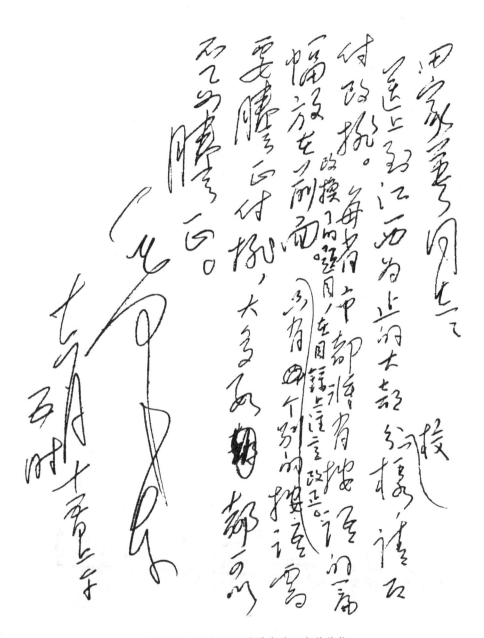

1955年12月15日毛泽东致田家英的信

家英同志：

如有时间，可一阅班固以贾谊。可阅读贾、屈、鹏鸟二赋不阅。贾谊文章大半忘失，只存司马迁、班固二赋二文，班书写去其□□□篇，存二赋二文。田治学篇□□□□这是西汉一代最好的政论，贾谊抱南故他悔重为此，除汉太子一节还为迂腐以外，全文切中当时事实，有一种颇好的气氛，值得一看。如有查春未为实事，可给一间。

毛泽东 四月廿七日

1958 年 4 月 27 日毛泽东致田家英的信

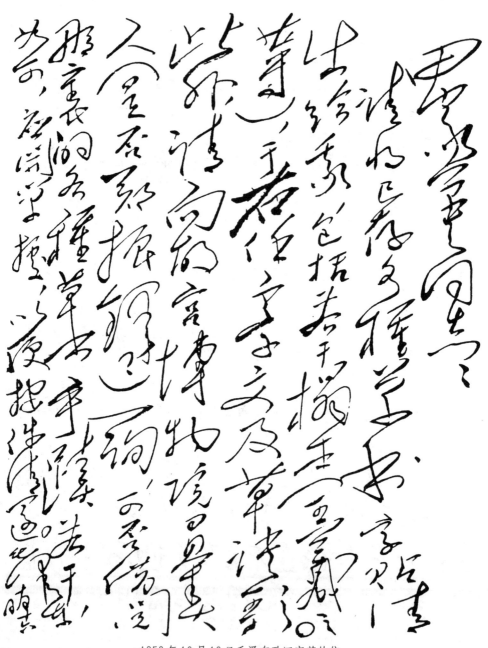

1958 年 10 月 16 日毛泽东致田家英的信

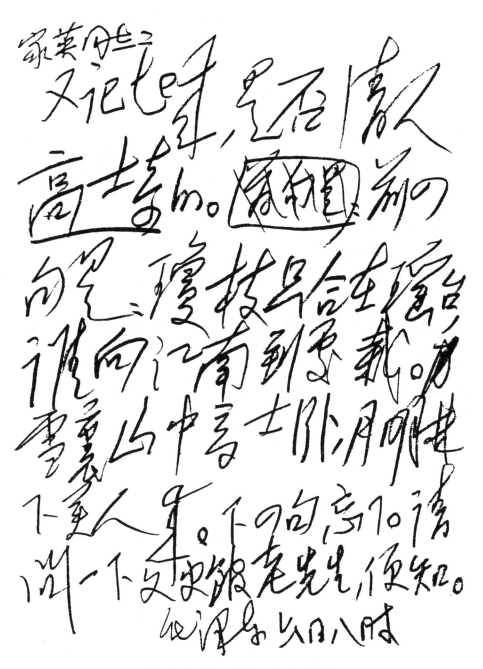

1961 年 11 月 6 日毛泽东致田家英的信

田家英同志：

我看这是我的那个原始讲话好。请你即到通知北京，叫机要室再送一份我的讲话来，我和你每人有一本，两人对照一起修改，有两天就改好了。机要室还有三份，所以叫托去参加。如你身边有一份，就不要此次再送了。

毛泽东

二月二十四日上午五时半

1962 年 2 月 24 日毛泽东致田家英的信

20世纪60年代的田家英

目 录

毛泽东和他的秘书田家英

毛泽东和他的秘书田家英

致田家英信34封

■ 毛泽东

1951年3月8日的信①

伯达、家英同志:

《矛盾论》作了一次修改,请即重排清样两份,一份交伯达看,一份送我再看。论形式逻辑②的后面几段,词意不畅,还须修改。其他有些部分也还须作小的修改。

此件在重看之后,觉得以不加入此次选集③为宜,因为太像哲学教科书,放入选集将妨碍《实践论》这篇论文的效力,不知你们感觉如何?此点待将来再决定。

你们暂时不要来,待《矛盾论》清样再看过及他文看了一部分之后再来,时间大约在月半。

毛泽东

三月八日

①此信和以下六封信,都是毛泽东在编辑《毛泽东选集》过程中写的。当时毛泽东住在石家庄。

②论形式逻辑这一部分,在收入《毛泽东选集》时被作者删去。

③《矛盾论》一文,起先未收入1951年出版的毛选第一卷,以后收入了1952年出版的第二卷。毛选第二次印刷时,按时间顺序,将《矛盾论》改收入第一卷。

1951年3月15日的信

家英同志：

《矛盾论》的原稿请即送来。

凡校对，都须将原稿连同清样一起送来。

以前的一切原稿均请送来。

毛泽东

三月十五日

1951年4月1日的信

家英同志：

　　《中国共产党在民族战争中的地位》,《矛盾论》,请不要送去翻译,校对后再送我看。

　　已注好印出的各篇,请送来看。

毛泽东

四月一日

1951年4月7日的信

家英同志:

(一)送来的文件,缺少《一九四九年四月二十一日军委给解放军的命令》一篇,请补印送校。

(二)请将《兴国调查》中"斗争中的各阶级"这一章的原文清出送阅,在我这里的印件中缺少这一章。

(三)已注文件,请速送阅。

毛泽东

四月七日

1951年4月13日的信

家英同志：

    这些请你送给陈伯达同志看一下，即付改印，照此校对勿讹。除已批明再送我看者外，即可送交俄译组校译。

毛泽东

四月十三日

1951年4月16日的信

家英同志:

　　此九篇请送陈伯达同志阅后付排改正。其中,和英国记者谈话,和中央社等记者谈话,一个极其重要的政策,全世界革命力量团结起来等四篇,我已照原件修改,请即照此改正,新送来这四件稿子我就不必看了。

　　以上这些及昨付第二次看过的一大批,都可付翻译——惟其中的一篇,即《井冈山的斗争》,请送来再看一次。

毛泽东

四月十六日

1953年12月13日的信

田家英同志：

　　请你持此信去访问徐悲鸿先生的夫人廖静文，看其有无困难，是否需要帮助（政府是否已有帮助），告我为盼！

毛泽东

十二月十三日

1954年3月2日的信

家英同志：

（一）杨秀生信请抄转长沙杨开智先生，询问信内所述情形是否属实，我完全不记得了。

（二）今年寄杨家补助费1,200万元①，上半年的600万元宜即寄去，请予办理。

（三）李淑一女士，长沙柳直荀同志（烈士）的未亡人，教书为业，年长课繁，难乎为继。有人求我将她荐到北京文史馆为馆员，文史馆资格颇严，我荐了几人，没有录取，未便再荐。拟以我的稿费若干为助，解决这个问题，未知她本人愿意接受此种帮助否？她是杨开慧的亲密朋友，给以帮助也说得过去。请函询杨开智先生转询李淑一先生，请她表示意见。

毛泽东

三月二日

---

①这是指当时流通的人民币。中国人民银行自1955年3月1日起发行新人民币，代替旧人民币。新币一元等于旧币一万元。

1955年9月24日的信①

田家英同志：

　　最后部分付上，请付排。八月下旬的《人民日报》上载有邢台地委书记写的一篇关于邢台地区合作化的文章，请清出加印到河北省部分中去。此外，请商廖鲁言同志翻阅一下今年一月至九月的《人民日报》看有无好的材料（要是很好的）可用的。

毛泽东

九月二十四日

---

①此信和以下六封信，都是毛泽东在主持编辑《中国农村的社会主义高潮》一书过程中写的。

1955年9月27日的信

田家英同志：

请付工厂照改。每省的题目和每篇的题目，均照我在目录上改的去改正。其余的，今天可以不必送我看了。

迅速打出八份（加陈云同志一份），最好于今日下午或晚上送交各同志。

你和乔木各分一半，彻底地作一次文字上的修改，包括题目改得生动些，请告乔木。

毛泽东

九月二十七日四时

1955年9月27日的信①

退田家英。

都看过。修改处,请令印厂照改。是从二一四页起,不是从二〇四页起。二一四页以前的,请再送来看一次。二一四页以后的题目又作了一些修改,和昨天在目录上改的有些不一样,请注意。

毛泽东

九月廿七日

---

① 这是写在当天田家英给毛泽东的信上的批语。田家英随信附上《中国农村的社会主义高潮》一部分清样。

1955年9月28日的信①

退田家英。

在题目和小题目上作了一些修改，请令照改。有几篇缺少刊物名称或未注明时间，应查补。按语因已改过，此份上面就未再改了。

毛泽东

九月廿八日

---

①这是写在当天田家英给毛泽东的信上的批语。田家英随信附上《中国农村的社会主义高潮》一部分清样。

1955年10月1日的信①

田家英同志：

请照修改的文字付印。

五〇五页以下各页均已看完，付上。有两事请你注意：(一)目录要照每篇题目修改的文字加以改正；(二)按语修改处，要照着改在这一个本子上。十月四日要出书(样本)②，务请赶快改好付印。

毛泽东

十月一日晚

---

① 这封信是批在田家英当天写给毛泽东的信上。田家英在信中转达了刘少奇对《怎样办农业生产合作社》序言的文字性意见。刘少奇建议对"毒瘤"二字加引号。毛泽东在批语中写道："不要加引号，因为这是就人身的毒瘤说，对于合作社是比喻，不是直说合作社。"

② 指《怎样办农业生产合作社》(样本)。这本书以后又补充材料，重新编辑，成为《中国农村的社会主义高潮》。

1955年12月15日的信

田家英同志：

　　送上到江西为止的大部分校样，请即付改排。每省市都将有按语的篇幅放在前面。改换了的题目，在目录上注意改正。只有个别的按语需要誊正付排，大多数都可以不要誊正。

毛泽东
十二月十五日上午五时

1955年12月20日的信

田家英同志：

　　已看过。请即付排，照此校正勿讹。别的同志，可以不必送阅了，我也不再看了。书名叫作"五亿农民的方向"①如何？如果用这个名称，那就要把补选的那篇"五亿农民的方向"放在第一篇的位置，请酌定。

毛泽东

十二月二十日上午六时

---

①出版时定名为《中国农村的社会主义高潮》。

1957年5月25日的信①

田家英同志:

即印发在京各中央委员、候补委员,田家英、胡绳、邓力群,今天到会各省市区负责同志(卅余人),务于今日晚十二时以前送到各人手里,特别是各省市来的人。

毛 即

五月二十五日

---

①1957年5月上旬至6月中旬,毛泽东对《关于正确处理人民内部矛盾的问题》讲话整理稿做了多次修改和补充,并多次征求党内同志的意见。这是在印发征求意见"第三稿"时,写给田家英的批语。

1957年5月27日的信①

田家英同志:

　　请再印,印数如此次到会人数,于今天晚上九时以前发到到会各人手里。改处校正勿误。

　　　　　　　　　　　　　　毛泽东

　　　　　　　　　　　　　　　五月廿七日

---

①1957年5月上旬至6月中旬,毛泽东对《关于正确处理人民内部矛盾的问题》讲话整理稿作了多次修改和补充,并多次征求党内同志的意见。这是在印发征求意见"第四稿"时,写给田家英的批语。

1958年3月22日的信

田家英同志：

　　请着人再找一部金圣叹批注的《西厢记》，金批本与此本有些不同。

毛泽东

三月廿二日

1958年4月27日的信

家英同志：

　　如有时间，可一阅班固的《贾谊传》。可略去《吊屈》、《鹏鸟》二赋不阅。贾谊文章亡失，只存见于《史记》的二赋二文，班书略去其《过秦论》，存二赋一文。《治安策》一文是西汉一代最好的政论，贾谊于南放归来著此，除论太子一节近于迂腐以外，全文切中当时事理，有一种颇好的气氛，值得一看。如伯达、乔木有兴趣，可给一阅。

毛泽东

四月廿七日

1958年10月16日的信

田家英同志:

　　请将已存各种草书字帖清出给我,包括若干拓本(王羲之等),于右任千字文及草诀歌。此外,请向故宫博物院负责人(是否郑振铎?)一询,可否借阅那里的各种草书手迹若干,如可,应开单据,以便按件清还。

毛泽东
十月十六日

1960年3月22日的信

家英同志：

　　此书①内除已收者外，打圈的均拟收入，请印清样送我。

　　此书以前及以后类似此书各文的评论及几个重大战役的贺电，请与乔木商量是否还有可收者，搜集一下，告我为盼！

毛泽东

三月二十二日

---

①指解放社1949年7月出版的《将革命进行到底》一书。书中收入了毛泽东为新华社写的社论和评论，中共中央发言人的谈话，以及中共中央的贺电等。其中有若干篇收入了《毛泽东选集》第四卷。这封信是毛泽东校阅《毛泽东选集》第四卷期间写的。

1961年1月20日的信

田家英同志：

(一)《调查工作》这篇文章，请你分送陈伯达、胡乔木各一份，注上我请他们修改的话(文字上，内容上)。

(二)已告陈胡，和你一样，各带一个调查组，共三个组，每组组员六人，连组长共七人，组长为陈、胡、田。在今、明、后三天组成。每个人都要是高级水平的，低级的不要。每人发《调查工作》(1930年春季的)一份，讨论一下。

(三)你去浙江，胡去湖南，陈去广东。去搞农村。六个组员分成两个小组，一人为组长，二人为组员。陈、胡、田为大组长。一个小组(三人)调查一个最坏的生产队，另一个小组调查一个最好的生产队。中间队不要搞。时间十天至十五天。然后去广东，三组同去，与我会合，向我作报告。然后，转入广州市作调查，调查工业又要有一个月，连前共两个月。都到广东过春节。

毛泽东

一月二十日下午四时

此信给三组二十一个人看并加讨论，至要至要！！！

毛泽东又及

1961年11月6日的信

田家英同志：

　　请找宋人林逋（和靖）的诗文集给我为盼，如能在本日下午找到，则更好。

毛泽东

十一月六日上午六时

1961年11月6日的信

田家英同志:

　　有一首七言律诗,其中两句是:雪满山中高士卧,月明林下美人来,是咏梅的,请找出全诗八句给我,能于今日下午交来则最好。何时何人写的,记不起来,似是林逋的,但查林集没有,请你再查一下。

　　　　　　　　　　　　　　毛泽东
　　　　　　　　　　　十一月六日上午八时半

1961年11月6日的信

家英同志：

又记起来，是否清人高士奇的。前四句是：琼枝只合在瑶台，谁向江南到处栽。雪里山中高士卧，月明林下美人来。下四句忘了。请问一下文史馆老先生，便知。

毛泽东

六日八时

1962年1月10日的信①

田家英同志,告少奇、小平、伯达同志:

此两部分②已经看过一遍,觉得好,但还没有细想,提不出不同意见。须要看第二遍,才有可能想一下。第三部分还没有看。其他一百多同志,可能也是这样。因此建议:推迟三天做报告。在此三天内(一月十一,十二,十三),扩大工作会议的同志们,先分组讨论农村基本核算单位那个问题及别的问题(例如总理报告的二十二大问题)。请考虑一下是否适当?

毛泽东

一月十日上午十时

---

①这是毛泽东在机要秘书徐业夫1962年1月9日报送刘少奇《在扩大的中央工作会议上的报告》1月9日修改稿上写给田家英的批语。

②指刘少奇《在扩大的中央工作会议上的报告》修改稿的第一部分和第二部分。

1962年2月11日的信①

田家英同志，并请告小平同志，刘、周：

以改为"至少三十年"为宜②。苏联现在四十三年了，农业还未过关，我国也可能需要几十年，才能过关。

毛泽东

二月十一日于上海

---

①这是在田家英1962年2月8日向毛泽东报送的中央关于改变农村人民公社基本核算单位问题的指示稿上的批语。

②关于基本核算单位下放后不变的时间，田家英报送指示稿时写给毛泽东的报告中说，邓小平"主张把下放后不变的时间写成二十年。究竟写'四十年'，还是写'至少二十年'，请主席决定"。毛泽东将指示稿中的"四十年内"改为"至少三十年内"。

1962年2月24日的信

田家英同志：

　　我看还是我的那个原始讲话①好。请你即刻通知北京，叫机要室再送一份我的讲话来，我和你每人有一本，两人对照一起修改，有两天就改好了。如有三份，可以叫林克参加。如你身边有一份，就不要北京再送了。

毛泽东

二月二十四日上午五时

①指毛泽东在扩大的中央工作会议上的讲话记录稿。

1963年12月5日的信

田家英同志：

"钟山风雨"一诗①，似可加入诗词集②，请你在会上谈一下，酌定。

"小小寰球"一词③似可收入集中，亦请同志们一议。

其余反修诗、词，除个别可收入外，都宜缓发。

《八连颂》另印，在内部流传，不入集中。

毛泽东

十二月五日

---

①指毛泽东1949年4月写的《七律·人民解放军占领南京》。
②指当时正在编辑的毛泽东诗词集，出版时书名为《毛主席诗词》。
③指毛泽东1963年1月写的《满江红·和郭沫若同志》。

1963年12月6日的信

田家英同志:

今天或明天开天(会)讨论诗词问题,我现再有所删节改正,请康生同志主持,提出意见,交我酌定为盼!

毛泽东

十二月六日五时

1964年3月25日的信①

退田家英同志。

　　此文是在1929年写的②，地点记不清楚。先写了一篇短文，题名《反对本本主义》，是在江西寻乌县写的。后来觉得此文太短，不足以说服同志，又改写了这篇长文，内容基本一样，不过有所发挥罢了。当时两文都有油印本。

毛泽东

1964年3月25日

---

①这是写在当天田家英写给毛泽东的信上的批语。田家英在信中说："这篇文章(按：指《反对本本主义》)写作的时间，希望主席再回忆一下。如果能记起在什么地方写的，或者写作前后有什么较大事件，我们便可以根据这些线索，考订出比较准确的写作时间。"
②经过考订，并经毛泽东同意，《反对本本主义》的写作时间定为1930年5月。

1964年12月29日的信

田家英同志:

　　近读五代史后唐庄宗传三垂冈战役,记起了年轻时曾读过一首咏史诗,忘记了是何代何人所作。请你一查,告我为盼!

毛泽东

十二月二十九日

三垂冈诗一首:

　　　英雄立马起沙陀,奈此朱梁跋扈何。
　　　只手难扶唐社稷,连城犹拥晋山河。
　　　风云帐下奇儿在,鼓角灯前老泪多。
　　　萧瑟三垂冈下路,至今人唱百年歌。
诗歌颂李克用父子。

5月31日的信①

家英同志：

一封好信，准备回复。请你在文字方面略为调理一下，不要多，只在太不通顺的地方稍加润色就得。弄好后，抄正一份给我为盼！

毛泽东

五月三十一日

---

①此信和下一封信年代不详。

7月27日的信

田家英同志：

　　苏雪林著《李义山恋爱事迹考》，请去坊间找一下，看是可以买到，或者商务印书馆有此书？

毛泽东

七月二十七日

毛泽东和他的秘书田家英

■逄先知

毛泽东一生中，先后任用过很多秘书，他们当中不乏才华出众的优秀人才，田家英就是其中的一位。田家英从1948年10月（时年26岁）到1966年5月（时年44岁）任毛泽东秘书，长达18年。

1950年3月，我调到中共中央书记处政治秘书室，第一次见到田家英，从此就一直在他的领导下工作。从1950年11月起，我又开始负责管理毛泽东的图书，在毛泽东身边工作，直到1966年5月我离开中南海。

我在这篇文章里，根据自己的亲见亲闻，向读者介绍田家英是怎样给毛泽东当秘书的，他们的关系是怎样的，并以此为主线，记录一些有关他们两人的史实。

一、初试

田家英跟我讲过他初到毛泽东那里工作时的情景。毛泽东问他："你到我这里工作有什么想法？"田家英回答说："不求有功，但求无过。"田家英的回答显然不能令毛泽东满意，但却是他的心里话。谁都知道，给毛泽东当秘书谈何容易，田家英当时才只有26岁，他知道这个工作的责任和分量。有一次，毛泽东请田家英吃饭，田家英本来是很有酒量的，但是这次只喝了一点酒就醉了，这也可以看出田家英初任秘书时的紧张心情了。

田家英"上任"不久，毛泽东向他口授意见，要他起草一份电报，当场交卷。据田家英说，这是对他的一次"考试"。不久，毛泽东又派他到东北城市去作调查。田家英问主席有什么指示。毛泽东没有出题目，只是说，你就是到处看，看街道，看商店，看工厂，看民情，回来汇报。这大概也是毛泽东考察干部的一种特殊方法，是对田家英的又一次"考试"。

毛泽东和田家英在一起。

　　毛泽东选田家英做秘书,是由胡乔木介绍的。1943年,田家英在延安曾由胡乔木从中央政治研究室调到中宣部工作(胡当时奉命暂代因病休息的中宣部部长凯丰的工作)。胡乔木很赏识田家英,便把他推荐给毛泽东。他正式担任毛泽东秘书的时候,党中央已经到了西柏坡。其实,早在延安的时候,毛泽东就注意了田家英这个名字,对他在《解放日报》发表的一些论史的杂文颇为赞赏。有一次,田家英给机关干部讲古文,毛泽东正好散步走到教室附近,为田家英的讲课所吸引,就停下步在窗外听起来。

二、深厚的友谊,共同的情趣

　　毛泽东与田家英在长期的相处之中,建立了深厚的感情。毛泽东很喜欢田家英,田家英也热爱毛泽东。

在50年代，几乎每天晚上，毛泽东都要找田家英去谈话或交办事情。他们交谈的内容很多，范围很广，从古到今，从政治到生活，每次都有新题目。毛泽东是政治家，又是诗人和文学家。田家英佩服毛泽东学识渊博，思路开阔，记忆力过人。他在思想和政治上的成长、发展受到毛泽东的巨大影响。柳亚子也曾在日记中写道："田家英来谈政治与旧诗，所见到颇深刻，意者受毛主席的影响欤？"①

田家英有逛旧书店的癖好，我们常常在晚饭之后去琉璃厂，每次都是抱着一捆书回来。有几次，毛泽东有事找田家英，卫士还把电话打到了琉璃厂的旧书店。

记得是1951年，田家英患了重感冒，毛泽东去看望他。田家英感到很温暖，对妻子董边说："主席感情很重，对身边的人都很有感情。"过了两天，是一个星期天，江青也来了，一进田家英的卧室就说："啊呀！你住的房子像狗窝。"田家英听了十分反感。当时，田家英住在中南海静谷院内的一处3间西厢房，卧室就套在办公室里面，不到3平方米，刚刚放下一个单人床，屋内很潮湿，有一股刺鼻的霉味，地板也烂了。田家英在这里整整住了9年。在田家英住进来以前，即1949年夏，胡乔木一家已在邻近北面的另一处3间西厢房住下了，那里略大一点，其他条件相同，毛泽东也曾去看过他们。1950年下半年，胡乔木因被任命为中宣部常务副部长兼秘书长，迁往春藕斋北面偏西的来福堂，他们不再是近邻，不过仍过从甚密。附带说一下，以上说的地方由于几经拆建，现在多半早已踪迹全无了。

1958年党中央号召干部下放，有几位省市委书记向毛泽东提出，希望把田家英下放到他们那里工作，这些要求都被毛泽东拒绝了。毛泽东说："田家英我不能放，在这个问题上我是理论与实际不一致的。"

毛泽东关心人，不但关心身边工作人员，也关心他们的家庭和爱人。毛泽东是一个细心的人，每到星期六主动要秘书回家过礼拜六。毛泽东每天工作那么忙，考虑的问题那么多，还想到这些细微的事情，不能不使人感动。有一次田家英出差，毛泽东特地嘱咐他要带上爱人董边。田家英说："我带不动她。"毛泽东问董边在哪里工作，别人回答说，办《新中国妇女》杂志。毛泽东说："噢！她也是一个写文章的人，和田家英一样。"

毛泽东的俭朴生活和对子女的严格要求，给田家英留下难忘的印象。1949年毛泽东刚从香山住进中南海丰泽园，一位身边工作同志见毛泽东坐的木椅太破旧，出于好心，换了一把新的。毛泽东一见就发火了，把那位同志找来，指着椅子对他批评了一顿，并再三嘱咐，以后不得再换。毛泽东的女儿李敏、李讷住在中南海，都在机关的大灶食堂同普通工作人员一起吃饭。田家英对董边说："主

---

①引自柳亚子1949年5月10日日记，见《柳亚子文集·自传·年谱·日记》第365页。

席对子女要求严格，他们生活俭朴，没有特殊，领导人都应当这样对待子女。"

我还记得另一件有关的事。那是1950年，有一天毛泽东的女儿在院子里唱"没有共产党就没有中国"。毛泽东听到了，立即给她纠正，说没有共产党的时候，中国早就有了，应当改为"没有共产党就没有新中国"。在此之后，毛泽东把这个问题正式提到中央的会议上来。从此，这首流行全国、人人会唱的名歌中的这句话就改过来了。①

毛泽东的大儿子毛岸英长期住在国外，中国语文基础较差，又缺乏对中国社会的了解和实际斗争的锻炼。1948年12月毛泽东要田家英担任毛岸英的语文教员。毛泽东还让毛岸英参加土改，建国初又让他到朝鲜前线接受血与火的考验和锻炼。毛泽东一直很关心干部子女的成长，包括他自己的子女在内，特别是在全国革命胜利我们党成为执政党以后。他说过："我很担心我们的干部子弟，他们没有生活经验和社会经验，可是架子很大，有很大的优越感。要教育他们不要靠父母，不要靠先烈，要完全靠自己。"②毛岸英就是在父亲的严格教育下成长起来的一个干部子弟的榜样。岸英与家英同年，他们之间情同手足，亲如兄弟，常常形影不离。岸英待人很有礼貌，在西柏坡初次见到董边时鞠了一躬，叫一声"师娘"，使她一愣，不知所措。董边刚生了小孩，岸英还和家英一同去看她。田家英经常对董边和我赞扬毛岸英，说他好学，懂事，很有出息。他为毛岸英在朝鲜战场上的不幸牺牲，不胜惋惜，不胜怀念！以后毛岸青回国，毛泽东又让田家英担任岸青的语文、历史教员，岸青有病，但学习是勤奋的。

田家英与毛泽东有很多相同或者相似的情趣和爱好。毛喜欢读中国古书，喜欢中国历史，中国古典文学，特别是中国旧诗词。田也有这方面的特殊爱好。田的学问当然不能同毛相比，但他确实读了很多古文、古诗词。他记忆力强，有"过目成诵"的天分。他能熟练地几乎一字不差地背下许多古文和诗词，真使我又惊讶又羡慕。他还能填词写诗。他写的诗词，有的学习苏、辛，有的学习"三李"，通俗易懂，很少用生僻的典故。毛泽东常常要他查找某首古诗词或某一诗句的出处，他都能很快地查出来。例如，1964年12月29日，毛要田查清人严遂成的《三垂冈》一诗的年代和作者，田不一会儿就查出来了。又例如，1961年4月24日，我们在杭州搞调查期间，毛要田将他在1929年前后写的6首词填上词牌，并查出"共工怒触不周山"的典故。他很快就完成了任务。这6首词，当时毛泽东已

①近来有报纸发表文章，介绍《没有共产党就没有新中国》这首歌的创作经过，说歌曲作者以1943年延安《解放日报》的一篇社论的题目《没有共产党就没有新中国》创作了这首歌。据查，《解放日报》社论的题目是《没有共产党，就没有中国》（当时那样说，是为了针对国民党提出的"没有了中国国民党，那就是没有了中国"的说法），而不是《没有共产党就没有新中国》。

②见毛泽东1959年12月至1960年2月期间读苏联《政治经济学（教科书）》时的谈话。

答应《人民文学》编辑部发表。

田家英的中国历史知识，从古代到近现代，也比较广博。他喜欢读杂书，如笔记小说之类，知识面相当宽。解放初期，他利用工作之余，写了《中国妇女生活史话》长文，在《新中国妇女》连载，从中国古代传说中的"女娲氏"说起，一直写到封建社会，包括婚姻制度、娼妓制度(他认为女巫是中国最早的娼妓)、妇女在家庭中的地位等等。这是一篇运用历史唯物主义观点叙述中国古代妇女生活的史话，旁征博引，内容丰富，文字生动，读来十分有趣。后来田因忙于工作，文章没有写完，这是很可惜的。

毛泽东可说是当代一流书法家，尤其擅长草书。他喜欢看字帖，特别是草书字帖，这是他的重要娱乐活动，也是最好的休息。在草书中，毛最喜欢怀素的草书。他多次要过怀素《自叙帖》。我们见到怀素的字帖，只要是好的，就买下来给他送去。1961年10月27日，毛泽东要看怀素《自叙帖》，并指示我们，把他所有的字帖都放在他那里。从此，我们就在北京和外地买来很多字帖，包括一批套帖如《三希堂》、《昭和法帖大系》(日本影印)等，放在他的卧室外间的会客室里，摆满了三四个书架。在他卧室的茶几上，床铺上，办公桌上，到处都放着字帖，以便随时观赏。1964年12月10日，毛泽东要看各家书写的各种字体的《千字文》字帖。我们很快为他收集了30余种，行草隶篆，无所不有，而以草书为主，包括自东晋以下各代大书法家王羲之、智永、怀素、欧阳询、张旭、米芾、宋徽宗、宋高宗、赵孟頫、康熙等，直到近人于右任的作品。

除了买字帖供毛泽东观赏，我们有时还到故宫借一些名书法家的真迹给他看。1959年10月，田家英和陈秉忱向故宫借了20件字画，其中8件是明代大书法家写的草书，包括解缙、张弼、傅山、文徵明、董其昌等。

田家英字写得不算好，但他也特别喜欢看字，酷爱碑帖字画。他收藏了上千件清代学者的墨迹，其所收作品之富之精，在个人收藏中堪称海内一大家。他还常常把自己喜欢的对联、中堂挂在毛泽东卧室，以供欣赏。

在田家英的收藏中，毛泽东的手迹被视为珍品。他把所能得到的毛的手迹都用精工裱起来，说"这是国宝"，除非有亲朋好友来，不轻易拿出来给人观赏。他去世以后，这些珍品都归中央档案馆收藏了。

三、党的信访工作的建设者和开拓者

1949年3月党中央移住北京，人民来信逐渐多起来。开始住在香山，毛泽东几乎对每一封来信都亲自阅示，由田家英协助处理。有些是毛泽东直接回信，大部分是田家英代为回信。住进中南海后，据董边说，那段时间，她每星期天回来，要用半天时间为田家英代写信封。后来人民来信越来越多,就成立了一个机构(即中央书记处政治秘书室,后改名中央办公厅秘书室),专门为毛泽东和其他中央领导人处理信访工作,田家英是负责人之一。

田家英做工作很有条理,他最早把群众来信按内容分门别类,如分为"反映"、"求决"、"建议"、"致敬"、"旧谊"等,并且分别轻重缓急依次处理。董边还帮他用白布做了一个信袋子,每一个兜儿放一类信。这是最早的分类,办信人员按类分工负责。这个方法沿用了多年。后来随着信访工作日益发展的新形势,这种分类已不适应,改为按地区分类,直到现在。

毛泽东非常重视人民来信。他在1951年5月16日转发中央办公厅秘书室关于处理群众来信的报告时写道:"必须重视人民的通信,要给人民来信以恰当的处理,满足群众的正当要求,要把这件事看成是共产党和人民政府加强和人民联系的一种方法,不要采取掉以轻心置之不理的官僚主义的态度。如果人民来信很多,本人处理困难,应设立适当人数的专门机构或专门的人,处理这些信件。如果来信不多,本人和秘书能够处理,则不要另设专人。下面是专门处理人民给我来信的秘书室关于处理今年头三个月信件工作的报告,发给你们参考,我认为这个报告的观点是正确的。"这些话至今仍是我们党和政府对待和处理群众来信所应遵循的基本态度和指导思想。

毛泽东对各界来信,特别是工人、农民反映和要求解决问题的来信,看得特别重要。1951年8月27日和8月31日,北京石景山发电厂和石景山钢铁厂分别写信给毛,反映当时厂内工资不合理的状况并提出解决的建议。办信的同志压了几天,未将这两封来信及时反映上去。毛知道后,发了大脾气,说:"共产党员不为工人阶级办事,还算什么共产党员!"批评得非常严厉。田家英代人受过,承担了责任,作了检讨。毛看了这两封来信,即于9月12日分别写了回信,其中一封现已收入《毛泽东书信选集》。从收到来信到回信,不到半个月。毛泽东全心全意为工人阶级谋利益的精神固然使我钦佩不已,田家英代人受过的品德也深深地感动了我。

还有一件事,也使我很受感动。

1950年夏,安徽、河南交界地区连降大雨,淮北地区受灾惨重,为百年所未有。田家英对我们说,毛主席在批阅淮北灾情一些报告的时候,看到一份电报里说,有些灾民,因躲水不及,爬到树上,有的被毒蛇咬死,毛主席落了眼泪。田家英讲的时候,我看他也快要落泪了。这件事给我的印象很深,事隔近40年,还清晰地留在我的记忆里。最近,我查到了当年毛泽东批阅的这份电报,其中说:"由于水势凶猛,来不及逃走,或攀登树上,失足坠水(有在树上被毒蛇咬死者),或船小浪大,翻船而死者,统计四百八十九人。"在"被毒蛇咬死者"、"统计四百八十九人"两处,都有毛画的表示着重的横线。从1950年7月20日到8月31日,毛泽东连批三份关于淮北灾情的报告给周恩来总理,提出根治淮河。当时,建国伊始,经济还很困难,他为了解救人民,自然也是为了发展经济,下决心根治淮河,这是一件大事。这项水利工程的建设成功,对减轻以至消除淮河流域的水涝灾害起了巨大作用。毛泽东对劳动人民的深厚感情和解除民间疾苦的决心,深深地印在我年轻的心灵里,那年我刚刚二十出头。

全国解放之初,国家还很困难,党和人民政府用了很大力量解决了一大批失业人员的就业问题。尽管如此,直到1952年这个问题还很严重。从1951年冬以来,秘书室不断收到反映失业问题的来信。1952年5月27日,秘书室向毛泽东写了一个报告,其中说:一至四月共收到反映失业情况和要求就业的来信六百四十五件,内百分之三十二是知识分子,百分之二十四是工人、店员,百分之二十是遣散的国民党党政军人员,百分之十是城市贫民。毛很重视这个报告,5月31日批给周恩来。他在批语中写道:"失业问题仍颇严重,此件请一阅。似宜由中央劳动部或直接由政务院召开一次失业问题处理会议,由各大城市及各省派员参加,订出可行的处理办法。请酌定。"

1951年7月1日,是建党30周年。许多干部和群众,包括广大知识分子,出于对中国共产党和毛泽东的热爱,纷纷向党中央和毛泽东写信致敬。但是,从4月份起,开始出现有些地方发动群众(有的还带有强迫性)向党中央写致敬信。后来越来越多。一时间,各种各样的致敬信成批成批地涌来,秘书室人手不够,不得不从外单位借调一批同志帮忙。这些致敬信后来堆满了一屋子。秘书室在4月30日写给毛泽东的报告里及时地反映了这个问题,说:"还有九千多封,是地方组织群众写的成批致敬信,有的现在还继续向这里寄。"毛转发秘书室这个报告时,在这个地方特地写了一个批注:"组织群众成批地写致敬信是不好的,以后不要这样做。"但是,有的地方不听,还是继续这样做,有的还送锦旗,送礼品。毛在12月25日转发秘书室的另一个报告时,对这种搞形式主义、劳民伤财、造成不良政治影响的事,提出尖锐批评,他写道:"在这个报告中所说关于某些党政机关动员群众写致敬信,发祝贺电,以及机关团体和群众给中央送锦旗送礼品的事情,不但是一种浪费,而且是一种政治错误。"

毛泽东批评人有时确实是很厉害的,像我在前面提到压信的那件事。但是当你把事情的原委说清楚,把道理讲明白,使他理解以后,他反而还会表扬你。在信访工作中就有这样的事例。当年毛泽东写的信大都经过秘书室登记后发出。为了保存毛的文稿,田家英指定办信的同志把信的全文抄录一份留下来,然后再发出去。有一次办信的同志将毛亲自封口的一封信也拆开来抄录了。真是无巧不成书,恰恰毛要把这封信拿回去修改,拆信的事被发现了。他很生气,说要处分人。秘书室立即写检讨报告，并申述抄录存底的理由。毛看了检讨，觉得有道理，作了一个批示，大意是：好，就这么办。并指示，今后凡是他写的信，除个别特殊情况，统统拍照后再发出。就这样，从50年代初一直延续到后来，毛泽东发出的信件全部都留有照片。这件事应当感谢田家英，由于他的建议为我们党保存了一批珍贵文献，为后人研究毛泽东提供了重要史料。

田家英不仅协助毛泽东处理群众来信，他还作为毛的秘书，负责联系、接待和看望来访的人民群众、毛的亲友和著名民主人士。例如，延安大生产运动中帮助毛泽东开荒的劳动英雄杨步浩和其他劳模来北京看望毛，毛的亲友文运昌、毛泽连、王淑兰（毛泽民夫人）、杨开智等人来见他，都是由田家英安排食宿和接待，然后，毛再接见他们，并请他们吃饭。毛给亲友们的钱，都是从自己的稿费里开支，由田家英办理。毛的表兄王季范病了，田奉派前去探望。九十几岁高龄的齐白石老人有心里话要亲自对毛诉说，田家英奉命登门聆听。徐悲鸿去世了，毛特派田到北京大学向徐悲鸿夫人廖静文表示慰问。毛泽东宴请民主人士，有时田家英也作陪①，等等。1951年和1952年春节，为了向一些著名党外人士表达心意，毛泽东给每人送了一些食品，都是由田家英和我一家一户送去的，我记得有宋庆龄、张澜、李济深、沈钧儒、陈叔通、何香凝、郭沫若、齐白石等数十人。

党中央部门的信访工作，随着党和国家事业的发展不断地开拓工作的新局面。信访工作反映了人民群众的呼声，密切了党中央与人民群众的联系，对于党中央和毛泽东了解下情、制定政策起了重要作用。例如，解放初期实行"三个人的饭五个人匀着吃"的方针②，减轻大专院校课程负担，改善学生生活，开展反对官僚主义、命令主义和违法乱纪的斗争（即"新三反"）以及其他重要政策，许多都是根据人民来信反映的意见和建议制定的。在三年经济困难时期，由于庐山会议后大批"右倾机会主义"，党内民主生活受到严重破坏，人们不敢讲真心话，不敢反映真实情况，在中央办公厅办信的同志中间也存在着某种宁"左"勿右情绪和思想顾虑。田家英耐心地教育大家，要以人民的利益为重，关心人民的疾苦，把各地反映严重困难情况的来信，批评党的工作中的缺点和错误的来信，向党中央和毛泽东及时送阅。他还再三嘱咐办信的同志一定要保护来信人，严格区分两类矛盾，不要动不动就把一

---

①例如，柳亚子在1949年5月5日的日记中写道："毛主席赐宴，客为余等四人，陪客者毛夫人、毛小姐、朱总司令、田秘书，该宴极欢。"（见《柳亚子文集·自传·年谱·日记》第363页）

②这个重大决策，在解放初期对于解决失业问题，安定民心，巩固新生的人民政权，起了积极作用。但有人对此政策未能作历史的具体的分析，却把它同后来的"吃大锅饭"、搞平均主义等弊端挂起钩来，加以全盘否定，我认为这是不公正的。

些对现实不满的人民来信当作反动信件处理。田曾将自己的这个意见专门向毛作了口头报告，得到他的批准。在"文化大革命"中，田家英的上述正确主张和做法，都成了"反党罪行"，被当作一条"信访工作中的修正主义路线"受到批判。

党中央部门的信访工作，从1949年初创到1966年"文化大革命"开始，在毛泽东的关怀和指导下，在中央办公厅主任杨尚昆的直接领导下，经田家英和中办秘书室的同志们的共同努力，从无到有，从小到大，建立起一套比较科学的工作程序和工作制度，并逐步加以完善，为党的信访工作奠定了基础。

四、毛泽东著作的编辑者和宣传者

1949年，中共中央决定出版《毛泽东选集》并着手进行编辑工作。原定于1949年内出版，后经多次校阅，直到1951年10月才开始出第一卷。这项工作是在毛泽东直接主持下进行的。田家英同陈伯达、胡乔木（胡对第一卷至第三卷主要是负责语法修辞用字和标点方面的工作，至第四卷才全面负责。陈未参加第四卷的工作）是参加编辑工作的主要成员。

毛选第一至第三卷的编辑工作可以说主要是毛泽东亲自做的。他不但参加选稿和确定篇目，对大部分文章进行精心修改，而且为一部分文章写题解和注释。这些修改绝大部分是文字性的，也有很少量属于内容方面的。经过修改，无论内容还是文字，更加周密、更加完善了。当然，今天回过头来看，毛选的编辑工作不是没有缺陷的，如果作者对重要的修改内容用加注说明的办法，保存文献的历史原貌，并由编者注明每篇最初发表时间、出处和版本变化，那就好多了。这应当作为今后文献编辑工作的一个重要原则。

从毛选第一卷到第四卷，田家英自始至终参加编辑工作全过程。注释的工作主要由他负责，先后有中宣部、近代史研究所、中央党校、军事科学院的一些同志参加。他还负责出版方面的许多具体组织工作和组织外文翻译工作，每一卷出版时，他都写评介文章或代新华社起草篇目介绍。

下面，引用四封信，是1951年3、4月间毛泽东写给田家英的，从中可以了解毛泽东编毛选的片断情况和他的某些考虑，也可以看出田家英的一些工作情况。当时毛泽东住在石家庄。

其一：

伯达、家英同志：

《矛盾论》作了一次修改，请即重排清样两份，一份交伯达看，一份送我再看。论形式逻辑①的后面几段,词意不畅,还须修改。其他有些部分也还须作小的修改。

此件在重看之后,觉得以不加入此次选集②为宜,因为太像哲学教科书,放入选集将妨碍《实践论》这篇论文的效力,不知你们感觉如何? 此点待将来再决定。

你们暂时不要来,待《矛盾论》清样再看过及他文看了一部分之后再来,时间大约在月半。

毛泽东

三月八日

其二:

家英同志:

《矛盾论》的原稿请即送来。

凡校对,都须将原稿连同清样一起送来。

以前的一切原稿均请送来。

毛泽东

三月十五日

其三:

家英同志:

《中国共产党在民族战争中的地位》,《矛盾论》,请不要送去翻译,校对后再送我看。

已注好印出的各篇,请送来看。

毛泽东

四月一日

其四:

家英同志:

(一)送来的文件,缺少《一九四九年四月二十一日军委给解放军的命令》一篇,请补印送校。

(二)请将《兴国调查》中"斗争中的各阶级"这一章的原文清出送阅,在我这里的印件中缺少这一章。

(三)已注文件,请速送阅。

毛泽东

四月七日

①论形式逻辑这一部分,在收入《毛泽东选集》时被作者删去。

②《矛盾论》一文,起先未收入1951年出版的毛选第一卷,以后收入了1952年出版的第二卷。毛选第二次印刷时,按时间顺序,将《矛盾论》改收入第一卷。

　　我觉得,应当特别介绍一下田家英整理毛泽东讲话记录稿的情况。毛选中有几篇重要讲话,如《抗日战争胜利后的时局和我们的方针》、《关于重庆谈判》、《对晋绥日报编辑人员的谈话》,都是田家英整理的。1957年《在中国共产党宣传工作会议上的讲话》也是田家英整理的,毛泽东几次审阅修改,加写了许多重要内容。田说,整理毛主席的讲话稿有时比自己写文章还困难。这是有道理的。整理记录稿要忠于原意(这是第一位的)又要保持作者特有的文风,而田家英整理出来的稿子酷似毛泽东亲笔写的文章。能做到这一点确非易事。

　　田家英对待工作极端认真,对别人要求也十分严格。我在参加毛选编辑工作过程中深有体会。在我刚参加这个工作时,有一次校对一篇文章,出了一个差错,受到他的严厉批评。以后又出了一个差错,受到他更严厉的批评,为此我写了两次检讨报告。那几天我的心情很沉重,田也看出来了。有天晚上,他忽然找不到我了,十分焦急,怕我寻短见(因我很年轻,他怕我经受不住那么严厉的批评),便在中南海内到处寻找我,直至见到我才放下心来。田家英批评人尽管态度严厉,言词尖锐,但他不以势压人,批评你的时候也不是干巴巴的几条就完了,而是把道理讲得很透彻,内容很丰满,感染力强,使你感到他的心是热的,是真正爱护你的,使你口服心服。我个人通过参加毛选编辑工作,在田家英直接领导和帮助下,受到一些训练,培养出比较严谨的工作作风,这对我来说,受益一辈子。

　　田家英早在延安时期就注意学习毛泽东著作。当了毛泽东的秘书以后,为了适应工作的需要,他的第一件事就是熟读毛泽东著作。他从当时能够找到的毛泽东著作中,摘录大量成段的论述,按专题编排,编了5大厚本(是用马蔺纸装订的,所以显得很厚)。解放后,中国青年出版社作为《一个同志的读书笔记》,印成内部读物出版,可以说这是我国第一部毛泽东著作专题摘录集。

　　经过毛选第一至第三卷的编辑工作,田家英对毛泽东著作的熟悉和理解程度大大地提高了。他是毛泽东思想的热情的宣传者。在50年代,广大干部学习毛泽东著作的热潮方兴未艾,田家英向机关干部和干部学校学员,作过很多次报告,介绍《毛泽东选集》,帮助干部学习和理解毛泽东思想。

　　在田家英的一生中,受毛泽东思想影响最深的,主要是两个基本观点。一是关心群众生活,全心全意为人民服务。田家英曾对我说,毛主席的关心群众生活的思想已溶化到他的血液里。这有他十几年的工作为证。一是实事求是。这也贯穿在他的一生中,并因此而作出牺牲。50年代初,田家英将他在《学习》杂志发表的有关论述毛泽东思想的文章辑成一本小册子,题名为《学习〈为人民服务〉》,全书就贯穿了上述两个基本观点。我不是说田家英在这两个问题上做到了十全十美,但这两点构成他的主导思想并努力付诸实践,则是确定无疑的。在以后的

1954年，在杭州参加毛泽东主持的我国第一部宪法的起草工作时和毛泽东等在一起。左起：田家英、陈伯达、毛泽东、周泽昭、罗光禄。

岁月里，在各种政治风浪中，他所以能够坚持正确方向，敢于同党内不正确的思想和作风以及某些邪恶势力进行无畏的斗争，无愧为一名诚实的共产党人，主要靠这两个基本观点作为思想支柱。

毛选第三卷出版后的第七年，第四卷于1960年出版。第四卷的编辑工作，不像前三卷那样由毛泽东亲自动手，而是在别人，主要是胡乔木、田家英、许立群、熊复、王宗一等人，编好之后，由毛泽东主持通读定稿。(这里应说明，康生名义上虽然也参加了，还负一定责任，实际上并未起多少

"马克思主义的灵魂，马克思主义的本质，就在于具体地分析具体情况。"

杏列宁格言一向，赠先知同志

郑品

一九五二年十一月九日。

图为田家英手迹，写在1951年10月出版的《毛泽东选集》第一卷扉页上。

作用，他自称从来是"君子动口不动手"。陈伯达对此事很不热心，没有参加任何编辑工作。）编辑和通读定稿工作1960年2月至3月在广州进行，毛住在白云山，一般每周去他那里通读定稿一次。这一卷的重要题解和涉及思想理论内容的注释（如《目前形势和我们的任务》一文关于富农问题的注文），均出自胡乔木的手笔。《党委会的工作方法》一文是由许立群整理的。

毛选第四卷是解放战争时期的著作，它是中国人民革命胜利的记录，反映了中国人民敢于斗争敢于胜利的英雄气概和所向披靡的革命声势。毛泽东在通读第四卷的时候，特别兴奋，"想当年，金戈铁马，气吞万里如虎"的意气，油然而起，读到《抗日战争胜利后的时局和我们的方针》、《关于重庆谈判》等文章时，他不时地发出爽朗的笑声。毛选第四卷的文章，不仅内容重要，思想深邃，从文字上说也是上乘之作，有很高的艺术性，既有高屋建瓴、势如破竹的雄劲，又有行云流水、议论风生的韵致,刚柔相济,情文并茂,最充分表现了毛泽东特有的文风。《论人民民主专政》就是其中的代表作之一。田家英告诉我,毛泽东在写这篇文章之前,坐了一天,动也不动,专心构思,然后,又用一天时间,饭也没吃,一气呵成,完成近万字的名篇。这篇文章逻辑严密,简明精练,气势磅礴,一泻千里。它是新中国建国纲领的理论基础和政策基础之一,就其基本思想来说,在今天仍然保持着它的生命力。

1960年,在编第四卷的同时,田家英也参加了一部分第五卷的编辑工作。但他对编辑出版第五卷始终持怀疑态度,为此还受到康生的批评。田家英当时就认为,毛泽东社会主义时期的著作有的还不成熟,有的甚至是错误的。他对毛泽东并没有抱盲从的态度。毛泽东本人也多次表示,他在社会主义时期的著作究竟行不行,还有待于更多的实践的检验。

当然,毛泽东在建国以后有许多著作是经得起考验的,有些著作事后还经过了本人的认真考虑。例如《在扩大的中央工作会议上的讲话》,是作者在1966年修订过并征得党中央同意在党内发表的。又如《论十大关系》,是1975年在邓小平主持下,由胡乔木整理讲话稿,送经本人审阅同意并在党内发表的。在毛泽东逝世后,由华国锋等主持,正式编成和出版第五卷时,邓小平、胡乔木都早已被排除在工作之外,对此书的选材、编辑不能负任何责任,田家英更是早就不在人世了。

毛泽东从来没有把毛选的著作看作仅仅是他个人的东西,而看作是群众智慧的集中。他说:毛选什么是我的!这是血的著作。……毛选里的这些东西,是群众教给我们的,是付出了流血牺牲的代价的。①又说,1921年建党后,经过了14年,牺牲了多少党员、干部,吃了很多苦头,才懂得了如何处理党内关系、党外关系,学会走群众路线。不经过那些斗争,我的那些文章也写不出来。②

《毛泽东选集》第一至第四卷出齐以后,田家英根据毛泽东的意见,从1962年8月起,开始对注释进行全面校订。编毛选的时候,注释工作由于受当时资料条件和其他方面的限制,不论在史实方面还是提法方面都存在一些问题。毛泽东早就提出要修改注释。这是一项艰巨而复杂的任务,需要查阅大量资料,进行细致的考证和校勘,还要吸收学术界新的研究成果。这项工作是在田家英主持并直接参加下,由中央政治研究室和中央档案馆的几位同志共同进行的。到1965年,第一至第三卷的注释校订全部完成,并陆续送毛审阅。这件事,毛泽东没有让陈伯达参与,陈十分不满,大发牢骚,在背后散布说,田家英搞注释校订是反对我陈伯达的,是对毛选的"批判"。这真是无理取闹!陈伯达的人品,从这

①引自1964年3月24日毛泽东同薄一波的谈话。
②引自1956年9月10日毛泽东在"八大"预备会上的讲话。

件事情上也可以看出一斑。

1964年全国都在学毛泽东著作。田家英觉得，毛选的分量太大，不适合一般干部和青年学习。他向中央建议，编辑《毛泽东著作选读》甲种本和乙种本，分别供一般干部和青年学习，掌握毛泽东思想的立场、观点、方法。这个建议得到中央和毛泽东的同意。田家英是主要的编者，选目都是经中央和毛泽东批准同意的。在这两种选读本里，第一次公开发表《反对本本主义》这一名篇。在此之前，1958年和1963年，田家英还协助毛泽东编辑出版了《毛主席诗词十九首》和《毛主席诗词》两个诗词选本。

田家英把自己一生中最好的年华和主要的精力，奉献给编辑出版毛泽东著作，宣传毛泽东思想。他在这一方面作出的贡献人们是不会忘记的。

五、参加起草新中国第一部宪法

1953年12月24日，毛泽东带着一个宪法起草小组到杭州。田家英是起草小组成员之一，其他两人是陈伯达和胡乔木。这个小组是在毛泽东亲自领导和参加下进行工作的，从1954年1月7日开始工作，3月9日结束。在这期间，由董必武、彭真、张际春等人组成研究小组，并聘请周鲠生、钱端升为法律顾问，叶圣陶、吕叔湘为语文顾问，进行了一段时间的工作。同时中共中央也讨论了三次，每次都作了很多修改。1954年3月23日，将宪法草案初稿提交中华人民共和国宪法起草委员会第一次会议讨论。起草委员会经多次讨论，同时在北京和全国各大城市组织各民主党派、群众团体和各界代表人物8000多人进行讨论，最后提交全国人民代表大会第一次会议讨论通过。毛泽东自始至终领导和参加宪法起草工作。他不仅提出制定宪法的指导思想和许多重要内容，而且反复进行文字修改。当时，曾有人提议将这部宪法定名为"毛泽东宪法"，被他断然拒绝。

田家英作为毛泽东的秘书，从头到尾参加了宪法起草工作。在起草过程中，胡乔木、田家英同陈伯达之间，常常发生不同意见的争论。陈伯达霸气十足。由于胡乔木在毛泽东召集的起草小组会议上对陈伯达提出的初稿提出批评修改意见，陈曾经在会后大发雷霆。胡、田为顾全大局，以后凡有意见都事先向陈提出，而胡、田二人意见常常一致或者比较接近。陈伯达驳不倒他们，十分恼火，就消极怠工，多次发牢骚，说要回家当小学教师。所以杭州起草小组拿出的供讨论稿事实上主要出于胡、田之手。田家英除了参加起草、讨论以外，还负责有关材料的收集和整理，提供给毛泽东和小组参阅。

1954年3月17日，毛泽东和起草小组回到北京。田家英的工作更加紧张起来（这时胡乔木因患眼疾，住医院治疗，以后又遵医嘱去莫斯科继续治疗，未再参加宪法的修订工作)。白天,参与组织北京地区的讨论,并负责与外地联系,晚上,将当天全国讨论的情况向毛泽东汇报。有时一面参加讨论,一面参加修改,连续几天从晚上工作到次日凌晨,日夜不得休息。结果,他因工作过度劳累而吐血,时年32岁。

田家英为了参加起草宪法,收集了大量有关宪法的书(包括世界各国宪法)和法学理论著作。去杭州的时候,带了两箱子书。他说,搞中国宪法,必须参照其他国家宪法,包括资本主义国家的和社会主义国家的,当然要以社会主义国家为主。在宪法起草过程中,田家英读了许多法学书籍,还向毛泽东推荐了几本。回到北京以后,他继续研究宪法问题和法学理论,并主持编译了一些宪法问题资料。1954年6月,经毛泽东同意,他带着人民大学法律系的几位教师和其他同志到北戴河,编写《中华人民共和国宪法解释》。写出初稿,陆续送毛泽东审阅。后来因忙于别的工作,此书没有完稿。田家英聪明过人,干一行,钻一行,懂一行。他通过宪法起草工作,在法学方面积累了新的知识,拓宽了自己的知识领域和眼界,并能提出一些独到见解,讲出一些理论。从此,法学也成了他喜爱的一门学科。在他的书房里,有一个书架,全部是法学书籍。

六、《中国农村的社会主义高潮》

1955年,是建国后的一个重要年头。毛泽东对这一年形势作过这样的描绘:"1955年,在中国,正是社会主义和资本主义决胜负的一年。这一决战,是首先经过中国共产党中央召集的5月、7月和10月三次会议表现出来的。1955年上半年是那样的乌烟瘴气,阴霾满天。1955年下半年却完全变了样,成了另外一种气候,几千万户的农民群众行动起来,响应党中央的号召,实行合作化。"这里所说的5月的会议是指中央召集的15个省、市党委书记会议,毛泽东在会上提出必须在这两年内打下农业合作化的基础,批评了在农业合作化问题上的所谓"消极情绪"。7月的会议是指中央召集的省、市、自治区党委书记会议,10月的会议是七届六中全会,这后两次会都是批判所谓农业合作化问题上的"右倾机会主义"的。经过这三个会,农村形势急剧变化,出现了合作化高潮。为了推进这一形势的发展,毛泽东亲自编辑了《中国农村的社会主义高潮》一书(上、中、下三册,90多万字),并写了104条按语。田家英和我协助毛泽东做了一些编辑工作。

毛泽东对编这部书非常重视。在那段时间里,几乎把主要精力倾注到这部书的编辑工作上。后来他在1961年3月的广州会议上回忆这件事情的时候说:解放后11年,我做过两次调查。一次是为农业合作化的问题,看过一百几十篇材料,每省有几篇,出了一本书,叫做农村社会主义高潮。每篇都看,有些看过几遍,研究他们为什么搞得好,比如讲河北的建明社,那也是研究。又一次是十大关系,那是经过两个半月和34个部门讨论。每天一个部或两天一个部,听他们的报告,跟他们讨论,然后得出十大关系的结论。

的确是这样。我们亲眼看到,毛泽东编《高潮》时,是那样认真地精选材料,认真地修改文字。有的材料文字太差,毛泽东改得密密麻麻,像老师改作文一样。毛泽东还对大部分材料重新拟定了题目,把一些冗长、累赘、使人看了头痛的标题,改得鲜明、生动、有力,而又突出了文章的主题思想,引人注目。例如,有一篇材料原题是《天津市东郊区詹庄子乡民生、民强农业生产合作社如何发动妇女参加田间生产》,共33个字,毛泽东改为《妇女走上了劳动战线》,只用9个字,简单明了,又抓住了主题,读者一看就有印象。又如,有一篇材料原题为《大泉山怎样由荒凉的土山成为绿树成荫、花果满山?》,毛泽东改为《看!大泉山变了样》,多么吸引人!类似情况很多,在此仅举二例。读者看到那些生动醒目的标题和具有强烈政治内容而又带有抒情色彩的按语,一个胜利者和实现了自己意志的革命家的形象,跃然纸上。

毛泽东非常注意文风,有一篇按语就是主要讲这个问题的。我把它引出来,请大家读一读,很有益处。他说:"在这里要请读者注意,我们的许多同志,在写文章的时候,十分爱好党八股,不生动,不形象,使人看了头痛。也不讲究文法和修辞,爱好一种半文言半白话的体裁,有时废话连篇,有时又尽量简古,好像他们是立志要让读者受苦似的……哪一年能使我们少看一点令人头痛的党八股呢?这就要求我们的报纸和刊物的编辑同志注意这件事,向作者提出写生动和通顺的文章的要求,并且自己动手帮作者修改文章。"①

毛泽东习惯于夜间工作,每天一清早,就退来一批修改好的稿子和写好的按语,再由我们进一步作文字加工。

毛泽东自己对这次合作化的"调查"是比较满意的,但我认为这次"调查"不能说是成功的。毛泽东一贯主张,要作亲身的调查,并为我们全党做出榜样,而他的这次"调查"只是看下面送来的书面材料,而其中一大部分是批判"小脚女人"以后的,他写的那些尖锐批评"右倾保守"的按语,主要就是写在各地在7月省、市、自治区党委书记会议以后送来的那部分材料上的。尽管这些按语单独看起来可能很有道理,但就全体而论,对于合作化这个本来是合乎农民需要(但要根据自愿互利的原则逐步发展)的进程,加以人为的加速又加速,拔高又拔高,客观上是在命令主义的产物之上又加上新的命令主义。也应指出,少数按语的内容是长期有效的。例如,毛泽东关于社会主义企业必须建立强有力的思想政

---

① 见《中国农村的社会主义高潮》下册第1134—1135页。

20世纪60年代的田家英

治工作的著名口号"政治工作是一切经济工作的生命线",就是《高潮》书中《严重的教训》一文的按语首先提出来的。

　　《高潮》一书以跃进的速度于1956年1月出版。原先毛泽东决定发一条出版消息,田家英将拟好的稿子送给他,他咯咯地笑起来,说:"这个消息没有用了,已经过时了。"(那时全国合作化运动已经全面展开。)他对田说,他很高兴,1949年全国解放时都没有这样高兴。这个话真实地反映了毛泽东当时的心态。对毛来说,全国解放是早已料到的,早有准备的,而农业合作化的胜利来得这样快,这样顺利,却出乎他的意料。他一向认为,改造五亿人口的个体农民是最艰难的事业,需要花费很长的时间和做许多细致的工作才能完成。谁知道,这么困难的问题,经过二三次会议,作一篇报告,就如此顺利地解决了,那么,还有什么比这个更困难的问题不能解决呢?农业合作化的过快和过于表面化的胜利,使毛泽东的头脑开始不清醒了,他随即要求在生产建设、科学文化等领域,同时开展对"右倾保守"思想的批判。农业合作化的胜利,助长了毛对个人意志的自信,深信自己的主张总是正确的,而且是能够立即生效,"立竿见影"的。这不但促使过渡时期提前结束,而且成为尔后出现"三面红旗"及其一系列后果的不祥的先兆。

当然,这不是说,农业合作化高潮纯粹是个人意志的产物。这是不可能的。它的产生有其自身的客观基础。中国的汪洋大海般的、势单力薄而又规模狭小的小农经济,在生产上确有发展互助合作的需要。从1951年12月党的农业互助合作决议作出以后,我国农业互助合作事业总的说是在稳步而健康的情况下发展的,互助合作的优越性逐步显示出来,并且具有相当的吸引力(这在全国许多地方都有这种情况),对农业生产的发展起了积极的作用。正是因为有了几年互助合作的历史和示范作用,才有被人为地加速而出现高潮的可能性。

毛泽东又问田家英:你看合作化完了,下一步再搞什么?田家英被这一突如其来的问话问住了,一时答不上来,只感到自己的思想跟不上。毛泽东在农业合作化即将完成尚未完成之际,就想到下一步的问题,这绝非是心血来潮,或者只是说说而已,他是在郑重地考虑问题。这正是他的"不断革命"、"打了一个仗之后,马上就要提出新任务"的思想的惯性反映。

当然,毛泽东这时并不认为,农业合作化的工作已经没有任何问题了,可以高枕无忧了。不是的。《高潮》出版以后,他立即派田家英到各地调查农业合作化情况。田带着几个同志跑了山西、四川、湖北、河北四省,当时我们称作"观高潮"。在调查中,他发现一个重要问题,就是合作社的规模过大。而毛泽东当时正热心提倡"并社升级",认为小规模的初级社仍然束缚生产力的发展,不能停留太久;同时,从上到下不少干部的头脑也有些发热,一味追求搞大社,搞高级社。田家英并没有迎合毛泽东的想法和当时那股思潮,而是根据调查中得来的第一手材料,向毛提出自己的意见。他的意见虽然没有受到重视,但他在毛泽东面前敢于提出相反意见的勇气,却给我留下很深的印象。他的这种勇于直陈己见的政治品质,在以后日益复杂的政治生活中愈益显得可贵。但也应当说明,这时,毛泽东并没有因为田家英提了不同的意见就对他不信任,而是更加信任他和器重他。

七、"八大"开幕词

说毛泽东更加器重田家英,一个有力的证明,就是要田代他起草"八大"开幕词。

大家知道,毛泽东作报告,作讲演,写文章,从来不让别人代笔。不论是在烽火连天的革命战争年代,还是在建国以后的和平建设时期,都是如此。唯一的例外,恐怕就是"八大"开幕词了。

1964年毛泽东在一次中央会议上曾经说过:"有的人,自己写东西,要秘书代劳。我写文章从来不叫别人代劳,有了病不能写,就用嘴说嘛。1947年写《目前形势和我们的任务》时，我病了，就是我说别人记的，写了我又改，改后发给大家传阅，提意见，又作了修改。现在北京当部长、局长的都不写东西，统统让秘书代劳。秘书只能找找材料。如果一切都由秘书去办，那么，部长、局长就可以取消，让秘书干。这也是劳动，要亲自动手。当然，不是一切都要自己写。周总理出国，一出三个月，到哪个国家也要发表公报，都叫他写不行，要自己出主意，让别人去写。"人们还记得，毛泽东在1948年1月7日为中共中央起草的关于建立报告制度的党内指示中，规定各中央局和分局定期向中央写综合报告，其中就特别要求："由书记负责（自己动手，不要秘书代劳）。"

"八大"开幕词，毛泽东曾起草过两个稿子，不知为什么都没有写完。后来让陈伯达起草。陈起草的稿子毛泽东不满意，说写得太长，扯得太远，于是又找田家英。毛泽东告诉田家英："不要写得太长，有个稿子带在口袋里，我就放心了。"这时离开会只有几天，时间非常紧迫，田家英花了一个通宵赶写出初稿。毛泽东比较满意，立即送中央书记处的同志刘少奇、周恩来、朱德、陈云和其他有关同志，经过多次修改，最后定稿。

毛泽东对"八大"开幕词，加写了一些重要的、具有原则意义的内容。原稿开头的一句话是这样写的："我现在宣布党的第八次全国代表大会开幕。"毛泽东把它修改为："中国共产党第八次全国代表大会，现在开幕了。"接着，他加写了一段话："从我们党的第七次全国代表大会以来的十一年间，在全中国和全世界，为了共产主义和人类解放事业而英勇奋斗和辛勤工作，因而付出了自己生命的同志和朋友，是很多的，我们应当永远纪念他们。"后面，他还增写了一段对中国共产党评价的话，他说："在两个革命（指新民主主义革命和社会主义革命。——引者注）的实践中，证明了从七次大会到现在，党中央委员会的路线是正确的，我们的党是一个政治上成熟的伟大的马克思列宁主义的政党。我们的党现在比过去任何时候都更加团结，更加巩固了。我们的党已经成了团结全国人民进行社会主义建设的核心力量。"在讲到苏联共产党的地方，毛加写了一段对苏共二十大评价的话，他说："苏联共产党在不久以前召开的第二十次代表大会上，又制定了许多正确的方针，批判了党内存在的缺点。可以断定，他们的工作，在今后将有极其伟大的发展。"当时，毛泽东对苏共二十大批判个人迷信是肯定的，但对其全盘否定斯大林以及发表的其他某些观点是不赞成的。他以国际共运利益的大局为重，从团结的愿望出发，特地写了这段很有分寸的话。这种话自然不是田家英所可以说的了。在开幕词的最后，他还加写了一段对国内各民主党派和无党派民主人士的热情友好的话："今天在座的还有我们国内各民主党派和无党派民主人士的代表。他们是和我们一道工作的亲密的朋友。他们一向给了我们很多的帮助。我们对他们表示热烈的欢迎。"

毛泽东写文章不要秘书代劳,偶尔代劳一下,也要说明,从不埋没别人的劳动。"八大"是在政协礼堂开的,据当时在场的毛泽东的卫士长李银桥回忆,毛泽东致开幕词以后,来到休息室,许多人都称赞开幕词写得好。毛泽东对大家说:"开幕词是谁写的?是个年轻秀才写的,此人是田家英。"

人们可能还记得开幕词里的一句话:"虚心使人进步,骄傲使人落后。"它早已成为脍炙人口的格言。这是田家英的得意之笔,也是毛泽东很满意的一句话。

八、在"大跃进"的日子里

1958年夏,人民公社一出现,就引起毛泽东极大的兴趣和关注。这是因为,人民公社本是毛泽东想象中的农村乌托邦,他没有想到,他的乌托邦被陈伯达在北京大学讲了出来,这个讲话又被发表在由陈伯达任主编的党中央理论刊物《红旗》上①(《红旗》是毛泽东提议创办并在他的再三督促下问世的),也就不胫而走,人民公社居然堂而皇之地成为当年中国农村的"新生事物"。

10月下旬,毛泽东派田家英和吴冷西到河南新乡七里营和修武县(一县一社的典型)作调查。时间是10月28日到11月4日。当时,下去的同志包括田家英在内,对人民公社都没有也不可能从根本上去怀疑它。但通过调查,却发现问题不少,有些问题使人非常焦急,例如,普遍实行"大兵团作战",社员每天只能睡三个小时,连续一二十天,搞得人困马乏,难以为继,劳动效率大大下降。大家都希望向毛泽东反映,越快越好。田家英还从下放干部那里了解到当地虚报产量的真实情况。当时,关于人民公社性质问题,是从中央到地方各级干部议论的重要问题之一,也是田着重调查研究的一个问题。基层干部中不少人认为人民公社是全民所有制。田家英开始没有表示自己的看法,但从修武县委书记的一席话中得到一个启发。那位书记同志说:人民公社如果是全民所有制,那么,遇到丰年,修武县的农民是不会愿意把粮食无偿调出来的;遇到歉年,国家能够无偿地调粮食给修武县吗?田家英听了觉得有理,非常重视。

我们还参观了大炼钢铁的场面。那是一个晚上,在一个炼铁点上,只见人山人海,火光映天,人们通宵不眠,大干特干。指挥者不断地做鼓动工作,嗓子都喊哑了,说那天夜里要放"卫星"。当时我们这些参观者尽管对那种做法抱有怀疑,但对群众的干劲不能不表示赞叹!

大炼钢铁不仅造成大量资财的严重浪费,更重要的是耽误了农业收获季节。我们亲眼看到,就要到手的丰收粮食,因无劳力收获而烂在地里。

---

① 见1958年第4期《红旗》。

1958年的"大跃进"已经过去30多年了。对"大跃进"和人民公社化运动本身应持否定态度,这是毫无问题的。但在那一段时间里,人们的自力更生、艰苦奋斗、奋发图强的精神面貌,是值得称道的。在这种精神力量的鼓舞下,我国在农田水利建设方面,在工业和科学技术的某些方面,都取得了一些新的成绩,为以后的经济发展打下一些基础。这一方面也应当看到。

11月5日晚,毛泽东南下郑州,路经新乡,田家英、吴冷西向毛泽东汇报了调查中发现的问题和修武县委书记的意见。次日,田、吴离新乡去郑州,参加第一次郑州会议。毛泽东根据田、吴的调查和其他人的反映,在会议上强调要使农民休息好,安排好农民的生活。在讲公社所有制时,他引用了修武县委书记那段话,用以说服一些认为公社是全民所有制的人们,表扬了这位书记,说他是很有头脑的。

在田家英、吴冷西奉命调查修武县、七里营之前,毛泽东先派陈伯达、张春桥赴河南遂平县调查,他们搞了一个鼓吹"共产风"的《遂平卫星人民公社章程》。田、吴的调查给了毛泽东以实际的帮助,对纠正错误起了作用。而陈伯达等人提出废除商品生产、实行产品调拨的错误主张,在郑州会议上受到毛泽东的尖锐批评。

1958年11月至12月召开的武昌会议结束后,毛泽东回到北京。他认为六中全会决议已经从原则上解决了公社化中一系列重大问题。然而,实际上,问题和困难却暴露得越来越多。毛泽东心里觉得最不踏实的主要有两个问题,一是武昌会议确定下来并且已经公布的1959年生产的四大指标(指粮、棉、钢、煤的指标)。这四大指标在武昌会议上是一致通过的,已经算是"留有余地"。会后陈云向胡乔木提议不要公布,胡乔木不敢向毛泽东报告陈云的意见,还是在公报内公布了。这件事在1959年4月的上海会议上受到毛泽东的严厉批评。另一个是农业问题。为了了解农村整社情况,1月下旬,毛泽东派田家英赴四川调查。

九、从四川调查到庐山会议

1959年初春,调查组来到四川,调查地点是新繁县(1965年并入新都县,在成都北面)崇义桥大队。当时,新繁县原是一个公社,崇义桥乡是下属的一个大队,第二次郑州会议以后,分别改为县和公社。崇义桥是田家英的外祖家,当时还有他的一个舅母健在。因为有这层关系,便于了解真实情况,就选中了这个地方。田家英觉得,"崇义桥"这个名字有点儿封建味道,便提议改名"大丰公社"。这里的人们为了纪念田家英,把"大丰"这个名称一直沿用到今天。

新繁县是成都平原最富饶的县份之一。1956年春天，我和田家英"观高潮"那次，也曾来到成都附近。但这一次所看到的景象大不如以前了，多少给人一些冷清、零落的感觉。1956年时那茂密的林盘(在每一个居民点周围长着的竹林)，现在只剩下稀稀拉拉的几根孤竹，而社员还在根据上级指示继续刨竹根开地种粮；过去像锦绣一样美丽的田园有点荒芜的景象；昔日热闹的集市不见了，偶尔遇上一次赶场，上市的农产品也寥寥无几；社员一群一群地集中在田里，搞深耕、搬泥巴①。每到吃饭的时候，排着长队，一家一户地到食堂领饭。晚间，偶尔可以看到少数社员家的烟囱里冒出缕缕青烟，说明那几户社员光景稍好一些，自己在家煮点吃的，填补一下肚子，大多数社员则没有粮食在家做饭吃。这些都是我们目睹的实际情况。但是另一方面，又听说新繁县是亩产千斤县，大丰公社也是亩产800斤。既然是丰产高产，为什么社员又这么缺粮呢?这成了一个谜，是一个不管怎么算账也算不清楚的问题。然而谜底，被善于作调查的田家英很快揭开了，这就是虚报产量。虚报产量是全国普遍性的问题，不单是新繁、崇义桥一县一社如此，可是在四川这是较早揭破这个问题的一个点。

这时，毛泽东正在集中力量继续纠正工作中的错误，遏制以刮"共产风"为主要特征的"左"倾错误继续泛滥。继武昌会议之后，他又召开第二次郑州会议。田家英没有参加第二次郑州会议，但对这次会议的精神是十分赞成的，特别称道毛泽东关于整顿人民公社的方针："统一领导，队为基础；分级管理，权力下放；三级核算，各计盈亏；分配计划，由社决定；适当积累，合理调剂；物资劳动，等价交换；按劳分配，承认差别。"田家英深有感触地说："还是主席高明，我们在下面调查，搞了老半天，怎么也提不出这样大的问题。"毛泽东概括的这几句话，并不是也不可能是要从根本上突破人民公社的体制。但在当时的历史条件下，对于纠正极左政策，调整人民公社内部体制(涉及所有制)，进一步煞"共产风"，不能说不是一套积极的高明的政策。

1959年4月初，田家英从四川农村赶到上海参加中央工作会议和紧接着召开的八届七中全会。人民公社问题是会议主要议题之一。在毛泽东主持下，由田家英执笔，起草了《关于人民公社的十八个问题》。这个文件比第二次郑州会议决议又有所前进。毛泽东对这个文件比较满意。会议结束，田家英又返回四川农村，在大丰公社贯彻执行《十八个问题》的规定。不久，毛泽东写给六级干部的信即4月29日党内通信下达了。田家英阅读之后，欣喜若狂。特别是对合理密植和要说真话这两条，更是百分之百地拥护。当时正要插秧，高度密植还是合理密

---

① 当时搞深耕的办法是这样：先犁一道，将犁起来的泥土用手搬起堆在一旁，露出的生土层上再犁一道，然后把堆起来的泥土还原，平整起来。我们当时都干过这种活。

植,两种相反的意见争论激烈。部分干部(他们是忠实执行上级命令的)和一些青年农民为一方,主张高度密植,有经验的老农为一方,主张合理密植,前者占了上风。如田家英说的,有些人好像着了魔,不根据条件,一个劲儿地搞高度密植,怎么说也不行。这一回好了,有了毛主席的指示,有了武器,可以解决问题了。但是,某些持极左观点的人却截然相反,他们不让向下传达这封信。拥有至高无上权威的毛泽东亲自下达的意见,居然可以被人封锁,可见极左思潮所形成的阻力之大。田家英认定,毛泽东的信符合实际情况,表达了农民群众的意愿,他毅然突破封锁,立即组织向全公社广播这封信。这封信在农民和基层干部中引起巨大反响。大丰公社大部分没有按上级要求的密植程度插秧,农民有了积极性,很快完成插秧任务。

田家英的魄力和勇气,博得人们的称赞。他的这一行动,绝非那种畏首畏尾,缺乏胆识,前怕狼后怕虎的人所能做到的。这一点,倒有点像毛泽东的脾气。

后来,当调查组离别大丰公社的时候,8月6日那天,我们特地拜访了新繁县的老县委书记,一方面是告辞,一方面想听听县里对调查组有什么意见。那位老书记,年过五十,是南下干部,对党忠心耿耿,全心全意为人民,经常骑着一辆自行车,风尘仆仆,到乡下调查了解情况,帮助下面解决实际问题。他对"大跃进"那一套,包括虚报产量、高度密植很有意见,但是不敢说。那一天,他把心里话都掏出来了,这也表示他对田家英和调查组的信任。

他说:"你们这样做得对(指反对浮夸,反对过度密植等)。你们如果也像地方干部一样,真实情况不给中央讲,国家就危险。你们如果是地方干部,照那样做就要挨批判。你们刚来的时候,那些做法,我想是不是右一些。但后来想了想,你们的地位不同,是从中央来的,对你们来说,这不是缺点而是做得对的。除此以外,对你们再提不出什么缺点。你们是按主席的指示做的,做得对。但崇义乡的干部就不行了,他们上有省委、地委、县委。你们是坚持原则的。

"你们那里的群众干劲大,就是因为密植是自愿的。我们这里不大自愿。如果县委书记像你们那样,能不能脱手?那样做就要犯错误。搞密了,就是水稻一风吹倒,减了产,也不犯错误。搞稀了,谷子打得多还好,减了产,就受不了。老实说,你们那样做,我是同意的。栽秧子的时候,一天几次电话,催着我们抓紧密植。"

以上是从我的笔记本抄来的。当时老书记再三叮嘱我们,这些话只是内部对我们说的,不能向外面讲。这是完全可以理解的。我想,事过境迁,在党的错误思想指导下不敢公开讲的正确的话,在30多年后的今天,可以而且应当公开出来。这对于总结历史经验教训不无益处。

1959年6月下旬,田家英离开四川,去参加庐山会议。我把他从成都送到重庆,独自一人回到新繁。不知怎的,一种惜别和孤独的感觉笼罩了我的感情,过了几天才逐渐消失。

田家英在大丰公社近4个月的调查中,同当地的干部、群众结下了深厚情谊。他是那样地平易近人,那样深切地关心群众的生产和生活,那样地爱护和帮助当地干部。到了插秧季节,肥料不足,他带头同干部群众一起到成都拉粪水,一个来回30里地,有一个晚上拉了两趟。人们最爱听田家英讲话,不仅因为他口才好,操着一口浓重的四川家乡口音,更重要的是有内容,有道理,能打动人心。他善于把深刻的道理通过老百姓喜闻乐见的形式和最容易理解的感情,表达出来。他在一次干部大会上讲发扬革命传统精神时,讲到毛主席为了革命,全家牺牲了6口人①,这时全场鸦雀无声,有的人哭了。田家英给大丰乡的老百姓和干部留下的印象太深了,直到1983年我重访这里时,当年的干部一提起田家英,有的人还流泪不止,为他的含冤早逝而惋惜,深深地想念他。记得那一天,我一到大丰公社,镇子上一下子就传开了,有人说:"田主任回来了!"有人就纳闷:"田主任不是死了吗?"一位妇女对我说:"田主任真是好人啊!"我这次来到大丰,看到的又是一番景象。亩产已过千斤,把1958年的浮夸产量数字都远远抛到后面去了。1958年人们想象中的高产,在20多年后变成了现实。集市上,熙熙攘攘,摩肩接踵。大量农产品上市,杂以服装日用品等,应有尽有,繁荣空前。这不由得使你感到,党的十一届三中全会以后的农村,确实发生了巨大变化。

田家英在近4个月的四川调查中,掌握了大量第一手材料。调查期间,我们还经常谈论全国形势,得出一个共同的认识,就是搞"大跃进",搞人民公社,是毛主席脱离实际,急躁冒进,犯了"左"的错误。田家英就是带着这个认识和一批材料上庐山的。调查组继续留在四川,随时向他提供调查材料。

田家英上山后,把我们调查的那个公社在粮食产量上的浮夸情况以及其他问题,向毛泽东作了汇报,又把调查组反映劳动模范罗世发对浮夸和过度密植等问题不满的一份材料送给毛泽东。这件事引起当时四川省委主要负责人的不快,与田家英发生争吵。后来毛泽东说了公道话,大意是:不要怕别人告状嘛。没有的事情不会因为别人说有,它就有了;有的事情,也不会因为别人说没有,它就没有。

田家英是个有话藏不住的人,在会议前期比较民主宽松的气氛中,他把自己对形势和对毛泽东个人的一些看法对别人说了,这些话很快在少数人中传开来。当整个会议转入反"右倾",他就被人揭发,成了批评对象。只是由于毛泽东的保护,才得以幸免,没有被划到"军事俱乐部"里面去。这里值得一提的是,在

---

①毛泽东家庭中为革命而牺牲的6个人是:毛泽东的夫人杨开慧,弟弟毛泽民、毛泽覃,堂妹毛泽建,儿子毛岸英,侄儿毛楚雄。毛泽东曾说:我这一家没有出叛卖革命的人。(见1964年8月30日谈话)

斗争十分紧张的时候，田家英为了保护一起谈过话的胡乔木，冒着危险，去向李锐打招呼，叫他不要说出胡乔木谈论过的一些话。在当时是非颠倒、黑白不分的情况下，田家英这样做是对的。这同正常情况下的党内斗争中，对别人的错误不揭发，不批评，反而进行包庇的自由主义态度是两码事。这是应当说明的。田家英后来对我说，他当时考虑的是：胡乔木对党的贡献和作用比他大，宁肯牺牲自己，也要把他保护下来。危难之际方显英雄本色，田家英为党的利益作自我牺牲的精神，令人钦佩。

田家英在庐山的处境同我们在下面的命运休戚相关。8月6日，我突然接到北京的电话，说田家英有要紧工作，要我们立即返京。8月9日我们赶回北京。不知出了什么事，放心不下，跟田通了电话。田说，他同四川主要负责人有争论，而且争论得很激烈，主要是高度密植和产量浮夸问题，不过多数人都同情他。要我们回来，主要是怕我们处境困难。

庐山会议的这场斗争，是田家英一生中经历的第一次大的政治风浪。在这次错误进行的党内斗争中，他没有"揭发"别人，而且还保护了同志。他对一些善于窥测政治气候，寻机显示自己很"革命"，或者在"大跃进"中一贯表现极左，而对别人乱批乱揭的人，是很厌恶的。当然，由于主客观条件的限制，在那一边倒的政治大潮中，田家英对庐山会议的是非不可能像后来认识得那样清楚，对"三面红旗"也不可能否定，他向毛泽东当面作了检讨，得到毛的谅解。毛泽东对他说："照样做你的秘书工作。"

田家英在庐山会议上作检讨，是在极左思潮的强大压力下不得已而为之。事后他向人表示，他在第一次庐山会议时的检讨是言不由衷的。那时，他确实感到，毛泽东已离开了他曾经全力提倡和实行的实事求是的原则，头脑已经不那么很清醒了，听不得不同意见的情绪也越来越明显。田家英还多次向我流露他在会议后期的心情，感到已无回天之力了！

显然，田家英在庐山会议期间的遭遇并不是个别的。在庐山会议前期，参加会议的多数人意见是基本一致的，到了后期，他们也都不得不进行这样那样的检讨，但是形式可以很不一样。

田家英在庐山会议上被毛泽东保护过关了。会议之后，毛泽东特地让田家英参加他所领导的苏联《政治经济学（教科书）》第三版读书小组，从1959年12月10日到1960年2月9日，历时两个月。这表明，毛泽东对田家英仍是信任的。但是毋庸讳言，他们之间在政治上已经开始出现裂痕。

十、大兴调查研究之风和《反对本本主义》

1960年冬,农村中的严重问题已经大量暴露。11月3日,中央发出《关于农村人民公社当前政策问题的紧急指示信》,简称"十二条",提出彻底纠正"一平二调"的错误,开展整风整社。12月24日至1961年1月13日,毛泽东主持中央工作会议,作出《关于农村整风整社和若干政策问题的讨论纪要》。就在会议的最后一天,1月13日,毛泽东提出:大兴调查研究之风,使1961年成为实事求是年。这次会议为14日至18日召开的九中全会做了准备。毛泽东倡导大兴调查研究之风,对我们党制定比较符合实际情况的政策,比较有效地纠正当时已经认识到的错误,在一定程度上恢复党的实事求是的优良传统,起了关键性的作用。

正在中央全会结束的时候,一篇题名《调查工作》的文章,出现在毛泽东面前。毛非常高兴,这是他30年前写的一篇文章,早已散失,多年来一直念念不忘。这篇文章是田家英亲自送给他的。文章的发现经过是这样的:1959年中国革命博物馆建馆,到各地收集革命文物,他们在福建龙岩地委收集到这篇文章的石印本。1960年中央政治研究室的同志从革命博物馆借来。当时大家都觉得这是一篇重要文献,但对于它在毛泽东思想发展史上所占的地位,它的真正价值,是估计不足的;这篇文章的重新发表,对于后来我们党的思想建设和实际工作会发生那么大的作用和影响,引起研究者那么高度的重视,更是想不到的。这个文献被田家英知道后,立即送给了毛泽东。

对这篇文章,毛泽东在1961年3月11日专门写了一个批语,接着在3月广州会议的两次讲话中又都提到它,并作了说明和解释。从批语和两次讲话中可以使人们了解,这篇文章是为着什么写的,是怎样写出来的,以及毛是如何地喜爱它。

1961年3月11日的批语写道:

> 这是一篇老文章,为了反对当时红军中的教条主义思想而写的。那时没有"教条主义"这个名称,我们叫"本本主义"。写作时间大约在1930年春夏,已经30年不见了。1961年1月,忽然从中央革命博物馆里找到,而中央革命博物馆是从福建龙岩地委找到的。看来还有些用处,印若干份供同志们参考。

在1961年3月13日广州会议上说:

> 找出了30年前我写的一篇关于调查工作的文章,我自己看看还有

点道理,别人看怎样不知道。"文章是自己的好"。我对自己的文章有些也并不喜欢,这篇我是喜欢的。这篇文章是经过一番大斗争写出来的。1929年冬天,红军第四军第九次党的代表大会对这场斗争作了结论。这以后,也就是1930年春天,写了这篇文章。前几年到处找这篇文章,找不到,今年1月找出来了。请大家研究一下,提出意见,哪些赞成,哪些不赞成。如果基本赞成,就照办,不用解释了。

在1961年3月23日广州会议上说:

> 这篇文章是1930年春季写的,总结那个时期的经验。这篇文章之前,还有一篇短文,题目叫反对本本主义,现在找不到了①。这篇文章是最近找出来的。别的东西找出来我不记得,这篇文章我总是记得就是了②。忽然找出来了。我是高兴的。

毛泽东在3月23日会议上对这篇文章的解释,我认为有两点特别重要。第一点,在解释第三个问题"反对本本主义"的时候说:这里面包含一个批评、破除迷信的问题。那个时候不管三七二十一,只要是上级的东西就是好的,比如六次大会的决议,那个东西你拿来如何实现呢?你如果不搞些具体措施,是很难实现的。不要说"六大"决议有部分的问题,有若干缺点或错误,就是正确,没有具体措施,没有调查研究,也不可能实现。第二点,在解释第六个问题"中国革命斗争的胜利要靠中国同志了解中国情况"的时候说:第六段我看现在还用处不少,将来也用得着。中国斗争胜利要靠中国同志了解中国情形,不能依靠外国同志了解中国情形,或者依靠外国帮助我们打胜仗。这还没有料到后头的王明路线,立三路线还没有出现。我们有一个时期依靠共产国际给我们写决议,给我们写纲领,向我们作指示。

《调查工作》恰好在刚刚提倡大兴调查研究之风的时候,被毛泽东重新发现,这是一件大好事。它的重要价值被重新发现,成为推动全党搞调查研究,转变思想作风的有力武器。

这篇文章尽管如此重要,但毛泽东对于是否公开发表持谨慎态度。他在3月23日的会议上说:我不赞成现在发表,只在内部看一看就是了。他说:现在的作用在什么地方呢?这个文章会有些人不懂得。为什么呢?因为讲的是当时民主革

①参看毛泽东1964年3月25日所写的批语,见后。
②根据田家英当时的传达,这里还有一句话:"像想念自己的孩子一样。"

命的问题,民主革命是反帝反封建的问题。现在的问题是搞社会主义革命和社会主义建设,必须向看文章的人说明这一点。他再三提醒人们说:这篇文章发下去的时候,有些要解释一下,主要是讲基本方法。民主革命时期要进行调查研究,社会主义建设阶段仍要进行调查研究,一万年还要进行调查研究。这个方法是可取的。这个文章是为解决资产阶级民主革命的问题,现在的问题就不是这个问题。就讲清楚这一点。

毛泽东这些话本身就包含着辩证法的精神和反对教条主义的精神。

1961年3月11日毛泽东将《调查工作》印发参加广州会议的同志时,把题目改为《关于调查工作》,作了少量文字修改,如把"布尔什维克"改为"共产党人",把"苏维埃"改为"政府","六次大会"改为"党的第六次大会"等。

随着时间的推移,《关于调查工作》一文的作用和意义被越来越多的人所了解,党内许多同志要求公开发表。1964年经毛泽东同意,在《毛泽东著作选读》甲种本和乙种本中首次公开发表了。

此文收入选读本时,田家英又作了一些文字修订。为了确定文章写作时间,他3月25日晚送请毛泽东最后审定这篇文章时,写信说:"这篇文章的写作时间,希望主席再回忆一下,如果能记起在什么地方写的,或者写作前后有什么较大事件,我们便可以根据这些线索,考订出比较准确的写作时间。"

毛泽东当晚将定稿退田家英,把文章题目又改为《反对本本主义》,写了一个批语:"此文是在1929年写的,地点记不清楚。先写了一篇短文,题名'反对本本主义',是在江西寻乌县写的。后来觉得此文太短,不足以说服同志,又改写了这篇长文,内容基本一样,不过有所发挥罢了。当时两文都有油印本。"这里要请读者注意,毛泽东在这个最后的定稿上,亲笔加了一句话:"马克思主义的本本是要学习的,但是必须同我国的实际情况相结合。我们需要'本本',但是一定要纠正脱离实际情况的本本主义。"这是毛对这篇文章所作的唯一的一处涉及实质内容的改动。这无疑是一个很重要的增补。但是通观全文,这个思想原本就有的,不过没有作出这样概括性的表述罢了。

把文章写作时间定为1929年,田家英表示怀疑,请中央政治研究室的一位同志将毛泽东1929年1月至1930年8月这段时间的活动搞了一个详细材料送给毛泽东。毛泽东看后将写作时间最后定为1930年5月。

《反对本本主义》是一篇重要历史文献,对研究中共党史和毛泽东思想发展史有重大意义;它又是一篇具有科学价值和现实意义的著作,那些具有普遍意义的思想将永远闪耀着它的光芒。读者可以看到,毛泽东思想的活的灵魂,即实事求是、群众路线、独立自主这三个方面的基本内容,在这篇文章里都有了。这篇文章被寻找出来,受到重视,并能公之于世,这要感谢当年文献的收藏者和收集者福建龙岩地委的同志、革命博物馆的同志和中央政治研究室的同志,特别要感谢田家英。

十一、浙江调查和人民公社"六十条"

1961年1月中旬,党的八届九中全会快要结束了,毛泽东把田家英叫去,说:"你这次没有参加会议,我怎么不知道?"随后让会议组的同志给田家英送去一套会议文件。

1月20日,田家英接到毛泽东的一封信。

田家英同志:

(一)《调查工作》这篇文章,请你分送陈伯达、胡乔木各一份,注上我请他们修改的话(文字上,内容上)。

(二)已告陈胡,和你一样,各带一个调查组,共三个组,每组组员六人,连组长共七人,组长为陈、胡、田。在今、明、后三天组成。每个人都要是高级水平的,低级的不要。每人发《调查工作》(1930年春季的)一份,讨论一下。

(三)你去浙江,胡去湖南,陈去广东。去搞农村。六个组员分成两个小组,一人为组长,二人为组员。陈、胡、田为大组长。一个小组(三人)调查一个最坏的生产队,另一个小组调查一个最好的生产队。中间队不要搞。时间十天至十五天。然后去广东,三组同去,与我会合,向我作报告。然后,转入广州市作调查,调查工业又要有一个月,连前共两个月。都到广东过春节。

> 毛泽东
> 一月二十日下午四时

此信给三组二十一个人看并加讨论,至要至要!!!

> 毛泽东又及

1月20日下午,我正在中央档案馆同那里的同志一起编辑毛泽东著作全目,突然接到田家英的电话,要我立即回中南海。我急急忙忙赶回来,读了毛泽东的信,即做出发的准备。

田家英领导的浙江调查组迅速组成,第二天离开北京,22日到达杭州。

这次调查,是在国民经济持续恶化、接近崩溃的地步,是在毛泽东面临严重经济困难头脑比较冷静的时候,也是在毛泽东大兴调查研究之风、决心扭转困难局面的情况下进行的。一贯热心作农村调查、对国家困难深为忧虑的田家英，此时此刻被委以重任，能为国家和人民奉献一点力量，自然感到高兴。

浙江调查组经与浙江省委商量，按照毛泽东抓两头的调查方法，决定在嘉善县(后同嘉兴合并)选一个差的生产队，在富阳县选一个好的生产队。我被指派到那个差的生产队，叫和合生产队，是田家英重点抓的点。当时所说的生产队，就是后来的生产大队，大略相当于现在的大自然村。调查组有省里的同志参加，当时任浙江省委副秘书长的薛驹，自始至终地参加了这次调查。毛泽东住在杭州，随时听取调查组的汇报并给以指导。

调查组在田家英的领导下，工作搞得有声有色，生动活泼。既在调查中发现了一些重要问题，又在当地干部中起了表率作用。

田家英对这次调查工作的指导思想是两句话："打开脑筋"，"敢于发现问题"。他拟了一副对联，作为调查组的工作守则，上联是"同吃同住不同劳"，下联是"敢想敢说不敢做"。还有两句话，叫做"同心同德"，"忧国忧民"。为什么不讲"同劳动"呢？当时正值冬闲季节，调查工作又很紧张，搞"同劳动"，势必流于形式，反而影响调查。但在生活上，田家英对调查组的同志要求十分严格，不准搞特殊。有一个调查小组，一到公社，公社干部送来一大碗猪肉，调查组的同志吃了。田得知此事，赶到那里，狠狠批评了一顿，生气地说：老百姓饭都吃不饱，你们还吃肉！让他们都作了检讨。后来，在富阳县委召开的一次会议上，他还就此事向当地干部作了自我批评。他说："调查组有缺点，开始公社给肉吃，没有断然拒绝，是我们的缺点。"所谓"敢想敢说"，就是要打破思想框框，在调查组内部不设禁忌，什么话都可以说，什么意见都可以提。所谓"不敢做"，是指对外特别是对当地工作，有意见要通过组织向省委领导反映，不准在下边指手画脚，随意指挥，以免干扰地方工作。

田家英在调查中，十分注意搞好同当地干部的关系，很尊重他们，又用毛泽东思想和党的原则引导和教育他们。在一次有县、社干部和调查组成员参加的会议上，田说："调查组的同志，不能骄傲，不能有居高临下的态度。从上面来的调查组总是给老百姓做好事，而不是要东西(公粮)，所以往往给人家好的印象。公社干部的日子比我们不好过。挨骂的是你们，好话都是我们说。"这一番话，既教育了调查组的同志，又深切地体谅当地干部的难处，增进了相互之间的理解和团结。

说实在的，当时下去调查，只要态度端正，发现问题并不困难，实在是问题成堆，俯拾即是。但要说容易，也并不那么容易。关键在于能不能冲破思想束缚，有没有提出问题的勇气。经过反右倾运动，大家的思想被束缚得紧紧的，真是不敢越雷池一步。有一些问题明知不对不敢说，也有一些则是把错误的误认为是

1960年3月，在广州参加毛泽东主持的《毛泽东选集》第四卷文稿通读会。毛泽东右侧依次为：逄先知、许立群、康生、田家英、胡乔木、熊复、姚臻。

正确的。就拿食堂问题来说，调查组的两个点就有两种不同的看法。一个点上的调查，由于没有深入下去，仍然受旧框框的束缚，得出的结论是应该如何把食堂办好；另一个点上的调查，由于真正了解到群众对食堂的强烈不满情绪，认为食堂难乎为继，应当解散。田家英参加了那后一个点的调查，赞成他们的意见。但是，善于不善于发现问题是一回事，敢于不敢于向毛泽东反映像食堂这个特别敏感的问题又是一回事。当时，主张维护食堂的人，包括一些高级负责人，包括其他一些调查组，还大有人在；过去有些人因食堂问题被打成"右倾机会主义分子"的事，人们记忆犹新；中央刚刚发出的"十二条"指示信明文规定，必须"坚持食堂"，等等。所有这些，田家英不是没有考虑，但最后还是向毛泽东反映了真实情况并陈述了自己的意见。田家英敢于直言的精神，在重要关节上又一次显示出来。还有一个问题，即造成农业大幅度减产的原因究竟是什么？就我们所调查的地方来说（有相当的代表性），既不是天灾，更不是民主革命不彻底、阶级敌人复辟，完全是"五风"造成的。田也向毛陈述了这个意见。我参加调查的那个位于杭嘉湖平原鱼米之乡的和合生产队，水稻亩产通常是400斤以上，1960年竟只有291斤。这个数字深深地触动了毛泽东。

田家英很重视作历史的调查。他直接指导我的调查工作，让我和省里的一位同志对和合生产队的生产情况，从土改后到公社化的全部历史，作了详细调查。参加的人不多，请来一位老贫农、一位老雇农、一位老中农和生产队队长，共四人。我们促膝交谈，有问有答，既是调查会，又是讨论会，连续谈了五六天。这样，对这个生产队的历史及现状了解得比较透彻，这对于了解土改后中国农村各个历史发展阶段的情况，大有益处。有了历史的比较，哪些东西是好的应当恢复，哪些东西是不好的应当抛弃，以及现在存在的问题是什么，就看得比较清楚了。田家英把这个生产队的情况，从历史到现状（包括规模、体制、生产等），向毛泽东作了汇报。

就在这次汇报中，田家英建议中央搞一个人民公社工作条例，被采纳了。后来，毛泽东在广州会议上提到这个工作条例的由来时，是这样说的："我是听了谁的话呢？就是听了田家英的话，他说搞条例比较好。我在杭州的时候，就找了江华同志、林平加同志、田家英同志，我们商量了一下，搞这个条例有必要。搞条例不是我创议的，是别人创议的，我抓住这个东西来搞。"

2月6日，毛泽东在听取田家英等人的汇报时，提出一些重要意见。现根据我当时听传达的记录，将要点记载于下：

一、怎样克服"五风"改变面貌问题。问题主要是"五风"，瞎指挥。除自留地、蔬菜地以外，再留百分之三的土地归小队（按：即后来的生产队）机动使用，可以多种多样。

二、退赔问题。要决心赔，破产赔。谁决定的由谁退赔。要使干部懂得,剥夺农民是不行的。这种做法是反动的,是破坏社会主义而不是建设社会主义。

三、自留地问题。几放几收,都有道理。两个道理归根是一个道理——还是给农民自留地。要把反复的原因向农民交待清楚,基层干部要从反复中取得经验,作对比,就有了理论上的根据了。再反复,搞下去就是饿、病、逃、荒、死。

四、起草一个工作条例,规定公社三级怎么做工作。调查时,看看坏的,也看看好的,不然就要钻牛角尖。(田家英着重汇报的是和合生产队的情况,这是一个工作差的队。毛泽东是针对这一点讲的。)

五、规模问题。和合生产队太大了,是否分成三个,或者把小队当基本核算单位,生产队变大队,明升暗降。小队变成生产单位和消费单位。几个小队悬殊大,拉平分配,破坏积极性,基本原则是增产。

六、食堂问题。按群众要求办事,可以多种多样。单身汉、劳力强没有做饭的,要求办常年食堂,多数人要求办农忙食堂,少数人要求自己做饭。这个问题要调查研究一下,使食堂符合群众的需要。三十户中有五户要求办常年食堂的,那就要办。养猪的要求在家里做饭,是可以的。总之,要符合群众的要求,否则总是要垮台的。

七、干部手脚不干净的问题。百分之三四十的贪污面,百分之七八十的手脚不干净。统统撤掉不行。处理要按群众意见办,群众允许过关的就放过,不允许的就撤职。

以上这些,大体反映了毛泽东当时对人民公社以及农村政策问题的一些基本看法,有些是已经明确了的,有些是正在酝酿之中。后来他又听了湖南、广东等调查组的汇报。这就为广州会议的召开和主持起草《人民公社工作条例(草案)》(简称"六十条")做了准备。

2月21日,田家英和我遵照毛泽东的指示,离开杭州去广州。23日,三个调查组在广州会合,准备起草人民公社工作条例。

起草工作一直是在毛泽东的指导下进行的。2月26日起草委员会召开会议,主要是确定条例的框架和基本内容。出席会议的有:陶铸、陈伯达、胡乔木、田家英、廖鲁言、赵紫阳、邓力群、许立群、王力、王鲁,我也参加了会议。从27日起,进入具体起草阶段,主要由廖鲁言、田家英、王鲁、赵紫阳分别起草。

3月10日,由毛泽东主持的"三南"会议在广州开幕,参加会议的是中南、华南、西南三个大区的中央局书记和各省、市、自治区书记,主要讨论公社工作条例和农业问题。与此同时,由刘少奇主持的"三北"(指华北、东北、西北三个大区)会议,在北京召开。

3月13日,毛泽东在"三南"会议发表重要讲话,主题是反对两个平均主义,即人与人之间、队与队之间分配上的平均主义。这是他根据三个调查组的调查得出的一个基本思想,成为人民公社工作条例的核心和基石。

反对两个平均主义,在今天看来,似乎没有什么了不起。但是,我们对待任何一个问题都不能离开当时当地的具体条件。这个问题,浙江调查组没有提出来,湖南调查组没有提出来,广东调查组没有提出来,其他众多的调查组都没有提出来,尽管各个调查组都各自提出了一些好的、有价值的意见和建议。而这个思想是由毛泽东根据大量调查材料概括出来的。它使人们思想豁然开朗,不能不对他的高度概括能力和善于抓住问题本质的洞察能力表示钦佩。当然,他提出反对两个平均主义,既受当时客观历史条件的限制,也受他自己主观认识的限制,所以还是不彻底的。但无论如何这是一个重要的进步,它是党在一段时间内解决农村问题的指导思想。

3月14日,"三北"、"三南"两个会议合并召开,在广州继续进行。

3月15日,工作条例经过修改,写出第二稿。第二天,送给毛泽东。当天下午3时,毛泽东召集陈伯达、胡乔木、田家英、廖鲁言谈条例问题,决定将条例印发会议讨论。会议共讨论了两天,有一个争论的问题,就是关于是否以生产小队(即后来的生产队)为基本核算单位,会议没有作出结论。

3月15日,刘少奇在中南、华北小组会上有一段插话。他说:(一)对"五保户"实行部分供给制,实际上是社会保险,农民是赞成的。但其余的统统要按劳分配,多劳多得,多劳多吃。活劳动转化为死劳动,劳动力就是钱,就是物资。所谓经济工作越做越细,就是要节约劳动时间,提高劳动效率,所以加班加点一定要给钱。(二)搞家庭副业、自留地,这是经济民主。刘少奇这段话很重要,蕴含着深刻的思想。这表明当时刘少奇已经对平均主义的供给制持否定态度。

3月19日,开始修改工作条例第二稿,吸收每一个大区一至三人参加。华北是陶鲁笳,西北是白治民,东北是冯纪新,中南是王延春、赵紫阳,华东是林乎加、薛驹、魏文伯,西南是黄流。胡乔木向起草组传达了毛泽东当天中午的谈话。根据我当时的记录引证如下:

> 这个条例怎么样?没有危险吗?农业问题抓得晚了一些。这次一定决心解决问题。第二次郑州会议,问题解决得不彻底,只开了三天会,而且是一批一批地开,开会的方法也有问题。庐山会议本应继续解决郑州会议没有解决的问题,中间来了一个插曲,反右,其实应该反"左"。1960年上海会议对农村问题也提了一下,但主要讨论国际问题。

北戴河会议也主要是解决国际问题。"十二条"起了很大作用，但只是解决了"调"的问题，没有解决"平"的问题。12月中央工作会议，只零碎地解决了一些问题。农村问题，1959年即已发生，庐山会议反右，使问题加重，1960年更严重。饿死人，到1960年夏天才反映到中央。

3月22日，中央工作会议通过《农村人民公社工作条例（草案）》。同日，党中央发出《关于讨论农村人民公社工作条例草案给全党同志的信》，要求各地对条例进行认真讨论，在总结经验的基础上，切实解决人民公社中的问题。

3月23日，中央工作会议最后的一天，通过《中共中央关于认真进行调查工作问题给各中央局，各省、市、区党委的一封信》。这封信是胡乔木代中央起草的。信很长，别的内容人们大概都忘了，但有一句话比较不容易忘记："在调查的时候，不要怕听言之有物的不同意见，更不要怕实践检验推翻了已经作出的判断和决定。"通过这封指示信的时候，毛泽东把田家英请到主席台上，坐在他的旁边，田家英一面读，毛泽东一面解释。最后，毛泽东专门对《调查工作》（即《反对本本主义》）一文作了说明、讲解和发挥。当天晚上，毛找田谈话，指示把调查工作延长到5月，再到江苏去调查二十几天，搞三个点。后来，我们没有去江苏，而是继续在浙江调查。

广州会议是一次重要的会议，用毛泽东的话来评价，这是公社化以来中央同志第一次坐下来一起讨论和彻底解决农业问题。广州会议的主要成果就是制定了人民公社"六十条"。

"六十条"集中了广大群众和干部的意见和要求。但是，它是不是正确？是不是符合实际？行得通行不通？还有一些什么问题需要解决？这就需要再拿到群众中去征求意见，放到实践中去检验一番。这就是毛泽东历来倡导的群众路线的工作方法。

广州会议一结束，田家英和我就于3月26日回到杭州，主要任务是搞"六十条"的试点和讨论工作。田在向调查组布置这一任务时，强调要"继续打开脑筋"。他说："对这个文件，一方面要有充足的评价，另一方面也不要盲从，因为还有一些问题，例如手工业、商业等都还没有完全解决。在条例的试点和讨论中，仍然要敢于和善于提出问题，敢于发现问题。"由于这一段不单是调查，还带有工作的性质，有时还需要决定一些问题，因此，田家英特别嘱咐大家："这一阶段更要严肃纪律，特别是搞试点的。现在是要拍板。是不是真正群众的意见要弄清楚，不要为假象所迷惑。特别是对大的问题，更要慎重，不要急，要对群众负责。'临事而惧，好谋而成。'任何个人不得随意决定问题，凡是大事，要一再商量，有些事我们还要同省委商量。我们调查组受到省委的重视，越是这样，我们越是要兢兢业业。"

我们的试点工作，一直进行到4月中旬。在这期间，一个调查小组通过一个偶然的机会，发现富阳县有一个生产大队，在一些严重违法乱纪分子的把持下，生产遭到严重破坏，人民生活极端困难，发生了非正常死亡的现象。田家英得知后，立即于4月9日同我一道赶到那里。他听了调查组的汇报，第二天召开全管理区干部大会。田家英作长篇讲话，对违法乱纪分子进行了声色俱厉的批评和斥责，对其他干部进行了入情入理的说服教育。全场秩序井然，大家被他的感人、有力的讲演所吸引。他揭露了这里一些惨不忍睹的事情，当他说到"共产党员看到这种情况，是很痛心的"时候，哽住了，长时间说不出话来，难过得流了泪。最后，他宣讲了"六十条"，并对这里如何讨论和试行"六十条"提出具体意见。田家英这次的到来和讲话，成为这个生产大队的转折点。在县委的领导下，加上调查组的协助，这个大队很快恢复了生机。不到两年，丰收欢快的景象又重新展现在这块美丽富饶的江南土地上。1980年3月29日晨，当这个大队的干部和群众从广播里听到中央为在"文革"中含冤去世的田家英平反昭雪的消息，许多人十分悲痛，含泪奔走相告。这个大队立即给董边写来慰问信，并要田家英的照片，永作留念。

田家英对人民，特别是对广大的贫苦农民有一种特殊的感情。他爱人民，为人民的利益而奋斗，以人民的根本利益为最高利益。他在浙江调查和"六十条"试点工作中，始终贯彻这个思想，坚持以毛泽东的群众路线理论教育和武装干部。

他说："人民公社工作条例中特别提到要关心群众生活，要有群众观点。群众观点，首先是全心全意关心群众的生活。要真正把群众利益放在第一位。为群众谋利益同对上级负责是一致的。符合群众利益的事就做，否则就要抗。所谓抗并不是无组织无纪律，要经过一定的手续。下级服从上级，少数服从多数，必须坚持这个原则。凡是违反群众利益的，破坏生产的(按：这里指瞎指挥)，都要反对。如果对上面错误的东西不提意见，盲目执行，自己就要负责。"又说："由于为人民服务的观念不强，使我们的工作缺乏坚定性，这是一条重要的教训。必须真正做到对党负责和对人民负责的一致性。有一个干部说：'我们过去怕整风，怕批评，怕丢面子，就是不怕老百姓没有饭吃。'""工作上出现错误和缺点，对有些人来说是对人民负责不够。要有不怕丢乌纱帽的精神。有些同志明明看到群众没有饭吃，不敢反映，怕丢乌纱帽。有人不敢抗歪风，主要是群众观点薄弱。上级的指示要执行，但是如果有错误，就应当反映，提意见。无非是妻离子散，打成右派，儿子不叫父亲，死于非命，怕什么！要坚持真理。何况我们党不是不听意见的。"在讲到动机与效果的关系时，田家英说："人民的利益是衡量动机好坏的标准，凡是违反人民利益的要马上制止。这几年的一些工作，是蛮干，是傻干，效果不好，要马上改。"

田家英讲这些话离现在快30年了,这些话都是针对当时情况讲的,但今天读来仍然掷地有声。他讲话时的神态和音容笑貌,还活生生地留在我的记忆里。

就在浙江嘉善搞"六十条"试点的时候,一天晚饭后,我们一起散步,田家英向我背诵了郑板桥的一首诗,诗曰:"衙斋卧听萧萧竹,疑是民间疾苦声;些小吾曹州县吏,一枝一叶总关情。"这是郑板桥在山东潍县做知县的时候,在送给巡抚包括的一幅画竹上题写的四句诗。他深为感慨地说:一个封建时代的县官尚且如此关心老百姓的疾苦,何况我们是共产党员呢!的确,作为共产党员的田家英继承了中国知识分子忧国忧民的优良传统,并在马克思主义世界观的基础上加以发展。

田家英出身贫寒,自幼受到社会的和家庭的不公道待遇。因家庭不供给他上学,13岁就辍学,在他哥哥开的一个中药铺里当学徒。他过着寄人篱下的生活,又目睹旧社会的黑暗,深切体会到平民百姓的苦难,极易接受革命思想。抗日战争爆发,在民族危亡的时刻,满腔爱国热情的田家英离开家乡成都,奔赴革命圣地延安去找共产党。当时他才是一个16岁的少年。他参加革命以后,自觉地走上毛泽东指引的知识分子与工农大众相结合的道路。在马列主义、毛泽东思想的教育下,使自己朴素的阶级感情上升到理性阶段,思想升华到相当的高度。他的群众观点是坚定的、牢固的、始终如一的。1947年他到晋西静乐县张家庄搞土改,亲身经历了这场伟大的反封建的土地改革运动,同当地贫苦农民建立了深厚的感情。他常常给我讲那段历史。他说,他住在一户贫农家里,那位老大娘对他特别好。那时很困难,老百姓没有粮食吃。可是每天晚上回来,在他枕头下面总是放着一个小口袋,里面装着一点炒黄豆。那个山庄有狼,夜晚出没在山野里,田家英经常晚上出去开会,一位老雇农自愿为他保镖,身背一把大刀,跟在他的后面。1956年我们到山西调查,又特地来到这里,见到了那位老大娘和老雇农。我们进村以后,村民听说田家英来了,都来看他,"老田"、"老田"地称呼着,叫得特别亲热。我们走的那一天,村里的群众站在黄土岗上,一直看着我们远远地离去。

浙江调查和"六十条"试点工作,4月中旬告一段落。调查组全体成员搬到杭州刘庄,同毛泽东住在一起。

4月23日,毛泽东找田家英谈话,研究下一步的调查工作,既谈到全党范围的,也谈到浙江调查组的。4月25日,他写信给当时在杭州的邓小平,提出5月召开中央工作会议,继续广州会议尚未完成的工作:修改人民公社"六十条"和继续整顿"五风",并要求到会同志利用这一段时间,对农村中的若干关键问题[1]进

---

[1]毛泽东提出的这些问题是:食堂问题,粮食问题,供给制问题,自留山问题,山林分级管理问题,耕牛、农具[归]大队所有好还是[归]队所有好的问题,一二类县、社、队全面整风和坚决退赔问题,反对恩赐观点、坚决走群众路线问题,向群众请教、大兴调查研究之风问题,恢复手工业问题,恢复供销社问题。

行重点调查。请邓小平找田家英一起起草中央通知。当天上午,田把写好的通知送邓审定。晚上,田参加了毛泽东召集的会议,会议开到次日凌晨2时。在这次会上,决定浙江调查组继续就上述问题进行调查。第二天,调查组分赴三个地点,又投入了新的紧张工作。我们这次调查,是党中央布置各地作重点调查的一个组成部分。所有这些调查,为5月北京会议做了准备。

田家英领导浙江调查,从1961年1月23日开始工作,到5月3日结束,中间参加广州会议,参加起草"六十条"和"六十条"试点工作,整整100天。在这100天里,不论在工作上思想上,内容都是十分丰富的,田家英过得紧张而又愉快。他向毛泽东提出许多重要意见,帮助毛做了许多工作,受到毛的称赞。他言传身教,循循善诱,带出一支好的调查工作队伍。他以身作则,平易近人,积极宣传毛泽东思想,为群众解决实际问题的事迹,在当地干部和群众中广为传扬。他在一些场合中,对如何搞社会主义这一问题,提出一些颇有见地的思想,在今天看来仍然有一定的意义(这在后面将作专门介绍)。在整个调查和试点工作中,充分显示出田家英是一位有个性、有特色、有思想、有才能的领导者和组织者。

1961年5月21日到6月12日,中共中央在北京举行会议。会议根据中央和各地区、各部门的调查,对《农村人民公社工作条例(草案)》进行修改,制定了工作条例的"修正草案"。修改部分主要是取消了原草案中关于食堂和供给制的规定。会议还讨论了商业工作和城市手工业工作。

会议期间,田家英根据毛泽东提出的四个问题(调查研究、群众路线、退赔、甄别平反),为中央起草了《关于讨论和试行农村人民公社工作条例修正草案的指示》。指示提出,对几年来受批判处分的党员和干部进行实事求是的甄别平反。其中特别规定,以后在不脱产干部和群众中,不再开展反右倾反"左"倾的斗争,也不许戴政治帽子。这是一个很重要的规定。鉴于几年来在政治运动中,动不动反右倾,随意地给人戴上"右倾机会主义"帽子,伤了许多人,其中也有不脱产干部和一般群众。这是一个严重教训。反倾向斗争,不论是右倾还是"左"倾,本来是共产党解决党内问题使用的概念,即使在党内也不能随意使用,何况对不脱产干部和一般群众呢。

毛泽东在会议上作了自我批评,对党所犯的错误承担了主要责任。他说:"违反客观事物的规律,要受惩罚,要检讨。"五月会议以后,全国经济形势继续好转,党内民主生活进一步恢复正常。①

①顺便说,这次会议期间,胡乔木因患严重的神经衰弱,中途请病假,直至田家英含冤去世和十年浩劫开始,没有恢复工作。从此,田家英和他在工作上的交往就基本上中断了。

"六十条"是毛泽东提出大兴调查研究之风结出的第一个硕果。这个文件对于扭转农业局势以至整个国民经济的困难局面,起了重大作用。在它的带动下,全国各条战线相继制定工作条例,形成一整套比较符合当时实际情况的具体政策。"六十条"集中了全党的智慧,体现了毛泽东当时的农业政策思想,其中也包含着田家英的一份贡献。

同对待任何事物都要采取历史唯物主义的观点一样,对"六十条"也不能简单地用今天的标准去衡量它。"六十条"基本上还是坚持实行以政社合一为特征的人民公社体制。实践证明,这种体制对于充分调动农民的积极性,发展农业生产,是不适应的。从80年代初起,我国大多数农村逐步推行了家庭联产承包责任制,取代人民公社制,获得了举世公认的成就。一部分农村虽然改变了人民公社制,仍然保持集体经济,这些地方一般发展水平较高,发展速度较快,这一点也需要着重指出。

十二、"开一个心情舒畅的会"

"六十条"在全国范围的宣讲和试行,在农民中引起强烈反响,收到很好的效果,农业很快开始复苏。毛泽东很高兴。这时,中央又着手系统地解决工业、教育、科学等战线的问题。1961年8月至9月召开的第二次庐山会议就是为了解决这些方面的政策问题。

上山之前,毛泽东曾对田家英说:"这次要开一个心情舒畅的会。"

召开第二次庐山会议,不能不联想到第一次庐山会议。第一次庐山会议引起的灾难性后果,毛的感受不会比别人的小。从1960年夏天起,农村中的严重情况逐渐反映到中央,反映到毛泽东那里。他的心情沉重起来。在那些日子里,他常常闷闷不乐,沉默寡言,有时长时间地呆坐在那里,凝视不动。这种情况在过去是少有的。到1960年11月初,他亲自主持起草中央"十二条"指示信,首先下决心解决农业问题。

毛泽东说:

> 庐山会议的估计不灵了。当时认为一年之内形势可以好转,以为右倾压下去了,"共产风"压下去了,加上几个"大办"就解决问题了。当时有人说:逢单年不利,逢双年有利。今年是双年,要说逢双年有利,实际上并不是这样,"共产风"比1958年刮得还厉害。原来估计1960年会好一些,但没有估计对。1960年有天灾又有人祸,敌人的破坏尚且不说,我们工作上是有错误的,突出的是大办水利,大办工业,调劳动力

过多。(1960年12月30日在听取各中央局汇报时的插话)

郑州会议的召开是为了反"左"的,由3月到6月只反了三个月。如果继续反下去就好了。谁知道彭德怀在中间插了一手,我们就反右。反右是正确的,但带来一个高估产、高征购、高分配。这个教训值得我们记取。庐山会议反右这股风把反"左"打断了。(1961年3月5日对几位中央领导人的谈话)

对于错误地批判彭德怀,毛泽东这时并无后悔之意("反右是正确的"),但对于因反彭德怀而打断纠"左"过程、从而遭受更大的"共产风"的破坏,则是痛定思痛,心情确实很不舒畅。他决定二上庐山,想开一个心情舒畅的会,是不是也包含着想求得一种心理上的平衡呢?

果然,这一次会议没有紧张的气氛,没有批判的场面,大家的心情平静而舒坦,比较地敢于批评和议论工作中的问题和失误,又产生了几个好的文件,如《中共中央关于当前工业问题的指示》、《工业七十条》、《高教六十条》。田家英在第一次庐山会议后期是受压的,参加这次会议却是另一种心境。但是有一点使田感到不安。当时毛泽东对国内经济形势的估计是已经到了"锅底"。田认为,在农业方面可以这样说,在工业方面就不能这样说,因为工业生产仍在继续下降。他半夜里睡不着觉,便到梅行(当时参加起草《工业问题的指示》和《工业七十条》的卧室)去讨论这个问题,直至天亮。

第二次庐山会议主要讨论工业问题和财贸、教育等问题,但毛泽东的兴趣仍然在农村方面。他始终关注着公社"六十条"的命运,关心着"六十条"的执行情况。

我们党在1959年走了一段曲折的路程,这个教训深深地印在毛泽东的心里。他对于"六十条"能不能得到贯彻执行,"六十条"是否能真正彻底解决问题,会不会再来一个反复,是担着心的。1961年8月23日,第二次庐山会议的第一天,他在中央和各大区负责人的会议上,讲了一篇话,大体上反映了他的这种心态。

他说:

讲到社会主义,不甚了了。"六十条"都是社会主义,这个问题究竟如何,你说有一套了,我还不大相信。不要迷信广州会议、北京会议搞了一套,认为彻底解决问题了。我看还要碰三年,还要碰大钉子。会不会遭许多挫折和失败?一定会。现在遭了挫折和失败,碰了钉子,但还碰得不够,还要碰。再搞两三年看看能不能搞出一套来。对社会主义,我们现在有些了解,但不甚了了。我们搞社会主义是边建设边学习。搞社会主义，才有社会主义经验，"未有学养子而后嫁者也"。郑州会议犯了错误，分三批开，一批开一天，我打你通，略知梗概，不甚了了，经过六个月，到庐山会议。会议顶住了彭德怀的那股风，是对的，不顶不行。但也犯了错误，不应一直传达下去。现在搞了"六十条"，不要认为一切问题都解决了。搞社会主义，我们没有一套，没有把握。

我国在社会主义建设方面的挫折，教育了全党，也教育了毛泽东。到1960年冬，他已经开始冷静下来，觉悟到："看来建设社会主义只能逐步地搞，不能一下子搞得太多太快。我设想，社会主义建设大概要搞半个世纪。"(1960年12月30日的一次谈话)1962年七千人大会上，毛泽东在总结我国社会主义建设经验时指出："在社会主义建设上，我们还有很大的盲目性。社会主义经济，对于我们来说，还有许多未被认识的必然王国。拿我来说，经济建设工作中间的许多问题，还不懂得。工业、商业，我就不大懂。对于农业，我懂得一点。"但是，"我注意得较多的是制度方面的问题，生产关系方面的问题。至于生产力方面，我的知识很少"。他的这段总结讲得很坦率，也很中肯。毛泽东在战争问题上，在民主革命问题上，经验丰富，可以说一帆风顺。但在建设问题上，以及在社会主义革命的若干问题上，自己的知识和经验比较缺乏，对别人以及党的领导集体的知识和经验又不善于尊重，所以在工作指导上常常发生错误。毛泽东不很赞成照搬苏联的经验，强调要结合中国实际，走出一条中国的路子，这是对的。但是没有达到预期的目的。这里面有很多经验教训值得总结。这不是本文的任务，这里不去多讲。

就在这次会上，中南的同志(陶铸、王任重等)谈到"六十条"解决了生产队的问题，但土地、耕畜、劳力归生产队所有，而分配则以大队为核算单位，所有权与分配权有矛盾。毛泽东很重视这个意见，提出应当加以研究。其实，这个矛盾毛泽东早已发觉，在3月广州会议上，他曾批给与会同志阅看一份反映这个矛盾的材料，想在"全国各地推行"，结果没有被通过。对于人民公社体制上存在的这个问题，毛泽东一直揣在心里。第二次庐山会议后，他仍是沿着这条思路，继续为纠正人民公社内部的平均主义而进行探索。

1961年9月27日，毛泽东召集邯郸谈话会，就基本核算单位问题亲自作调查。29日，他写信给中央常委及有关同志，明确表明了自己的意见：人民公社的基本核算单位应是生产队而不是大队。他说："我们对农业方面的严重的平均主义的问题，至今还没有完全解决，还留下一个问题。农民说，六十条就是缺了这一条。这一条是什么呢？就是生产权在小队(按：即生产队)分配权却在大队。"

改变基本核算单位，是公社体制上的重大调整，是对"六十条"的重要突破。(实际上，就经营规模的大体而论，这是正确地退回到初级合作社，只是还保留政社合一这个僵硬的外壳罢了,这个外壳仍然是农业生产发展的严重障碍。)毛泽东虽然作出了决策,但他认为,要把他的这个决策变为全党实行的政策,还需要有一个过程,需要全党各级领导干部经过调查研究,再基本上取得一致的认识。在这个重要的时刻,毛泽东又把协助自己解决这个问题的重任交给田家英。一方面,要他为中央起草一个指示,把这个问题提到全党面前进行研究;另一方面,派他下去专就这个问题进行调查。田家英选定了山西长治地区的一个农村,作为调查地点。经过调查,他认为毛的意见完全正确,随即带着几位同志,为中央起草《中共中央关于改变农村人民公社基本核算单位问题的指示》草案。在这个文件里,有针对性地批评了一些人在这个问题上采取不热心、不积极的态度;同时也反对了认为基本核算单位越小越好的意见,而主张大体相当于初级社的规模,就全国大多数地区来说,以二三十户左右为宜。毛泽东对这个文件看得很细心,画了很多杠杠。田家英高兴地拿给董边看,说:"我自己认为写得好的地方,主席都画了杠杠。"毛泽东将文件提交给1962年1月至2月间召开的七千人大会讨论。

在讨论中间,一个重要意见,就是要规定生产队为基本核算单位40年不变(我记得这是毛泽东提的,现在一时没有查到根据)。有一位中央负责人建议将40年改为"至少20年内",请毛斟酌。毛将"至少20年内"改为"至少30年内",并且批了一段话:"以改为'至少30年'为宜。苏联现在45年了,农业还未过关,我们也可能需要几十年,才能过关。"从这个修改和批语中可以看到,此时毛泽东在农业问题上是比较冷静和谨慎的。从此以后,"30年不变"的提法,成了一个重要公式,经常出现在党中央的有关文件里。不管30年,还是40年,无非是表示:生产关系应当较长期地稳定,不能频繁地变动了,这表达了人心思定的愿望。历史经验证明,有了稳定的条件,才有利于生产的发展。由于随意改变生产关系,两度大刮"共产风",造成严重损失,这个痛苦教训毛泽东是记取了。1962年十中全会开过不久,他在视察工作时,曾向一位省委书记嘱咐说:"万万不能再搞一平二调,不要把农民养的猪调上来,调一头也要受处分!"在"文化大革命"中不管怎么动乱,不管张春桥还有别的什么人怎么鼓吹穷过渡,毛泽东始终纹丝不动,以生产队为基本核算单位的体制始终没有改变。不过,从1963年的"四清"运动开始,直至"文化大革命"结束,在农村中大搞"割资本主义尾巴",使得农民愈割愈穷,这就不是以生产队为基本核算单位所能解决的了。

1961年这一年,从浙江调查到为中央起草基本核算单位下放的指示,毛泽东与田家英之间的关系非常和谐,非常密切。田的出色工作得到毛的高度信任,毛的意见和决策受到田的热烈拥护。这种信任和拥护的关系,是建立在政策思想一致的基础上的,目的都是为了尽快渡过农业以至整个国民经济的困难时期,发展生产,改善全国人民的生活。这是田家英作为毛泽东的秘书,发挥作用最大、工作最为顺利的一年。

十三、湖南调查和包产到户

七千人大会闭幕不久,毛泽东就离开北京到南方去了。临走前,他要田家英整理一下他在大会上的讲话。2月下旬,田带着整理稿和我一起到了杭州。毛对田整理的稿子不太满意,写了一个批条,语气很婉转,说还是他自己整理的那个稿子好。毛自己整理的稿子,是在录音记录稿上略作了一些文字修改,完全保持了原来的样子。后来,他又一遍一遍地修改,润色,并加写了几大段话。每改一遍,都送给田校阅,还要他帮助查阅了一些历史书籍。

这时,毛泽东仍关注着农业,不放松对农村情况的了解。2月25日,他把田家英叫去,要田再组织一个调查组,到湖南作调查,主要了解贯彻执行"六十条"的情况和问题。

毛泽东总是这样,对任何一个问题,不抓则已,一抓就抓住不放,一抓到底。"抓而不紧,等于不抓",这是他的名言,也是他的一个重要工作方法。农民问题,在毛泽东的思想中,始终占着特殊重要的地位,民主革命时期是这样,社会主义时期同样如此。他在1961年曾经这样说过:"中国有五亿农民,如果不团结他们,你有多少工业,鞍钢再大,也不行的,也会被推翻的。"(1961年3月23日在广州会议的讲话)又说:"中国这个国家,离开农民休想干出什么事情来。"(1961年5月21日与各中央局负责同志谈话)

毛泽东给田家英指定了四个调查地点:湘潭的韶山(毛的家乡)、湘乡的唐家圫(毛的外祖家)、宁乡的炭子冲(刘少奇的家乡)、长沙的天华大队(刘1961年3、4月间蹲点的地方)。他特别嘱咐田家英,要向刘少奇报告一下,问他有什么指示,他那里有什么人要参加调查。田家英回到北京向刘少奇作了汇报,刘除了表示同意外,还很关心调查组,说湖南3月份天气还很冷,可以向省委借些棉大衣给大家穿。

田家英组织了一个17人的调查组,兵分三路,去韶山大队、大坪大队(即唐家圫)、炭子冲大队。天华大队没有去。

毛泽东对这次调查寄予厚望。有了前次成功的浙江调查,他相信田家英领导的这次调查同样会给他很大的帮助。他接见了调查组全体成员,时间:3月22日;地点:武昌东湖招待所。当时的湖北省委第一书记王任重参加了这次接见。那天下午,大家听说毛主席要接见,都很兴奋。毛先是一个一个地问每个人的名字,接着讲了一些当时流传的政治笑话,谈笑风生。最后向调查组提了几点希望:第一,要同当地干部,省、地、县、社各级干部相结合。第二,不要乱指挥。第三,头脑里不要带东西(指思想框框)下去,只带一件东西,就是马克思主义。第四,要作历史的调查,这是马克思主义的历史唯物主义观点。第五,看到坏人坏事不要乱说,好的可以说。第六,参加点轻微的劳动。毛泽东当时亲切、温和而又轻松的谈话情景,至今还给我留下清晰的印象。

田家英把这次调查的重点放在如何恢复农业生产这个问题上。当时,陈云正在组织人力调查和深入研究这个问题。这也是全党各级组织都在研究的一个题目。田计划在这次调查的基础上为中央起草一个《恢复农村经济的十大政策》的文件。

3月底,调查组全部到达农村。田家英住在韶山,我住在韶山南岸生产队毛泽东旧居隔壁一家姓邹的社员家里。这里是毛泽东幼年读私塾的地方,一出门就是他童年时代游泳的那个池塘。再往远处看,是毛泽东父母的墓地,在一个林木茂密的小山丘上。韶山这个地方,"大跃进"时生产虽然遭到破坏,但山林却保护得比较好,还是那样郁郁葱葱,景色十分秀丽。到晚上,月朗风清,走在田野里和崎岖的山路上,别有一番景致。那位姓邹的社员的父亲,就是1925年用轿子抬着毛泽东离韶山脱险的农民之一,早已离世了。

这里自从实行"六十条",取消了食堂、供给制,后来又把基本核算单位下放到生产队,社员的积极性明显提高,生产、生活都有了转机。但是我们一进村,却遇到一个没有料到的情况:社员普遍要求包产到户和分田到户,而且呼声很高,尤以韶山、大坪为甚。炭子冲好一些,据说这是因为刘少奇1961年回家乡调查时曾批评过包产到户。对这一情况,田家英没有精神准备,大家也都没有精神准备。农民列举事实,讲了包产到户的许多好处,同时历数公社化以来集体经济的缺点和困难,有时同调查组的同志辩论到深夜。

田家英是不赞成包产到户的。1961年3月广州会议期间,他将安徽(毛泽东所信任的曾希圣任省委第一书记)的一个关于包产到户的材料送给毛泽东,并写了一封信。他看到材料里讲到一些缺乏劳动力的社员特别是孤儿寡妇在生产和生活上遇到的困难,无法控制住自己的感情,含着眼泪写了那封信。信中有这样一段话:"寡妇们在无可奈何的情形下,只好互助求生。她们说:'如果实行包产到户,不带我们的话,要求给一条牛,一张犁,8个寡妇互助,爬也爬到田里去。'看到这些,令人鼻酸。工作是我们做坏的,在困难的时候,又要实行什么包产到户,把一些生活没有依靠的群众丢开不管,作为共产党人来说,我认为,良心上是问不过去的。"信中还说,为了总结经验,包产到户作为一种试验是可以的,但是不能普遍推广,"依靠集体经济克服困难,发展生产,是我们不能动摇的方向"。田在这封信里所表达的主张和流露出来的情感,同毛泽东是一致的和相通的。毛立即将这份材料连同田的信批给政治局常委和几位大区书记传阅。陶铸见到田家英说:"家英呀,我赞成你的意见。"陈云则对田家英的意见不以为然,说:"安徽搞包产到户,应当允许人家试验嘛!"

时隔一年,经过一段调查,田家英的思想起了变化。他认真听取和思考农民的意见,觉得很有道理。调查组内也有人主张实行包产到户,田便组织全体同志进行讨论,鼓励大家畅所欲言,充分发表意见。双方争论非常热烈,但都是心平气和地讲道理,没有任何棍子、帽子之类的东西。田认真地冷静地听取双方阐述的理由。当时不赞成包产到户的意见占着上风,但是他仍鼓励少数几位主张包产到户的同志继续进行研究。

田家英心里很矛盾。他认为,从实际情况看,搞包产到户或分田到户明显地对恢复生产有利。另一方面,他又觉得,事关重大,在这个问题上不能轻举妄动,特别在韶山这个特殊地方,以他这样的身份(人们都知道他是毛主席的秘书,是毛主席派来作调查的),更应谨慎从事。这里一动,势必影响全省,会给省里的工作造成困难(实际上,早在1961年3月,湖南的有些农村已经实行暗分明不分,不过还没有波及长沙、湘潭这样的重要地方)。他在私下多次对我说,在手工劳动的条件下,为了克服当时的严重困难,包产到户和分田到户这种家庭经济还是有它的优越性,集体经济现在"难以维持"。可见他已经萌生用包产到户和分田到户渡过难关的思想。但在公开场合,在农民和干部面前,对包产到户的要求他丝毫也不松口。

田家英就是带着这种矛盾的心情,同我一起到上海向毛泽东汇报的。当时,陈云也在上海,我们将三个点的调查报告同时送给他们两人。得到的反应迥然不同。陈云读后很称赞,说"观点鲜明"。在这之前,田已将炭子冲大队的调查报告寄给了刘少奇,刘认真地看了,认为很好。毛泽东却很冷漠,大概没有看,只听了田的口头汇报。毛对田说:"我们是要走群众路线的,但有的时候,也不能完全听群众的,比如要搞包产到户就不能听。"这是毛泽东对包产到户问题的又一次明确表态。后来的实践表明,包产到户即家庭联产承包责任制,仍然保存了集体所有制的部分优点,在这个基础上仍然可以实行双层经营、双向承包、以工补农直至在条件具备时发展为规模经营,与分田到户不同,是适应我国大部分农村的生产情况的。

在上海期间,杨尚昆从北京打电话给田家英:"总理要我问你一下,可不可以把农村的私有部分放宽一些?"田家英当即表示同意。

我们从上海回到韶山,调查工作已接近尾声。田没有传达毛泽东的意见。此时,包产到户在全国呈现迅速发展之势,推行包产到户的呼声日益高涨,成了党内议论的重要话题。为了进一步弄清这个问题,田家英派出两位同志立即赶往安徽无为县,了解实行包产到户的情况。他们调查的结论大致是:包产到户对于解救已经遭到破坏的集体经济的危机,迅速恢复农业生产,肯定是有利的和必要的;但是,将来要进一步发展农业经济,就可能要受到限制。

我们回到北京已经是6月底。在北京听到的关于包产到户的声音,跟我们在下面听到的几乎一样,不过这些言论更带理论性和系统性。

回到北京后,田家英立即向刘少奇作汇报。汇报刚开了个头,就被刘打断了。刘说,"现在情况已经明了了",接着就提出关于实行包产到户的主张,并且详细讲了对当时形势的看法。田问:"少奇同志这些意见可不可以报告主席?"刘说:"可以。"刘少奇又吩咐田家英把他的意见在"秀才"中间酝酿一下,听听反应。他为慎重起见,并且希望能够真正听到"秀才"们的真实意见,嘱咐田不要说是他的意见。接着,田又向邓小平报告关于起草《恢复农村经济的十大政策》的设想。邓的话不多,很干脆:"赞成。"田家英立即组织起草班子。他的指导思想就是:当前在全国农村应当实行多种多样的所有制形式,包括集体、半集体、包产到户、分田单干,以便迅速恢复和发展农业生产。与此同时,田家英还向其他几位中央领导人陈述了自己的观点和主张,得到一致赞同。

看来,事情进行得很顺利。但是,中央究竟是否确定推行包产到户,还要通过关键的一个关口,那就是毛泽东的同意。田家英似乎觉得比较有把握,因为中央常委的几位同志几乎都支持搞包产到户,至少是不反对;但是心里又有些嘀咕,不知道毛现在的态度究竟怎样。他知道提这样的建议是要担风险的,但他不顾个人得失,终于下决心,以秘书的身份向毛泽东进言。这时,毛正在河北邯郸视察工作,田家英打长途电话要求面陈意见。那边传来电话说:"主席说不要着急嘛!"从这句话里,我们已经微微感觉出毛的不耐烦的心情了。

过了两天,毛泽东回到北京,田家英被召见,地点在中南海游泳池。田家英系统地陈述了自己的意见和主张。大意是:现在全国各地已经实行包产到户和分田到户的农民,约占30%,而且还在继续发展。与其让农民自发地搞,不如有领导地搞。将来实行的结果,包产到户和分田单干的可能达到40%,另外60%是集体的和半集体的。现在搞包产到户和分田单干,是临时性的措施,是权宜之计,等到生产恢复了,再把他们重新引导到集体经济。

毛泽东静静地听着,一言不发。这种情况,同刘少奇性急地打断田家英的汇报,滔滔不绝、毫无保留地讲出自己的意见,完全不同。最后,毛突然向田提出一个问题:你的主张是以集体经济为主,还是以个体经济为主?一下子把他问住了。对于这突如其来的提问,他毫无准备。毛接着又问:"是你个人的意见,还是有其他人的意见?"田答:"是我个人的意见。"当时,毛没有表示意见,没有表态,这就是一种态度,不过没有说出来而已。

田家英从游泳池回来,情绪不大好。他说:"主席真厉害。"意思是说,毛主席把问题提得很尖锐,使他当场不知如何回答是好。毛泽东善于抓住对方谈话的要害,出其不意地提出问题,迫使对方无法含糊其词,无法回避问题的实质,非把自己的观点确定而鲜明地摆出来不可。

大概是第二天,毛泽东召集会议,田参加了,还有陈伯达。毛终于说话了,批评田家英回到北京不修改"六十条",却搞什么包产到户、分田单干(大意)。会上,毛指定陈伯达为中央起草关于巩固集体经济、进一步发展农业生产的决定。

毛泽东对人民公社"六十条"好像有些偏爱。他多次说:人还是那些人,地还是那些地,有了"六十条",农村形势就大不一样。在他看来,有了"六十条",再加上基本核算单位下放这一条,农村的问题,就调整生产关系方面来说,已基本上解决。以生产队为基本核算单位,是毛调整农村政策的最后界限,如再进一步调整,搞包产到户什么的,就认为是走资本主义道路。

不久,8月上旬,毛泽东在北戴河召开中央工作会议,提出阶级问题、形势问题、矛盾问题等,这是大家都知道的。

批评包产到户,是北戴河会议的主要内容之一,它是"重提阶级斗争"的直接导火索。毛把这个问题提到是无产阶级专政还是资产阶级专政,是走社会主义道路还是走资本主义道路这样的政治高度。他认为,实行包产到户,不要一年,就可以看出阶级分化很厉害。他描绘了一幅阶级分化的景象:"一方面是贪污多占、放高利贷、买地、讨小老婆,其中包括共产党员、共产党的支部书记;一方面是破产,其中有四属(军、工、烈、干属)户、五保户。"(1962年8月9日在中央工作会议核心小组的讲话)

毛泽东还是坚持他那个在农业合作化时期形成的思想:在中国农村,两条道路的矛盾主要表现在富裕农民与贫农之间的矛盾。他说,富裕农民是两方面都要争取的,无产阶级要争取他,资产阶级也要争取他。这个争夺可能要几十年、一百年,要贯穿整个历史时期。

无产阶级靠什么争取富裕农民呢?他认为就是搞按劳分配。他说:"我们要代表贫下中农,也代表一部分富裕的,所以要搞按劳分配,平均不能太多。"(8月9日讲话)又说:"完全不要一点平均主义,比方说,不要基本口粮,不要照顾,光搞按劳分配,光争取富裕阶层,可是把农村的五保户、困难户、军工烈属户这百分之二十至三十的人丢开不管,也是不行的。这些人在农村中是我们的依靠。"(8月5日讲话)

搞一点平均主义——这是为了贫苦农民;搞一定的按劳分配——这是为了争取和团结富裕农民。在这里,毛以为实行按劳分配主要是为了争取和团结一部分富裕农民而不是团结全体农民,这个观点显然是片面的、不正确的,这相当地反映了他的平均主义观点。他一方面反对平均主义,主张实行按劳分配,以便调动更多人的生产积极性;另一方面他又不彻底反对平均主义,不彻底实行按劳分配,怕发生"阶级分化",同时也为了保证贫苦阶层的基本生活需要。他在晚年,总想寻找一个既能调动群众生产积极性,以利于发展生产,同时又能防止"阶级分化",保证"社会公平"的结合点。不能说毛泽东不重视发展生产。改变中国的贫穷落后面貌,把中国建设成为一个工业化的具有高度现代化的社会主义强国,是他提出并努力为之奋斗的。但是,如果把发展生产和防止"两极分化"、实现"社会公平"比作天平上的两端,那么,他的砝码总是更多地加在后一方面。

毛泽东在接着召开的八届十中全会上提出阶级斗争要"年年讲,月月讲"①。但是,鉴于庐山会议以后的教训,这一次特别嘱咐大家:"决不可以因为阶级斗争妨碍我们的工作。""要把工作放到第一,阶级斗争跟它平行,不要放在很严重的地位,不要让阶级斗争干扰了我们的工作。"刘少奇和其他一些中央领导人也都强调了这一点。这样,国民经济的调整和恢复工作才得以不太受干扰地继续进行。

田家英是带着压抑的心情参加北戴河会议的。经过第一次庐山会议那场惊心动魄的党内斗争的田家英,这时心情自然是紧张的,不知将会发生什么。然而,情况还好,没有他想象的那样严重,毛只在小范围里头指名批评过他两次。有一次批评得比较重,刘少奇出来说了几句话,大意是党内有什么意见都可以提,缓冲了一下。在第一次庐山会议期间,也有过类似的情况,有人在会上乱揭田家英,被刘断然制止。所以,田对刘始终怀着尊重和感激的心情。当然,他对刘的尊重绝不仅仅因为这两件事。

出乎田家英意料的是,在十中全会最后一天的全体大会上,几位中央领导人对"单干风"的批评,以毛泽东的调子最为温和,别人反而比他严厉些。根据我当时的了解和观察,以及最近重新看了会议记录,我认为,参加会议的从中央到省市的主要负责人,都信服毛在十中全会上提出的意见和理论,为他的理论所掌握;一些中央领导人在大会上的讲话是真诚的。这里也反映出毛泽东的一种工作作风和领导艺术。当他要纠正一种他认为是错误的倾向时,一般说来,开始往往是大喝一声,"猛击一掌",使人警醒,出一身冷汗,而等到问题已大体解决,正确与错误之间的胜负已见分晓,他就往往更多地讲团结,强调注意政策。这里面也包含他常说的"一张一弛"的道理。

---

① 毛泽东在十中全会提出阶级斗争要"年年讲,月月讲",其原话是:"我们可以从现在就讲起,年年讲,月月讲,开一次党大会就讲,开一次全会就讲,使得我们比较有一条清醒的马克思主义的路线。""文化大革命"期间,《红旗》杂志1967年第10期发表的题为《无产阶级专政下进行革命的理论武器——纪念〈关于正确处理人民内部矛盾的问题〉发表十周年)的社论,引用毛泽东这句话时,修改为:"我们从现在起,必须年年讲,月月讲,天天讲,使我们对这个问题,有比较清醒的认识,有一条马克思列宁主义的路线。"这篇社论,6月17日送毛泽东审阅,6月20日由《人民日报》全文发表,7月8日,毛泽东将社论稿退回王力,并批示:"不看了。"从这篇社论起,"年年讲,月月讲"就变成"年年讲,月月讲,天天讲"了。

　　田家英向毛泽东提包产到户的建议,不论从内容上还是从组织原则上来说,都是无可非议的。但是这个合理的建议,不但没有被采纳,反而又一次造成他们之间的政治裂痕,而且是一次更大的裂痕。从此,田家英逐渐失去了毛的信任。

　　经常接触毛泽东的人都知道,毛是一个很重感情的人,凡是对他有过帮助的,他总是不会忘记,总要在行动上表示感谢的。但是,谁如果在重大政治问题上,即他认为是路线问题上,同他发生了分歧,要想照旧得到他的信任,那是很困难的,他也是不会忘记的。

　　从八届十中全会起,毛泽东对国内阶级斗争形势的估计越来越严重,他的"左"倾思想日益发展,最后终于导致"文化大革命"的发生。他对农村人民公社体制的调整也告一段落,他认为农村生产关系方面的问题已基本解决,而应把重点放在工业支援农业方面,特别是放在抓阶级斗争方面。随即在全国范围内开展了农村社会主义教育运动(简称"四清"运动)。

　　田家英自从失去毛泽东的信任,思想很苦闷,常说,"士为知己者死",现在不被理解,想离开中南海。他准备下去当县委书记,作些调查,研究一下社会主义究竟怎么搞,也好真正为老百姓实实在在地做点工作。他同夫人董边商量过,得到她的支持。董边说:"只要允许你离开,我同意你去,你做县委书记,我去当县妇联主任。"田问我愿不愿意同他一道下去,我表示同意。我觉得自己长期呆在中央机关,应当下去做些实际工作,接受些实际锻炼。田也曾想过搞研究工作——研究清史,并向毛泽东提出了这个要求,也是表示要离开中南海。毛说:"噢,你也是搞本本主义!"对他的要求未予置理。毛对田虽然已不那么信任,但工作上还需要他,所以一直留在身边,不愿放走。

十四、"双十条"

　　十中全会以后,在全国农村陆续开展社会主义教育。1963年2月,毛泽东召开中央工作会议,议题之一就是讨论农村社会主义教育问题。这次会议提出,要求在农村中搞"四清",组织贫下中农队伍,在城市中搞"五反",以及在党内反对修正主义等问题。

　　1963年5月,毛泽东在杭州召集有部分政治局委员和大区书记参加的小型会议,中心议题是农村社教问题。他亲自主持起草了《关于目前农村工作中若干问题的决定(草案)》,即"前十条"。这是一个贯彻"以阶级斗争为纲"精神、指导农村社教的纲领性文件。

　　二月会议和五月会议,田家英都没有被通知参加,当然不可能参与"前十条"的起草。这同两年前参加广州会议,起草"六十条"那么受信任和重用的情况相比，是不可同日而语了。

田家英对于把阶级和阶级斗争问题提到严重的地步，一直持保留态度。记得1961年浙江调查时，有人说生产斗争中也有阶级斗争，他就不同意这个观点。搞"六十条"，有人主张写贫农团，他也不赞成。当时他曾要我专门作一个中农问题的调查，我开始还不很理解这个问题的意义，实际上这恰恰是被人们忽略了的一个重要问题。田是从发展生产这个角度，提出并提请中央注意这个问题。毛泽东在1963年5月会议上，曾带着批评的口吻说过："1961年搞'六十条'，对阶级队伍问题写得不突出，没有好好注意依靠谁的问题。"当然，"六十条"不写组织阶级队伍，这不是田家英所能决定的，但也不能说同他没有关系。我发觉，在对

1962年3月在武昌，毛泽东同湖南调查组全体成员合影。前排右起第四人为田家英、右起第六人为王任重。

待社会主义时期的阶级和阶级斗争的问题上,在1961年或者更早一点的时候,田同毛之间实际上就存在着比较明显的差异。不能说田家英否认社会主义时期还有阶级斗争,而是说他不把阶级斗争看得那么严重,用他自己的话说,"不能把什么都说成是阶级斗争"。在"前十条"中有这样一段话:"依靠贫农、下中农,是党要长期实行的阶级路线。在整个社会主义历史阶段,一直到进入共产主义以前,我们要在农村中进行社会主义改造和社会主义建设,要发展农业生产,不依靠他们,依靠谁呢?"田对这段话不以为然,说这个话不通,难道阶级成分也能遗传吗?谁知他的意见很快传到一些持"左"倾观点的人的耳朵里,被当作一个错误观点批评了。

"前十条"下发以后,各地即按照文件的精神开展社教试点工作。在试点中,普遍发生打击面过宽、混淆政策界限等"左"的偏向,各地都有材料反映。有鉴于此,在1963年9月中央工作会议期间,由邓小平、谭震林主持起草《关于农村社会主义教育运动中一些具体政策的规定(草案)》,即"后十条"。田家英是主要起草者之一,我作为他的助手参加了文件的起草。今天来看这个文件(草案)不能说没有问题,因为社教本身就是"以阶级斗争为纲"的产物,它在一些基本内容上又不能不同"前十条"相衔接。但是,起草这个文件的目的,是着眼于防"左"和反"左",规定了一系列的政策界限,力求缩小打击面,减轻对经济生活的消极影响。在中央工作会议最后一次大会上,邓小平向全体与会者宣布:这个文件大体上比较好。

"后十条"(草案)出来以后,就听到党内有些人,包括某些地方上相当负责的人的议论,说是右了。这对田家英无疑形成一种压力。正在这时,从武汉传来了毛泽东亲自为中共中央起草的关于要在全国宣讲两个"十条"(即"双十条")的指示。当我们听到这个消息时,心里真是一块石头落了地,"后十条"(草案)得到毛主席的认可了!这是10月下旬的事。"后十条"(草案)于11月14日经政治局会议讨论通过发出。

"后十条"(草案)的下发,并没有也不可能阻挡社教运动的继续"左"倾,反而受到党内新的更加尖锐的责难,例如说:"'后十条'是反对'前十条'的。"1964年8月,刘少奇要田家英同他一道到南方去修改"后十条"(草案)。田感到非常为难,因为他不太赞成刘对农村形势和基层干部的过左估计以及对"四清"运动的一些"左"的做法,但是他又很尊重刘少奇,也不能不服从组织,最后勉为其难地参加了文件的修改工作。

离北京南下的前一天,田家英报告了毛泽东,问他对修改文件有什么指示。毛讲了两点:第一,不要把基层干部看得漆黑一团;第二,不要把大量工作队员集中在一个点上。第二天清早,我们随刘少奇登上专机,经武汉一站,然后到广州。在飞机上，田家英将毛泽东的两点意见转告了刘少奇。

到了广州，开始修改文件。刘少奇亲自主持修改，并且加写了一些十分尖锐的内容和语言。这次修改文件，田感到很难，因为要他按照自己没有想通的意见去修改，自然十分吃力，很不顺手，难以落笔。

修改以后的"后十条"，叫"修正草案"，即第二个"后十条"，于1964年9月18日由中共中央发出。第二个"后十条"对形势的估计更加严重，认为这次运动，"是一次比土地改革运动更为广泛、更为复杂、更为深刻的大规模的群众运动"；改变了原来依靠基层组织和基层干部开展运动的规定，强调把放手发动群众放在第一位，并规定整个运动都由工作队领导，造成了对基层干部打击过宽，打击过重，以致发生混淆敌我界限的"左"的错误。

"前十条"——这个指导社教运动的纲领性文件，毛泽东未让田家英参与其事；"后十条"草案——这个带有一定反"左"防"左"意义的文件，田家英主动地承担了主要起草者的责任；"后十条"修正草案——这个有严重"左"倾错误的文件，田家英是在无可奈何的情况下参加修订并在思想上有保留的。从这三个文件起草、修改的过程中，可以看出田对社会主义教育运动中的"左"的做法，是不赞成的。

毛泽东出于对"后十条"修正草案的不满（这种不满当时在党内已经广泛存在），从1964年12月15日至28日召集中央工作会议。会议通过了《农村社会主义教育运动中目前提出的一些问题》，简称"二十三条"，意在纠正前者的错误。"二十三条"的下发，一时对缓和农村紧张空气，稳定广大基层干部起了一定作用。但是，它不仅仍然错误地估计了国内社会政治形势，并且提出了这次运动的重点是整"党内那些走资本主义道路的当权派"的错误纲领，这个错误形成了"文化大革命"的"理论根据"。这是后话。

十五、社会主义究竟怎么搞

自从"大跃进"受挫以后，党内不少同志都在思考一个问题：社会主义究竟怎么搞？在这以前，在党的干部中，这个问题似乎不成问题，一般说来，都相信党中央、毛泽东指示的道路是正确的。但是，1958年冬以后，特别是1959年夏庐山会议以后，越来越多的人开始怀疑了，困惑了，不少人在思索这个问题。田家英就是其中的一个。当时，有的人曾提出，应当好好地研究空想社会主义者的著作，研究马恩列斯的著作，看看他们究竟是怎么说的，而田则是更多地从实际中去寻找答案。

田家英的一个基本思想是：社会主义制度不能改变，但建设社会主义的方法可以有多种多样。他认为,中国建设社会主义的方法问题还没有解决,那个时候,他不可能提出什么"苏联模式"、"中国模式"这类高层次的概念,他大半是从具体问题的角度,从对农村基层的调查中提出问题,还没有形成一套系统的想法。尽管如此,他提出和思考的一些问题,在今天看来还是有意义的。下面摘录的话,都是他1961年在调查期间说的,是从我的笔记本里摘出来的。

例如,关于人民要富足①。他说:"这几年把社员的家庭副业搞光了。一个国家的富足,首先要看老百姓富不富。我们是共产主义者,就是要讲富足。我们的目的就是要使老百姓富足。在这个问题上,一些同志存在模糊观念。老百姓富了,国家才能富裕。我们不仅要国家富足,省、县、公社都要有储备,也要使老百姓有储备。我们要把公社、生产队的生产搞好,还要把社员的生产搞好。使老百姓富足,是我们的责任,社员家庭副业发展起来了,可以使老百姓富裕,这不可怕。"这段话,是田家英在讲解"六十条"时,针对1958年以后取消家庭副业的"左"的错误而说的。他着重地强调了一个侧面,在表述上并不很完善,但他强调搞共产主义就是要使人民达到富裕,这是对"穷社会主义"思想的否定。

又例如,关于商业要搞活。他说:"研究商业问题的着眼点是什么?现在的商业,总的感觉是太死。所谓'死',就是:'统死'、'管死'(组织上的合并)、'封死'(地区与地区、县与县、公社与公社之间互相封锁)。商业没有兴隆景象。""买东西没有挑选,甚至是派销,这是不正常的买卖关系。问题是要不要商品生产存在。要有商品存在,就要有正常的买卖关系。除了国营商店、供销社而外,是否可以成立合作商店和合作小组,可以多开点店子。""商业乱,这是几大改造引起的。有些人应当各回本行。"田家英历来主张:商业要搞活,市场要繁荣。他对三大改造的缺点,曾用两个字来概括,一是"急",二是"齐"。急,就是步子过快;齐,就是经济形式搞得过于整齐划一。

又例如,关于反对单纯用行政的办法领导经济。他说:"有些方法,即使对全民所有制也不能采用,确切地说,这就是用政治的办法,即行政命令的办法领导经济。要把政治和经济的界限分清楚。"又说:"要用领导集体经济的方法领导人民公社的工作。县以上的有些领导者,不真正懂得人民公社是集体经济,自负盈亏。有些干部,对待公社,指挥生产时像对自己家里的事一样,爱怎样就怎样;但要他负责的时候,他又不像对自己家的事那样,人家减了产,没有饭吃,他却不

---

① 人民的富足和国家的富足不应当对立起来。片面强调"富民政策"导致社会财富的不合理、不公正的分散,导致国民收入的超经济分配和经济发展的失控失调,是错误的;任意实行"高积累",忽视人民生活水平的提高,导致工人、农民、知识分子陷于贫困状态(甚至被美其名曰"贫穷的社会主义"),而积累率既属过高,本身就不合理,就已经是经济失调,并必然引起其他经济关系的失调,这也是错误的或更加错误的。两者追求的方向不同,但在急于求成这一点上并无二致。当时后一种错误在党内处于统治地位。

负任何责任。这不是尊重集体经济，不是正确对待集体经济的方法。"

又例如，关于党政关系问题。他说："党委对人委(按:指县人委即县人民政府)是领导而不是包办。不能说党委对人委使用没有使用的问题，而是党委要尊重人委。人委不是简单地执行，党委要通过党员同他们商量解决问题。党委要领导它，同时又要尊重它。"又说："对于党委权大，有两种看法，一是说党委本身的权大了，一是说侵占了行政的权力。我的看法是后者而不是前者。""现在党委实行领导的情况是:大权独揽，小权不散;忙忙乱乱，包而难办;办也有诀，照搬照说;管理检查，很难负责。"有鉴于此，田家英提出："党政系统是否分开?县长找社长，县委找公社党委。县委和人委各管什么，要研究清楚。"他认为，如何处理党政关系，"看来，无产阶级专政的国家都要碰到这个问题"。与此同时，田家英还提出，"行政与企业应当分开，避免官办"。

又例如，关于发扬党内民主。他说："要开展党内民主，提倡打开脑筋，切实保障党员的民主权利。提倡平等地自由地讨论问题。几年来，我们党内不是这个情况，这是造成工作损失的一个原因。树立对立面不是坏事情。真理往往在少数人手里。但是现在是把对立面当成斗争的对象。""各级党委都要认真地实行民主集中制。党委会议必须真正成为集体决定问题的机关。决定问题，要真正做到少数服从多数。"

田家英上述言论，只能反映他一个时期在这一方面的一部分思想。其中有的已经触及到经济体制和政治体制的问题，这在当时是值得注意的。

十六、杭州谈话

1965年12月初，毛泽东召集陈伯达、胡绳、田家英、艾思奇、关锋到杭州，研究为几部马克思主义经典著作写序言的事。毛泽东提出，序言一定要结合中国革命的实际经验去写。

我们到杭州不久，毛泽东即去上海主持召开中共中央政治局常委扩大会议。胡、田、艾等留在浙江。田家英和我趁此机会，又一次去1961年调查过的嘉兴等地。旧地重访，一种难以抑制的激情充满心田。今日的杭嘉湖农村，呈现一片欣欣向荣的景象，同1961年那衰败破落的情景，形成鲜明对比。农民家里，稻谷满仓，鸡鸭成群，全嘉兴地区已有90%以上的农田实行电力排灌，看了实在令人高兴。从1962年起，全国粮食生产以每年增产200亿斤的速度恢复和发展，其他几种重要经济作物生产也都恢复并有所发展。工业战线的形势同样很好。这是贯彻实行"六十条"和"调整、巩固、充实、提高"八字方针的成果。谁能不为这种喜人的经济形势感到鼓舞呢?中国大有希望!然而，就在这时，一场大动乱正在酝酿着。江青、张春桥、姚文元之流，已经行动起来。上海《文汇报》发表姚文元《评新编历史剧〈海瑞罢官〉》一文，接着，《红旗》发表戚本禹《为革命而研究历史》的文章，报刊上连篇累牍地发表批判文章。毛泽东12月21日从上海回到杭州后的谈话，就是在这个大背景下面进行的。

这次谈话，毛泽东没有谈多少写序言的事，却讲了一大篇哲学问题，而最引人注意的是关于姚文元、戚本禹等人的文章所说的话。其中说："《海瑞罢官》的要害是罢官。嘉靖皇帝罢了海瑞的官。彭德怀是海瑞，我们罢了彭德怀的官。"毛泽东这句定调子的话，毫无根据地把历史学家吴晗的剧作《海瑞罢官》同彭德怀的问题联系起来，成了一个尖锐的政治问题。在整理毛泽东这个讲话时，田家英提出，不要把这段话写进去，因为它不符合事实，《海瑞罢官》与彭德怀问题没有关系。这个意见首先得到胡绳的支持，艾思奇也表示同意，唯有关锋不表态。回到北京，关锋纠缠不休，非要把那段话写进去不可，经过一番周折，最后只好恢复。后来，关锋把这件事告了密，田家英被加上了一条罪状。这时"文化大革命"就要开始了。

十七、两个危险的敌人——陈伯达和江青

田家英与陈伯达是在延安认识的。当时有一个中央政治研究室，毛泽东兼主任，陈伯达是副主任，田家英为该室经济组后为政治组的研究员。陈写了几本书，田曾帮助他搜集了很多材料。当时延安的条件很差，搜集资料的工作十分困难。书写出来以后，陈在洋洋得意的时候，却问田家英：你做了什么工作？这件事使田很寒心，对陈的为人也有所认识。

全国解放后，因工作关系，田家英与陈伯达接触很多，因而比别人更了解他。陈有一副伪善的面孔，装得诚实、谦虚，其实作风霸道，心地褊狭，爱贪别人之功，又善于诿过于人，内心深处藏着野心。田家英早就看出陈伯达的这些品质，说他是伪君子，小人，野心家。陈伯达写的东西，别人提不得不同意见。谁在毛泽东那里作出工作成绩，受到赞扬，他都不能容忍。田家英因长期受毛泽东重用，成了陈的一块心病。1955年，根据毛的提议，重新成立中央政治研究室，陈为主任，胡绳、田家英为副主任。陈对研究室的工作不闻不问，研究室的工作全靠胡、田主持。1962年以后，毛泽东对田逐渐疏远，陈伯达乘机向毛泽东"告状"，说田家英"独断"，"大权在握"，他陈伯达对研究室不能管，管不了，等等。这纯属诬陷。当年在研究室主持工作的胡绳和许多在研究室工作的同志都可以证明，完全不是这么一回事。可惜，毛泽东听信了陈的谗言，并且在一次中央的会议上这样说了，田受了不白之冤。不过，背后"告状"一类的小动作，终究摆不到桌面上

来，田当面或者在电话中质问陈，陈张口结舌，支支吾吾，好久说不出话来。田家英秉性耿直，是一个不吃暗亏的人。当年许多人怕陈伯达，田却不怕他。陈因为理亏，对田无可奈何。由于长期积怨，他对田怀恨在心，必欲除之而后快。"文革"伊始，机会已到，陈伯达首先发难，急急忙忙于5月9日（请注意：这是《五一六通知》发出的前7天，田家英被宣布停职反省的前13天），跑到马列主义研究院（中央政治研究室的后身）去点火，鼓动揭发田家英。一次不够，又去第二次。当时任研究院秘书长的柴沫（在延安时曾为毛泽东管理过图书），因与田关系较好，也被株连，受到陈点名批判，说他走

1960年，田家英和逄先知在广州。

田家英的门子，在研究院搞"秘书长专政"等等，在"文革"中被迫害致死。

田家英另一个危险的敌人是江青。江青以其特殊身份而自恃，颐指气使，不可一世。生活养尊处优，为人心狠手辣。她的历史，田早有所知，她的种种现实表现，他更是看不下去。田家英不趋炎附势，更不掩饰自己的感情和态度，他对江青的憎恶和鄙视，不会不被她察觉。在江青的眼里，田家英是一个难以折服的因而是不能相容的人。她一有机会就对他落井下石。1962年田家英因主张包产到户而受到批评，江青第一个（在当时也是唯一的一个）给田家英戴上"资产阶级分子"的政治帽子。1966年春，关锋告密，就是在江青的策划下，采取诡秘的方式进行的。

1966年5月，大动乱开始了，面对陈伯达、江青这两个掌握"文革"大权，受到毛泽东重用，长期藏在共产党内的野心家、阴谋家的威胁，在被宣布"停职反省"

的巨大冲击下,田家英选择了他的同志和朋友不希望他选择的道路。他当时的心态,表达在头天晚上对夫人董边讲的几句话里:"我是江青、陈伯达诬害的。常言道,善有善报,恶有恶报,我不相信这些恶人会有好下场。"在他留下的遗言中,最后的两句话是:"相信党会把问题搞清楚,相信不会冤沉海底!"时隔不到15年,陈伯达、江青一伙,终于得到他们应得的"恶报",被押上中华人民共和国最高人民法院特别法庭,于1981年1月25日,分别判处有期徒刑18年和死刑缓期2年执行。

十八、结尾的话

田家英离开我们已经23年,毛泽东谢世也快13年了。田家英担任毛泽东秘书的18年中间,在大部分时间里,他们的关系是融洽的、亲密的、没有隔膜的。后来,由于政策主张上的分歧,渐渐疏远了,产生了较深的隔阂。毛泽东、田家英之间关系的变化,也可以从一个小小的侧面看出建国后17年我国所走过的曲折道路。

田家英当毛泽东的秘书,在这个重要岗位上,他从来不以此自恃,从来不乱吹,从来不摆架子。人们尊重他,主要是佩服他有才学,有见解,平易近人。田家英在党中央机关工作,在毛泽东身边工作,处事十分谨慎,严格遵守纪律。工作兢兢业业,忠于职守,一丝不苟。他决不轻率地、不负责任地向毛泽东提建议。他特别注意维护党中央核心的团结。作为毛泽东亲近的秘书,他从来不在毛面前对任何一位中央领导人说三道四;相反,以自己的实际行动自觉地维护着这个团结。例如,1963年他为包产到户问题向毛所写的检查报告中,没有涉及任何一位中央领导人,而把责任全部揽在自己身上。田家英以大局为重,维护党的团结,以及他的刚正不阿的品质,给我以及熟悉他的所有同志留下的印象,是永远不可磨灭的。

另一方面,毛泽东对田家英,尽管在工作上器重他,在生活上关心他,但是并没有利用个人的权力给他以高的职位。1961年,提议任命田家英为中央办公厅副主任的,是邓小平和杨尚昆。

田家英同任何人一样,也有他的弱点和缺点。在顺利的时候,容易骄傲;在逆境之中,又往往表现消沉、颓丧。性格比较脆弱,经不起挫折,缺乏应有的韧性。瑕不掩瑜,田家英尽管有这些弱点和缺点,他终究是一位难得的优秀的共产主义战士。

田家英长期接受毛泽东思想的熏陶和教育,长期在毛泽东身边工作,对毛泽东怀有深厚的感情。但他后来对毛的"左"的思想和政策愈来愈感到格格不入，而毛对他也愈来愈疏远，因而形成他的十分矛盾的心理状态。这从他1963年以后常常对我说的一句话中可以表现出来。他说："我对主席有知遇之感，但是照这样搞下去，总有一天要分手。"

田家英对毛泽东晚年的一些"左"的思想和政策表示异议，自己又提出一些比较符合实际情况的建议，这并不表明田比别人特别高明，因为他的那些正确的观点和意见，也是当时党内坚持实事求是原则的大多数同志共同的观点和意见。所不同的，只是别人不在毛身边工作罢了。

毛泽东晚年的错误，也反映在他同田家英的关系上。田勤勤恳恳地为他工作了十几年，因为提了不同意见而引起他的猜忌，并被牵连到当时整个的党内斗争问题，从而对田表示冷落以至完全不信任。我认为这是不公正的。田家英常常对我讲的那句话不幸而言中，他最后终于在极其特殊而复杂的情况下——党内的坏人掌握了党的部分最高权力并利用了毛泽东的错误，被迫同毛泽东"分手"了。这也是一个历史的悲剧。

在"文化大革命"后期，毛泽东曾对人说，田家英也没什么问题。不知道毛泽东说这个话的时候是一种什么样的心情，是追悔？是对田家英的想念？是对田家英的重新评价？……

毛泽东晚年虽然犯了错误，包括发动"文化大革命"那样严重的错误，但是就他的一生来说，他仍然是一位伟大的马克思主义者，伟大的革命家、政治家。他在中国革命历史上所起的作用是无可代替的，他在中国人民的心目中始终保持着崇高的威望。毛泽东思想无疑是马克思列宁主义理论与中国革命实践相结合的产物。毛晚年犯了严重的错误，正是表明他自己背离了毛泽东思想的科学原理和他历来倡导的民主作风而转入空想和专断。田家英所以能在工作中作出一些成绩，固然得力于个人的非同一般的努力，而从根本上说，仍然是他忠实于毛泽东思想，正确地执行了毛泽东的教导和指示的结果。

1989年7月

毛泽东和他的秘书田家英

校读后记

■胡乔木

逄先知同志写的《毛泽东和他的秘书田家英》，我读过两遍，认为有重要的历史价值，写得也很好，值得向读者推荐。这里所记载的史料，主要是从1948年到1966年期间毛泽东和他的秘书田家英之间的工作关系，既表现了后者如何在前者的指导之下热情地、辛勤地工作，并在政治上迅速地成长，也表现了前者如何对后者的工作严格地要求，亲切地关注和真诚地信任，而在1959年特别是1962年又如何由信任变为不信任。从这里我们可以看出，在他们工作关系密切的时候，他们是怎样重视和努力对社会基层情况尤其是农村情况掌握第一手资料，不辞艰苦，不避争论，以及他们怎样对人民疾苦全神贯注，以至于常常寝食不安，至今仍然令人神往。我们也可以看出，他们两人关系的恶化，没有任何私人的原因，完全是一幕政治(就这个词的高尚意义说)的悲剧。因此，这里的记载对于了解由40年代到60年代的毛泽东的思想变化，进而了解这一期间的中国共产党和中国的历史命运，尽管限于一个侧面，其重要性和珍贵性自不待言。至于写得也很好，一是因为内容很真实，主要情节都有书面依据，而不是只凭记忆或印象；二是因为作者对所写的事实作了认真的选择，叙事论事抒情都限于他所认为必要的范围内，许多别人说过的事和话都没有写，否则要写成几倍长是不难的；三是因为全文写得很生动很有感情，即使读者对田家英其人其事完全没有听说过，读下去也会感到很有吸引力和感染力，虽然作者并没有打算写某种传记文学。当然，因为作者对田家英很有感情，有些评价不一定人人都同意。这种情况也同样会发生在对毛泽东的评价方面，有些读者可能认为作者太苛刻，有些就相反。而且因为作者的叙述是有选择的，人们完全有理由讨论书中的剪裁和详略是否适宜。不过我想，作者有充分的权利对于事实的各方面作出自己的取舍。

我在立意写这篇后记的时候，曾经想借此机会说一些我对田家英的记忆和观察(过去写过的一篇小文实在太枯窘了，这是由于当时的健康状态太坏，竟无

1959年12月至1960年2月，在杭州、上海、广州参加毛泽东与党的理论工作者研读苏联《政治经济学（教科书）》活动，结合中国实际，研究总结社会主义建设的规律。这是在杭州参加研读活动期间留影。右起：毛泽东、邓力群、胡绳、陈伯达、田家英。

法说更多的话，早想有所补救）。但是现在精力和时间都不允许我这样做。为此我更感谢先知同志，他不但写出了如此丰满的回忆，而且允许我在校阅时在正文和注释中加进了少许想说的话。这里只对本文的一些体例加以简要的说明。

（一）本文所引用的资料是完全可靠的，就是说，完全可以查考对证的，包括作者过去的笔记（虽然这还是个人的私产）在内。凡引用时认为需要加的字都用[ ]号标出，认为不易看懂的地方都另加注释。

（二）本文基本上采取客观叙述的体裁，间或夹入少许评论和抒情的文字，相信也可以一望而知，力求不损害全文的公正性和公证性。

（三）文中涉及的个别的人，为了保存历史原貌，尽量标出真实姓名。所说的事实一般都在距今24至45年前,早已事过境迁,成为历史,而且所涉及的事实都早已为人们所知晓,相信不再有保密的需要。

(四)文中涉及的姓名如在同一节频繁出现,在重复时一般只用姓,或用第三人称代名词他她,以求行文简洁。这是古今中外行文通例,如著名的李密《陈情表》在提到作者的祖母时就只说刘,"臣欲奉诏奔驰,则以刘病日笃"、"但以刘日薄西山,气息奄奄"、"庶刘侥幸,卒保馀年"的句子,为许多读者所熟知。又如孔曰取仁,孟曰取义,萧规曹随,屈赋朱注,不可胜举。毛泽东在自己的著作中也常用朱毛红军一类说法,在《渔家傲·反第一次大"围剿"》不周山注中标明"毛按"。据此,用毛代替毛泽东是完全正常的。这里特地指出,是因为我国读者现在一般还不习惯于把毛泽东简称毛(如同不说卡尔·马克思而只说马克思),好像这是外国人的用法或含有不礼貌的意味。本文中这样用了,只是因为否则全名连用太多,读来势必显得太累赘太沉重,此外当然也想借此提倡一下。文中还有若干处把毛泽东和田家英并列甚或加以比较,这只是本文的题旨使然。既然本文要写的是毛泽东和他的秘书田家英,而他们两人相处18年之久,大部分时间关系之密切确非寻常,这就很难始终避免把他们并列甚至相比。中国学术史上常说孔老、孔墨、孔孟,也说孔颜。尽管颜回命短,并未留下什么学说,除了是孔子的好而穷的学生之外,没有别的身份。可见决不是一并列就表明两个人的年代年龄相近,或地位身份相近。

末了,作为校读者要对自己所做过的工作的性质申明一下。在校读过程中,曾经做过文字的修饰工作,间或也对本文和注释有所增补,但是绝没有对原文所叙述的事实作任何实质性的删改。校读者和作者一样确信,历史是不允许删改的。校读者所作的修饰增补尽管经过作者的同意,但是它们可能引起的是非应由校读者完全负责。校读者认为,自己对本文所做的工作虽然微不足道,却不仅应向作者和读者负责,应向自己的引路人毛泽东和自己的挚友田家英负责,也应向社会和历史负责。

1989年11月22日

毛泽东和他的秘书田家英

同家英共事的日子

■吴冷西

家英含冤辞世，整三十载。每念生前交往，百感咸集。由于种种原因，迄未为文纪念。今逢三十忌辰，怆然命笔，寄多年块垒于万一。

一、杨家岭相识

田家英同我都是1937年底到达革命圣地延安的。但他去陕北公学，我到抗日军政大学，从未相识。

我们都在马列学院学习过。但家英1939年秋到马列学院学习时，我已从马列学院研究室调中共中央宣传部工作。两个单位相邻，都在延河右岸的蓝家坪。洛甫同志兼任中宣部部长和马列学院院长，但我和家英也没有来往。

家英1941年9月从马列学院调中央政治研究室，我也从中宣部调《解放日报》。

我第一次从《解放日报》发表的《抗战中的工业合作运动》一文中知道作者是田家英。我当时以为他是从事"工合"多年的社会活动家，绝没想到他还是不到20岁的青年。不久又陆续看到家英给《解放日报》写的《奴才的见解》、《从侯方域说起》等文章，我才逐渐知道他的博识和才华。

我第一次和家英见面，是在1944年12月的延安中共中央直属机关群英代表大会上。参加大会的代表有340人，是从中直各单位一千多位劳动英雄和模范工作者中选出来的。大会在杨家岭新落成不久的中央大礼堂举行，从12月14日开到21日，朱总司令致开幕词，刘少奇同志在闭幕时作长篇讲话。

田家英和我都是代表。大会期间出版的《中直群英会报》都登刊有关我们事迹的报道，但大会开始时我们没有会面。其间一次偶然的机会，原来在中宣部后来调中央办公厅做总务工作的刘滋久同志介绍我和家英认识。初次见面，家英才气英发，有抱负又朴实，无一般士人孤傲和矜持的习气，平易又真诚，给人印象深刻。滋久同志告诉我，家英不但在政治研究室做研究，写文章，而且还兼任杨家岭勤杂人员的文化教员，很受欢迎。我自然而然地想到，家英正成长为同工农相结合的俯首甘为孺子牛的新型知识分子。他对我知之不多，只说看过我在《解放日报》上发表的国际评论，蛮有见地。知识分子以文相知，大抵如此。

但此后没有多少来往。那时在延安的人都晓得，各机关住得分散，来往不便。没有公共汽车不待说，只有公务才得骑公马，一般干部两腿跋涉，除非亲朋老友，或工作联系较多，一般交往很少。及撤出延安，家英东渡黄河在晋绥搞土地改革，我则转移太行，山高路远，自然没有相见的机会。即使1948年我们都在西柏坡，家英那时任毛主席的秘书，我在新华总社集训班工作，但彼此工作都很忙，偶然碰面，也只打个招呼而已。

二、静谷求援

北平解放后，新华社随中共中央总部进驻香山。家英跟随毛主席住在半山上的双清别墅，我们编辑部住在山下的香山慈幼院（后为香山饭店）。有几次家英拿着毛主席撰写的新闻或评论到山下来给胡乔木同志，我同家英的接触才逐渐多起来，但直到《毛泽东选集》第一卷出版（1951年10月）时，才算得上促膝谈心，开始相互了解。

《毛选》第一卷正式出版发行之前，胡乔木同志专门召集各新闻、宣传、翻译单位开会，布置宣传中国政治、思想史上的这一大事，并特别要我同家英同志联系，撰写一篇综合介绍《毛选》第一卷的新闻。

在这之前，我已知道家英同志对毛主席的著作不但很熟悉，而且很有研究。因为他和我都是《中国青年》杂志的特约撰稿人，我写的多是有关抗美援朝战争的国际评论，他写的多是有关学习毛主席著作的论文。因此，我认为他参加《毛选》第一卷的编辑工作，由他来撰写综合介绍最合适不过了。

1951年9月底，我应约来到他的住处——中南海丰泽园内的静谷。我见他住的三间厢房内到处是书，几个简易书架都装满了，桌上、长椅上、窗台上，甚至地上都堆着一摞又一摞的旧版书。他指着这些书，颇为得意地对我说，这些解放前出版的书，都是从全国各地旧书店中选购来的，内容很有价值而价钱又很便宜，甚至几毛钱就可以买到一本好书。说到正题，他很痛快地答应了给新华社写一篇关于《毛选》第一卷的综合介绍。不过他说，要给他半个月的时间，他还要找几位同志合作。接着他谈到《毛选》第一卷的内容，他拿着清样本对我说，这一卷有十几篇文章，核心是解决中国革命的性质和特点这两大问题。性质是民族民主革命,既不同于陈独秀的主张,也不同于托派的主张。特别是用革命战争反对反革命战争。他说,革命的动力和同盟军,革命的对象,国内和国际统一战线,土地革命以及革命战略和部队建设等问题,都是围绕革命的性质和特点开展的。当时我对毛主席著作所知不多,很佩服他的精辟见解。不到半个月,家英主持撰写的综合介绍,经乔木修改后交新华社发表了。

从此以后,《毛泽东选集》第二、三、四卷出版,都沿例由家英撰写一篇综合介绍。这些介绍,对《毛选》每卷都作提纲挈领的说明。我印象最深的是他写的第三卷的介绍,把全卷归纳为着重解决互相关联的两大问题,即整风运动和生产运动,真是领会透彻,抓住要害。因为这两大问题的圆满解决,为我党在抗日战争胜利和后来对国民党反动派进行自卫反击的解放战争,奠定了政治、思想、组织和物质的坚实基础,保证了全党高度一致地团结在毛主席为首的党中央周围,领导全国人民,打败蒋介石。

家英一生大部分精力都用在毛主席著作的传播上,除了参加《毛选》第一至四卷编辑和注释工作(1962年起他又开始重订全四卷注释)外,他还为第五卷的编目和选稿,做了初步准备(详情见后)。他还编出了《毛主席著作选读》甲、乙两种版本,并于1958年和1963年先后编辑和出版了毛主席诗词两个版本。

家英从收集整理编辑毛主席的著作中,熟悉了毛主席对国内和国际问题的论述。解放前他就将这些论述分门别类地剪贴起来,解放初期曾据此出版了一本书题为《一个同志的读书笔记》。其后,他又领导当时中央政治研究室的几位同志,根据《毛选》四卷本,全面地按专题分类编辑,于1964年编出了《毛泽东著作专题摘录》。这个摘录可以说是针对当时摘抄毛主席片言数语、割裂全文思想和背景的"语录"风的。家英在《摘录》出来以后送给我一本时,半认真半开玩笑地对我说,这是内部查阅工具书,专供你们这些"编修"使用。今后发表时,各段原文或标题,均须根据正式出版的文本引用,其中未公开发表者只供研究,一律不准引用。全书不准外传,不许翻印。家英说的"编修",是我们之间的戏称。宋代的枢密院和明、清的翰林院均设有编修官,负责修国史、记实录、编会要。家英说,马克思主义是讲时间、地点、条件的。他本来不赞成搞语录,认为那会助长本本主义倾向,也会为各取所需,失去真义。这是家英的严谨的治学态度。后来中央书记处决定要中央宣传部编一本比较完善的毛主席语录,家英才帮助中宣部同志编辑一个版本。但由于陈伯达的干扰和林彪的阻梗,始终没能出版。

三、初度合作

我和家英一起合作起草文稿,始于1956年10月间撰写《再论无产阶级专政的历史经验》一文。这一长篇论文是毛主席主持中央政治局会议集体讨论、由乔木同志带头、家英和我参加起草,经政治局多次修改定稿的,发表时注明"这篇文章是根据中国共产党中央政治局扩大会议的讨论,由《人民日报》编辑部写成的"。这篇长文的中心思想是分析斯大林(包括苏联共产党和苏联政府)的功过是非及其根源和经验教训,反驳当时流行的反苏反共的谬论,捍卫马克思列宁主义。

　　家英本来潜心研究毛主席的著作和中国近代史,对国际问题不大熟悉,但他熟悉毛泽东思想的基本观点,并善于根据这些基本观点分析政治局扩大会议上提出的国际问题,综合会议讨论中发表的意见,很快进入角色,协同胡乔木同志完成起草和反复修改的任务。

　　最初我们三人是这样分工的:乔木起草第一节(关于十月革命道路的基本原则或基本经验),我起草第二节(关于斯大林的功过)和第四节(关于国际团

　　1957年,同黎澍应邀到捷克斯洛伐克参加社会主义国家工人运动史学术会议。前排左二为田家英、左四为黎澍。

结),家英起草第三节(反对教条主义和修正主义),引言和结束语由乔木撰写。经过政治局会议(其间开过多次由毛主席主持的政治局常委会)讨论,胡乔木担当起修改全文的重担,家英和我从旁协助。政治局常委特别是毛主席作了很重要的修改,最后由毛主席亲自定稿。

家英在起草和修改过程中,关于反对教条主义的论述特别精辟。他起草的关于中国党历史上犯教条主义错误的论述,从开始到定稿几乎没有什么大的修改。他起草的关于无产阶级专政和社会主义民主、集中和民主的论述,受到少奇同志和小平同志的称赞。事后他告诉我,关于中国党历史上的教条主义,毛主席和中央早有定论;关于专政与民主、民主集中制,毛主席在抗日战争时期的著作中,特别是建国前写的《论人民民主专政》一文中,都作了精彩的论述。但我仍然觉得,家英在运用毛泽东思想剖析当前国际共产主义运动问题时,确实有他过人之处。他既熟练掌握毛泽东思想的精粹,又熟悉列宁的观点,结合当时形势,阐述确当,无可辩驳。在这一节中,家英几次阐述列宁的论点,使反对修正主义的论述立于不败之地。

我们三人在最后修改全文时,在居仁堂(在毛主席故居菊香书屋后面)通宵工作。乔木同志主笔,家英从旁提了好些很好的修改意见,都被乔木同志接受了。每当我们改完几页,家英就送到在卧室等着看的毛主席最后审定。这样频繁往返,家英既动脑,又跑腿,不辞辛劳,直到东方既白。那是1956年12月28日上午9点多钟了。

四、豫北调查

我同家英又一次合作,那是1958年10月去豫北调查研究。这是毛主席交代的任务,他要我们两人各带一个小组,轮番去新乡和修武两县调查人民公社的情况。

毛主席是10月26日找我们谈话的。他说,他在夏天北戴河会议上指出,人民公社的特点是"一大二公",但现在感到各级干部中有"越大越好"、"越公越好"的倾向,要我们了解究竟情况如何。他要我们先了解马恩列斯关于共产主义的理论,以便调查实际情况时有思想准备。他详细地谈到我们下去调查的方法。(详见拙作《忆毛主席》一书)

我和家英从毛主席那里(菊香书屋)出来,一起到附近的家英住处静谷,商量如何去河南调查。我们商定,家英从中央办公厅秘书室抽人组成一个组,以中央办公厅人员的名义去调查;我则用新华社记者的名义,由新华总社和河南分社以及人民日报社抽人组成另一个组。家英提议,他先去新乡的七里营公社(这是全国第一个人民公社),因为他从合作社时起了解那里的情况,地熟人熟,了解真实情况比较容易;我则先去修武,那里全县13.5万人组成一个公社,是河南(也可能是全国)第一个一县一社,我没有去过,可能印象比较新鲜。两组各自调查4天,然后对调地点,也调查4天,11月5日在新乡会合,上毛主席专列汇报。

10月28日下午,我们两组人马同乘火车离京,29日到达新乡,同新乡地委同志见面后,当天下午即分头去七里营和修武,4天后,家英去修武,我去七里营。

当11月5日我们再在新乡会合时,相互交换对两地情况的看法。我们两人不约而同地对修武和七里营人民公社"太大太公"印象深刻。

我刚从七里营回来,感到七里营分配制度包得太多。家英先在那里调查。他谈到七里营有3万人,年总收入有1000万元出头,但分配上实行供给制,举凡衣、食、住、行、生、老、病、死、婚、育、学、乐,以至理发、洗澡、缝纫、电费,一共16项,都由公社包下来。家英认为,中国农民多少年来,有史料可查的,至少从汉朝起,就有"吃饭不要钱"的农民社会主义思想。但是包得太多,公社负担太重,以供给制人均每年折款78元计算,就支出共达二三百万元。我说到修武没有包这么多,但农民对公共食堂的评价是"好是好,怕长不了"。

我谈到修武一县有几十个大队,几百个生产队,县里怎么也管不了全部经营管理,目前实际上还是公社化初期的体制,县以下仍保留公社一级(大抵相当于过去的区一级)。但是,这个县的县委书记说,更大的顾虑是县和国家的经济关系的变化。因为当时河南一些干部热衷于把公社集体所有制改变为全民所有制。这位县委书记很怀疑,国家在丰收年份能否全部接收县里自给有余的农产品和保证供应县里必需的生产资料和日用百货;在歉收年份能否不仅保证照常供应生产资料和日用百货,而且还保证供应县里短缺的粮食和其他农产品。家英一针见血地指出,最近陈伯达(他先去山东的寿张,后去河南的遂平)到处鼓吹废除商品交换,实行产品调拨,把农村人民公社同鞍钢一样对待,把一些干部思想搞糊涂了。

我们交换意见过程中,还谈到两地普遍大办钢铁,男女老少齐动员,上山背矿石,搞小高炉炼铁,热情感人;但也看到田地里棉花没有人去摘,粮食地里秋收很粗,丢落谷粒很多。这样下去,很可能丰产不丰收。

我和家英商定,在专列上向毛主席汇报时,着重谈两个问题,一是修武县委书记的顾虑,一是七里营的16"包"。

我们一同上了毛主席的专列,向郑州进发。中央决定11月在郑州召开工作会议,为11、12月在武昌召开八届六中全会做准备。毛主席在专列上同新乡地委书记和几位县委书记谈话,要我们到郑州后再向他汇报。家英和我除了参加听汇报外,余下的时间继续交换在修武和七里营调查时所见所闻的看法。

　　家英提议,我向毛主席汇报修武情况时,不妨联系斯大林的《苏联社会主义经济问题》一书来谈。斯大林在书中曾经谈到从集体所有制向全民所有制过渡的问题。斯大林提出这个问题,还讲到过渡要具备条件,并没有主张马上要过渡。陈伯达主张取消商品交换,实行产品调拨,其重要论据就是斯大林在书中讲过的过渡问题。斯大林这本书,是毛主席要我们到豫北调查时携带的两部理论著作之一,另一部书是人民大学编辑的《马克思、恩格斯、列宁、斯大林论共产主义》,都是薄薄的两小本。

　　我们还谈到,北戴河会议决定人民公社化和钢铁翻一番,现在看来时间可能太短、太急,特别是没有先行试点然后逐步推广,一下子全国铺开,于是各地八仙过海,各显神通,你追我赶,问题就多了。毛主席在我们出发时要我们带两本书,做些理论的准备,并认为各级干部特别是高级干部对共产主义认识不一致,现在看来是有道理的。

　　我们还谈到,现在各地人民公社都搞"包",似乎"包"得越多越好,但"包"是供给制,每人都得同样的一份,这不是社会主义的按劳分配,更不是共产主义的按需分配。家英谈到,有人说它是"穷的共产主义",这是对马克思主义的莫大讽刺。

　　11月6日,毛主席到达郑州的当天晚上,要家英和我到专列上汇报。我先汇报修武的情况,主要谈了该县县委书记的顾虑。家英汇报七里营的情况,着重谈了七里营的16"包"供给制。在我们汇报过程中,毛主席边提问题,边评论。除了没有指名提到陈伯达以外,家英和我把自己的看法都谈了。倒是毛主席在我们汇报结束时谈到陈伯达,说他前些时候到山东寿张去时很称赞那个县提出"苦战3年进入共产主义",这次派他到遂平去,回来又提出取消商品交换、实行产品调拨。

　　看来,家英和我这次去豫北调查,是毛主席在意识到大跃进和人民公社化运动中出现了过"左"的倾向,必须加以纠正的时候布置的。我们调查的结果对他不无影响。毛主席在郑州会议上带领到会的中央部分部长和部分省委书记读斯大林《苏联社会主义经济问题》,并提出划清两个界限:一个是集体所有制和全民所有制的界限,一个是社会主义和共产主义的界限。其后在武昌会议(包括中央工作会议和八届六中全会),也是在这两个大问题上议论比较多。家英和我跟胡乔木一起,在起草《关于人民公社若干问题的决议》过程中,坚持要严格按照毛主席的意见区别两大界限,同一些同志发生争论。家英的立论明确,雄辩有力,给人留下深刻印象。当然,在当时的情况下,1958年"左"的指导思想并没有根本纠正过来(无论关于大跃进和人民公社问题都是如此,六中全会的有关决定即为证明),但"共产风"、"浮夸风"、"瞎指挥风"总算刹了一阵。

五、庐山风云

按照中央关于召开庐山会议的通知,我和家英、乔木一起于6月29日下午乘中央办公厅准备的专列去武汉,然后乘船去九江,上庐山。

同乘这一专列南下的还有中央政治局委员们(他们各有一个公务车厢)以及中央若干部门的部长。上车后不久,乔木和家英要我向他们传达6月12—13日颐年堂政治局会议上毛主席的讲话。乔木因病住院,家英去四川调查,都没有参加这次会议。

我向他们详细传达了颐年堂会议的情况。会议由毛主席主持,讨论和通过陈云同志关于1959年钢产指标定为1300万吨的情况。毛主席在会议上作了两次讲话。我特别谈到,毛主席在会上对大跃进指标过高作了自我批评,他把1958年第一次抓工业打了败仗,比同于1927年秋收起义的头一仗打了败仗。毛主席强调现在要实事求是,把过高的指标降下来,陈云同志的意见是对的。现在不要互相埋怨,而要认真总结经验教训,认真学习搞经济建设。我还谈到,毛主席说,上庐山召开会议,大家平心静气来谈经验教训,要比上海会议(1959年3—4月)和郑州会议(1958年11月)谈得好,互相交心。我特别谈到颐年堂会议上大家敞开思想,议论风生,思想活跃。

在传达过程中,大家发些议论。主要是乔木讲大跃进破坏综合平衡,不赞成用"平衡是相对、不平衡是绝对"的观点来指导经济工作。他形象地说,如果火车车厢的四对轮子老是不平衡,火车就会出轨翻车。家英主要讲他不久前才从四川新繁县调查回来,1958年那里的瞎指挥风、浮夸风很严重。

家英详细介绍了他调查的那个大队两本账的情况。一本是应付上级的高产账,是假账;一本是实产账,只有大队少数干部才知道的。他还谈到罗世发(四川省的全国劳动模范)告诉他,那里没有按照上级布置的过分密植的规定插秧,结果丰收了;别的大队按上级的硬性规定插秧,结果歉收。瞎指挥实在害死人。家英再三表示担心,有些省的负责同志至今思想还不通,要同中央一致恐怕还得多做说服工作。

可以说,颐年堂会议开始的敞开思想、议论风生的气氛为庐山会议前期的好兆头。但是,庐山会议后来演变为批判所谓"右倾机会主义",竟是家英的政治创伤。

庐山会议开始,毛主席就决定起草会议纪要,把大家总结的经验教训写成文件。因此,我们一方面也像所有会议参加者那样游山玩水,游览了白鹿洞、仙人洞、五老峰、龙潭、植物园……一方面差不多每天都在一起,尤其是晚饭后议

1959年庐山会议期间，田家英和胡乔木（右）、吴冷西（中）在一起。

论起草会议纪要有关问题,即使在游山玩水,途中也离不开这些话题。记得有一次去白鹿洞游览,一路上对我国的法制问题议论激烈。家英和乔木都参加宪法的起草,对于我国至今只有一部基本法,其他为实施基本法所必需的法律差不多是空白,甚至连刑法和民法都没有,一切都是首长说了算,极为不满。

庐山会议开始时,毛主席把他提交会议讨论的19个问题分为两部分,属于经济方面的7个问题,由李富春同志起草,作为向中央的报告,由中央批发;另外10个问题由杨尚昆、胡乔木、陈伯达和我把会议的讨论整理成纪要。很快,毛主席又重新安排19个问题均起草成纪要,起草小组除原来的4人外,增加了家英和谭震林、曾希圣(安徽省委第一书记)、周小舟(湖南省委第一书记)等。实际上谭、曾、陈、杨4人只在彭真同志主持讨论时参加,具体起草工作都由其他同志分工负责,胡乔木牵头。我们分工是:乔木和我负责起草读书、国内形势、今年任务、明年任务、四年任务、宣传问题、团结问题、国际形势等8个问题,家英和小舟负责起草有关农村的公共食堂、三定、生产小队半核算单位、农村初级市场、学会过日子、农村党团作用、群众路线、协作区、体制等9个问题。

家英和我一上庐山,就住在牯岭东侧东沽河左岸的河东路的路边的平房里。平房一共5间,家英住东边一间,我住西边一间,中间一间是饭厅,一间是会客室,还有一间是服务员宿舍。胡乔木和陈伯达则住在我们附近。他们除早饭外,中饭和晚饭都同我们一道。晚饭后大都在会客室里议论同起草纪要有关的事情,也交谈各人所在小组会议的情况。

在庐山会议前期,大家的心思都集中在如何总结1958年的经验教训,实质上是继续贯彻毛主席和党中央从1958年11月郑州会议起的纠"左"工作。我们的议论,都同起草会议纪要有关,没有什么顾虑,都觉得是正常的。过去起草文件也是这样敞开思想议论,否则思想酝酿不成熟,文件是起草不好的。

在议论中,家英谈的最多的有三个问题:

一是读书问题。家英从毛主席布置我们去豫北调查谈起,回顾两次郑州会议、武昌会议和上海会议,并结合前不久他在四川的调查,认为毛主席的思想,在农村问题上,具体体现在4月间给6级干部的《党内通讯》中,下层干部是感受至深、热烈拥护的。问题在于中层干部特别是高级干部中有不少人还思想不通。他感到这次庐山会议,重点应当是让省委和部级领导人真正懂得社会主义和共产主义的区别,懂得社会主义阶段是一个很长的历史时期,特别在以落后农业为主要经济基础的中国(他详细地谈到四川农村的经济状况)。因为现在不少高级干部还有"跑步进入共产主义"的想法,具体表现主要不是大刮"共产风",而是仍然主张"大干快上",快点跨过社会主义这个阶段。他非常赞成毛主席提出庐山会议要务虚,认真读书,结合实际总结经验教训。

二是关于形势问题。家英指出，现在不少高级干部认为，经过这半年中央召开的一系列会议，大跃进和人民公社化中的错误已经纠正过来了，形势已向好的方面发展。家英提出，整个形势是否已经到了"沟底"呢？我记得我们中间是他第一个这样提出问题。家英认为并未到"沟底"，因为"左"的错误想法和做法，并未从根本上扭转过来，并未到此为止。他从四川调查中感到有旧病复发的情况，搞不好形势会变得更坏。他赞成乔木提出的1960年不应继续跃进，而应调整，着力综合平衡。乔木认为社会主义也有经济危机，我国已处在危机中，整个国家经济严重失调，如果继续跃进，经济失调后果不堪设想。

三是自我批评问题。家英认为，毛主席从第一次郑州会议起不断作自我批评，承担了1958年工作错误的主要领导责任，直到上海会议提出《十年总结》（应当补充说，还有最近的颐年堂会议）。毛主席在上海会议上作自我批评后说，"这次我向大家交心，下次会议你们交心。"因此这次庐山会议上，各地省委书记和中央各部长应作自我批评，各自分担自己应负的责任，这样才能做到真正总结经验教训。家英在毛主席7月10日讲话后，更加强调这点。他说，毛主席在讲话中已列举1958年的四大错误，现在大家作自我批评有谱了。

家英先后提出两个建议，一是由胡乔木在会下同有关的省委书记和部长接触，劝他们也交心。乔木这样做了，也收到一些效果。另一个是鉴于有些小组讨论比较沉闷，对谈1958年的失误阻力很大，谈这样问题的发言经常被打断、顶撞，谈不上总结经验教训。家英建议向杨尚昆同志反映，请他把这种情况报告少奇同志、周总理和毛主席。此事也由胡乔木同尚昆同志谈了。尚昆同志当时是以中央办公厅主任的身份，负责联系各组的。

经过多次议论，会议纪要初稿我们于7月12日分头起草完毕，13日和14日由乔木主持反复修改，把19个问题合并为12个问题。然后送少奇同志。14日晚，少奇同志找我们谈话，说初稿还可以改进，不过现在可以先发给各小组讨论，然后集中大家意见再加修改。

《会议纪要》初稿于15日印发各小组讨论。少奇同志16日召集各组长开会（乔木、家英、我都参加了），宣布会议延长（原拟开到十五六日），再从山下找些人来参加，小组混合编（即不以大区为单位）。少奇同志要求大家好好讨论《会议纪要》初稿，方针还是成绩讲够、缺点讲透。起草小组将根据大家意见修改。

15日夜，毛主席将彭老总给他的信（14日写的），批上"印发各同志参考"几个字，印发会议（17日发出）。各小组开会时，开头几天，大家发言集中在《会议纪要》初稿上，特别对"形势与任务"部分意见很多，议论彭老总的信的人不多。

我和家英、乔木和陈伯达，看到彭老总的信后曾一起议论过。我记得17日午饭时，我们四人在餐厅谈到在上午收到的彭老总的信，都觉得写得不错，同我们起草的《纪要》思想一致。我和家英都觉得由彭老总出面说话，有分量，作用大。但乔木说了一句话："也可能适得其反。"他没有加以解释。大家只感到，信中个别词句有些刺眼，如"小资产阶级狂热性"等，但总的来说还没有我们起草的《纪要》初稿那样尖锐。

各小组的讨论，从19日起对彭老总的信意见逐渐多起来，对《纪要》初稿的意见反而越来越少了。乔木、家英和陈伯达在小组的发言，着重解释起草《纪要》初稿时的设想，乔木着重谈了形势与任务，说明还可以根据大家的意见把成绩讲充分些，把缺点和错误讲得更清楚些。家英结合他在四川的调查，着重谈了农村工作中的群众路线等问题。他们都没有谈及彭老总的信。

7月20日和21日，我们根据少奇同志19日的指示，对《会议纪要》初稿加以修改，作为第二稿，于7月22日提交由彭真同志主持的书记处会议讨论。会后彭真同志要求我们尽快根据会议的意见加以修改，由他送交少奇同志。

不料7月23日庐山风云突变。毛主席这天在会议上讲话，虽然仍作了自我批评，也劝做错了事的人（他说的"左派朋友"）也作自我批评，分担责任，但重点批评那些把大跃进和人民公社的错误"讲多了的人"，说他们"方向不对"，对总路线"动摇"，"距离右派只差30公里"。毛主席的讲话，震动全场，鸦雀无声，空气像凝固了似的。一日之间，庐山会议发生了180度的大转弯，从纠"左"变成反"右"了。

这有若晴天霹雳，乔木、家英、我和陈伯达愕然、茫然。会后乔木独自径回住处，家英、我和陈伯达等一起沿河东路西行，走过仙人洞，一路上默默无语。家英非常激愤，在亭子上写了一副对联："四面江山来眼底，万家忧乐到心头。"

当天晚饭是一顿闷饭，没有人说一句话。胡、陈饭后各自回住所。家英和我坐在客厅里相对无言，达半个多钟头之久。后来，家英忍不住跳起来大声说："准是有人捣鬼。"原来他想的是毛主席为何突然转了180度。

在23日以前，家英和我都知道，毛主席前一段一直强调纠"左"。彭德怀的信印发出来的当天晚上，毛主席同乔木、家英谈话时，仍然说，现在"右倾机会主义"的头子就是我。我嫌"右倾"的朋友太少了。"现在事实上就是反冒进。反冒进的司令就是我"。少奇同志在16日的中午召集各组长开会宣布会议扩大、小组重新混编时，亦重申"成绩讲够、缺点讲透"的方针。直到7月18日，毛主席还说过，欠债是要还的，去年犯了错误，每个人都有责任，首先是我。现在缺点还没有完全改正，腰杆子还不硬，这是事实。浮夸风、瞎指挥、贪多贪大这些"气"还是要泄。他准备同那些不愿意听别人讲缺点错误的"左派"谈谈，叫他们要听取各方意见。

家英追述这些情况后问我，是否注意到毛主席在23日讲话开头的说明。家英指出,毛主席说,他前一天同各协作区区长(即后成立6个中央局的第一书记)谈话,劝他们听各种的不同意见。但他们说,已经听了好多天了,现在主席再不出来说话,"左派"的队伍就要散了。毛主席说,看来他今天不来讲话不行了。家英说,这说明毛主席23日的讲话是受有些"左派"怂恿的。

家英和我进一步谈到,有人"怂恿"是一个原因,但毛主席自己的思想恐怕是更重要的原因。我们以农村公共食堂"吃饭不要钱"为例谈到,"吃饭不要钱"是柯庆施在北戴河会议之前提出来的。毛主席在北戴河会议上提高到理论上"破除资产阶级法权"加以论证,会后又要《人民日报》转载张春桥根据主席的论点加以发挥的文章,并展开讨论。

家英说,主席在武昌跟我们谈话,提到东汉时张鲁搞的"五斗米道",很同情农民追求温饱。主席这种心理状态,由来已久,早在合作化时期他就多次谈过。赶快实现民富国强的理想,在主席思想中是根深蒂固的,也是近百年来中国无数志士仁人为之舍身奋斗的,无可非议。但其中也包含着一种危险,即过急、过快、过大的要求可能带来严重的祸害;我们列举了合作化时期的过快推广高级社、提前实现农业发展纲要、15年赶超英国、大跃进、人民公社等事例,指出它们都程度不等地反映了一种"左"的思想倾向。但最早发觉这种倾向并最先作自我批评的都是毛主席。

当时,家英和我的认识,只达到这样的水平。

毛主席23日讲话后,家英一直处于困惑和愤懑交杂的心情之中。加之小组会上群言啧啧,有所谓"质问",有所谓"揭发",还有所谓"批判"。家英对我说,"安之若素可也"。所幸家英在中央领导同志身边工作多年,严守纪律已成习惯,在正式会上素不随便发言。家英在小组会上谈过在四川调查中发现的浮夸,后来被人指责为"攻击大跃进和人民公社",也仅此而已。我们平时围绕起草《会议纪要》的议论,也没有拿到小组会上或跟别人乱讲。因此会上别人抓不到什么辫子。但家英仍担心会下议论泄露出来会引起不必要的麻烦,曾在我们起草人中间声言:"好汉做事好汉当,谁乱讲谁负责。"

24日吃晚饭时,我告诉胡乔木和家英,小组会上有人批评我替彭老总说话。他们两人赶忙问我说了什么。我说,彭老总的信出来以后,小组会上有人批评彭老总的信时,我曾三次为彭老总辩护。于是在24日小组会上就有人说我犯了路线错误,也有人说秀才们和彭老总一个鼻孔出气。一位老同志温和地说我"迷失方向"。

家英说我不应在小组会上那样辩护,但说了也不是错误。乔木则认为我应当作个检讨。我问怎么检讨?他们两人都默然沉思。最后我提出,如果要检讨,我只能表个态,即按那位老同志批评的口径,"一时迷失方向"。乔木说还是作个检讨为好。

乔木还没有说完就得到毛主席要他去开会的通知，走了。我和家英一直等候乔木回来。大约是深夜11点多，乔木回来了。他劈头就对我说，赶快写一个书面检讨，由他交给小组长。他要我不要去开小组会，他代我请假，我在家里修改《会议纪要》。因为少奇同志要求赶快改出第三稿来，争取形成中央文件下发。他和家英都赞成我按那位老同志说的口径"一时迷失方向"，话不要多，几百字即可。我当夜写出，第二天交给乔木，后来登在《简报》上。

乔木还谈到毛主席在政治局常委会议结束时把他留下，批评他前一段乱说话，并说，秀才们（点了乔木、家英、我和陈伯达的名字）表现不好，要夹着尾巴做人。

庐山会议自23日起越来越紧张。28日晚，毛主席找家英和陈伯达谈话。家英很晚才回来，赶忙到我房中告诉我：毛主席同他们两人谈话时，一面批评说前一段秀才们表现不好，方向有些不对头，一面要他们不要过分紧张。

家英说，主席批评他时，他激动地为自己辩白。他在小组会上说过四川的罗世发大队的事，后来有人批评他反对三面红旗，他接受不了。他说着说着，边流泪边诉说他发言有根有据，可以当面对质，中央可以派人去四川调查。主席说，你说了人家一些坏话，人家反过来批评你，这是常情。紧张一下有好处，可以反过来想想自己有什么不妥之处。但也不必太紧张。过两天我会向他们打招呼，下"停战令"，对秀才们挂"免战牌"。你们也不要尾巴翘到天上去，还是要学会夹着尾巴做人。人的世界观改造不容易，活一辈子要改造一辈子。你们前一段说的话基本上是对的，但有些话不对，有些方向不对，有些说过了头。要不断进步。

家英还说，从今晚的谈话看，主席并不是从一开始就要批判彭老总。我问为什么？家英说，主席今晚谈到彭老总时说，他开始并没有觉得彭的信有什么问题，所以批了几个字印发给大家参考，当时并没有别的意思。因为既然有这些意见，而且他在小组会上的发言也登在会议简报上了，把这信印给大家看看也是可以的，并没有什么特别的想法，更没有打算在23日讲那番话。主席说，那番话是在22日听了大区区长汇报时想到的。当时有两位区长都说，现在小组会反对三面红旗的话多了，有些人开小差了。我该出来讲话了，否则队伍就散了，没有兵了。这才使我感到问题严重。想了一夜，第二天（23日）才讲了那么一篇话。

我听了家英这番话，马上提出我们一起去告诉乔木。乔木听时很冷静，好像胸有成竹。大概是24日夜里毛主席同他单独谈话时也说过这类的话，他心中有数。家英谈完以后，乔木说，我们四个秀才的问题，在这次会上可能告一段落。主席同他以及同家英、陈伯达的谈话都着重谈到"要夹着尾巴做人"。我们这些在中央领导同志身边工作的人，今后要格外小心谨慎。

以后几天，家英照常参加小组会，乔木在家休息（主席要他休息几天，准备起草八中全会文件），陈伯达仍请病假，我则根据少奇同志的意见（讲成就部分加强；讲缺点错误部分要压缩文字，要点仍保留；纠偏问题从正面讲，只谈应该如何如何，不谈不应该如何如何），在家中改出《会议纪要》第三稿，交给乔木同志。

7月30日上午，杨尚昆同志到我们住处来，说主席要他给会议各组组长打招呼：以后再不要提胡乔木、陈伯达、田家英和吴冷西的事情了。要各组组长关照一下参加会议的同志，集中力量开好八中全会。尚昆同志说，这是主席下"停战令"，你们可以放心了。这样我们四人好像得到了解放，一起往仙人洞那边散步。这时我们的情绪同一周前有所不同，个人挨批评可以免了，但喜中有忧：八中全会要大批"右倾机会主义"，《会议纪要》恐怕搞不成了。更大的担心是从去年底郑州会议开始的纠"左"进程可能就此中断。这是党和国家的大事。

从8月2日开始的八届八中全会，不幸而言中。还没有真正形成气候的神仙会，变成了唇剑舌枪、硝烟弥漫的斗争会。家英忧心忡忡。

家英是个胸怀耿直、忧国忧民的人，面对庐山会议后期颠倒是非、急风暴雨的斗争，其激愤与抑郁交集、自励与自馁并存，可以想见。乔木和我见此情景，曾先后建议他参加八中全会文件起草工作。家英宁愿帮我起草会议公报（主要谈经济形势和任务），而不愿参加乔木负责的八中全会决议（内容为反对右倾机会主义）的起草。他很少参加小组会，大会也只参加同我们有关的几次，闲时则漫无边际地同我"摆龙门阵"。他喜欢听我谈我访问过的东西欧和非洲、亚洲的观感，而他则大谈清代名人和他所收藏的墨迹，并由此而道出他准备写一部比萧一山的《清代通史》更成熟的新清史的心愿。

有一次家英谈到毛主席推荐他看贾谊的两赋两论。他很欣赏《吊屈原赋》，喜欢背诵其首段。他觉得中国目前的情况隐约显出《治安策》中历陈的弊端，他赞成1954年中央撤销六大中央局，不赞成现在又设六大协作区（后来又形成六大中央局的建制）。他认为，汉初罢诸侯是英明的，唐代建藩镇是自乱天下。秦始皇是历史上第一个建立中央集权的皇帝，功不可没，可惜焚书坑儒，留下把柄，遭后世人咒骂。历代所谓圣明君主，大体都既能治国又能治家，两者兼备不易，但非如此不可。家英这些议论，看似纯属论史，实则有所感而发。

历时半月的八中全会，大批所谓"军事俱乐部"，自然比7月2日至16日的神仙会使人难过，也比7月17日至8月1日的揭批会难过。家英虽然在毛主席8月11日讲话时说"秀才是我们的人"之后，情绪不再那么低沉，但依然不那么振作。个中因由，是乔木、家英、我和陈伯达四人被揭发，中央在立案审查。

八中全会最后几天，大雨倾盆，乌云低迷，自然气候与政治气候给人双重压迫。大会一结束,17日当天下午,许多人不顾天雨路滑,都纷纷下山了。我记得第一个下山的是彭涛(他当时是化工部部长)。家英和我因有些会务未了,推迟到第三天(19日)下山。临行匆促,我连会议简报全部留在抽屉里,被中央办公厅通报批评。

家英和我下山后从九江乘船到南京改乘专列回京。在船上我为家英拍了一张照片,那神态我自认为恰如其分地反映了家英当时的心境。

我们四人案一直审查到10月,彭真同志两次找我们谈话,我们给中央写了检讨和申辩,最后毛主席10月17日找乔木、家英、我和陈伯达谈话。他说,你们在庐山表现不好,但不属于敌对分子和右倾机会主义分子这两类人,而是属于基本拥护总路线,但有错误观点或右倾思想这两类人。这样,"四人案"至此才算结案。从毛主席那里出来,家英和我回到他的书房,一进门他手舞足蹈,猫身在地板上翻了一个筋斗,大声说:"主席是了解我们的。"

六、再上庐山

整个1960年,我同家英来往不多,因为从年初到年底,我的工作主要在国际方面,家英则集中力量编辑《毛选》第四卷。

1961年,从毛主席提倡"大兴调查研究之风"开始,我国实际上进入了调整时期。家英根据毛主席的指示,先去浙江调查人民公社情况,后到广州参加毛主席主持的讨论人民公社问题的会议,并参加起草《农村人民公社工作条例(草案)》(通称《农业六十条》)。这时,我正随陈毅同志率领的我国政府代表团参加关于老挝问题的日内瓦会议。

一个偶然的机会,使我和家英重上庐山再度合作。

那是我在日内瓦会议休会时回国,去北戴河休假。当时小平同志正在那里主持讨论由薄一波同志负责起草的《工业七十条》,要我也参加听听。后来中央决定在庐山召开中央工作会议(8月23日至9月16日),我和家英都接到参加会议的通知,先后到了庐山。小平同志预先告诉我,他可能在大会期间率代表团参加朝鲜劳动党的代表大会,由彭真同志接替他主持《工业七十条》的修改工作,要我、田家英、胡绳负责修改,还可请一波同志指派一些秀才参加。我同家英商量此事时,他坦率地说他对工业情况不熟悉,一定要请熟悉情况的同志参加修改。后来同一波同志商量,由他指定原来也参加起草工作的梅行、马洪、杨波、张沛等同志参加。

家英告诉我,毛主席上山前说过,这次庐山会议要开好,要开成一个心情舒畅的会。主席虽然仍认为上次庐山会议反右没有错,但又说,那次庐山会议本来该继续纠"左"，后来反右，把反"左"冲掉了。高指标、高征购、高分配、共产风比过去更严重。家英说，主席的看法已有相当大的变化，这次可能比上次要好。因为今年以来中央已作了一系列有关调整的决定，这次会议除工业问题外还有财贸、教育等问题要作出调整的决定。

家英和我以及参加修改小组的同志，认真研究会议中各小组提出对《工业七十条》的意见，其中主要有四个问题：(一)对当前工业形势的估计，有些同志不赞成《工业七十条》草案的前言讲工业情况不好的话太多，认为工业形势已走出了"沟底"，开始上升。(二)对草案规定的党委领导下的厂长负责制有不同意见，认为不能给厂长那么大的管理权，对设立会计师制度也不理解。(三)对草案中强调按劳付酬、奖勤罚懒也有意见，认为应强调政治挂帅，职工收入不能悬殊过大(其实根本不存在"过大"，而是仍搞平均主义，后来叫做"吃大锅饭")。(四)对草案中只强调群众路线而不强调群众运动有异议，仍然主张强调技术革命和破除"不合理的"规章制度。

对这四个问题，家英和我请参加起草的同志摆实际情况。他们认为所以制定《七十条》就是工业管理中存在严重弊端和混乱，情况远比草案前言中所说的要严重得多。有的同志详细谈了工厂中当时实行的党委集体负责制的种种弊端，厂长根本无法指挥和管理生产。听了他们所谈的情况，我和家英商量，这样的重大原则问题要请示小平和彭真同志，他们拿出主意我们才好修改。

于是我们向他们汇报了各组的意见和我们的看法。小平同志听后斩钉截铁地指示：草案已定原则均不能改变，文字修改可以商量。至于工业形势，看来《前言》讲得还不透，可考虑单独写一个指示，明确重申"调整、巩固、充实、提高"八字方针，并强调今后三年以调整为中心。彭真同志要我们按小平同志的意见，一面修改《七十条》，一面另行起草中央关于工业问题的指示。家英在回住处的路上对我说，历朝乱世要有一个善断的宰相，当今亦是如此。

小平同志赴朝后，彭真同志主持《工业七十条》(草案)的修改和中央《关于当前工业问题的指示》的定稿，坚持既定原则。其中仍然强调群众路线，尽量不写"群众运动"，只写"依靠群众"或"发动群众"；仍然强调"按劳分配"，同时也提政治挂帅；强调技术革新，尽量不提"技术革命"，而且强调尊重科学，把它同"破除迷信"并提，指出不能把科学当作迷信来"破"，强调规章制度的相对稳定是保证生产正常运行所必需。特别是《指示》一稿，把问题讲透了，会中主张不多谈当前弊端的意见反而少了。

家英虽不熟悉工业问题，但虚心倾听专家意见，从善如流，见异析疑，反复商榷，终于完成了交托的任务。

家英对形势的估计很有见地。他认为，不能笼统地说现在已到"沟底"(即困难到顶点,而后即为上升)。以调整为中心的调整、巩固、充实、提高的方针已定,计划指标已降低,农村有了《六十条》,工业有了《七十条》,等等,从这些方面看,形势已向好的方面变化。但是目前粮食供求差额很大,秋收可能减产,明春可能发生饥荒,工业生产秩序混乱,大批工厂停工待料,市场供求差额很大,困难还没有达到顶点,如果工作得不好,还有可能进一步恶化。家英特别对农村情况不乐观。他说,现在同1959年相比,过去一些省大讲增产,现在则大喊困难,国家进口几百万吨粮食(这是建国以来没有的)还不够分配,有些省力争中央多调进粮食,一些省则力保少调出粮食。多数省都发生饿死人,情况可能进一步恶化。他谈到农村干部相当普遍不敢讲真话,害怕"一手高指标,一手右倾帽"。他认为,现在困难比第一次庐山会议时更严重,证明那次会议中我们的观点是符合实际的。

依我看,在第二次庐山会议上,家英比之第一次庐山会议时更为成熟,风采不减当年,心情是愉快的。这不仅因为他在草拟《农业六十条》中受到毛主席的高度重视,而且因为他在《工业七十条》修改中也充分发挥才华,他两年前赞成的以调整为主的方针正逐步实行。家英和我在工作之余,还像上次庐山会议前期那样,游山玩水,特别同胡绳同志(他没有参加上次庐山会议)再一次参观植物园,也同样议论风生,只是这次因乔木同志没有上山,谈锋不如过去强劲就是了。

七、七千人大会

庐山会议下来后,家英即为中央讨论人民公社基本核算单位问题准备文件,我则准备起草原定年底前召开的第二届人大第三次会议的政府工作报告。但是,鉴于赫鲁晓夫在10月苏共二十二大上发起新的反华、反阿尔巴尼亚运动,中央政治局常委当机立断,推迟召开人大会议(后来在1962年3月至4月召开),改为召开中央工作会议,动员全党力量,加强调整工作。家英和我的工作重点也随之转移。

中央常委是在周总理中断出席苏共二十二大而提前离苏回国后,10月下旬决定召开中央工作会议的。少奇同志在11月5日主持的中央政治局会议上宣布:根据毛主席和常委的意见,这次会议要总结"大跃进"的经验教训,统一全党思想,以便集中力量做好调整工作。政治局要为这次会议准备一个报告。少奇同志指定由陈伯达牵头,我和家英、胡绳参加,负责起草工作报告。我当场同富春、先念、一波和安子文(当时为中央组织部长)等同志商量,从他们主管的部门抽人组成起草班子,初步确定调来梅行、杨波、马洪、廖季立、赵汉、潘静远、张沛等人,后来又请吴波和段云同志帮忙,集中在钓鱼台8楼和15楼工作。

第二天,小平同志即来钓鱼台8楼召开会议,提出起草报告的框架为四部分:(一)形势和任务:农村情况开始好转,工业生产下降基本稳定;应坚持三面红旗,贯彻八字方针,争取三年调整好;(二)关键是加强中央的集中统一领导,加强民主集中制,克服分散主义;(三)改进党风,贯彻实事求是的工作作风和群众路线的工作方法,加强党内民主;(四)基本经验教训。他要我们先分工起草,然后由陈伯达主持修改。

我们的分工是,我负责第一、二部分,由梅行、杨波、马洪、廖季立、张沛协助;家英负责第三部分,由赵汉、潘静远协助;胡绳负责第四部分。我们起草初稿后,由陈伯达修改,12月中旬拿出第一稿。

12月21日,小平同志主持讨论第一稿,富春、先念、一波、谭震林、安子文等参加。会上讨论的意见主要是对第一、二、四这三部分的,认为对形势的估计不能助长过分乐观,要保留一点,因为目前情况还没完全摸透,尤其是工业、财贸;15年超英的口号是否仍提值得考虑;对集中统一还强调不够,没有把分散主义的种种弊端写得触目惊心;经验教训要根据中央书记处给政治局常委的检查报告加以阐述,而且要联系党的历史教训写。会议对家英起草的党内问题部分意见较少,只提了一些要加强正面阐述,并突出纠正当前不正之风。

上面所说的中央书记处检查报告是小平同志亲自主持起草的,其中讲到这几年的主要错误为:总路线提出后未及时制定具体政策,已决定的政策有些是错误的;计划指标过高,而且多变;不是实事求是、因地制宜,全国搞了许多"大办",这是违反群众路线的"群众运动";中央权力下放过多,而且级级下放。

第二天,少奇同志看完第一稿后专门到钓鱼台找陈伯达、我、家英和胡绳谈话。少奇同志劈头就说,报告的起草,还是1959年庐山会议上讲的那两句话,一是成绩讲够,二是缺点讲透。具体意见主要有:(一)过去四年的缺点、错误要摆开讲,有多少讲多少,放开手讲,不要吞吞吐吐,重病要用猛药,要使人出一身大汗,这才能接受教训。(二)这几年的错误,中央负主要责任,要在报告中代表政治局作自我批评,否则下面不服。一年来中央逐步改正错误,要求各地、各部门也改正错误,不能自行其是。 (三)关于分散主义要列举表现事实,每个省、每个部都要有例子,一个也不能缺,这种现象太多、太普遍了。(四)这几年的错误,同党内过火斗争,特别是1959年庐山会议只反"右"不反"左"、后半段否定前半段、会后又在党内普遍进行反右倾斗争,有很大关系,党内民主不够,使许多错误不能及时改正。少奇同志特别嘱咐我们:秀才们不要怕这怕那、束手束脚,要敢讲老实话,讲过头了也没有关系,反正是草稿,中央政治局还要讨论,错了政治局负责。

少奇同志走后，我和家英议论，上次庐山会议少奇同志就态度鲜明，直到八中全会还想把《会议纪要》下发，可惜终于落空了。这次七千人大会，少奇同志还是这样的胆识，我们可以放心了。我告诉家英，一个星期前在毛主席家里开常委会讨论会议如何开时，毛主席讲到，书记处的检讨承担了这几年错误的责任，而且说没有很好贯彻他的指示，把他当作圣人。其实这几年错误首先应由他负责，因为他是党中央主席，重大决策是他作出或同意的。主席还说，我的错误你们不讲我讲。

家英说，他也有这样的感觉。1961年，毛主席一直抓调查研究，从农村人民公社六十条开始，一步深一步地纠正"左"的偏向。这一年他的调查材料和起草的文稿都受到毛主席重视或采用。他认为这次开七千人大会，中央常委意见相当融洽。原来小平同志建议中央工作会议为三级(中央、省、地)干部会，后来毛主席建议扩大为四级(增加县级并包括相当于县级的工矿企业和军队的负责人)干部会，还在"中央工作会议"之前冠以"扩大的"三个字。

家英还认为，少奇同志这次更加强调缺点讲透，而且措词尖锐。我们是做文字工作的，报告是少奇同志作的，我们起草时只能照他说的写，要改由他改。我们两人商定，并征求了胡绳同志的意见，要原原本本地按照少奇同志的意见修改第一稿。

12月25日至26日，少奇同志和小平同志共同主持讨论我们的第二稿。会上提了很多意见，主要的有：(一)要科学分析当前严重经济困难的原因，主要不是天灾，也不是赫鲁晓夫撕毁全部协议和合同，而是我们工作中的错误。这点报告中要讲清楚，使干部群众有信心，只要我们能改正错误，就必定能够克服困难。(二)批判分散主义还要加强，要把各地方、各部门的分散主义加以分类，强调其危害性。《红旗》杂志社和《人民日报》、新华社的负责人(指陈伯达、胡绳和我)参加报告的起草，也应写上自己的错误事例。分散主义不克服，只有分权，没有集权，就不成为社会主义了。(三)我们这几年犯的错误，有些同苏联相类似，别人的错误自己也会重犯，这点应引以为训。(四)原来把经验教训单独写一部分；现在的整体结构不合适，应合并到第一部分中去，而且要重写。

家英负责的党的问题部分，一般认为写得较好，只需再加改进即可，即进一步阐述毛主席关于实事求是、群众路线、党内民主的一贯思想，而且要针对当前党内不正之风。

会后，起草班子重新调整，我只负责形势与任务部分修改，其中经验教训由陈伯达重写；第二部分由梅行、马洪、廖季立、杨波等修改，因为他们对分散主义的情况比较熟悉；家英和胡绳修改党的问题部分。

家英在修改中强调了实事求是作风是党性的第一个标准，着重批评了"谁老实谁吃亏"的思想,提倡"说老实话、办老实事、当老实人"。他在阐述群众路线时,特别针对那些把群众运动当作实行群众路线的唯一形式,热衷于表面上轰轰烈烈、实际上脱离群众和违反群众利益的所谓"群众运动",加以严肃的批评。这些后来在大会上,特别是在县委一级干部中反响很热烈。

家英在修改过程中多次同我和胡绳同志谈到,党的问题部分中最关键的是党内民主问题,而党内民主的核心又是开展批评和自我批评。他说,中央组织部的同志(协助家英起草的同志赵汉、潘静远都是来自中央组织部的)在这方面有许多典型调查材料,有的地方党委作风很不好,但又不宜和盘托出。他认为需要认真研究,根据八大通过的党章,有针对性地拟出党内生活的纪律、守则或要求若干条,便于各级党组织,特别是基层党支部执行。

1月3日至6日,少奇同志和小平同志又主持会议讨论和修改第三稿。会议是按读一段议一段的方式进行,论述上和文字上的意见很多,有些当场修改,有的指定一位秀才下去修改然后再拿到会上讨论。四天的时间,上下午作业,终于完成。

少奇同志于1月7日将修改好的稿子(后来通称书面报告的第一稿)送毛主席看。他和小平同志本来设想,一俟毛主席看完,认为大致可用,再召开政治局全体会议正式讨论、修改、通过,然后再向大会报告。

1月10日,小平同志通知我,他昨天晚上同少奇同志、周总理在毛主席家里开了一个小会。毛主席说,报告稿子很长,他还没有看完。不要等他看完,也不等中央政治局通过,索性现在就发给已经到京参加大会的所有同志,征求意见。同时组织一个起草委员会,根据大家意见,再加修改,然后提交政治局,通过后正式作报告。小平同志要我只作几处小的文字改动,就交中央办公厅印发给大会讨论。这样,扩大的中央工作会议1月11日就以分头召开小组会的形式开始工作了。

七千人大会开始后,对报告第一稿的讨论,大会各小组和常委指定的起草委员会同时进行。起草委员会由少奇同志主持,共21人,包括常委、政治局委员、各大区书记,我和家英、胡绳都参加了。大会各组的意见也反映到起草委员会中来。大家基本同意报告中三大部分的论述,但也提出许多意见,有正确的,也有不正确的。起草委员会从1月17日起经过历时一周的热烈讨论,终于完成了修改任务。

起草委员会的讨论集中在分散主义问题,有的认为这个问题强调过分,有的认为举例太多,而且有些与事实有出入。少奇同志和小平同志再三说明:马克思主义讲时间、地点、条件,不同的情况有不同的主要矛盾。在中央已经提出一系列调整方针、政策之后,关键就在于各级党委贯彻执行,不容许各行其是。目

1964年随邓小平在东北视察。左一为田家英、右三为杨尚昆、右一为逄先知。

前贯彻全面调整方针的最大障碍是分散主义。至于举例,少奇同志提出,如认为举例不当的可各自拿出恰当的来替换。后来,当主要问题已经基本解决,少奇同志提出举例可以全部删去,因为类似的事例不是一地一部所独有。少奇同志、周总理、陈云同志和小平同志通力合作,对修改稿的圆满完成发挥了重大作用。

家英和我,对中央常委如此坚持原则的魄力,而又如此循循善诱的耐心,至为敬佩,深受教育。

对于大会和起草委员会中讨论的问题,家英认为成绩可以多讲几条,但四大错误(高指标和瞎指挥,共产风,分散主义倾向和城市人口增加过快过多)不能含糊。他坚决赞成少奇同志提出的目前困难主要(最后定稿时含蓄地写成"在很大程度上")是由于我们自己在工作上和作风上的错误所引起的。他引证他在过去一年中农村调查的材料来阐明这个道理。

家英对争论最激烈的分散主义问题,深恶痛绝。他指出,一年来中央逐步改正过去的"左"的错误,实行全面调整,但中央的指示仍然贯彻不下去。原因是许多地方和部门对中央指示或各取所需,或阳奉阴违,或用不学习、不传达、不执行的"三不主义"加以抵制。这种分散主义的恶劣倾向,是建国以来所未有,任其发展下去,不但"左"的错误难以纠正,而且党和国家的统一有被破坏和肢解的危险。家英又说起他对毛主席要他读的贾谊《治安策》深有体会。他说,汉高祖刘邦称帝之初,分封诸侯,结果诸王拥兵自重,割据自大,威胁中央政权,以致前有燕王臧荼等四王谋反,后有"七国之乱",只得大动干戈,讨而平之。他又举唐代边将弄兵为例,自安史之乱起,藩镇跋扈,宦官专横,以致外患日深,唐室因以衰亡,史足为鉴。家英纵论今古,都是会下同我和其他同志谈的。

起草委员会结束后,我们又根据少奇同志的指示将报告全篇统改一道(起草委员会开会时已边讨论边修改过一道),经毛主席核阅,1月25日政治局会议上正式通过。

1月27日七千人大会全体会议时,少奇同志没有宣读这个报告(亦称报告第二稿),而是把它作为书面报告提交大会讨论。他在全体大会上根据前一天(1月26日)晚上毛主席的建议而通宵草拟的提纲(在大会开始前经毛主席和其他常委传阅同意)作补充讲话。这篇著名的讲话,那实事求是的精神与坦率的批评和自我批评,那锋利的观点和无可辩驳的论证,全场反应热烈。普遍认为,少奇同志讲的两个"三七开"切中要害,解开了各级干部中长时期以来的思想疙瘩。(全文见《刘少奇选集》下卷)

三天之后,1月30日,毛主席在大会上作了长篇讲话,主题是民主集中制,着重讲发扬党内民主,提议大家在北京过春节,开"出气会"。这就掀起了七千人大会后半期的高潮。所谓"出气会",就是毛主席在大会前半程中觉察各小组内部很不容易展开批评和自我批评,各地委、县委(主要是县委,每县有两位负责同志参加大会)对省委很少提意见,于是在1月30日讲话中大讲发扬党内民主,要各省委书记让人讲话,甚至疾言厉色地提出"偏要摸老虎屁股"。从这以后,各小组展开批评和自我批评,坦率、尖锐、紧张而热烈。

家英当时已兼任中央办公厅副主任,曾多次同我参加中办派往各组旁听人员汇报会。家英对我说,各小组讲出来的意见,看来还是比较温和的,还不如中央办公厅平时收到的人民来信中说的那样严重和激烈。他深有感触地说,如果不是毛主席亲自号召大家"出气",各组中那些批评省委(也有直接批评中央部门的)的意见肯定说不出来,不少省委也难得在这样的场合作这样恳切的自我批评。有的省委书记亲自到县委书记身旁,为自己出过坏主意和作风粗暴而赔礼道歉,双方都感动得流泪。这是全国解放后开得最成功的领导干部交心会。当时有首打油诗传遍各会场:"白天出气,晚上看戏,两干一稀,皆大欢喜。"

家英根据以上情况又对他主持起草的少奇同志报告的第三部分党内民主

问题作了许多修改，内容更加丰满而有针对性。这也就是报告最后定稿中的关于党的干部"三大纪律、八项注意"和关于加强党性的"八大要求"的由来。

大会结束前，小平同志指定：家英整理毛主席的讲话，我整理少奇同志讲话。由于少奇同志讲话长于用词造句，前后有序，逻辑分明，我几乎全部按照速记稿整理，只有个别文字改动。家英原想把毛主席的讲话按编辑《毛选》的惯例略加调整，但毛主席觉得还是他原来讲话的速记稿更能表现他当时的思想情绪和语言风格，后来家英也是完全按照速记稿整理，尽量少作修改。我们秀才们议论这两个讲话时，有的同志曾提出，少奇同志强调集中，毛主席强调民主，如何理解。家英当时哈哈大笑说，"相得益彰"。他解释少奇同志着重解决中央同各省、部的关系，毛主席着重解决省委同县委的关系，少奇同志解决了前者，毛主席马上抓住解决后者，两者都是全党性的问题。家英的解释，大家都觉得有理。

七千人大会虽然没有完全彻底清理过去三年中的"左"倾错误，但在当时历史条件下，开得这样成功，全党四级干部统一思想，同心协力，带领群众，艰苦奋斗，终于克服重重困难，用不到三年的时间，提前完成全面调整的任务，使全国形势全面好转。

八、挫折北戴河

七千人大会后不久，家英按照毛主席的指示去湖南农村调查《农业六十条》贯彻的情况，主题是如何恢复农业生产。少奇同志在北京主持政治局常委（毛主席已去南方，周、朱、陈、邓都参加）的2月扩大会议和5月扩大会议（两者均通称"西楼会议"，因都在少奇同志住处旁边的中办西楼会议厅举行），讨论新发现的严重的经济困难（赤字又增加30亿元，农村中饿死人的现象仍然没有停止，日用品供应奇缺，企业关停并转落实不下去，城市人口减不下去），指出当时我国处于类似经济危机的非常时期，并坚决采取非常措施来解决。家英没有参加这些会。

6月底，家英从南方回到北京，打电话约我到他家中去。他首先问我北京两次会议的情况，然后告诉我，他在湖南农村调查时发现农民普遍要求包产到户。近40%已自动实行包产到户或称扩大"口粮田"，其余60%左右还在犹豫观望，做做工作可能仍然搞集体经济或半集体经济。他说，在上海汇报时陈云同志赞成他的看法。回京后，少奇、小平同志听取他的汇报时也认为，在困难的地方，包产到户作为权宜之计（渡过困难时期），势在必行。

我告诉他，陈云2月26日在国务院扩大会议（副部长级干部参加）上作工作报告时提出非常时期非常措施，全场多次响起了真正暴风雨般的掌声。对城市居民增加每天配给一两大豆(可做半斤豆腐)，每月配给半斤鱼，每年配给两双尼龙袜子(当时百货商店中货架空空如也)，卖高价糖果回笼货币，反应尤其热烈。家英连声叫好，说陈云同志真有办法，大得人心。

家英说，他正等待毛主席回京，尽快汇报调查的情况。

在这中间，中央办公厅组织了几个调查组分赴全国各地调查包产到户的情况。尚昆同志和家英同志要《人民日报》也派人参加，我派几位同志去了，同时也派一个调查组去京郊房山。我还同家英商量，新华社和《人民日报》的内部参考刊物，也发表一些有关包产到户的材料。

我派去房山的调查组的报告还没有写出来，家英又打来电话，要我赶快到他家里去。我一进门，家英劈头一句是"大事不好"。他说，他向毛主席汇报包产到户的情况后，毛主席满脸不高兴，当时未置可否，但第二天接连同河南、山东、江西的省委书记谈话，提出中央要作一个关于巩固农村集体经济的决定，并且指定陈伯达负责起草，没有要他参加。

家英对我说，内部参考中不要再登包产到户的材料了，派出去的调查包产到户的调查组要尽快抽回来。我回来后赶紧照办，要去房山的调查组把调查报告重点放在如何巩固集体经济，只附带提及包产到户。

因为这样，8月间北戴河会议时，有人告《人民日报》的状，说《人民日报》调查组在房山煽动搞包产到户，我拿出会前印出的调查报告，才没有挨批；但毛主席在讲话中还是指出新华社《内部参考》登出了许多包产到户的材料不妥。他说，要登就登赞成和反对两方面的意见，不要只登一方面的意见，把《内部参考》办成谴责小说。但是可以考虑办一个《记者通讯》，允许发表不同意见。

家英的遭遇比我困难得多。他不但不能参加当时在北京起草关于农村人民公社巩固集体经济的决定(历来关于农村人民公社文件的起草工作他都参加，甚至是主要起草人)，而且在北戴河会议(7月25日至8月24日是中央工作会议，8月26日至9月23日是十中全会预备会议)期间，在中心组(只有政治局成员和各大区组长以及少数有关同志参加，家英和我都参加了)会上，一开头就被毛主席点名批评，说他在七千人大会后，不去修改《农业六十条》，反而赞成搞包产到户。

毛主席还再三点名批评邓子恢同志(他从1961年3月即赞成安徽搞"责任田"，后称包产到户，1962年5、6月间又在北京中央党校等单位作报告宣传包产到户的优越性)。邓老在会上作了检讨。家英没有在会上检讨，因为他只在内部向中央负责同志汇报调查情况而已。

家英告诉我，陈伯达现在主持起草决定，神气得很，碰到家英不说话，不打招呼，装作没看见。家英说，陈本人在毛主席没有表态之前，原本也是赞成包产到户的。但此人一贯狡猾，从不在主席面前提出新意见，只有在主席表态之后才顺着说话。

家英告诉我，他原本并不赞成邓老的意见，1961年春在广州起草《农业六十条》时他就反对安徽搞责任田。但今年在湖南调查，去的是毛主席和少奇同志家乡的、政治觉悟向来比较高的生产大队，意外地发现大队干部和社员都要求包产到户，言之成理，并且说一旦渡过困难，还是要恢复集体经济。有些地方搞了包产到户，农业生产的确恢复很快。接触到这些实际情况，他感到群众面对灾荒还是千方百计生产自救，包产到户确实是可行的，很快见效的。他认为，有领导地搞包产到户，集体经济还可能保留相当一部分，也许可达60％，否则放任自流，让农民自己搞，集体经济可能被搞垮，集体财产损失会更大。他明确表示，现在搞包产到户，是经济困难时期发动农民生产自救的好办法，一旦形势好转，集体经济还是方向。领导艺术是能进能退，退是为了更进一步。家英在会议后期也同我一样被中央指定参加修改关于巩固集体经济的决定草案，但由于陈伯达把持，木已成舟，难于有所作为，始终闷闷不乐。

可以说，北戴河会议是家英政治生涯中的重大挫折，其严重性远远超过1959年的庐山会议。在这以后，据家英告诉我，毛主席便很少找他起草有关农村人民公社以至其他问题的中央文件了。家英曾引用唐代韩愈《进学解》中说的"投闲置散，乃分之宜"，其心情可以想见。他对当时会议讨论的中心问题（阶级、形势、矛盾）沉默不言。有时我提到这些问题向他质疑，他不是摇摇头，就是笑一笑。当我告诉他，经少奇同志和小平同志一再强调，抓阶级斗争不能影响调整经济，毛主席作结论时表示同意，明确指出调整是第一位工作。他对我连说了两句："这就好，这就好。"

九、从《十条》到《二十三条》

进入1963年，家英同我在一起的时间越来越少了。从1962年12月起，苏共领导纠合一班追随者，先后在欧洲一些兄弟党的代表大会上，公开攻击我党和阿尔巴尼亚党，挑起了国际共产主义运动中的公开论战，我党被迫应战。我和一班搞国际问题的秀才们，日夜忙于起草答复信件和答辩论文。

1963年5月，毛主席在杭州召开常委扩大会议，议程一个是讨论北京起草的和杭州起草的对苏共中央来信的答复信草案（后来改称《中共中央关于国际共产主义运动总路线的建议》）；另一个议程，我到杭州才知道，是关于农村社会主义教育运动若干问题的指示（后来通称四清运动的第一个《十条》或叫《前十条》）。这两个文件的起草工作，家英都没有参加。前者属国际问题，家英不参加可以理解。奇怪的是后一个关于农村人民公社问题，一向是家英的本行，这次却没有参加。他根本没有被通知到杭州来开会，留在北京。是陈伯达起草《前十条》，不过内容是毛主席口授的，有的段落还是毛主席自己写的。

毛主席委托小平同志主持关于总路线建议两个草案的讨论，并派林克旁听，详细记录向他汇报。会上，北京来的同志指出陈伯达在杭州起草的稿子的主要缺点，争论很激烈。毛主席最后召集只有常委加陈伯达、康生和我参加的小会，表示支持北京来的同志的意见，并指示重新起草。

回到北京，我第二天就到家英家中，把《前十条》起草的情况告诉他。他说他也知道了，反正是试行，试试看罢。我然后又将总路线建议两个草案讨论的结果告诉他。家英笑着说，陈伯达本来就是专搞空洞理论的人，这次碰钉子毫不奇怪。不过他马上严肃地对我说，你这次闯祸了，脱不了手了。陈此人历来受不得半点批评，而且记仇。目前他正在独占鳌头，乔木病了，我也赋闲，他更不可一世。这次你得罪了他，特别在毛主席面前他输了，你准备他报复就是了。家英这番话出自肺腑，而我当时自以为这样辩论在钓鱼台起草班子中习以为常，完全为了工作，别无他意，不致招陈毒手，因而并未十分在意。

1963年9月间，小平同志为防止四清运动中发生"左"的偏向，讨论起草第二个《十条》，又称《后十条》，家英是主要起草人之一。那时我正在忙于起草评苏共中央公开信的论文，连书记处和政治局讨论《后十条》也没有参加。只是在1964年夏初的一次见面中，家英告诉我：毛主席已指定少奇同志负责领导四清运动，少奇同志认为，《后十条》需要修改。家英说他为此犯愁，又不能下去搞调查研究，如何修改没有把握。1964年8月，家英随少奇同志去南方修改《后十条》。回京后家英告诉我，在广州修改时少奇同志提出要在运动中摧垮"反革命两面政权"，搞比土地改革更深入的革命运动。而且有关方针和工作方法写得相当详细，如组织工作队、扎根串联等，比前两个十条长多了，很可能不合毛主席的意思（这个文件于9月18日发出，称为《后十条》修正草案）。

这一年的年底，中央决定在召开第三届全国人民代表大会第一次会议的同时，召开中央工作会议。这次工作会议的主要议程是根据毛主席的建议，重新搞一个关于农村社教运动的文件。我当时正起草周总理在人大会议上的政府工作报告，没有参加社教运动文件起草工作。家英参加了，但主持人是陈伯达。经过半个月的反复讨论，搞了一个《十七条》，工作会议准备结束，有些省委书记已启程回家了。

但是，12月27日下午，毛主席在人民大会堂召开常委会，中央局第一书记参加。毛主席提出中央工作会议不要匆忙结束，要把已走的省委书记都接回来，重新起草农村社教运动的决定。会后我赶忙回《人民日报》给家英打电话，把毛主席召开紧急会议的情况告诉了他。

元旦过后不久,家英打电话告诉我,他仍然参加起草工作。陈伯达天天到毛主席那里去听取意见。决定草案差不多是毛主席口授一条,陈整理一条,会议通过一条。

第三次人民代表大会第一次会议结束后,我准备去京郊通县参加四清运动。出发前我专门去看家英,向他请教。因为前后四个文件的起草工作我都没有参加,对中央几次修改的来龙去脉不甚了了。

家英告诉我,《前十条》本来没有什么大问题,原可以照此试点。三个月后搞了一个《后十条》,原意是防止搞得过火、打击面过大。但主席不高兴,曾说才搞了三个月,哪有那么多经验好总结的呢。其后主席让少奇同志挂帅指导四清运动。少奇同志尽力想把运动搞好,特别强调这次运动比土地改革(在解放战争时期,少奇同志主持中央土改工作委员会的工作)还要深刻。毛主席当时也联系国际反修斗争来考虑国内防修。少奇同志在广州修改《后十条》时用了很大功夫。现在看来主要毛病是把基层四不清估计得过于严重,因而方针和方法都规定得同土地改革差不多。

家英说,《后十条》修改草案出来后,各地都有些不同意见,主要是实际工作中对基层干部打击面过宽,方法也过于繁琐,束缚地方干部按照不同情况作不同处置的创造性。

家英说,12月间中央工作会议起草的《十七条》(起初名为会议纪要)原想纠正《后十条》修正草案的缺点,不料毛主席又认为言不及义,没有强调两个阶级、两条道路的斗争,要重新起草。后来起草的《二十三条》,在保护大多数基层干部方面有些规定比较稳妥,但全文的关键提法大大超过了《后十条》修正草案。

家英要我特别注意:《二十三条》强调党的十几年的基本理论和基本经验,是整个过渡时期存在着无产阶级和资产阶级、社会主义和资本主义这两个阶级、两条道路的斗争。当前的社会主义教育运动(不再称为"四清运动")的根本性质是社会主义和资本主义的矛盾。《二十三条》特别指出,"这次运动的重点是整党内那些走资本主义道路的当权派",并且说这种当权派不仅下面有,上面也有,地方有,中央也有(最后定稿时,在"中央"之后加了"部门"两字)。家英说,你这次下乡在基层搞四清,照《二十三条》做还不至于出大问题,但运动发展下去,从下而上,问题就越来越大。望好自为之。

家英谈到他自己的工作说,他自北戴河会议后,即全心校订《毛选》第一至四卷注释,至今尚未完成,还有工作可做,不致荒废光阴。

这次辞行叙话,无形中有一种压抑感,最后相对默然而别。

十、暴风雨前夕

《二十三条》以后，家英继续重新整理《毛选》第一至第四卷的全部注释，并为编辑《毛选》第五卷做准备。我则去京郊通县参加社教运动。但是不久，因苏共要召开国际会议，我又回京随小平同志秘密赴朝磋商。之后，又因国内文艺学术批判愈演愈烈，书记处决定我不去参加社教运动，留京掌握《人民日报》和新华社，力求沿着学术讨论的轨道稳妥进行。

为此，我于1965年6月间找家英商量。我告诉他，江青曾找中宣部五位副部长要求全国展开批判十部影片，并特别指责《人民日报》发表赞扬新编京剧《李慧娘》的文章。学术界也因康生插手中央党校发起批杨献珍、孙冶方、冯定，正在酝酿批翦伯赞以至范老和郭老。

家英对我说，哲学、经济学和史学等方面早就有不同看法，这些学术问题上百家争鸣是允许的，也是要提倡的。问题是不要弄成个人意气之争，更不能把学术问题扯到政治上去，搞成政治批判。

家英说，江青不是搞艺术的人，或者说她是不安于只搞艺术的人。此人心术不正，有政治野心，她当了政治秘书还不满足，经常在主席面前吵吵闹闹，不知她到底想干什么？

我们在议论中感到这场从学术讨论到政治批判有些不正常。从毛主席在1964年初批评《人民日报》不抓学术问题到这年6月进一步批评《人民日报》不抓阶级斗争，一路下来全国展开了一浪又一浪的批判，同毛主席抓四清运动一波高过一波，差不多是平行发展。所幸中央书记处不断采取"降温"措施，尚未造成大灾难。家英对此并不乐观。

到了11月，震动文坛的一声闷雷打响了。上海《文汇报》发表了姚文元的《评新编历史剧〈海瑞罢官〉》，硬说此剧是为1962年的"单干风"和"翻案风"张目。我不赞成《人民日报》转载此文，不但因其中也批评了《人民日报》1959年发表的赞扬海瑞的文章（这是乔木约请吴晗写出并亲自作了修改的），而且主要是认为此文超出了文艺评论范围，从政治上批判此剧借古喻今。

我马上找家英商量。我说，上海报纸（不以市委机关报《解放日报》出面，而以《文汇报》出面）批判北京市的副市长，所为何来？家英说，《文汇报》此文涉及的"单干风"、"翻案风"是1962年北戴河会议的主要批判对象，这不能看作是京沪两市的事。他提到我谈过江青曾想要《人民日报》批判《海瑞罢官》，说此事很可能是江青策划的，她过去同上海的人熟悉，现在也在上海。内幕可能要复杂得多。对此我将信将疑。我说，此事我已经请示中央书记处如何处理，彭真同志说要商量商量。小平同志已去三线视察，彭可能是要跟少奇同志和总理商量。主席当时在杭州。

家英说他日内去杭州，因毛主席已通知他同陈伯达、艾思奇、胡绳等去杭州，商量读马列经典著作并写序的事。此事在当年夏天决定，并已用大字印出若干部著作，包括《共产党宣言》、《社会主义从空想到科学》、《国家与革命》等。家英说，毛主席现在要读马列主义经典著作，这是我党的一件大事。我党无论在革命或建设方面都积累了丰富的经验教训，国际共产主义运动近50年来也有了很大的变化，毛主席如果能把这些加以总结，上升到理论，不但对中国而且对全世界都是至可宝贵的贡献。家英说，关于《文汇报》批判《海瑞罢官》一事，他到杭州可能打听到一些情况，到时将打电话告诉我。

后来，从上海庆祝斯特朗八十大寿回到北京后，周总理通知《人民日报》转载《文汇报》批判《海瑞罢官》的文章。转载时《人民日报》加了编者按语，是经过总理和彭真同志修改的，还是倾向作为学术讨论来处理。

12月7日，我得到通知要去上海参加中央政治局常委扩大会议。当晚我打电话到杭州，问家英是否得到开会通知，会议内容是什么。家英说，他和胡绳、艾思奇都没有得到开会的通知，只有陈伯达跟毛主席去上海。他也不知道会议内容是什么，只知道前两天叶群突然到杭州来，跟毛主席谈了两个下午。之后毛主席才决定召开会议。是凶是吉，他也说不清楚。

我12月8日到上海，会议开始，才知道是林彪搞的诬陷罗瑞卿同志的大冤案。

月底，家英从杭州回到北京，马上告诉我：毛主席从上海回杭州后找他们谈过一次话，主要是谈哲学问题，但其中附带地说到姚文元的文章没有打中要害，要害是明朝嘉靖皇帝罢了海瑞的官，我们在庐山罢了彭德怀的官。这使我大吃一惊：这么一来，学术批判已经上升到政治斗争，意识形态领域的斗争上升到政治领域以至党的高层内的斗争了。

十一、东湖永诀

1966年2月8日，家英同我一起随彭真同志离京去武汉。同机的还有陆定一、康生(周扬因病未去)以及胡绳、许立群、姚溱等五人小组办公室成员。这是根据在京的常委(刘、周、邓)的决定去向毛主席汇报的。汇报的主题是学术批判。

因为自从上海发起批判《海瑞罢官》后，北京空气相当紧张。所谓"学术讨论"(实则政治批判)紧锣密鼓，郭老、范老均闭门谢客。在京的中央常委为了把这场批判运动置于中央的直接领导下，指示"五人小组"加以讨论并提出意见。

五人小组原是1964年7月间毛主席主持政治局常委会议时决定成立的。彭真为组长,陆定一为副组长,成员有康生、周扬和我。当时规定这个小组的任务是指导文化部和文联各协会整风,后来又增加管学术讨论的任务。

五人小组2月初开会,研究学术讨论的当前情况,重申"双百"方针,提出真理面前人人平等,防止学阀作风,并规定严格控制公开点名批判的措施。彭真同志要许立群和姚溱同志写出向中央常委汇报的提纲。2月6日少奇同志召开常委会,总理和小平同志出席,还有彭真、陆定一、康生和我、许立群、胡绳等人。在京常委同意五人小组的《汇报提纲》(后来通称《二月提纲》),并嘱咐向毛主席汇报,由他最后决定。第二天,少奇同志又召开一次常委会,讨论当前外事工作中几个较重要的问题和编辑《毛选》第五卷问题,参加人数较前一天少一些,增加了陈毅同志和家英。主要由家英汇报编辑《毛选》第五卷的设想和准备工作。会议同意家英的意见并指定他也去武汉向毛主席汇报。至于外事工作几个问题,周总理指定由我向毛主席汇报,并在毛主席决定后立即打电话回京向他报告。

我们一行飞抵汉口机场后,即接到通知,要我们立即去武昌东湖宾馆向毛主席汇报。我们来到东湖南岸的百花别墅,毛主席早在会议厅等着,汇报当即开始。先由彭真同志说明在京向常委汇报的情况,然后由许立群和胡绳(他们两人都是"五人小组"办公室主任)分别介绍情况和汇报提纲的主要内容。毛主席一边听一边插话或提出问题。一切进行得依我看来相当顺利,从上午11点开始到下午1点半结束。

第二天没有再议论汇报提纲,改由家英汇报编辑《毛选》第五卷的设想和收集文稿的情况。家英特别说明,少奇同志等在北京讨论时都主张早点出第五卷,但也表示一切均看主席的意见而定。主席开始时表示对那些"老古董"兴趣不大,后来又说大家既然觉得有用,不妨动手做准备,先编出一个选目来再说。他还说,乔木还在养病,陈伯达又另有任务,家英熟悉这一工作,可以先搞起来,将来再扩充班子。主席还说,他在七千人大会上的讲话除当时发给各省一个记录稿供传达用之外,他又修改了多次,请我们在此再读一遍,看还有什么要修改的,然后发给党内讨论之后,再公开发表。

接着,我根据在京常委的意见,汇报了有关苏共二十三大、印尼政变、同越南劳动党会谈、古巴问题以及周总理访问巴基斯坦和罗马尼亚等问题。对多数问题毛主席当场表示了意见,只对个别问题说还有时间从容计议,不必马上作决定。最后,我谈到国际上对毛泽东思想有多种多样的提法,国内最近也有新提法,如"毛泽东思想是马克思列宁主义的顶峰"、"毛泽东思想是最高最活的马克思主义"。我说,在京常委都不同意上述两个新提法,请毛主席考虑是否仍然按照1960年3月天津会议的提法,即"马列主义、毛泽东思想"。毛主席说,外国人怎么说法,我们管不了,由他去,但我们自己仍然按照天津会议的决定办,林彪的两个提法都不妥。毛主席还指定彭真和康生离武汉时先去苏州跟林彪当面说清楚。以上汇报情况,我当晚即打电话报告周总理。

第三天,我们几位秀才包括家英一起,把经过毛主席多次修改的他在七千人大会上的讲话细读了一遍,读一段议一段。据家英谈,这修改稿毛主席每修改一次都要家英校订一次。因此我们读来流畅,既保持主席讲话的风格,文字也很洗练,提不出多少意见,只觉得有些措词,是七千人大会后主席说的。主持通读的康生还嫌不够,提出要把1962年9月八届十中全会公报中关于社会主义社会阶级斗争的提法增加进去。当时家英认为不妥,但康生坚持己见,说九评苏共中央公开信的文章中的提法比这还重得多。最后还是加上了。

当晚,我同家英在东湖百花宾馆二号楼我的住房中交谈。家英谈到毛主席终于同意《毛选》第五卷先搞选目,这样他手里也有事做了。他说,毛主席原先对读马列著作有兴趣,准备每本书读一部分,就议论一部分,全书读完之后由主席自己动手写一篇序言,把中国革命以至近半个世纪来国际共产主义运动中同本书有关的经验教训加以总结。家英为此事去年(1965年)忙了大半年,布置赶印马列名著的大字本。11月主席把他们找到杭州,开始谈读书的事。谈了两次,主要是主席谈哲学问题。家英说,主席对哲学问题兴趣很大,一贯如此,经常从哲学的高度来议论各种事物,对马克思主义的辩证思想可谓行家里手,运用娴熟自如。这次主席谈了许多哲学问题,谈到辩证法的基本规律是对立的统一,谈到分析和综合的辩证法,谈到继承与扬弃,谈到辩证法与形式逻辑,谈得海阔天空,但都是理论联系实际,毫无书卷气。这是主席一贯的作风,他一贯反对学究式的哲学研究和教学,提倡联系实际和接触实际。可惜谈了两次,还没有开始读书,又停下来了。

家英说,看来毛主席现在仍然心在政治,像战争时期专心军事一样。《毛选》第一卷至第四卷是他一生军事生涯和政治斗争的理论总结。他从来就不是从事纯理论研究的,即使是《实践论》和《矛盾论》,也可以看到政治斗争和军事斗争的深深烙印。

家英说,他希望主席能在晚年集中精力搞理论,总结中国革命和世界革命的经验。斯大林晚年有不少错误,但他主持编了《联共党史》、《政治经济学》等著作,自己还写了《苏联社会主义经济问题》一书。虽然其中有错误,但毕竟是世界上第一个社会主义国家的经验总结。主席在苏共二十大后曾多次说过斯大林的书还是要学习,用分析的态度去学习。

家英说,这次毛主席同意搞《毛选》第五卷是大好时机。过去出版了四卷后,毛主席只同意将第一卷至第四卷的注释重新校订,未同意编辑第五卷。现在校订工作已差不多，正好接上编第五卷。从建国开始，主席的文稿和讲话内容非常丰富，是我党完成民主革命、进入社会主义革命和建设时期的历史记录。在这个历史新时期中，我党一直在思考社会主义如何搞。毛主席的著作反映了这个时期党在实践上和理论上的尝试，有许多精彩的文章，其中带有阶段性的代表作，如《为争取国家财政经济状况的基本好转而斗争》、《关于农业合作化问题》、《论十大关系》、《关于正确处理人民内部矛盾的问题》以及其他一些已经整理的（包括这次通读的《在扩大的中央工作会议上的讲话》）和未经整理的讲话、谈话，都有许多发展了马克思列宁主义的精辟思想。家英还说，毛主席同外国朋友的谈话，除了一些礼节性的以外，还包含着许多闪烁着辩证唯物主义和历史唯物主义光芒的观点，少数整理了，多数尚未整理。这些都是我党的宝贵财富，应当精心地编辑出来。家英还说，当然，第五卷比前四卷的编辑难度较大。前四卷历时较长，已经过历史检验，编辑起来较易把握。第五卷时间较近，实践证明有正确的也有不正确的，或不完全正确的。因此分期、开篇和末篇要认真考虑，选目也要费心斟酌。家英说，少奇同志特别要求早点搞出来，他将尽力而为，同时也希望乔木疗养早日痊愈。陈伯达很滑头，一直没有参与，最近也不表示意见。

谈话一直持续到深夜。第二天我即随彭真同志去上海。孰料东湖一夕长谈，竟成家英和我的最后诀别！

一个月后，我又奉召去杭州开会，毛主席严厉地批判我是半马克思主义，也批评了当时不在场的乔木和家英。我心情沉重，路过上海时未敢告诉养病中的乔木，回到北京也不敢告诉家英，唯恐给他刺激太大，只想稍缓时日向他细说根由。想不到时不我待，4月间又赴上海，5月回京即参加大批彭、罗、陆、杨的中央政治局扩大会议。会议还未结束，久为江青、陈伯达看作眼中钉的家英于5月22日突然被抄家，23日即含冤离开人间。

家英离开我们整30年了，但他那勤奋好学、强记博识、调查研究、实事求是、刚正不阿、坦诚仗义、才华横溢、不骄不躁，为宣传毛泽东思想贡献毕生精力的光辉榜样，深深印在人们心中！

1996年4月4日清明节

毛泽东和他的秘书田家英

深切思念家英同志

■杨尚昆

　　田家英同志离开我们已经20年了。他去世那年刚刚44岁,风华正茂,很可以为党为人民做一番工作。每想到他这样过早地离去,我总是深感痛惜!

　　我跟家英同志在延安的时候就认识了。建国以后,我继续担任中共中央办公厅主任,他除了帮助毛泽东同志工作外,先是担任办公厅秘书室负责人,从1961年起,又任办公厅副主任。我们长期共事,工作关系密切,个人交往颇多,彼此都十分了解。家英同志对党忠诚,富有才学,为人正直,心地善良。他在中南海工作期间,确实给我和其他同志留下了许多值得学习和纪念的东西。

　　熟悉家英的同志都感到,在他身上始终蕴藏着一种可贵的好学上进的精神力量。家英出身贫寒,初中只读了两年,因参加抗日救亡活动被学校开除,从此就辍学了。论学历,他是很浅的,但论真才实学,却不在一般学者教授之下。他熟悉中国历史,在中国近、现代史特别是中共党史这个研究领域,有较高的造诣。他对中共党史的研究起过推动的作用,在党史学界有一定的声望和影响,曾任中国科学院哲学社会科学学部委员,是郭沫若任主编的《中国史稿》一书的编委之一。他少年时代就爱好中国古典文学,下功夫读了很多中国古籍,能熟练地背诵大量古文和诗词,在言谈中常常自如地博引古文、古诗词和典故,并能作诗填词。家英参加革命以后,系统地学习和钻研过马列基本著作,坚定地信仰马克思主义真理,并有运用马克思主义理论观察问题和解决问题的实际能力。这样,他自然成为我们党的一名博学能文的秀才,参加起草了不少的中央重要文件。家英以他浅少的学历,能够达到如此程度的思想理论水平和文字水平,掌握丰富的中国文史知识,主要靠刻苦读书和在工作实践中勤奋学习。他那种浓厚的读书兴趣,强烈的求知欲望和顽强的学习精神,在我们党内干部中是不多见的。他早年在延安担任马列学院教员的时候,为了讲中国近代史课,攻读鲁迅著作,每天读到深夜,有时通宵达旦,在短短的时间里,就把在延安能够找到的鲁迅著作田家英同志是一位献身于党的事业的忠诚的无产阶级战士。他坚持真理，坚持马列主义毛泽东思想；他密切联系群众，关心人民疾苦；他刚直不阿，见善勇为；他顾全大局，遵守纪律，维护党的利益。他的革命精神和优秀品质，是永远值得我们学习的。

杨尚昆

一九八九年十二月

全部通读了一遍，成为一位熟悉鲁迅著作的"小教员"。当时他年仅19岁。进城以后，读书的条件好了，他更是如饥似渴地广泛阅读和涉猎各种书籍，常以"博闻强记"自勉。他的工资的大部分都用于买书。家英在物质待遇上从来不计较什么，但在学习上、在工作上十分要强，不甘心落于他人之后。家英所走的自学成才的道路，对于今天成千上万的青年来说，对知识不足的干部来说，都是一个榜样，一种激励，大家可以从他身上汲取奋发上进的力量。

家英同志为编辑出版毛泽东著作立下功绩。家英把一生中最主要的精力倾注在毛泽东著作的编辑、出版、研究和宣传的事业上，可以说真正做到孜孜不倦，呕心沥血。他参加《毛泽东选集》第一卷至第四卷的全部编辑工作，还主持编辑供广大青年和一般干部学习使用的《毛主席著作选读》甲种本和乙种本。同时，协助毛泽东同志编辑了《毛主席诗词十九首》和《毛主席诗词》（三十七首）。毛选第一卷至第三卷的注释，是家英主持撰写的，其中一部分由毛泽东同志亲自撰写和定稿。四卷《毛泽东选集》出版以后，他和一些同志发现注释中有不少疏漏和不确的地方，他采取实事求是、力求准确无误的态度，从1962年起，又主持第一卷至第三卷注释的修订工作。据中央文献研究室的同志说，今年出版的《毛泽东著作选读》（新编本）的注释，就是在那次修订稿的基础上重订的。家英整理的毛泽东同志的讲话稿，不仅忠实地表达了原记录稿的思想内容，而且成功地体现出毛泽东同志在文字上特有的风格和气质。《毛泽东选集》第一卷至第四卷的出版，并在国内外产生广泛而深远的影响，这里面蕴含了家英的大量心血和艰辛劳动。早在延安时代，他就开始潜心研究毛泽东著作，几十年如一日。他为学习和研究毛泽东著作而摘录选辑的毛泽东论述，整整四大本，一直带在身边。他常对人说，毛主席倡导的许多思想，如全心全意为人民服务，关心群众生活，理论联系实际，实事求是，调查研究，等等，已经渗透到自己的心灵和血液里。1961年春，他在浙江农村调查中，深深感到我们许多干部不懂得群众路线，不懂得调查研究，存在着强迫命令、脱离群众、主观主义等不良作风，随手就将毛泽东同志关于工作方法、工作作风和调查研究的论述编辑成册，由浙江省印发各级干部学习。

这里我要特别指出的是，家英对毛泽东思想的信念是坚定的，对毛泽东同志的敬仰是真诚的，但他并不盲目迷信。他一直认为《毛泽东选集》第五卷很难编选，为此曾遭到康生的多次无理指责。家英在对待毛泽东思想和毛泽东同志的态度问题上，显示了一个坚持实事求是和党性原则的共产党员具有的优秀品质和正确立场。

家英同志直言不讳的勇气，也是令人钦佩的。家英很正直，对人对事都很诚实，不随波逐流，不吹吹拍拍。他是深得毛泽东同志信任的。他在党内生活中，有意见摆在桌面上,从不隐瞒自己的政治观点。特别是在涉及重大是非问题和人民群众切身利益的时候,他一贯旗帜鲜明,毫不含糊。在党内民主生活不正常的情况下,他以对党、国家和人民高度负责的态度,不计个人的得失和自身的安危,能够勇于向党中央和毛泽东同志反映真实情况,反映党的工作中的缺点错误和人民群众的疾苦,提出自己的意见和建议。在1959年庐山会议期间,他承受着来自"左"的方面的压力,把在四川调查中发现的虚报粮食产量和"大跃进"中的其他问题,如实地报告了毛泽东同志。在1961年浙江调查中,他不顾当时中央仍把农村公共食堂作为必须坚持的社会主义阵地的戒律,向毛泽东同志恳切地陈述了农民对公共食堂强烈不满的情况。 1962年夏,他根据在湖南等地调查了解的情况,向毛泽东同志和中央其他领导同志提出在农村中实行包括包产到户在内的多种经济形式,以恢复和发展农业生产的大胆建议。家英的许多正确而有见地的意见和建议,在当时"左"的思想指导下,几乎都被视为"右倾"而受到不公正的批评和指责。但是,他心地坦荡,奋发工作,并不为失去了什么而懊恼,相反,却以尽了一个共产党员应尽的职责而感到自慰。

家英勇于直言,但他要经过深入调查,掌握大量第一手可靠材料,经过深思熟虑之后,才向党反映情况,提出建议,决不轻率地发表意见,决不说不负责任的话,更不会为了投合领导人的口味说些违心的话。他勇于直言,但又严格遵守党的纪律。在什么样的范围讲什么样的意见,发表什么样的言论,都是按照党的正常规矩办事,不做出格的事,不做不利于党、不利于党的团结的事。他是从爱护党和人民的利益这一基本立场出发,提出问题,发表意见,批评党的缺点和错误的。

但是,对于混进党内的极少数品质恶劣而身居高位的坏人,如陈伯达、江青之流,家英则投以鄙视的眼光,并敢于同他们进行斗争。家英耿介而刚强的性格,使这些人感到恼火,引起他们的嫉恨。但他们又无可奈何,就只能放暗箭,使用一些见不得人的手法,加害于家英了。"文化大革命"一来,他们竟然把跟随毛泽东同志工作18年、为党和人民的事业作出了许多贡献的一个忠诚战士置于死地。

家英过早地离开人世,党内外的许多同志和朋友们都为之十分惋惜,我和大家一样感到悲痛。如果家英还活着,可以为党做很多的工作,可以在建设有中国特色的社会主义事业中发挥很好的作用,这是肯定无疑的。

1986年12月

毛泽东和他的秘书田家英

我所知道的田家英

■胡乔木

　　家英16岁就奔赴延安,17岁就入党,这对于当代初中学生 (家英初中没有念完,在成都当学徒)是一个难得的榜样。我们相识时,他在党中央政治研究室,我在中央青委编《中国青年》。延安地方小,散步时很容易被熟人介绍。1941年,我调到杨家岭,见面的机会更多了。第二年,原中央宣传部长何凯丰病了,我奉命暂代他的工作。为了让家英发挥文字上的才能,推荐他到中宣部。从此,我们的革命生活始终联系在一起。

　　1948年,毛泽东主席到西柏坡以后,因为工作繁忙,需要增加秘书。我建议田家英同志任职。当时正值新解放城市工业管理问题还缺少经验,家英遵照毛主席的指示前往东北,在东北局的领导下,从事工业方面的调查研究。那时他对农村生活已经很熟悉了。他一生大部分时间,都花在调查研究的活动中,历尽艰辛。他能从实际情况出发,提出自己的见解,不是偶然的。

　　1950年,家英开始参加《毛泽东选集》的编辑、注释、核订、出版的工作。这一工作一直进行到1953年(第一卷至第三卷分别在1951、1952、1953年出版)。1954年至1960年,他又参加毛选第四卷的编辑和注释。1964年至1965年,家英独力编选了《毛泽东著作选读》甲种本和乙种本。毛泽东的很多手稿,都是由他负责收藏整理的。在60年代初,家英曾考订历史事实,对毛选一至三卷的注释提出修改意见。不料原注释主持者陈伯达却大发一言堂的威风,说谁提出修改意见谁就是反对他陈伯达。我既听见过陈的胡说,又听见过家英的井井有条的说理。但是由于陈当时大权在握,无可奈何。陈对未能参加毛选第四卷的编辑也耿耿于怀,因为这是毛泽东本人的决定,他只是借此对家英发泄不满而已。家英编辑过毛泽东的散文著作,也编辑过50至60年代出版的各种毛泽东诗词选,这些书都凝聚着家英的心血。

　　家英一向深恶陈伯达、江青、关锋、戚本禹之流,因陈长期对他专横,痛恨更甚。1953年底,毛主席指定陈伯达、田家英和我准备去杭州起草宪法。陈已先拟初稿，听说又要别人参加，改动他的稿子，就已很不高兴。到杭州后，陈告诉家英，他要住在北山高处，表示他不负任何责任。第一次开会讨论，他又对家英发火，认为任何人非经他的许可，不得在主席面前议论原稿，并且不许向主席说明个中原委。家英对陈的这种专横行为非常愤慨，却无法反抗。此后，每次开会以前，先得向陈作一次汇报。直到罗瑞卿后来（他是一道来的，但以前并没有参加起草宪法的讨论）直截了当地提出某某条应该这样改，某某条应该那样改，陈管不了他，陈独裁的局面也就打破了。陈因为一开始就不愿到杭州来，来了势必改动他的原稿，加上讨论时毛泽东自己也常常当面对陈的草稿提出种种重大的修改意见，所以在整个起草过程中他闷闷不乐，常对家英说："我不行啦，要回老家当小学教师啦"，等等。在起草工作告一段落时，毛主席指名要陈伯达、田家英等人筹备成立新的政治研究室，以陈为主任，胡绳、家英为副主任。此后14年中，家英添了一种说不出的烦恼：陈伯达任何具体工作都不过问，家英遇事都得向他请教，陈还经常诬蔑家英把持政治研究室。这样，毛泽东抱着很大希望、亲自主持成立的中央政治研究室，实际上全赖胡绳、家英在团结同志，共同支撑。

家英和我还从日常接触中察觉，陈在毛主席面前从不敢说任何不同意见，有什么问题他都尽量让我们说。这里也有两个例外：第一，1956年，他在八大决议中塞进了一句"我们国内的主要矛盾……也就是先进的社会主义制度同落后的社会

1959年，在四川新繁县大丰公社搞农村调查时和基层干部合影。二排左五为田家英、右二为逄先知。

生产力之间的矛盾",事后大受指责;第二,1958年11月,他在第一次郑州会议上提出"废除商品生产,实行产品调拨"的主张,当时就被毛泽东加以痛斥,并被树立为对立面。这样,我们就彻底认清了他的伪君子和假马克思主义者的真面目。

1961年初,家英被派往浙江,我被派往湖南,进行农村调查。同年3月,家英参加制定《农村人民公社工作条例》草案。由于在1961年至1962年间最困难时期获得了丰富的第一手材料,1962年初他勇敢地向中央反映了当时农民对包产到户的迫切要求。长期主持党的农村工作的邓子恢一贯坚持这一主张,1961年8月,陈云同志在青浦调查中提出了类似的意见,所以家英所反映的只是党内一部分敢于承认农村实际情况的同志的共同意见。家英的错误是传播中央还未作出决定以前的议论。他在事后对我说,这次争论的实质是农业生产用什么方法会更快地好转。八届十中全会上关于对陈云、邓子恢和家英的批评终于在十一届三中全会以后平反。

家英一生酷爱藏书。毛泽东的书和字画一向由他保管,中央政治研究室的图书资料工作也由他负责领导。他还长期负责中央办公厅的来信来访工作,亲自对上访的人进行调查,总结信访工作的经验。在上述工作中,他既接触了下层劳动人民,也联系了上层知识分子。他向毛泽东陈述了他们的困难和要求,一般都能够如愿以偿。

1965年11月,上海《文汇报》发表了姚文元的《评新编历史剧〈海瑞罢官〉》。家英与吴晗此剧的写作上演完全无关。硬要说有什么关系,那就是1959年庐山会议上批评彭德怀的时候曾有人说彭是以海瑞自居,而家英坚决反对这种捕风捉影之谈。现在这种捕风捉影之谈竟在江青的指使下发表在报纸上,家英确实深恶痛绝。1966年初,毛泽东曾向家英等人谈及姚文元的文章,谈话的情况家英曾详细告诉过我,当时我们十分不安,联想到杨尚昆、罗瑞卿两同志分别在1965年11月和12月被撤职,感到政治风云日益紧张险恶。家英对陈伯达、江青、张春桥、姚文元以及林彪夫妇虽深怀戒惧,对毛主席始终敬爱忠诚。正因为这样,他在回京后整理毛主席谈话时,坚决不提《海瑞罢官》是吴晗用来影射彭德怀罢官的说法。王、关、戚一伙故意捏造罪名,5月22日,戚本禹、王力等三人以中央代表的名义,宣布田家英的罪状,逼迫家英迁出中南海。家英忍受不了对他的诬陷和侮辱,不得不在5月23日衔冤辞世。家英16岁参加革命,只活了44岁。

家英的著作很多。除1950年写的《学习〈为人民服务〉》一书以外,还有大量文稿和诗稿(信天游体民歌),为中央起草的文电,为《毛泽东选集》各卷出版所写的新闻和评论。家英在这些著作中歌颂人民、歌颂党、歌颂毛泽东思想,与有些不忠于党、利用各种机会谩骂毛泽东的人截然对立。家英的事迹将载入革命英烈的史册。

毛泽东和他的秘书田家英

悼念家英同志

■邓力群

　　我们的老战友田家英同志,由于受林彪、江青、陈伯达一伙的诬陷和迫害,于1966年5月23日含冤逝世。他离开我们的时候,年仅44岁。多年以来,对于家英同志不幸逝世的哀悼和怀念,一直深深埋在我们的心里。

　　田家英同志是四川省成都市人,出生在一个小资产阶级家庭,由于贫困,曾在中药店当学徒。他在少年时代就接受了进步思想和我党地下组织的领导,参加抗日救亡运动。1937年,不满16岁的家英同志,冒着生命危险,从大后方的四川,经历了艰难险阻,奔赴延安参加革命,并于1938年加入中国共产党。他先后在延安陕北公学、马列学院、中共中央政治研究室、中共中央宣传部等单位工作。从1948年起,担任毛泽东同志的秘书。解放后,又担任中央办公厅秘书室主任、中央政治局主席秘书、中华人民共和国主席办公厅副主任、中央政治研究室副主任、中央办公厅副主任等职务。1956年被选为"八大"代表;1964年被选为第三届全国人民代表大会代表。

　　家英同志是一位经过长期革命锻炼,忠于党,忠于人民,有才能的优秀共产党员。他为共产主义事业努力奋斗,做了大量的工作。

　　家英同志在毛泽东同志的领导下,许多年中几乎用全部精力,参加《毛泽东选集》一至四卷及毛泽东同志其他著作的编辑、注释和出版工作,为党作出了贡献。他发表的文章,绝大部分是宣传和介绍毛泽东著作的。他认真领会毛泽东思想;他为在人民群众中普及毛泽东思想,倾注了大量心血。

　　家英同志遵照毛泽东同志的指示,抱着为广大劳动人民谋福利的崇高目的,多次深入农村,进行系统的周密的调查研究。他即使身在城市,也时刻关心广大农民的生产和生活。他向党中央和毛泽东同志反映了许多重要情况,提出过不少正确的、有价值的意见和建议。中央有关农村政策的许多文件,如《农业生产合作社章程》、《农村人民公社工作条例》、《中共中央关于改变农村人民公社基本核算单位问题的指示》等等，他都参加了起草工作。

家英同志在主持中央办公厅秘书室的工作期间，正确执行党的政策，严格区分两类不同性质的矛盾，及时向党中央、毛泽东同志反映人民群众的呼声，为人民群众解决了大量的实际问题。他十分注意在无产阶级掌握政权的条件下，使党和人民群众继续保持密切的联系，支持和保护来信来访群众应有的民主权利。

家英同志出身比较贫寒，自小生活在社会下层，习惯于体察民间疾苦，对劳动人民具有深厚的感情。不但在战争年代和土地改革中，即使进城以后，条件变了，他仍然自觉地同劳动人民在思想感情上保持联系，保持一致。他进行农村调查，常常到最艰苦的地方，住在贫苦农民家里，细致地了解农民的生产、生活情况和他们的要求。三年经济困难时期，他为国为民，忧心如焚。当他亲眼看到一些农民生活极端困难时，常常忍不住流下眼泪，难过得吃不下饭。为了早日恢复国民经济，尽快改善群众生活，他常常不辞劳苦，夜以继日地努力工作。在我们党的民主生活一度受到损害时，他也不顾个人安危，真实地、负责地向党中央和毛泽东同志反映群众疾苦，指出我们工作中的缺点和错误。

　　几十年的实际行动证明，家英同志确实是一个诚实的人，正派的人，有革命骨气的人。他言行一致，表里如一。他很少随声附和，很少讲违心的话。1965年，家英同志参加整理一个谈话记录。他实事求是，坚持真理，反对把《海瑞罢官》一剧说成是为彭德怀同志翻案。事后不久，就被一个混进党内的坏人告发，从此对他定下一条篡改毛泽东著作的大罪。尤其值得提到的是，当党内斗争出现错误偏向的时候，在最关键的时刻，家英同志为了维护党的团结，保护同志，不惜牺牲自己，把责任全部承担下来。家英同志的这些好品质，在经历了"文化大革命"的十年浩劫之后，更加显得难能可贵，更加使每个同他一起工作过或者受过他保护的同志，感到他的可亲可敬。

　　家英同志对于混进党内并身居高位的坏分子，像陈伯达、江青之流，很早就看出这伙人的恶劣品质，曾长期同他们进行了不妥协的斗争，并被他们恨入骨髓。

　　家英同志对待工作认真负责，一丝不苟，有时甚至废寝忘食，奋不顾身。1954年他参加我国第一部宪法的起草工作，有一段时间经常通宵不眠，累得吐血，但仍坚持不懈，直到按时完成任务。

1961年3月，广州会议讨论《农村人民公社工作条例》，和《中共中央关于认真进行调查工作给中央局、各省、市、区党委的一封信》。主席台左三为田家英。

家英同志的好学精神也是值得我们学习的。他从小主要靠勤学自修，达到了相当的文化程度。参加革命后，几十年如一日，用功读书，认真学习马、恩、列、斯著作和毛泽东著作，并努力用马列主义原理指导自己的工作，逐步成为党的一个比较博学能文的干部。

就是这样一位从少年时代参加革命、几十年来忘我工作、为党和人民作出了一份贡献、并且具有许多共产主义优良品质的同志，就是这样一位在毛泽东同志身边工作了18年、忠实地宣传毛泽东思想的同志，在"文化大革命"的前夕，却被林彪、江青、陈伯达及追随他们的居心不良的人，诬陷为反党、反毛主席、反毛泽东思想的反革命修正主义分子，被置于死地。当我们今天怀念家英同志的时候，想到林彪、"四人帮"一伙残害大批革命同志的罪行，怎么能不感到悲愤难平！

如同任何一个忠诚的革命者都会有这样那样的弱点和错误一样，家英同志当然也不是十全十美的。家英同志刚直不阿，但比较脆弱。在顺利的环境里，他往往锋芒太甚；而在受挫折的情况下，又缺乏韧性。他胸怀坦荡，但有时会犯点自由主义的毛病。家英同志虽然有这些弱点，但他勇于接受批评，当他认识了自己的错误的时候，总是力求改正，避免重犯。不管林彪、"四人帮"一伙对他怎样诬蔑，家英同志不愧是我们党的一位好党员。

林彪、"四人帮"横行10年，使我们党损失了一大批优秀的干部，家英同志是其中的一个。时光如逝，家英同志离开我们已经快14年了。他的真诚、坦率、亲切、耿直的生动形象，好像还在眼前。对于所有他的老战友来说，对于同他接触较多的同志来说，这一形象是不会消失的。

现在，把我们国家建设成为一个伟大的现代化的社会主义强国的艰巨任务，摆在大家的面前。如果家英同志还在人间，他是一定会更加发奋工作，发挥他的才干和智慧，作出更多贡献的。但这是不可能的了。我们应该以共产党人对人民事业高度负责的精神，百倍努力地进行工作，以弥补家英同志和其他革命前辈、战友在"文化大革命"期间不幸去世对党造成的沉重损失。

让我们假定家英同志还有知觉吧，让我们告诉他：家英同志，你曾经为之奋斗终生的我们的共同事业，一定会得到成功。

原载1980年4月19日《人民日报》

毛泽东和他的秘书田家英

忆家英二三事

■胡 绳

1949年初，在河北省平山县西柏坡，我和家英相识。那是在新中国成立前夕。进北京后，常有机会在一起，有几年还在同一机关里，并且住处相近，有时又一起到外地去。算起来，我们从30岁左右开始做了18年的朋友。在"文化大革命"这场大风暴过去以后，再也看不见这个颇有才华，也有见解，本来可以为党做更多工作的同志和朋友，的确使人难过。

家英颇有才华，这是许多认识他的人都承认的。这方面我不说了。家英遇事有自己的独立见解，这也是许多朋友都知道的。我想从一件也许不为人们知道的事说起。

家英多年间作为毛主席的秘书在主席身边工作。当然，他不可避免地会同江青经常接触。但他对江青从不像通常所说的注意"搞好关系"，相反，他做了些似乎使江青不高兴的事情。在家英同两三个可以无话不谈的朋友关起门来聊天的时候，他毫不掩饰地表示对江青的厌恶和鄙视。在这样的场合，不知为什么，他总是对所议论的这个人用"蜜斯"这一代称。"蜜斯是个很不安分的人"。"如果不是在毛主席控制下，蜜斯是要跳出来胡闹一通的。""蜜斯又装病了，好像什么事都不想干。其实她是一心想摆脱毛主席的控制，按自己的意思演自己的戏"。我听到家英讲这一类的话，是在50年代末60年代初。我想，如果他不是当时唯一能看出这个"蜜斯"的野心的人，那么他也是最早看出这一点的人当中的一个。固然，在另一点上他是看错了：他以为，有毛主席控制着她，她是演不出自己的戏的。因此1966年后那种复杂的局面，他是不可能预料到的。

大约在50年代末，家英向我说过一句使我留下很深印象的话，在他去世以后，这句话常常在我的记忆中浮现。这句话大致是这样：如果可以重新从头搞社会主义，我将用另一种方法来搞。这句话可以说是属于书生的狂论，但也的确反映了他的一种心境。坚持马克思主义，坚持社会主义，这在家英心上是很明确的。他对毛主席也十分尊重。但是他对当时我们实行的社会主义的模式（用现在的话来说）渐渐地发生了怀疑，他认为可以有别的模式。回想他说这句话时的情景，由于有不便深谈的人在旁，我没有就这句话进一步追问他。不过我想，如果说，他当时已透彻了解现行模式的弊端，并且已对另一种模式有比较完整的概念，恐怕也未必。

但是在农村问题上，他的确有了新的想法。家英是热心于农村调查工作的。1955年，他曾帮助毛主席编辑《中国农村的社会主义高潮》一书。他多次到全国各地农村，看到许多实际情况，使他的看法改变了。三年困难时期，他认为当时在一些地方农民自发实行的"包产到组"、"包产到户"是值得推广的。他曾向几位中央领导同志提出这个主张。当毛主席在1962年北戴河工作会议上提出阶级斗争问题，抨击所谓"单干风"的时候，家英是被批评的对象之一。他不可能再坚持他的主张。这是他在以后的几年，也是在他短促一生的最后几年，心情苦恼的一个原因。

1965年12月21日，家英和我，还有其他三人，一起在杭州听到毛主席的一次

同薄一波、杨尚昆在农场麦田，右三为田家英。

谈话。毛主席在这次谈话中谈到"海瑞罢官"时说："要害的问题是罢官。嘉靖皇帝罢了海瑞的官，我们也罢了彭德怀的官。"就因为有这几句话，这次谈话成为一篇著名的讲话。由于这次讲话和家英之死有点关系，我想在这里说一下。

有记载说，毛主席是在杭州的一次会议上作这个讲话的。但其实这不是一次会议。他在11月21日把我们五个人找到杭州，当天就简单地谈了一下，说是要提倡读马克思、恩格斯、列宁的著作，因此要选择出版几本书；他认为，每本书上都要有中国人写的序。这一次谈话根本没有提到姚文元的评《海瑞罢官》的文章，虽然10天前这篇文章已经在上海《文汇报》上发表了。毛主席这次谈话只是要大家考虑可以先出哪几本书和如何写序言的问题。他说，过几天再约这几个人谈一次。以后，这几个人就在杭州等待第二次谈话，等了整整一个月。在这期间，毛主席突然到上海召开一次中央会议，那就是对罗瑞卿同志进行错误的"批判"的会。这次会议后，他又到杭州，才有了12月21日的谈话。参加谈话的还是原来的五个人。这次谈话历时3小时，毛主席所谈的仍然是原来的主题，不过他海阔天空，还谈到了中国古代的几次战争，谈到了中美关系，也谈到了当前的思想界，谈到"海瑞罢官"。

在这次谈话以后，家英以为这篇讲话内容重要，建议搞一个讲话纪要送给中央同志看。家英这时任中央办公厅副主任，按他的职责来说，这样做似乎是必要的。但他所认为重要的内容是关于学习马克思主义的问题，而并不是"海瑞罢官"和其他问题。因此，在家英、我和参加谈话的另一个人一起，凭记忆和谈话时所作的简单的笔记来进行整理时，家英认为，"海瑞罢官"不过是附带提到的，和其他附带提到的许多话都不必记入讲话纪要里。我同意他的意见。结果就搞出了一个删去了所谓"海瑞罢官的要害"的谈话纪要。参加整理谈话纪要的还有另一个人，此人后来在"文化大革命"中飞黄腾达了一个短时期，他就是关锋。

"文化大革命"一开始时，有这样一个说法（这说法好像是由康生发明的）：在搞纪要时有4个人在一起，这4个人中"一分为二"，即以艾思奇和关锋为一方，以家英和我为另一方，两方在"海瑞罢官"问题上进行了"尖锐的斗争"。艾思奇同志是参加谈话的人中的一个，他虽和我们住在一起，但并没有参加整理纪要。在从杭州回京后不久即因病逝世。5个人中，还有一个是陈伯达，他不和我们住在一起。关锋是搞纪要时的执笔者。我应当据实说，当家英和我都以为不必记下有关"海瑞罢官"的话时，关锋并没有明确表示同意或不同意，只是照办了。搞好纪要后一天，他的确向我们提出过"不写上这几句话行不行"的问题，但因为我和家英都没有理这个问题，他也就没有再说什么了。

在这件事情上，应该说，家英和我确实是缺乏政治敏感。我们没有想到，关于"海瑞罢官"的几句话虽然是附带提到的，然而分量很重，不可小视，而且后来这篇讲话的真正"要害"恰恰是为我们删去的话,并不是原来讲的主题,原来的主题以后再也不提起了。家英参加过1959年的庐山会议,对彭德怀同志是深表同情的,他不能接受借"海瑞罢官"来进一步谴责彭德怀同志,也不同意把吴晗同志的剧本《海瑞罢官》牵连到彭德怀同志,这恐怕是他的真实想法。

这个删掉了"海瑞罢官的要害"的纪要,成为家英的罪状,也成为我的一个罪状。再加上其他原因,家英在开始发动"文化大革命"的通过《五一六通知》的政治局扩大会议举行期间就受到了他所受不了的压力。

我和家英最后一次见面是在1966年3月。日子虽然说不准,但那时的情景宛然还在眼前。我在中南海西门附近的一座小楼里看了些文件资料后,出来遇到了正经过这里的家英。他是住在中南海里面的。记不得为什么,我那时手里正拿着一卷明人徐枋写的条幅。他打开来看了。我们站着稍稍聊了一会儿。他把这卷条幅拿去,要和他收藏的同一个人写的字卷对照一下。

那已经是黑云压城的时候,但我们并不清楚将要来的是一场怎样的风雨,更不知道这是我们最后的一次见面。我们所谈的竟是明朝人的字!两个月后,家英就去世了。

现在提起家英,不免还想到一起在琉璃厂、东安市场、西单商场,还有广州、杭州、嘉兴、武汉逛旧书店铺的情景,不免还想到在一起通宵工作后到府右街凌晨就开张的小铺子吃豆浆、油条,和深夜到东西牌楼沿街小摊上喝点酒,吃碗面条这类事。我们还一起在杭州寻访南宋宫殿的遗址,一起观赏庐山上李白歌颂过的瀑布……这一切,现在想来,都成为少年游了。

如果家英还在,能够看到我们的农村已经开始改变了面貌,我们的社会主义建设已经找到了新的合适模式,那该多好啊!

1987年春,我在与杭州阔别22年后重到西子湖边。徘徊于孤山白堤之间,不禁想起了故人,遂作湖上怀田家英小诗一首:

> 旧时明月旧时桥,眉宇轩昂意自豪。
> 欲向泉台重问讯,九州生气是今朝。

毛泽东和他的秘书田家英

对家英的一点纪念

■梅　行

　　早就想为家英写一点纪念文字，因为不是忙就是病，还有懒，一拖就是10个年头。今年初，陈烈送来一篇《田家英与小莽苍苍斋》的文章，把家英用十多年心力收藏清代学家及名士的书轴、册页、信札这件事作了较为详尽的交代，觉得这对人们更多地了解收藏者本人及其藏品的可贵可留，会起很好的作用。文章的作者和《文物》编辑部的同志，要我也为家英写几句话。2月末，我写了一篇短文，以为可以应付过去。不想家英的夫人董边同志看到后，认为太单薄，该充实一下，她说除给《文物》杂志外，可以编进准备出版的专门纪念家英的文集。作为家英的同志和友人，自然是难于推却的。但现在也难以写得很多，只能作一点增补。

　　想起随同家英和陈秉忱同志一起跑书画文物点和旧书铺，常常提着或抱着一捆东西，走上七八里、十来里路，夏天满身流汗，冬天满面灰尘，回到小莽苍苍斋喝杯清茶，以至古往今来、天南地北谈上一阵，确是一种乐趣，大可回味的。那时，陈秉忱同志已60岁左右，比我们大十多岁，他在文物、书法、绘画、治印等方面都很有造诣，为人又忠厚诚朴，所以我们直呼其为"老丈"，从不叫他的名字。我对家英的爱好，开始并不理解，当初只是跟着跑跑，后来又想学篆刻，才凑在里面的。他收藏规模之大，用心之深，也是后来才知道的。

　　有五六年时间，我和家英来往很密，成了小莽苍苍斋的常客。除了工作联系以外，平时只要彼此都有空闲，不用打招呼，就会去那里随便坐坐的。我比家英还大两三岁，但他的马列理论水平比我高，知识领域比我宽，他对中国近代史既熟悉又有见解，我很想从他那里学点东西。我们比较谈得来，没有拘束，也无顾虑。"文革"中造反派说我们"臭味相投"，是不无根据的。

　　家英把他的书屋称为小莽苍苍斋，实有感于谭嗣同的铁骨铮铮，宁死不屈，使人敬仰，这是朋友们都知道的。

　　纪念家英，首先我要说的，是1966年那个震动全国的《五一六通知》。就是这个"通知"通过后的第五天，即5月21日，那时还保密不准外传，恰好我在一个开会的宾馆结束工作，已经是晚上11点多，准备回家，忽然想起要给家英打个电话。当他知道我即将回家后，就说要同我见一面。临近12点，他到了我的住处。当时我还拿出从宾馆买来的两瓶茅台，很想让他高兴一下，消除一下心中的积郁。但那天他似乎心情紧张，不想喝酒，很想谈谈当前的形势。当我告诉他彭、罗、陆、杨都已被打成"反党集团"后，他开始有点惊愕，说了几句气愤的话。接着他表示，他的历史和社会关系是清清白白的，他参加革命后20多年的工作没有出什么错，这些毛主席都很清楚，他没有什么可怕的。但他那时的心境已极不平静，当我送他下楼的时候，他还喃喃地讲他并没有对不起党的地方。当时，我确实没有想到这是我们最后一次见面，竟是我们的永诀。过了两三天，我同他总是联系不上，心中很是惶惑，但仍没有想到他在我们见面后的两天，即5月23日，竟毫不留恋、毫无牵挂地离开了这个他曾经热爱并献出了大量心血的世界。

过了不久，我也被造反派"揪"了出来，因为不好再与人联系，过后才听到家英已经去世的传闻，但不知究竟。家英那种士可杀而不可辱的性格，我是很熟悉的，何况他早就有一朝被诬陷的思想准备，所以我对他的死并不奇怪，只是深感痛惜。在我是失去了一位思想感情相通的友人，在党则是失去了一位德才兼备、刚直不阿的干部。在那个年代，人世间的是非竟如此颠倒，我当然也很愤慨。其中有陈伯达、江青在作祟，我是料到了的。1967年初冬，我进了秦城监狱，一关就是7年又半。在那单身牢房里，思想却是很自由的，也很少外界的干扰，愿意想什么就想什么，自然常常想起家英和小莽苍苍斋，并佩服他有先见之明。因为早在1965年秋天，他就预料中国会出现一场风暴。

记得在秦城有一次审讯中，专案组的人拿出一张我写了鲁迅先生一首诗的丝笺（用绫裱的笺片），问我为什么要写这样一首诗。我当时坦然地承认，那是知道田家英死后才写的。审讯者听了我的答复，那副怒气冲天又很惊奇的样子，我现在还记得。那首诗里有"忍看朋辈成新鬼，怒向刀丛觅小诗"两句，确实可以表示我在一段时间内悲愤的心境。我出狱以后，才弄清楚家英和小莽苍苍斋所遭遇的种种实情，那是家英已去世9年以后的事了。

家英最可贵、最可爱的地方，是他勇于坚持真理的骨气。他在毛泽东同志身边工作18年，据他自己说，前10年，他确实从这位伟人那里学到了许多在别的地方学不到的东西，自己进步很快，心情也很舒畅。1958年发动"大跃进"，实行公社化，他就开始怀疑起来。1959年春他回四川作农村调查，回来就向毛泽东同志本人反映了许多真实情况和严重问题。在当年的庐山会议上，他差一点被牵连进"反党军事俱乐部"和"右倾机会主义集团"，心情的沉重是可想而知的。在1961年夏第二次庐山会议期间，家英和我住在一起，他经常在深夜，有时甚至在黎明前,跑到我屋里,促膝长谈。他讲了第一次庐山会议时他的处境和想法,更多的是议论全国的经济状况和什么时候才能复苏,他对形势仍是忧心忡忡。他多次谈到,他在毛泽东同志身边工作,又无能为力,感到自愧和不平。我在秦城狱中想起家英当时的处境,往往与宋代著名爱国词人辛弃疾联系起来。辛弃疾壮志未酬,写下的许多慷慨悲怆的词,与家英一个时期的心境很相似。有一首《贺新郎》的下阕是:"事无两样人心别。问渠侬、神州毕竟,几番离合?汗血盐车无人顾,千里空收骏骨。正目断、关河路绝。我最怜君中宵舞,道男儿到死心如铁。看试手,补天裂。"这首词写尽了一位爱国文人的感慨。我自己不会填词写诗,只好用稼轩词来寄托情思,来想念家英的种种遭遇。

家英在生前最后的五六年里,他与毛泽东同志之间的思想裂痕逐渐扩大。1962年夏,家英按照几位中央领导人的意见,直接向毛主席进言,在农村可以在相当范围内实行包产到户。但过了不久,毛泽东同志重提阶级斗争,把经济政策问题上了政治的纲,又听不得一点不同的意见。在北戴河会议期间,有天晚上,我到他的住所去,一直谈到天色微明。他忧虑重重,生怕又出现第一次庐山会议的局面,使中国的经济和政治再一次掉进深渊。我们谈到群众生活面临

田家英从少年时代就接受了进步思想和我党地下组织的领导。
这是1937年他离开家乡赴延安前,和抗日救亡运动组织"海燕社"、
"中华民族解放先锋队"的同志留影。

的苦难，谈到党内政治生活的不正常，也谈到毛泽东同志的思想有时变幻莫测，令人心悸。

家英自此以后，虽然在思想上与毛泽东同志出现了明显的裂痕，但他仍然尽心尽力，参加毛选第五卷的编辑工作，协助毛泽东同志编辑并出版了多种版本的《毛主席诗词》，并完成了中央交办的种种任务。家英有时有点自由主义，但他是一个党性坚强的共产党人，执行党章，遵守纪律，而且具有舍己为民的精神。他对人民的热爱，是始终不渝的。家英的思想境界，确实已经到了只要是利民的事，即使损害自己，也可以背着走下去的地步。在这方面，我是受了他的影响的。

家英16岁参加革命，善始而不能善终，是很可惋惜的，不能不令许多同志和所有友人心痛。说到底，他只是一个书生，可以成为学家，是极难成为政治家的。他对世上是非的耿直和对共产主义的虔诚，无法适应后来变化无常的政治局势。早在1963年春节前夕，他让我为他刻一方"京兆书生"的图章，我应命刻毕送去，他很高兴。那方图章的边款是："十年京兆一书生，爱书爱字不爱名；一饭膏粱颇不薄，惭愧万家百姓心。"这首诗是他在第一次庐山会议时写的。这方图章，经过许多曲折，总算保存下来了，现在还留在董边同志身边。这也算得留下了一个小小的纪念。

能表现家英共产主义信念的，还可以举出一个例子。也是在 60年代前期，家英有一天找出一方不大的端砚，他起草铭文，由陈老丈以朱笔作隶，经我操刀刻成。铭文是："守其白，辨其黑。洁若玉，坚若铁。马列之徒，其如斯耶！"这方砚台在"文革"中已丢失，但在家英的遗物中留有一张由陈老丈亲自拓出的图片，前几年被家英的爱女二英所发现，复印出来，给了我一张。这次专辑如能刊印，那它就不致很快泯灭，可以使更多人了解家英的为人。

评论一个人，当然要全面看他的一生。在我们党内，不仅是才，尤其是德。我之所以称颂和热爱家英，是因为他确实很少考虑个人的得失，在大是大非面前态度鲜明，不计个人安危，更不会利用机会去争名谋权，心地是很洁白的。比之社会上有些蝇营之辈，无权即争、有权谋私之徒，家英确实高尚得多，即使阴霾满天也可看到他的光彩。他当然也有弱点和缺陷，书生气太重就是一条。就这一条，竟然在一击之下就轻生。就我们共产党人来说，未免缺乏坚韧。在中国，像家英这样的书生，绝不是多了，而是太少。以共产主义的理想改造客观世界和主观世界，是一项极为长期极为艰难的任务，即使再过几十年、几百年，社会仍然需要许多心地洁白、有德有才之士，为真理、为人类幸福而献身。

1989年8月末

毛泽东和他的秘书田家英

忠心赤胆为人民

■林乎加　薛　驹

　　我们认识田家英同志始于50年代中期,那时他随毛泽东同志多次到杭州,在工作上同我们有所接触。到60年代初,他奉命到浙江进行农村调查,同我们一起共事的机会就更多了,一起下乡作调查研究,一起开会讨论问题,一起修改文件,一起谈文论史,在工作间隙,还一起逛旧书店,欣赏字画。在同他相处的日子里,我们都受到很多教益,心情也非常舒畅。我们深深地感觉到他学识渊博、才华出众,令人佩服;他全心全意为党为人民忘我工作的精神,给人以激励和鼓舞;他敢于实事求是地反映真实情况,勇于提出切合实际的建议,不随声附和,不计较个人得失的品格让人敬重;他对同志对朋友推心置腹、坦诚相待,使人愿与他交往、亲近。尽管30年已经过去了,但是家英同志的精神、形象仍然留在我们心中,终生不能忘记。

　　今天我们纪念田家英同志,不仅是为了那份故人情,更重要的是在今天新的历史条件下,学习他生前所身体力行的实事求是、群众路线、全心全意为人民服务的党的优良传统;学习他深入调查研究,孜孜不倦地探索真理的科学态度和作风;学习他的正直坦诚,言行一致、表里如一,敢于直言不讳,决不随波逐流的骨气和品格。发扬这些优良传统,对于在当前新的形势下,促进党员干部树立正确的价值观、人生观,改进思想作风,是大有裨益的。

一

　　60年代的那次农村调查,在我们党的历史上是一次不平常的调查。1958年开始的"大跃进"和人民公社化运动,在广大农村刮起了"五风"(共产风、浮夸风、强迫命令风、生产瞎指挥风、干部特殊风),造成农村生产力的严重破坏,农民的积极性受到严重挫伤。1960年12月24日至1961年1月18日,党中央先后召开了中央工作会议和党的八届九中全会,毛泽东提出了"大兴调查研究之风"的号召。他要求所有省委书记、省委常委、地委书记、县委书记都必须全面彻底调查几个公社,使1961年成为实事求是年。他认为,省委不明了情况是很危险的。只有把情况弄清楚了,解决问题的办法就出来了,决心也就大了。上下一齐动手调查研究,可以集思广益,很快统一认识,找到正确的对策。

1961年1月20日,毛泽东给田家英写了一封信,要他与胡乔木、陈伯达三人,在三天之内组成三个调查组,每组七人,分赴浙江、湖南、广东调查。每个调查组再分为两个小组,一个小组调查一个最坏的生产队,另一个小组调查最好的生产队。时间10到15天。遵照毛主席的指示,田家英领导的调查组迅速组成,第二天就离开了北京。1月22日到达杭州以后,田家英立即向省委领导人传达了毛泽东给他的信。经过商量,决定省里也派人参加调查组,在富阳选一个好的生产队、在嘉善找一个差的生产队作为调查对象,由田家英统一领导调查工作。这两个组随即迅速行动,于1月24日到达两个生产队。

调查组进村之后,田家英向全体调查人员提出要求,必须坚持实事求是的科学态度。他说,调查研究有两种,一种是科学态度的调查研究,一种是主观主义的调查研究。我们主张科学态度的调查研究,这就是要了解真实情况,并且如实反映;而主观主义的调查研究,比不调查更可恶,因为它是摘取片断的材料来证明自己的观点,或者是迎合上级,不敢讲真话。他针对当时基层干部和部分群众还有些顾虑的情况,提出要"打开脑筋,打破思想框框,敢于和善于发现问题"。他要求调查组的同志在生活上和群众同吃同住,打成一片,集中精力做好调查,而不搞那些流于形式的劳动;同时,在调查组内部提倡"敢想敢说","敢于提出问题和不同意见",但是这些意见应该通过组织向当地领导提出,不许向外乱说,不准对基层干部指手画脚,以免干扰地方工作。他要求调查组注意同基层干部搞好关系,耐心地帮助他们,办事同他们商量,体谅他们的困难,不能有任何居高临下的态度,这样才能增强调查组和基层干部的团结,"同心同德,忧国忧民"。两个调查组在田家英的正确指导下,工作进行得非常顺利。

田家英先在嘉善县魏塘公社和合生产队调查了一个星期之后,接着又到富阳县东洲公社五星生产队进行了同样的调查。经过一段工作,这两个队的基本情况、特别是"五风"造成的严重危害基本上搞清楚了。嘉善县的和合生产队,地处杭嘉湖平原东部,土地肥沃,灌溉便利,历来是鱼米之乡。解放后头几年,农村经济迅速恢复发展,每年为国家提供大量的商品粮。1958年"大跃进"中,上面的高指标逼出了"浮夸风",这个生产队的早稻亩产从400斤报到600斤、800斤、1000斤,实收只有439斤。1959年,"反右倾"一来,包产指标订到979斤,实收只有436斤。1960年,公社党员干部宣誓大会上订的粮食生产指标是保证1800斤、争取2400斤，而实际只收了291斤，比解放前正常年景的350斤还低。由于高指标带来了高征购，挖了农民的口粮。1961年春天，每人每天只有半斤米，只能吃三餐稀粥；有的小队甚至断粮，出现了饿、病、逃、荒和非正常死亡。一天黄昏，调查组的同志闻到一阵烟味，"农村已经食堂化了，谁家还在烧饭，难道老百姓家里还有余粮吗？"循着烟味进入几户农家，揭开锅盖一看，锅里是羊头草、胡萝卜加上从食堂打回来的稀粥。事实说明这里的农民已经无米下锅。从调查中还了解到近三年来，这里的生产力遭到了严重破坏，猪、牛、羊大批死亡，农具大量损坏，土地肥力下降，劳动者体质变弱；社员一年收入只有21.27元，辛勤劳动一年，到头还成了"倒挂户"。对于出现这些严重问题的原因何在，许多基层干部讲不清楚。田家英在同嘉善县委负责人谈话时指出："从和合生产队来看，生产破坏是严重的。为什么生产年年下降呢？怪天，没有灾害，怪人，老百姓是好的"，"不能怨天尤人，也不是什么民主革命不彻底，病根子是'五风'问题。"田家英一语道破了当时农村问题的症结所在。其实，长期在基层工作的同志，对此并非一无所知，只是因为怕反"右倾"、"拔白旗"，闷在心里不敢说而已。田家英说出了他们不敢说的真话，这不仅是尊重事实、坚持实事求是的科学态度，也是他对党的事业和人民利益高度负责的表现。

在另外一个生产队——富阳县东洲公社五星生产队，调查组调查了一个星期，粮食产量依然摸不清底细。采访了不少老农、基层干部，说法各不相同；查账也是几个数字互相矛盾。田家英和调查组的同志分别找会计、仓库保管员、生产队员和支部书记谈心，大家才交了底，说出了真情，会计也拿出了第二本账。事实的真相是自上而下地层层压高指标逼着下面虚报而造成的，大家认识到浮夸风的危害是逼着人说假话，使上下级关系、人与人的关系建筑在虚假的基础上。为什么这个生产队的粮食生产没有下降，人民生活情况还比较好，主要原因是生产队干部、党员和部分老农协商一致，采取了应付官僚主义的对策，有组织地抵制来自上面的瞎指挥。对粮食产量，采取两本账的办法；对密植，采取路边密点、里面常规的办法。田家英听了他们生动的汇报之后，立即肯定了他们的这套"防风林"的措施。

农村公共食堂问题是调查组首先遇到的尖锐问题。因为在公社化运动中，公共食堂是作为"共产主义萌芽"而建立起来的，有个省的领导干部曾经提过不同意见，受到了严厉批判和处分。在嘉善和合生产队和富阳五星生产队都办有公共食堂，调查组也是和农民一样到食堂吃稀饭的，尽管农民意见牢骚很多，但不敢明讲。调查组专门召开了座谈会，让大家把心里话讲出来，但会上发言并不踊跃，即使说也吞吞吐吐。会后，一位妇女迟迟不肯离去，把调查组的同志拉到一旁，悄悄地问，你们是真听意见，还是让我们表态？会上那么多人怎么敢讲！她

　　1961年1月23日至5月3日，田家英受毛泽东委托带工作组到浙江农村，对人民公社的食堂问题、劳动分配问题等进行调查研究。调查期间，他实事求是地向毛泽东汇报了存在的问题，并建议中央搞一个人民公社工作条例，毛泽东采纳了他的正确意见。这是他同参加调查工作的浙江省委负责人林乎加（右二）等在一起。

根据在食堂工作的亲身经历，说了食堂一大堆问题。调查组听了以后，又挨户访问，对食堂问题作了进一步调查，发现绝大多数群众对食堂意见很多：一是办食堂，搞"一平二调"，社员家的炊具、桌凳搬到食堂无偿使用；二是把自留地收归食堂做菜地，家畜家禽集中饲养，使社员无法发展家庭副业和多种经营；三是食堂饭菜不对胃口，老人小孩难以照顾，生活不方便；四是难管理、漏洞多，有的干部开"小灶"，多吃多占；五是食堂浪费粮食严重，把生米变熟饭要过五道滴漏（即从米桶—淘箩—水缸—饭锅—社员的饭篮五道程序都有滴漏），结果1斤米变成8两粥。绝大多数群众的意见是食堂应该解散。调查组把群众的意见如实地向田家英作了汇报。田家英一听说要解散食堂，有些吃惊。他又亲自召开几次座谈会，反复听取群众意见，最后他认为群众的意见是对的。他不顾个人得失，向毛泽东如实地汇报了农村公共食堂的状况和农民的意见,终于得到了毛泽东的肯定。

还有一个生产队规模问题,在调查中,许多老农异口同声地反映:办初级社时最好,十几户、几十户人家自愿结合在一起,既是生产单位,又是分配单位,看得见,摸得着,算得清,分得到,大家的生产积极性很高。升级并社以后,一个和合生产队,要管十一个小队,南北十多里,望不到边,分配搞平均主义、吃大锅饭,哪里来的劲头搞集体生产。调查组在讨论这个问题的时候,有不同意见,有的同志提出,应该调整生产队规模,把核算单位放到生产队(即当时的小队);有的同志则怀疑这样做就会"倒退到初级社了"。田家英对此态度很明朗,他认为不应该以过去的框框去谈论什么"前进"、"倒退",而主要看是否符合群众的意愿,是否有利于生产。他在向毛泽东汇报的时候,郑重地提出了对这个问题的看法。当时毛泽东也认为"生产队规模太大了","基本核算单位还是放到生产队好"。但是1961年3月广州会议上,他对基本核算单位问题仍有不同看法。以后经过田家英再次调查试点,到1962年2月七千人大会时中央才正式发出了关于改变人民公社基本核算单位的文件。这对克服平均主义起到了很大的作用。

经过十天的调查研究,2月6日在杭州,毛泽东听取了田家英的汇报,在场的还有当时浙江省委的江华、霍士廉、林平加、李丰平和薛驹等。田家英如实地汇报了所见所闻,恳切地陈述了自己的意见,建议中央搞一个人民公社条例。田家英的汇报震动了毛泽东,他当即就纠正"五风"问题、退赔问题、生产队规模和体制问题、自留地问题、食堂问题、干部问题提出许多重要意见,并且采纳田家英的建议,准备起草一个人民公社工作条例,由3月在广州召开的中央工作会议研究制定。

八届九中全会以后,大批领导同志深入基层,大兴调查研究之风。这不仅促进干部作风的转变,而且集中了群众干部的智慧,制定了一系列切合实际的政策办法。《人民公社工作条例》(简称"六十条"),就是调查研究的一个主要成果。这是广州会议的最大收获。

田家英在制订"六十条"中花费了艰辛的劳动。但是他强调"六十条"还需要再进一步征求意见,再在实践中检验,再修改充实,只有经过再实践、再认识的过程,我们的认识才能切合实际、逐步深化。他在3月25日广州会议结束后,马上回到浙江,布置调查组开展"六十条"的宣传、讨论和试点工作。他按照党中央指示,把"六十条"从头到尾一字不漏地读给公社党员和社员听,并且解答他们的问题,进一步征求修改意见。经过一个多月的工作,又在山林问题、供给制问题和干部作风问题上调查出一些新的内容,并提出修改意见。这些问题在1961年5月中央工作会议上都被补充到"六十条"的修正草案中去。

田家英在浙江的调查,从1961年1月23日开始到5月5日结束,历时整一百天。他在调查研究和制订"六十条"中所作的贡献,对党中央纠正1958年以来农村工作中的错误,扭转农村以至整个国民经济的局势起到重要的作用。尽管"六十条"还有不少缺陷,没有突破政社合一、一大二公的公社体制,但它的历史作用仍然应当充分肯定。田家英的功是不可没的。

二

在浙江调查的整个过程中,我们强烈地感受到,田家英时刻关怀人民,把人民的利益看得高于一切,是坚持群众路线的模范。

田家英出身贫寒,从小过过艰苦的日子,对劳动人民怀有深厚的感情。他非常关心人民的疾苦,时刻把群众的冷暖放在心头。他在嘉善和合生产队调查的时候,目睹农民困难到了无米下锅的境地,感慨万千。一天饭后散步时,他背诵了郑板桥的一首诗:"衙斋卧听萧萧竹,疑是民间疾苦声,些小吾曹州县吏,一枝一叶总关情。"他说,一个封建时代的县官尚且如此关心老百姓的疾苦,何况我们是共产党呢!回到住处,他把这首诗写在薛驹的笔记本上,以资共同勉励。他还说,我们下来调查,就是来为群众谋利益,为人民服务的,要做到像毛泽东所说过的那样:"每句话,每个行动,每项政策,都要适合人民的利益",而不能囿于现行的规定和领导人说过的话;同时,也不要怕经过实践检验推翻原来作出的决定,凡是违反群众利益的、破坏生产的,就要反对,就改过来。有些同志明明看到问题,不敢抵制歪风,主要是群众观点薄弱。他还说到动机和效果的关系,认为衡量动机好坏的标准就是人民的利益,凡是违反和破坏人民利益的都要马上制止。

田家英同志在浙江调查期间,无论到哪里,都能很快地同当地人民群众打成一片,他关心群众的疾苦,倾听群众的呼声,为民请命,为民解忧。在调查组到达嘉善县魏塘公社的当天晚上,公社书记张行方向他汇报公社的全面情况,从1958年后,"大跃进"、人民公社化运动,大兵团作战、大办钢铁、放卫星等活动,搞得干部群众非常疲劳,但生产还是逐年下降。田家英边问边谈边记,直到深夜。第二天上午,在张行方的陪同下,田家英步行到和合生产队,在他的要求下被安排在老劳模陈安生家住宿。陈安生子女都在外地,是一个独居的老人,他家有两间小草棚,田家英就在陈安生的床铺对面用稻草打地铺睡觉。安顿下来以后,就开始走村串户,了解生产生活情况,察看床头灶头,对老人孩子更加关怀。他连续几天走访了七八家,同老农陈安生、贫农王老五等人拉家常,谈论这个村的过去和现在,从解放前借高利贷、卖青苗,谈到解放后搞土改、互助组、合作社,直到公社化,大兵团作战,大搞"一平二调"……既谈情况,又提问题,被访问的群众都反映这位田同志待人随和热情,没有半点领导架子。他关怀老人孩子的事迹,更受到当地群众的称道。有一次,他在五星生产队食堂吃中饭时,看见桌上有一碗豆腐,这在当时来说是不易得到的"佳肴",他不忍自己享用,便端去送给一位60多岁的老太太吃,并嘱咐当地干部好好照顾老人。

富阳场口公社环二生产队群众对田家英关怀老百姓的事情印象特别深刻。这个队本来不是调查组的调查对象,有一天,在五星生产队调查的同志路遇一个衣衫褴褛的小青年在乞讨,看他饥不可忍,就把他带到住地,先让他喝了几碗粥。他是场口公社环二生产队人,向调查组诉说了环二许多农民外出逃荒讨饭,甚至饿死人等严重情况。田家英得知后,建议调查组跟踪转移到环二生产队去调查。这个队靠近富春江,自然条件比较优越,1956年以前,曾经是富阳县的农业先进单位,1958年后成了落后队。调查组走进这个队,呈现在面前的是满目凄凉的景象:村庄里看不到炊烟,听不见鸡鸣犬吠,老百姓瘦骨嶙峋,面有菜色。调查组同志心情沉重,潸然泪下。经调查,这个队已经连续几年闹粮荒,不少人逃荒到江西。好多农民得了浮肿病,有的已经饿死。田家英听了调查组汇报,亲自到这个队调查察访后,心情沉痛地说:"我走过多少农村,第一次见到这样的惨相。"他路过裘章金家时,看到堂前点着香,供着牌位,就进屋询问。原来这位14岁的裘章金死了父亲,生活很困难,连买盐的钱也没有。田家英就叫人买了2斤盐送去,并亲口尝了他家的糠团子。4月11日,调查组召集县委负责人、管理区全体党员、生产队长、小学教师和社员代表在叶家祠堂举行会议。田家英在会上作了感情激动的讲话。他首先说:"我是一个共产党员、中央机关的工作人员,我们的工作没有做好,使大家挨饿了,对不起各位父老。共产党员看到这种情况,是很痛心的……"说到这里,他泪流满面,喉咙也哽住了。他揭露了环二生产队一些惨不忍睹的事实,对几个违法乱纪、不管老百姓死活的干部进行了声色俱厉的批评和斥责,对其他干部进行了入情入理的教育。他说,共产党以人民的利益为利益,共产党的干部,是人民的勤务员,只能老老实实地为人民服务,没有欺压老百姓的权力。人民的困难,就是我们的困难,人民的疾苦,就是我们的疾苦。我们了解了你们这里的情况,一定接受你们的委托,向党中央、向毛主席反映。他接着指出:"目前的困难总是可以克服的,总是有办法克服的,我相信会好起来的。"这时,会场由寂静变成欢呼,几乎每个人的脸上都挂着泪珠。散会时,群众说,多少年没有听到这样暖心的话了。根据田家英的建议,省委、县委对环二生产队加强了领导和扶持,在贯彻"六十条"的过程中,处理了违法乱纪的干部,改选了基层的班子,减了粮食征购任务,发了救济粮,后来又帮助他们建了机埠,使农业生产得到较快的恢复,面貌逐步改变。

新中国成立初期，田家英在中南海。

　　凡是给群众做了好事的，群众是不会忘记他的。这里的老百姓非常怀念这位"中央机关的工作人员"，他们经常与调查组同志通信联系。1980年3月29日，环二的群众从广播上和报纸上得悉田家英追悼会的消息后，致信田家英夫人董边同志表示深切哀悼和慰问，并向她索要了田家英的遗像，放大后挂在村委会办公室里，旁边题着"田家英同志永垂不朽"几个大字，以示永久的纪念。田家英这张30年前的照片，现在还挂在村委会办公室的墙上。他还是那样年轻，那样倜傥，眉宇间透出一个共产党人的凛然正气。他望着人民，依然是一片深情；人民望着他，无限的惋惜，绵绵的思念。田家英永远活在人民心中。一个人不论地位高低，寿命长短，能够得到人民的纪念，就是莫大的荣耀。

三

　　田家英最可贵的地方是那种敢于实事求是、敢于坚持真理的品格和勇气。他不仅在调查研究中善于实事求是地了解真实情况，而且对党组织、对上级领导敢于直言不讳，敢于如实反映情况。这种敢于直言，并不是只凭自己的主观臆断，而是经过深入调查，掌握大量第一手可靠材料，再经过分析研究和深思熟虑，然后向党向组织提出自己的意见和建议。在当时党内民主生活不正常的情况下，他能够以对党对国家对人民的负责态度，不计较个人得失安危，敢于向党中央和毛泽东本人反映人民群众的痛苦和党的工作中的缺点错误，并且提出恳切的改进意见，这种坚持真理的精神是非常难能可贵的。

1959年，庐山会议的一场反右倾斗争，田家英是记忆犹新的。在那场斗争中，他也被当作"右倾"而受到批判。只是由于毛泽东的保护，才幸免于难。当时争论到的产量浮夸、过度密植以及公共食堂等问题，时隔一年，在农村调查中，群众反映的还是这些问题。田家英很清楚，如果提出解散食堂的建议，那是要冒风险的。他当时对调查组同志说了交心的话，他说，调查和反映食堂问题，我是感到有压力、有风险的，可是我们是共产党员，必须对党对人民负责。如果反映了要打屁股，首先打我的屁股。他终于坚持以人民的利益高于一切的原则，不顾个人安危得失，如实地向毛泽东反映了农村食堂的真实情况和农民的意见，引起了毛泽东的思考。后来，毛泽东谈到食堂问题时说了这样一些话：浙江的食堂，实际上是一个造饭工厂，食堂做好饭，老百姓打饭回家去吃，饭就凉了，再加上要做菜，回家后还要起火，这边那边都要用柴。办食堂或者办其他事情，一定要适合情况，如果不适合情况，比如办食堂，势必要垮台，也应该垮台，如果不垮那才奇怪呢！后来，田家英谈到这个问题时说："凡是违反群众利益的事情，一定要向上面提意见，不要怕受打击，不要盲目执行。办不办食堂并不改变社会主义，不要怕戴右倾机会主义帽子。"他讲到当时饿病逃荒的情景时动容地说："人生最惨的事无非是妻离子散，死于非命……难道我们的命比老百姓大一些吗？我们革命不就是为了老百姓吗？为老百姓而死又有什么不好呢？"

田家英一直把林则徐的两句话当作他的座右铭："苟利国家生死以，敢因祸福避趋之？！"他正是这样做的。他的思想境界，已经达到了凡是有利于国家人民的事情，即使损害自己也在所不顾；时刻为国家的安危，为群众的疾苦着想，而不计较个人得失安危。无私才能无畏。正因为田家英心目中唯有国家和人民的利益，他才能敢于实事求是、坚持真理，敢于如实地反映情况，提出切实的建议，为民请命，即使是对领袖人物有不同意见，也敢于犯颜直谏。他同我们曾谈论过魏徵、海瑞敢于忠言直谏的故事。他说，魏徵是李世民为他自己设置的对立面，设置对立面能够使他头脑冷静、少犯错误，这不是坏事情。但是现在的对立面往往被当作斗争对象。至于海瑞，他对那些写批判《海瑞罢官》文章的人，如姚文元、戚本禹之流，是十分鄙视的。他说过，写这种批《海瑞罢官》的文章，剁了我的手指头也不干。

1961年6月在北京，田家英曾经在他家里给我们展示他的藏砚，其中有一方端砚的铭文是："守其白，辨其黑，洁若玉，坚若铁，马列之徒，其如斯耶！"这铭文是他自己起草并请其他同志为他书写和刻石的。他还对我们解释说,"共产党员就是要这样子做人"。当时我们还不甚理解,现在回忆起来,这铭文正是他的自画像,是他心灵的自白,写出他的是非分明、爱憎鲜明、高洁的品行,坚定的共产主义信念,也刻画出他的骨气和风格。即使在30年后的今天,家英的光彩形象依然是一身正气留在人间。

在田家英离开我们以后的30年,我们国家已经发生了巨大的变化,从1978年党的十一届三中全会开始,党中央总结了建国以来的历史经验,纠正了过去工作中的错误,包括田家英同志的冤情也得到昭雪。如今,我国正在党中央的领导下,按照邓小平建设有中国特色社会主义理论指引的方向,实行改革开放,推进现代化建设,取得了举世瞩目的成就,并且正在以雄健的步伐迈向21世纪。当然,我们还面临着许多新的问题和困难,在进行社会主义现代化建设中迫切需要加强精神文明建设、思想道德文化建设,认真解决物质和精神两个文明建设中一手硬、一手软的问题,特别在党的建设中,需要有一大批党员干部能够坚持为人民服务的宗旨,坚持艰苦创业、无私奉献的精神,坚持像田家英那样以党和人民的利益为最高利益,时刻关心群众疾苦,不顾个人得失安危,勇于坚持真理,修正错误,艰苦朴素,廉洁奉公,老老实实、勤勤恳恳为人民谋利益的精神。有了这种精神力量,党和人民群众的血肉关系才能真正凝聚起来,干部和群众建设社会主义的积极性才能发挥出来,党和国家才有力量去排除前进路上的种种困难,实现党中央提出的"九五"和2010年的宏伟目标。

1996年5月修改稿

毛泽东和他的秘书田家英

怀念田家英

■李 锐

　　跟家英是在延安时就认识的。延安当年是一个"莫道都穿粗布服,称呼同志一家人"的地方,人们相互间很容易熟识,没有什么戒备(整风审干填"小广播"表,那是后来的事情)。1941年后,我在《解放日报》工作,他在中央政治研究室,有文章寄来,必经我手,于是也就成了"文字之交"。延安的生活,值得人们回忆的事情是很多的。如"粗布服"这个题目,就很值得写一篇文章。那时每年只发一套单衣,衬衣裤是不发的。夏天人们都爱下河洗衣、洗澡或找水深之处游泳。有一次,家英在河里洗澡,碰见一群女同志来洗衣,他在水中起不来了,因为他只有一条裤衩,刚洗过晒在河滩上。

　　文字之交后来一直保持着。解放初期在湖南工作时,我写过一篇《第一次国内革命战争时期湖南的革命与反革命》,家英在《长江日报》上见到,压缩了工人运动等部分,改名《第一次国内革命战争时期的湖南农民运动》,推荐给《学习》发表了。原来我还以为是《学习》哪一位编辑多事。1952年调北京后,我转到工业系统工作。第一次见面时,我把过去搜集到的一大批有关近代、现代史的书籍,全部送给他了,表示从此"洗手",同文字生涯告别。可是仍然留下一个"麻烦":离开湖南前夕,我匆匆写了本书,《中国青年》要连载。于是将这个"麻烦"交给了家英,由他全权处理,他的工作岗位也便于处理此事。1956年此书出版时,对他删改的一些部分,我有不同意见,又恢复了原状,但他并不坚持己见。

　　由于"隔行隔山",同在北京,却不易见面。大概是1955年或1956年,有一天晚饭后,我们同另外一位共同熟识的朋友碰到一起了,天南海北,古今上下,乱扯了一阵;意犹未尽,肚子又有一点饿,于是一同到西四牌楼的宵夜摊,吃小菜,喝老酒。家英是四川人,龙门阵摆到深夜两点。70年代初,在京郊那个所谓隔离审查的地方,有一天忽然想起这件事,感慨系之,哼了四句:

咫尺天涯见面难,只缘都在做京官。

百年不遇龙门阵,西四牌楼宵夜摊。

几天之后,犹感伤不已,估计总有一天会再经过西四牌楼的,于是又哼了一首:

何处再寻宵夜摊,四牌楼下景非前。

曾经有句怜遥梦,相对无人哭逝川。

由于一种千载难逢的偶然机会,从1958年1月开始,直到 1959年9月,我们得以时常在工作也是开会时见面了。大家知道,这个期间是当代中国发生第一个大折腾的年代。我们比一般同志更直接生活在历史的漩涡之中。作为个人来说,我大呛了几口水,被淹得半死不活。家英还好,得以幸免。这个期间的交往,就不限于摆摆龙门阵,或者跑跑琉璃厂了,而是经常议论时政,忧心国事,臧否人物,乃至推敲文件了。这是真正的交心,当然也是危险的交心。前些日子,去看家英夫人董边同志,才知道,我们当年交心的内容,有许多家英并没有跟自己的妻子说过。我在工业部门,他则常下农村。在了解情况方面,我们正好互相补充,使头脑比较冷静,有共同语言,能够不留情面地针砭时弊。我们都经过延安的整风学习,有作调查研究的习惯(在延安时都写过这方面的文章),不喜欢说也讨厌听那些空话、大话,很看不惯某些吹牛逢迎的人。我们年纪轻些,在某些人眼中,也许属于"嘴上没毛"之类,但我们保有"赤子之心"。

家英从小失去父母,在哥哥姐姐家中长大,当过中药铺的小学徒,这使他熟悉民间疾苦。他在抗战前,接受成都地下党同志的引导,积极参加救亡活动。1937年到延安。1947年他参加过晋绥解放区的土地改革运动,深知农村情况。解放后,他住在中南海,很看不起周围那些追名逐利之徒。他早就厌恶江青的一些行为(当然,那时议论的还多属于生活方面)。据董边同志告诉我,他同陈伯达作过长期斗争,针锋相对,寸步不让;因此,陈对他恨之入骨。我们当年臧否人物,就包括此人。他告诉过我:这位"陈夫子"制了一颗"闲章",曰:"野鹤闲云",特别喜爱,以此自诩。其实,这正从反面露出此人当年的极大牢骚:无权无势。此人在中南海的房子住得很不错了,但还想方设法翻修,中央办公厅的负责同志硬不买账,于是怀恨在心。家英最看不起的是,此人经常向他打听"主席最近又读了什么书?""注意什么问题?"之类。这种察言观色、探听气候以"投其所好"的作风,我们非常反感,也觉得是一种危险之事。果然,1958年11月的郑州会议,这位"经济学家"赶时髦,抢浪头,发表不要商品生产、取消货币的谬论,遭到毛主席

1959年，田家英在庐山会议上同情彭德怀，他不顾个人得失，忧国忧民。坚持反映农村调查中发现的严重"瞎指挥风"、"浮夸风"等问题，这是庐山会议后，在归途的船上。

严厉的批评指责。摔了这个筋斗，陈伯达痛苦之至，我们毫不同情。

1959年4月上海会议之前，家英在四川农村蹲点，是穿着"便服"赶到上海的，几乎引起进出住处的不便。那次会议，东道主极尽招待之能事。此时此地，他向我描述了在农村挨饿的情景，以及基层干部如实反映的浮夸。那时他领导的一个工作组正在四川有名的全国劳模罗世发的家乡作调查，罗世发谈了他如何被逼讲假话、虚报产量的情况。6月底，庐山会议之前，许多严重的"左"的错误，如高指标、瞎指挥、"浮夸风"，特别是"共产风"，已经发现，在逐步纠正之中。开会前夕，毛主席提出十九个要讨论的问题，准备纠"左"。会议的初期，是"神仙会"，毛主席找我们少数几个人谈了三次，谈得很融洽，有时满堂欢笑。家英将工作组写的有关罗世发的材料交了上去。我们尽自己所知，作了汇报，也提出了一些建议，比如最重要的一条是：应当让陈云同志重新主管财经工作。

在延安时，我们是革命的晚辈，通过整风学习，更加认识到毛主席的伟大，深刻理解没有毛泽东思想就不可能取得新民主主义革命的胜利。我们对毛主席的敬仰、尊重,自信不比许多老同志差。《毛泽东选集》四卷中所反映的毛泽东思想形成的过程,我们也不比陈伯达之流了解得差。尤其家英是《毛泽东选集》四卷注释的主编,更是如此。由于各自有机会接触过主席的一些手迹,以及早年不为人所知的史事,或者直接多年在身边工作,我们对主席的不同凡响、棋高一着,比一般同志可能感触更深一些。可是,我们也确实没有将主席当作一尊神,而是把他看作一个人。因而对主席的某些缺点和做法,私下常有些议论。如在"大跃进"时我们就谈过,主席对经济工作不熟悉,缺乏这方面必须具备的知识,在经济理论方面尤其没有钻研过,因此,处理有关经济的问题,就远不如处理军事、政治问题那样得心应手。家英当时有一个集中的想法,即主席应当摆脱日常事务,总结一些重大经验,专心于理论的著作,这样,对后代更有意义。在庐山时,他跟我谈过一副对联:"隐身免留千载笑,成书还待十年闲。"即指这个意思。他很惋惜主席志不在此。他早就同我谈过,编《毛泽东选集》时,主席常有厌于回顾旧作的情绪,而兴趣全在新的事物。

　　1959年庐山的大风波,原因很复杂,这同当时有兴风作浪、唯恐天下不乱之人,也有关系。7月23日,正式宣布批判彭德怀同志之后,我和家英等四个人,沿山漫步,半天也没有一个人讲一句话。走到半山腰的一个石亭中,远望长江天际流去,近听山中松涛阵阵,大家仍无言相对。亭中有一块大石,上刻王阳明一首七绝,亭柱却无联刻。有人提议:写一首对联吧。我捡起地下烧焦的松枝,欲书未能时,家英抢着写了这一首名联:

四面江山来眼底
万家忧乐到心头

　　写完了,四个人依旧默默无声,沿着来时的道路,各自归去。

　　家英当年跟我谈过,如果允许他离开中南海时,想提三条意见,最后一条是:不要百年之后,有人议论。应当说,这是一个党员对党的领袖最高的关怀。在山上开"神仙会"阶段,由于我的不谨慎,将这三条意见同一位有老交情的同志谈了,开大会时被捅了出来。此事当时虽被"掩盖"过去,仍然影响到家英后来的处境,使我长期耿耿于怀。在山上时,我曾有过一种很悲观的情绪,向家英流露过。开完会,回到北京之后,他特地跟我通过一次电话,其中讲了这样一句话:"我们是道义之交。"不幸被人听见,几天之后,我家中的电话就被拆除了。

　　1960年到1961年,我在北大荒劳动。前期在一个村子里,同老乡三同;后期调到虎林西岗农场场部,场部的生活条件稍好一些。由于身体关系,1961年底调回北京。其后两年,我独自一人在京闲居。两年间,同家英见过三次面,漫步街头,找到有单间的饭馆,继续过去那种长谈。第一次碰面,我才知道在北大荒调到场部,是他和别的几个关心我的同志作的安排。70年代初作的杂诗中,曾记述此事:"打起精神学打场,忽然意外转西岗,长安故旧多关切,不忍其人葬大荒。"这次在饭馆谈了一个下午,谈到北大荒当时少见炊烟的暮色和农民的挨饿景况时,我很动了感情。家英也谈起庐山会议之后,他所受到的种种冷遇。我们都有这样一个共同的愿望:国家和人民再也经不起折腾了,今后无论如何不要再搞大运动了。分手前,一起哼成了下面这首诗:

> 闹市遮颜过,胡同尚可行。
> 人间多雨露,老友系诗情。
> 冷眼观尘世,丹心向众生。
> 炎凉何必叹,把酒贱浮名。

1963年12月,我被派到大别山中一个水电站去当文化教员。离京之前,与家英话别,到后海岸边散步,深夜又到一个小酒店喝酒。当然,谈的主要还是当前大事。他正参加起草农村工作的"后十条",说不久后我会听到传达的。他谈此事,也是让我对形势放心之意。临分手时,走过景山很远了。对我的遭遇,这夜他特别感慨系之,又讲起吴季子来。夜半回到住处时,不能成寐,直到吟得下面一律,才勉强睡去:

> 客身不意复南迁,随遇而安别亦难。
> 后海林荫同月步,鼓楼酒座候灯阑。
> 关怀莫过朝中事,袖手难为壁上观。
> 夜半宫西墙在望,不知相见又何年。

真没料到,这夜竟是我同家英的永诀!"文化大革命"前的几年,虽然相约,如有事就直接通信,但接受山上的教训,莫再连累他,一直没有给他写过信,上面这首诗他也不知道。

1967年4月,我曾回到北京一次,才知道家英已不在人间了。前些日子见到董边同志时,她比较详细谈了1966年5月23日,家英被迫害致死的情况。22日所谓代表中央的三人小组来人通知,两条罪名:同当时被批斗的办公厅负责同志关系不正常;一贯右倾。撤职交代,搬出中南海,并收走了全部文件。随即又听到办公厅大会上宣布了另一条罪状:篡改毛主席著作。这是指整理有关《海瑞罢官》的谈话时,他不赞成将彭德怀写进去。他这时面对着两个大敌,陈伯达与江青;还有一个小人叫戚本禹。他很愤慨,对妻子说道,我的问题是陈伯达和江青陷害的,那些坏人、恶人终会得到恶报。记得鲁迅谈到自杀时,说过这样的话:自杀是对环境的一种抗议。家英之死,是对当时环境的抗议。

70年代初,住在秦城监狱怀念家英时,还作过这样一首七律:

> 古柳安详围海边,园中深院院中园。
> 多时不见忽相忆,无事而来乱扯谈。
> 世界纵横三万里,古今上下五千年。
> 戏言犹记料身后,又是黄昏絮满天!

家英专搜集清人字,我则兼搜字画;曾戏约后入土者,有继承权。董边同志告诉我,家英的藏书只收回很少一部分,有些难得的字条已散失,我送给他的一幅郑板桥字还幸存。收回的书籍中找到一本有我签名的日本版《东洋读史地图》,就带回留着纪念了。

这篇琐碎的"怀念"该结束了。但是对家英的怀念是永远不会结束的。

1979年12月

毛泽东和他的秘书田家英

益师良友

■杨　波

　　田家英这个名字,我在1949年进北京以后就听说了,知道他是毛主席的秘书,并以敬佩的心情读过一些他写的介绍毛主席著作、宣传毛泽东思想的文章,从中受到很多教益。

　　我与田家英同志相识于60年代初,并在他领导下工作过一个短时期。相处的时间虽然不长,但个人之间的同志感情却是很深的。我把家英同志当作自己的益师良友。

　　1958年开始的"大跃进"和农村人民公社化运动,给我国国民经济带来的危害,特别是对农业生产带来的危害,很快就暴露出来了。毛主席及时察觉了工作中出现的严重问题,并于1958年11月和1959年3月先后两次在郑州主持召开会议,研究纠正农村工作中存在的"一平二调"共产风等错误;但由于当时"左"的指导思想没有从根本上改变,全党对形势的看法也不一致,工作中的错误也就难于纠正。到了1960年,全国经济呈现更加困难的局面。这一年,农业的总产值不仅比1958年、1959年减少了,而且比1957年也下降了很多;粮食产量降到2870亿斤,比1957年减少了1031亿斤,下降26.4%,棉花产量降到2116万担,比1957年减少了1154万担,下降35.2%。城乡人民生活水平明显下降,非正常死亡的现象时有发生。面对这种严峻的困难形势,党中央、毛主席认为必须对国民经济进行调整,特别是必须解决农村工作中的一系列政策问题。

　　1960年11月3日,党中央发出了《关于农村人民公社当前政策问题的紧急指示信》(简称"十二条"),提出彻底纠正"一平二调"的错误,开展整风整社。同时,毛主席号召全党大兴调查研究之风。接着,毛主席于1961年1月20日亲自给田家英同志写信,提出要组织三个调查组,分别到浙江、湖南、广东三省农村作调查,深入了解农村工作中的问题,并决定田家英同志担任浙江组组长,胡乔木同志担任湖南组组长,广东组由陈伯达负责。毛主席在这封信中,还提出了调查组的组成要求和调查方法,并要田家英同志将这封信给三个组的组成人员看并加以讨论。我当时在国家统计局工作,参加了由胡乔木同志领导的湖南调查组的工作。就是从这次调查开始,我与家英同志相识,并在以后的交往中得到他很多的帮助和教育。这里,我着重讲几件感受特别深的事。

1961年5月,田家英同志正在考虑修改《农村人民公社工作条例(草案)》(简称"农业六十条")。这个条例是根据三个调查组的调查和其他一些地方所提的意见,在当年3月由毛主席亲自主持的广州会议上拟定的,并以中央的名义给全党同志写了一封信,要求发给全国农村支部和农村人民公社全体社员讨论,征求意见。这个条例草案是田家英同志在浙江调查时提出建议,经毛主席、党中央同意而制定的,田家英同志参加了起草工作。我从湖南省调查回来,田家英同志找我去了解湖南调查情况和农村干部、群众对条例草案的意见。我在汇报中着重讲了刘少奇同志在湖南调查过程中讲的一些重要意见,同时反映了公社干部和社员群众讨论条例草案所提的一些意见,特别讲了对食堂问题和干部作风方面的一些意见。当我讲到一些干部严重脱离群众,不关心群众疾苦,把对上级负责和对群众负责对立起来等情况时,田家英同志很有感慨地与我说起了清朝后期曾当过山东潍县县令的郑板桥的一首诗:"衙斋卧听萧萧竹,疑是民间疾苦声;些小吾曹州县吏,一枝一叶总关情。"他说:"一个封建社会的县官,还注意关心群众的疾苦,我们以全心全意为人民服务为宗旨的共产党干部,怎么能置群众的疾苦于不顾呢?可是近几年来,在一些干部身上,毛主席一贯倡导的为人民服务、走群众路线等一套光荣传统、优良作风丢得差不多了。"又说:"'农业六十条'中,对干部问题专门写了一章,提出了许多具体要求,就是为了解决这方面的问题。"同时,还讲了他在调查中所接触的好的和不好的两种不同干部的一些情况。这次谈话给我留下了深刻印象,每每想起来,都引起我对家英同志的无限思念。

1961年5月下旬到6月上旬,党中央在北京召开中央工作会议,内容主要是根据各地提出的意见,讨论修改"农业六十条",同时研究制定手工业和商业方面的若干政策规定。我作为会议的工作人员,参加了这次会议制定和通过的《中共中央关于城乡手工业若干政策问题的规定(试行草案)》(简称"手工业三十五条")、《中共中央关于改进商业工作的若干规定(试行草案)》(简称"商业四十条")两个文件起草小组的工作。田家英同志主要负责"农业六十条"的修改工作,但对上述手工业和商业两个文件的起草工作也很关心,并讲了他在浙江调查中所了解的这方面的情况和应注意解决的问题。我是第一次参加中央工作会议的文件起草工作,没有经验,工作中遇到一些困难,于是我就去向田家英同志请教,请他讲讲起草这类文件应注意的问题,介绍一些经验。当我讲了文件起草

1964年夏，随邓小平、李富春、薄一波、杨尚昆等到东北地区视察。这是在林区参观。

过程中遇到的一些难于处理的文字问题，特别是是否需要在每一条规定中讲一些道理的问题时，家英同志告诉我："起草这类政策性规定性的文件，与起草一般的报告稿或写文章要求不同，不能讲很多道理，不能作很多论述，而是要对每一条规定都明确写清楚应该怎么办、不应该怎么办，准许干什么、不准许干什么，使人看了一目了然，便于执行。"为了具体说明这种要求，他以手头的"农业六十条"中关于"干部"一章的规定作例子，说明应该怎样表述党对干部的要求，其中有一条是这样写的："人民公社各级的干部，都必须坚持民主作风，反对强迫命令。不许压制民主，不许打击报复。要平等地和群众讨论问题，使有各种不同意见的人都能畅所欲言；对于持有不同意见的社员，只许采用商量的办法，不许采用强制的办法对待，不许乱扣帽子……"家英同志说："这里没有讲道理，但是可以使干部清楚地知道应该怎么做，不允许怎么做，并且便于群众监督。"家英同志的指点，对我启发很大，熟悉家英同志的人都称赞他"知识渊博，文字严谨"，我认为这是符合实际情况的，是他的一大长处。

　　1961年底，我由国家统计局调到中央办公厅财经组工作。当时田家英同志除了担任毛主席的秘书，还兼任中央办公厅副主任。从这时起，我与家英同志的接触就多起来了。我们经常在一起谈心，讨论工作问题，我经常向他请教，他也很热情地帮助我。家英同志才华出众，思维敏捷，待人诚恳，表里如一，胸怀坦荡，平易近人，工作认真，一丝不苟，这些优点，都是值得我学习的。我在中央办公厅工作期间，使我感受很深的一点，就是田家英同志敢于实事求是地反映情况，勇于提出自己的见解，从不随声附和。

　　1962年1月中央在北京召开的扩大的中央工作会议(即七千人大会)结束后不久，田家英同志根据毛主席的指示，又带领一个调查组深入到湖南省农村作调查，主要是了解"农业六十条"的贯彻执行情况和存在的问题。修改后的"农业六十条"，明确规定可以取消食堂、供给制，实行按劳分配、多劳多得，反对平均主义；允许社员经营家庭副业，可以有自己的自留地、自留山。这些，都是社员非常欢迎的，并且起到了调动社员积极性的明显作用。但是，出乎田家英同志意料的是，社员对公社的体制很不满意，强烈要求实行包产到户和分田到户，认为只有这样，才有利于迅速恢复和发展农业生产，改善农民的生活。据我所知，田家英同志1961年在浙江农村调查时，是不赞成包产到户和分田到户的，而此时此刻，他听了很多社员所说的心里话，所提出的迫切要求，他的思想起了变化，认为社员列举的公社化以来所造成的破坏和带来的困难，是符合实际情况的，所申明的包产到户的好处，是有道理的，党应当接受农民的意见。于是，他就将调查的结果和农民的要求，如实地向毛主席报告了。他还将农民的要求向刘少奇同志作了汇报。刘少奇同志赞成搞包产到户，并提出要田家英同志把这个问题在"秀才"中酝酿一下，听听反映。于是，家英同志就在中央办公厅后楼会议室召开了一个小范围的座谈会，讨论这个问题，听取到会同志的意见。我参加了这个座谈会。据我记忆，田家英同志在会上首先讲了他在湖南农村调查中所了解的情况和农民提出的包产到户和分田到户的意见，同时讲了他的看法。他的意见是：破坏严重、特别困难、农民对集体经济已丧失信心的生产队，可以搞包产到户，这有利于迅速恢复和发展农业生产；而对那些经济情况比较好、农民对发展集体经济还没有丧失信心的生产队，则仍按"农业六十条"的要求去办，并要尽力办好，尽快把生产搞上去。这就是说，他主张分别不同情况，区别对待，不是一律都搞包产到户和分田到户。同时，他还说明，搞了包产到户，生产发展了以后，还应在自愿的基础上再组织起来，走集体化的道路。他提出应当对公社化以来的经验教训进行认真的总结，看哪些做对了，哪些做得不对，做过头了的，就应当退回去，今天的退，是为了明天的进。并说，做好这件事，不仅有利于我们今后的工作，而且对国际共产主义运动也有重要的意义。我听了家英同志的意见，觉得有道理,他提出的问题是我原来没有想、也不敢想的问题。尽管不久毛主席就针对这个问题批评了田家英同志,但我一直钦佩家英同志这种深入体察民情、勇于反映群众意见的工作态度和思想作风。事隔16年,我们党在1978年底召开十一届三中全会以后,农村改革中实行的家庭联产承包责任制所取得的巨大成就,证明田家英同志当时的意见是正确的。

　　田家英同志不畏权势、刚直不阿的优良品德,也是值得我学习的。据我所知,家英同志同混进党内窃据高位的野心家、阴谋家陈伯达,进行了长期的不妥协的斗争。陈伯达是一个道貌岸然、品质恶劣的伪君子,谁在毛主席那里作出工作成绩,谁为中央起草过好的文件,他都嫉妒,总要想方设法排斥、打击。田家英同志长期在毛主席身边工作,受到毛主席的信任、重用,为中央起草过一些得到毛主席称赞的文件,从而也就成了陈伯达打击的对象,不时地在背后"告状",肆意地进行攻击、诬蔑,必欲除之而后快。从1963年初到1966年3月,我因工作的关系与陈伯达接触较多。1962年8月中央在北戴河召开工作会议期间,陈伯达得知毛主席对国家计委的工作不满意,就趁机写材料攻击国家计委,说计委工作不得力,应进行大的调整,只搽"紫药水"、"红药水"不能解决问题。毛主席在陈伯达的"小报告"上作了批示。此后不久,陈伯达就当上了国家计委副主任。其实,陈伯达对计划工作并不懂,管不了任何一项计划工作。在这种情况下,当时的副总理兼国家计委主任李富春同志决定新成立一个研究室,由陈伯达分管,把我从中央办公厅调到国家计委研究室工作。这一期间,陈伯达多次在我面前谈到他对田家英同志的不满,攻击田家英同志不买他的账。开始,我对陈伯达的这种无端的攻击,总是提出要他找家英同志当面交换意见,不要在我面前议论。后来我看他说得太不像话了,就替家英同志作些解释,说明家英同志不是他说的那种人。有一次,我作了一些解释后,陈伯达突然大发雷霆,拍着桌子质问我:"田家英给了你什么好处,你总是替田家英说话?"我说:"田家英同志没有给我任何好处,我认识田家英同志的时间虽然不长,但我认为他是一位很正派的同志,不是你说的那种人。"我的这种申辩,陈伯达当然很不高兴。1966年春节过后,陈伯达到了成都,要我跟他一起在四川看"大三线"建设的情况。这是我与陈伯达一起工作的最后一次。工作结束时,陈伯达找我谈话,又攻击起家英同志,诬蔑家英同志没有一点马列主义、毛泽东思想,"应下放到农村人民公社去改造"。这次谈话,我感到问题严重了,于是我4月份回到北京以后,就去看望家英同志,告诉他陈伯达要动手整他了,请他注意提防。当时,家英同志正在编《毛泽东选集》第五卷,听了我说的情况,他并没有在意,并且以鄙视的态度告诉我他多年来与陈伯达打交道的情况,以及他对这个伪君子的本质的认识。我万万没有想到,我与家英同志的这次会面,竟成了我与这位益师良友的永别。

这次谈话以后不到一个月，一场给中国人民带来严重灾难的"文化大革命"开始了。陈伯达这个野心家、阴谋家当上了"中央文革小组"的组长，他利用手中的权力诬陷、迫害了一大批老同志、好党员。田家英同志这位优秀的党的高级干部，就是在"文革"一开始被陈伯达迫害致死的。

我写这一段历史，不单是揭露陈伯达迫害田家英同志的罪行，主要是想说明田家英同志不畏权势、刚直不阿的优良品德。

田家英同志离开我们已经23年了。最近听说中央文献出版社准备出版一本纪念家英的文集，使我不禁回忆起与家英同志相处的一件件往事，想起他对我的帮助教育。同志间的深厚情谊，驱使我不能不说出自己的心里话，以表达我对家英同志的深切怀念。

1989年10月29日

毛泽东和他的秘书田家英

田家英与学术界

■刘大年

　　田家英同志是我所认识的革命知识分子中的佼佼者、出类拔萃者之一。他对革命事业忠心耿耿；他身上找不出知识分子通常难免的小毛病；他才华出众，有很强的思想能力。就是这样一位革命者也葬身于"文化大革命"中了。"火炎昆岗，玉石俱焚"，熟悉他的同志何止为他个人痛惜！

　　田家英的主要工作和活动不在学术方面，这并非说他在学术工作上无所成就，没有贡献。他不止把自己的渊博知识、理论修养应用于实际工作，也积极参与学术研究，关心学术工作。就我同他接触的一些情况略加叙述，也许从中可以窥见一斑。

西柏坡讨论中美关系史

　　田家英这个名字，解放战争初期我就知道了。他的《民国以来大事年表》那时已经由延安传入华北解放区。同他头一次见面是1948年9月在平山西柏坡村。1947年秋天，我利用养病时间写完了《美国侵华简史》初稿，一直搁在手里。1948年8月，北方大学从山西潞城经河北邢台再迁到正定与华北联大合并，组成华北大学。《简史》初稿也随即送请华北局审查。解放区出书没有什么规定，我和范文澜同志都觉得这个稿子仓促草出，送请上面审查一下很有必要。不久接到华北局宣传部长周扬同志回信，说稿子要请在中央宣传部工作的陈伯达看，已经转往中央机关驻地西柏坡，我可以自己去接头。艾思奇同志这时由中宣部临时派在华北大学兼职。他担任研究部副主任、党支部书记，我是副书记。艾思奇给陈伯达写了一封信，介绍我去当面听取意见。又附一张便条，请田家英同志给予帮助。正定县城到西柏坡一百二三十华里。我带了一个通讯员，骑马快行，第二天上午9点多钟即到达目的地。西柏坡村子很小，最详细的军用地图上也没有标识。村子北倚山岗，南对乱石河滩，一色矮墙土顶农家住舍。有些小院子看来是新盖的，农民不住在里面。我很快找到了陈伯达和田家英同住的小院子。他们似乎知道我要来访。陈伯达说，《简史》稿子田家英看过，他会讲需要如何修改。要我在那里先住下，工作和生活由田家英安排。家英派人引我到相距几百米的东柏坡村，与翻译家石盘住在一起，下午就开始工作。一连6天，先后访问王炳南、柯柏年等几位同志，想从他们那里搜集资料，不过并无所获。中间陆定一同志找去谈话一次，以示鼓励。家英一同前往。

《简史》稿缺乏原始资料。清末以前的部分还能利用《李鸿章集》、《六十年来中国与日本》等书，越靠近现在的部分，越找不到第一手资料。叙述又有简单化和不确切的地方。家英对书稿的意见也集中在这两个方面。为了资料问题，他特地与主管档案的同志接洽，让我看了当时属于机密的赫尔利在延安与毛泽东谈话的记录。书上最初关于赫尔利来华的一段，就是根据那个记录叙述的，不过没有列举五条协议全文。后来修订，依据《中美关系》白皮书引上全文，其他照旧。稿子不久又由艾思奇看过一遍。最初出版的人民大学本和新华时事丛刊本载有范老主持修改的《前记》，那上面说，"本书原稿曾请几位同志审阅，得到很多指正……"这"几位同志"就是田家英、艾思奇两位。与陈伯达几次见面，他每次都发一些议论，如说做研究工作要多读理论书，多读资料书；文章要改十遍，靠自己改，等等，对于书稿本身没有讲什么话。

家英给我的观感是盛年英俊，气宇开朗。待人处事老成练达，富有才华而绝无锋芒。熟悉毛泽东著作和党的文献，谈论问题实事求是，不带教条气。进到北京以后，我们的接触增多。他最初给我的观感没有改变，而是更加充实了。

一起编写《中国史稿》近现代部分

1955年起，田家英与胡绳、黎澍同时担任近代史研究所学术委员，对开展近代史研究出过不少主意。其时，中国科学院已经成立三个历史研究所，经过酝酿，郭沫若同意主编一部中国通史，范文澜则继续写他的《中国通史简编》，各讲各的观点，推进历史学领域的百家争鸣。郭编通史后来定名为《中国史稿》，古代部分由历史所承担，分为一、二、三册，尹达负责组织编写；近代、现代分为第四、第五册，由我和家英主持编写。第五册从五四运动至中华人民共和国以前，即当时所说的现代史。家英负责第五册。他很快抓起来，一面着手编纂南京国民党留下的从北洋军阀到1949年以前的部分档案，一面开始组织写作班子。那时他住中南海静谷。我和近代史所南京史料整理处负责人王可风在他的住处讨论整理档案的计划，组织了史料整理处一批人投入编纂工作。

　　家英和我几次就《史稿》第四、五册应该写成怎样的书交换意见。我们得出的看法大体上是：今天要提供的是一部完整的新型的断代史，它必须不同于中国所有旧的断代史。旧的断代史以二十四史为代表，叙述一个朝代的兴亡起止，所谓一代有一代之史。旧断代史有一定的合理性，因为那些王朝确实在某种程度上表现了中国封建社会历史行程的段落和特点。现在我们要处理的历史与那个时代完全不同。如果把近代、现代照老章程分为一部晚清史和一部民国史，那会出现明显的问题。首先，无法让人切实地知道，近代社会各阶级怎么相继走上历史舞台，以后它们又怎么或者相继退出，或者进一步壮大了的；也无法让人切实地知道它们的内在联系和其中有怎么样的规律性。因为朝代起讫的形式掩盖和割裂了它们实际上的联系。其次，那样做，从朝代来说也是支离破碎的。"晚清"只是小半个朝代，"民国"又绝非一个政权，也就不成其为一个与过去朝代相同的独立朝代。所以一部完整的近现代史，必须是一部打破朝代，按照社会阶级关系演变发展去叙述的历史。同时，中国近代的革命运动与反动统治表现了历史运动两个方向的对立，并非表现历史分成了对立的两块，彼此无关。两个对立方向是同一历史过程的两面。没有反对革命的一面，就没有革命的一面。我们不能只讲革命的一面，不讲反革命的一面。我们不能像旧的历史书那样，把反动统治阶级看作历史的主宰和灵魂，但这不等于只须简单地把一切都翻一个个儿，就算正确说明历史了。历史的两面和分作两块是不一样的。前者是而后者非。什么题目都可以写书，晚清史、民国史自然也可以写书，就看你的目的、要求如何，以及打算给读者什么样的历史观点、历史知识。还有，历史书应该讲基本事实，让人知道历史的基本内容。如果其他都讲了，就是没有讲主要的人和事，那样的书必定无人理睬，只有像前人说的拿去糊壁覆瓿。历史讲以往的事，要反对实用主义，各取所需；近代现代史和当前联系密切，又要注意不可脱离现实，等等。

　　《史稿》第五册写作班子先后十来人，是从各地区和部队借调来的，他们多为写作熟手。家英制订提纲，看过部分稿子，并参加了讨论修改。我也在写作组办公的沙滩中宣部大楼里参加过一两次讨论会。"文化大革命"开始前被迫停下来，终未成书。稿子也散落不知去向。不是发生那场大动乱，家英是会按照自己的思想、风格留下一部现代史著作的。现在我们看到的与写书有关的近代史研究所南京史料整理处即后来的中国第二历史档案馆出的《现代政治史资料选辑》若干辑，家英也有一套。他很珍视这套资料，并颇有兴致地翻阅了一部分资料；在重订《民国以来大事年表》一书时还使用了其中的一些材料。他对第二档案馆编辑这套资料的工作，甚为称赞。

在李秀成评价问题上的主张

李秀成评价问题,学术界早有不同说法,但没有展开争论。1963年戚本禹写的《评李秀成自述》一文,带有明显的政治批判的调子,很快引起了学术界的注意。家英先后两次在这个问题上表示了自己的主张,话不多,但很重要。

第一次是1963年夏天《历史研究》编辑部接到戚本禹投来的稿子。编辑部有同志知道戚在中央办公厅工作,打电话问田家英是否知道这个稿子和有什么意见。家英知道此事,明确回答不要发表,并且说"这个人不好"。我和黎澍、尹达三人是常务编委。编辑部送稿子给我看,并转述了家英的主张。

如果我不提出相反意见,戚文肯定不会在《历史研究》上发表。那样,事情将和后来的情况有所不同。我看过戚稿以后马上作出一个判断:此件《历史研究》不发,其他报刊也肯定会发;别的报刊突然发表了,在近代史研究所工作的罗尔纲将处于挨批判的状态,非常被动。我主张《历史研究》发表戚文,罗尔纲也写一篇表态文章,作些说明,同时发表,争得主动。我先商得黎澍同意,也给罗尔纲写信,说明这样做的好处。经过短暂讨论,然后是戚、罗两文同时发表在《历史研究》1963年第四期上。大约个把月以后,周扬在中宣部召开会议,要历史学界讨论戚本禹的文章。他的主要意思,是说太平天国农民战争是近代中国人民反帝反封建的先驱,论李秀成的功绩和他的最后表现,都应该作为农民革命英雄加以肯定。否定李秀成等于否定共产党领导革命斗争以前的反帝反封建的先驱者,这对学术研究、现实斗争都不足取。建议大家讨论一下,究竟如何看待。这个讨论会很快在近代史研究所举行了。侯外庐、翦伯赞、范文澜等先后发言,不赞成戚文全盘否定李秀成,不过谁也没有赞成伪降说,而认为需要具体分析事实。你一言,我一语,并无长篇大论。末了,决定由近代史所写篇文章,对戚文作出回答。这就是我执笔的由《历史研究》排出了校样的《李秀成评价问题》。

家英第二次对这个问题发表意见,是在这年的11月间。《评价》排出来以后,送给了周扬和主管理论工作的康生等人,也送给了田家英。大约10月底我在北京饭店的一个场合见到周扬,问他看到稿子没有?他说看到了,紧接着又加上一句:"可以送给主席看看嘛!"这表示他认为稿子还说了一点道理。我对于送给主席看,觉得应该慎重。打电话同家英联系,想知道他的看法。他正准备赴外地工作,托我暂时照管一下《史稿》第五册的编写工作,相约面谈。这时他住中南海永福堂。房间宽大,四周排列一圈木制简易书架,中间仍很空旷。对于《评价》和周扬的主张,他讲了两点意见。第一,李秀成的评价不难讲清楚。他很愿意写一篇文章讲讲自己的看法。可惜没有时间,不能实现。赞成我在稿子上一面批评戚文，也一面批评伪降说的办法，认为只批评一面是不行的。第二，《评价》稿送给主席，这事很简单。他只需交给办公厅通讯员，马上就能送到。但要我和周扬再考虑一下，说"我怕给你们找麻烦"。并要我们研究好了告诉他一声。我回来以后决定稿子不送，也不发表。这两点意见中，第一点明白表示了不同意戚文的说法；第二点，对后来的思想理论斗争颇有关系。"文化大革命"中，《人民日报》刊载整版批判文章，通栏大标题叫做"周扬刘大年之流是叛徒的辩护士"。假使《评价》稿送给了主席，很可能招来一个驳斥的批语。那样情况就会更糟，将不限于周扬和我遭到一场口诛笔伐。从这里可以看出家英观察问题敏锐，处理事情稳练。他的人品尤其值得尊敬。

事情过去六七年以后，几次碰到同志们提问：你批评戚本禹的文章必有一番道理，到底怎么讲的？因事隔多时，没有留下多少记忆，无法回答。前年出史学论文选集，又有同志建议收入《评价》稿，留下一个供后来者研究的资料。我说已经没有底稿，而且最好让它永远湮没算了。谁知事出意外，去年9月忽然从旧书堆中发现一个《历史研究》排印稿，上面并注有"修改稿"字样，约16000字。这里摘录关于李秀成本身的几段如下：

"李秀成不是太平天国早期领导集团的成员，但他是太平天国后期一位重要人物。

"李秀成距今140年前出生在广西藤县一个贫苦农民家庭里。28岁以前一直在家乡过着种地帮工的劳苦生活。1851年太平天国在金田起义。李秀成全家受到农民革命火炬的吸引，烧毁破旧的庐舍，破釜沉舟地投入太平军。从这时起，李秀成个人的命运与这次农民革命的命运血肉般地凝合在一起，同国内外的敌人进行真刀真枪的斗争成了他的生活的基本内容。李秀成在太平天国从普通士兵渐次擢升而至军事统帅，在各种不同的情况下为农民革命的事业斗争了14年。1864年7月19日太平天国首都天京失陷，他保护幼主冲出城外，未能远逃。7月22日落入清军手中，开始经受新的考验。据当时目睹其状的曾国藩幕僚赵烈文记述，李秀成被解入清营时，曾国荃'置刀锥于前，欲细割之……叱勇割其臂股，皆流血，忠酋殊不动'。他在刀锥的威胁下，没有屈服，也无所畏惧。当夜赵烈文问以'汝今计安出'，他回答说：'死耳。顾至江右者皆旧部，得以尺书散遣之，免戕贼彼此之命，则瞑目无憾。'他被关入敌人的囚笼，并受到汉奸刽子手曾国藩的审问以后，着手写《自述》。这篇《自述》里面包含着一个革命者应有的豪言壮语和光辉的思想，同时也有不少诡谀敌人、丧失革命大节的卑污言辞，甚至提出了'收齐'太平军余部向敌人缴械的建议。但是卑躬奉承并不能换到敌人的仁慈。《自述》写到第九天，还来不及煞尾，曾国藩便对他下了毒手。他在生命的最后时刻，又恢复了固有的英雄气概。他写下绝命词，表其尽忠革命之意，然后引

新中国成立初期的田家英

颈就戮。这就是李秀成的一生。

"农民革命领袖要受到农民阶级局限性的制约,可以对统治者抱有幻想,但并不是每个人都必然要抱有某种幻想。就李秀成而言,统治者施加的鬼蜮伎俩——曾国藩对他的恶毒欺骗大为加深了他本来就存在的幻想。这是特别值得注意的。曾国藩的欺骗,第一是从李秀成的态度变化中得到了证明。由前面引述的赵烈文的日记可以看出,李秀成刚一落到敌人手里,就有希望他的部众免遭屠戮的想法。但是起先在曾国荃面前的表现和后来在曾国藩面前的表现是很不相同的。最初曾国荃用刀锥碎割威胁他,李秀成丝毫不为所动,并且对刽子手加以轻蔑和嘲笑。曾国藩和他谈话,以后开始写《自述》,态度就变得软了些;越往后,这种软化在《自述》里就表现得越明显,曾国藩究竟对他讲了些什么,现在没有这方面的记载。《自述》的最后部分有'昨夜深惠厚情,死而足愿,欢乐归阴'等字句。李秀成得知他将被处死以后,还说了'中堂厚德,铭感不忘,今生已误,来生愿图报'的话。如果不是曾国藩口头答应不杀他的部众这一类要求,那么对一个杀身仇人要这么感恩戴德、欢乐归阴,是不可理解的。第二是从曾国藩的活动中得到了证明。李秀成落入清营不久,曾国藩就决定要在南京杀害他。7月29日,即李秀成被俘的第七天，曾国藩在给他儿子的信里就说：'伪忠王曾亲讯一次，拟即在此杀之。'赵烈文8月3日日记写道：'晚至中堂处久谈，拟即将李秀成正法，不俟旨，以问余。余答言'生擒已十余日，众目共睹，且经中堂录供，当无人复疑，而此贼甚狡，不宜使入都。与中堂意同。'8月5日，赵烈文又写道：'中堂具奏……李秀成先行正法各情。'可是一直到 8月6日即李秀成被害的前一天晚上曾国藩与他谈话，还是绝口不露杀害之意，反而面告李秀成，他'连日正踟蹰此事，俟定见后再相复'。曾国藩就这样故示宽大之意，来欺骗李秀成，软化他以死报国的决心，加深他依靠统治者来保护太平天国部众的幻想。李秀成在曾国荃的刀锥碎割下，表现出是一只落在陷阱里的威猛的狮子；在曾国藩甜言温语的诱惑下，变成了一个受害的可怜虫。统治阶级长期奉为神圣的曾国藩这个刽子手是多么奸诈，多么毒辣！

"李秀成是一个有错误、有污点的农民革命英雄，但仍然是一个农民革命英雄。李秀成的错误在他光辉的一生里是一个重大曲折，但是他对革命立下的巨大功勋和最后仍然尽忠于太平天国而死足以压倒那个曲折。"

康生见到这个稿子，起初不表态。后来他开口了，说是折中主义，莫名其妙。"文化大革命"中传出的毛泽东关于李秀成《自述》的批语："白纸黑字，铁证如山，晚节不忠，不足为训"，至今没有见到正式文献上加以刊载。传说此事属实，现在的问题是，家英何以没有看到这个批语，不用说周扬毫无所知了。

对于李秀成的是非功过，我在1964年以后写的文稿中已经另作论述。这里摘录未发表的《评价》稿，是为了知道田家英的主张，并非表示我又回到那个放弃了的看法上去。家英认为问题不难说清楚，他愿意写文章，这说明他不同意戚文，同时，对《评价》稿也感到并不满足。

参加筹备近现代史学术讨论会

近现代史学术讨论会从1964年春天开始筹备，同年6月在北京民族饭店举行。中心是开展社会调查，推动近现代史研究。家英积极参加筹备，并准备在会上作一个关于加强现代史研究的报告。但开会前两个星期他出差去外地，而且地点经常变换，从这个省市到那个省市。每换一个地点，我们都电话联系。散会那天下午他赶回北京，晚上向与会者讲了两个钟头的话。因为租用的会场已经满期，讲话地点临时安排在民族文化宫西头地下室。他和周扬的讲话，当时都根据录音整理出了打印稿，"文化大革命"中作为批判的靶子使用过。最近查遍档案，已经没有留下一点踪影。有的同志能够回忆起某些内容，但残缺不成片断，无法详其精髓了。1966年5月我又去过那个地下室一次，在那里，康生主持、张春桥宣布一项决定：所有刊物，只要当天没有发行的，一律要刊载姚文元的《评三家村》，不照办者自己负责。疾言厉色，杀气腾腾，会场为一种邪恶气氛所笼罩。我是替代黎澍去参加会议的。当时，我脑子里闪过田家英讲话的情景，但不容许思索下去。

1964年春节前不久，家英和我还发起过一个小的集会，祝范文澜同志七十寿辰。参加的有王冶秋、黎澍等七八人。每人掏人民币5元，在四川饭店聚餐一次。谈话中，家英讲，他正在收集当代名人书信手迹。不是要一般书信，只要写给他的亲笔信，而且是要毛笔写的。毛主席、朱总司令、其他领导人、名人，写给他的毛笔信都有了，但没有范老的信。他想最近写信给范老讲点什么，希望得到一封毛笔回信。学术界其他知名人士的信他也打算收集一些。那次集会没有人作学术讲演，也没有发表什么文字。但那是田家英参与的学术界的一次集会，表明他与学术界保持着密切的联系。

中国革命队伍里的知识分子，才能出众者不知凡几。他们的建树有异，原因自然非止一端。一个人的优秀杰出，并不取决于他的才能禀赋，而取决于他的志向理想、坚强意志、不断追求新的境界。我说田家英是革命知识分子中的出类拔萃者，主要是指的后边这个方面。1948年我们在西柏坡头一次见面，他住的两间小屋空空荡荡，工作案右侧土墙上贴的一条毛边纸大字条幅引起了我的注意。条幅上写的是王国维《人间词话》上讲成大事业、大学问者要经过三种境界的那段话："昨夜西风凋碧树，独上高楼，望尽天涯路，此第一境也。衣带渐宽终不悔，为伊消得人憔悴，此第二境也。众里寻他千百度，蓦然回首，那人正在灯火阑珊处，此第三境也。"王国维那段话别人也有引用的，各人欣赏的角度、切合程度不会一样。田家英那时引用它，自然是表示他强调一个革命者要有恢宏抱负和坚强的意志、奋力追求精神。他自己的思想境界与风格也从这里得到了体现。愈到后来，他愈加淬砺奋发，为人为学，峣然矗立，足以称为革命知识分子中的一位典范人物。王国维说的"众里寻他千百度"，是辛弃疾某词中的一句话。回忆家英，我不禁反复吟味这句话，觉得他尽管在学术上没有留下很多著述，却是一位值得千百度寻找的人物。

毛泽东和他的秘书田家英

田家英同志谈治史

■姚　旭

　　家英去世以前，我就有一种不祥的预感，那是叶群点了他的名。叶群说，罗瑞卿反对1960年军委扩大会议决议上写毛主席是天才，这就是田家英出的主意。叶群说这个话的时候，北京正是1966年的早春时节，姚文元的评《海瑞罢官》的文章发表后不久，山雨欲来风满楼的时候。

　　就在这个气候下，我去南方几个老根据地作调查。到了炎热的夏天，我从南方回到北京，"文化大革命"已经发动起来了，家英的噩耗经过曲曲折折的路子传过来了。如今，林彪的"天才论"早已破产了，但是，家英不能再回来了。

　　家英反对"天才论"不是偶然的，这是同他的历史观和严谨的治史态度分不开的。他解剖复杂纷繁的历史现象有一个锐利的武器，这个武器就是历史唯物主义。我记得，1960年他愤愤然地谈起他与一位知名学者的争论。这位学者在会上发言，认为"百家争鸣、百花齐放"这个"双百"方针还不够，应该加上"百鸟朝凤"，把毛主席比作凤凰，把人民群众比作百鸟。有些同志觉得这个比喻不恰当，但又觉得不大好反驳。这时，家英发言了，他认为把毛主席和人民群众比作凤凰和百鸟不恰当。毛主席的一切正确思想是从人民群众的实践中来的，是全党和人民群众集体奋斗经验的概括，毛主席把人民群众看成真正的英雄，他甘当人民群众的学生，这样他才能把人民群众的意见集中起来并且坚持下去。把领袖看成天生的凤凰，把人民群众看成只是朝奉凤凰的百鸟，这不符合历史唯物主义和毛泽东思想。

　　上面这段话，家英是在高级党校（现在叫中央党校）11号楼讲的，当时我们十来个人正在编写郭沫若主编的《中国史稿》一书的现代史部分，家英是领导人。他谈到上述争论引起了我们的深思，我们的书稿写了毛泽东的许多正确思想，却没有写出毛泽东的这些思想是从哪里来的。我觉得今天我们研究毛泽东思想和党的历史，仍然应当注意这个问题。

　　家英要求我们读读格拉塞写的《马克思列宁主义经典作家的工作方法》这本书。这本书对于我们治史确有很大帮助。格拉塞说："马克思制定的科学研究的工作方法，要求在作出一般性的结论之前，先要充分掌握与该问题有关的一切资料。"家英创造条件为我们提供研究中国现代历史有关的一切资料，并且要求我们在送审的打印稿上写明资料的出处。家英赞赏范文澜在《历史研究》上发表的《反对放空炮》这篇文章。他说，论点是从历史事实中引申出来的。一本历史书，如果没有新的历史资料和新的观点，而是用别人的研究成果拼凑起来的，那就很难站得长久。他批评我们的稿子，有的整页是空议论，有的整页堆砌着许多材料却不能说明什么问题。他主张历史书中的材料和观点要如同水乳一样交融，可以夹叙夹议，不要像牛奶里放上一块铁片，牛奶和铁片是不能融合的。

　　1964 年，同薄一波、杨尚昆在东北农场参观，这是在看联合收割机，左二为田家英。

家英主张历史书要写得生动,吸引读者一口气看完。他说,香港出了一本关于汪精卫傀儡政权始末的书,作者是这个傀儡政权的成员,接近上层人物,立场是反动的,但写得很生动,叫人能一气读完。我们写历史书,往往写得枯燥无味,叫人硬着头皮也看不下去。其实,历史本身是很生动的,如实地写出来就很生动,就能吸引人读下去。历史书还要给人以历史知识,他说,有一位大学三年级学生,还不知道武则天是男的还是女的。

他主张搞现代史的人,应当看过去的报纸,看我们党办的报纸,也看我们的朋友和敌人办的报纸。一天一天地看,甚至广告也要看一下。旧报纸上不仅有可用的历史资料,还可以使研究历史的人如置身于当年的社会环境之中。

家英很重视文采。他认为历史书缺乏文采,"言而不文,其行不远",很难流传下去。当时有的同志表示,要达到这个目标很困难。他说,还是要多读书。他谦虚地说他自己就是"自恨读书迟",只要肯在读书上下苦功夫,是可以达到这个目标的。

家英尤其重视的是史料的真实性。《中国史稿》现代史部分关于建国以来的历史原定写三章,第一章是国民经济恢复时期,第二章是第一个五年计划时期,第三章是第二个五年计划时期。家英在1960年决定第三章暂时不写。直到1962年七千人大会以后,他才说,第三章为什么决定不写,那时没有说明原因,现在大家明白了吧!因为"大跃进"以来有许多数字是假的。他介绍我们读的格拉塞那本书里就有这么一段话:"马克思从不利用任何未经检验过的材料来源,决不引用间接的根据,而总要找到它原来的出处。"在这个问题上,我就有过几次失误。例如,我在写抗美援朝运动这一节的时候,就间接地转引当年美国参谋长联席会议主席布莱德雷形容朝鲜战争是"我们在一个错误的地方,错误的时间和错误的敌人进行一个错误的战争"。后来,找到了这个说法的原来的出处——美国新闻处1951年5月15日的电讯。电讯中说,布莱德雷在麦克阿瑟撤职后的辩论中,指责麦克阿瑟要把战争扩大到中国,说:"把战争扩大到共产党中国,会把我们卷入一个在错误的地方、错误的时间和错误的敌人进行一个错误的战争中。"显然,布莱德雷指的是扩大战争到中国,而不是指朝鲜战争。家英对史料的真实性的要求给我很大影响。家英不能容忍对中央文件和中央领导同志的讲话断章取义引用半句,略去半句,或者作不适当的删节而使原意走了样。

家英认为,编写现代史,一般来说事实比较容易搞清楚搞准确。他说,看一个人物的外表形象,距离越近看得越准确,而对人物的评价,则要经过历史的检验,功过得失,时间距离人物越远,看得越清楚。但是现代历史,也有一时难以查清的事情,一时搞不准的,宁可暂时空着,宁缺毋滥。例如中国共产党第一次代表大会开幕日期，当时一般说是7月1日，我们在征求意见稿上也曾经是这样写的。后来，经过考证，发现这个日期不准确，开幕日期应在7月下旬，但是究竟是哪一天，一时还搞不准。于是，他决定写为"1921年7月"，而不写明7月的哪一天。粗看起来，写"7月"似乎比"7月1日"模糊，不确定，实际上是比"7月1日"准确。

当时，有一阵风，在反对"史学即史料学"的口号下，忽视对史料的"去伪存真"的考证工作。家英坚持主张在考证史料方面下功夫，是令人钦佩的。但是他并不满足于此，把历史真实面貌弄清楚了，还要做进一步的研究工作。他十分擅长于"中外古今的比较法"。他认为，研究中共党史，要看看苏共党史，不妨将苏共在十月革命后由战时共产主义到新经济政策的转变，同中国建国后恢复时期进行比较。

我认识家英很晚，是在1959年庐山会议以后。当时林彪主持中央军委工作，制造对毛泽东的个人崇拜，在这个浪潮中，家英坚持唯物史观，坚持实事求是的态度是令人敬佩的。他认为，毛泽东思想是我党的主流，但并不是一开始就是洪流，长江主流的源头并不是洪流，这要实事求是地写出来。毛泽东是我党杰出的代表，但是，中国革命斗争中涌现出许多杰出人物，都应有他们的历史地位。他说，建国之初苏联大百科全书约请我党中央写一批中共重要人物的传记，这些传记都经过中央审查的，可以作为我们编史的依据。

家英认为，我国历史是我国各民族的共同历史，不能写成一部汉族史。他说，我国史学家中，翦伯赞对这个问题是比较敏感的，他是少数民族，而我们许多同志不大注意这个问题。家英请了民族研究所的马寅同志来参加这个编写组，他要求现代史各章都要体现我国各族人民在团结与共同斗争中所作的贡献。

要写一部中国现代通史，毛泽东在《改造我们的学习》一文中就指出："应先作经济史、政治史、军事史、文化史几个部门的分析的研究，然后才有可能作综合的研究。"可是，按照当时情况，各类专史还没有搞出来，就动手写通史，难度是很大的，而难度比较大的，是经济史和文化史。为了充实这两方面，对于经济史方面，家英请了管大同和旷日安来参加我们的审稿会，他还陪同梅行来谈了一次，对书稿提出了很好的意见。对于文化史方面，家英要我们专访了胡绳和潘梓年。这些考虑和安排，使我们深受教益。现在各地都在修史，我看了许多地方史本子，感到薄弱的部分仍是经济史和文化史两个方面，教育史和科技史也是如此，这是值得我们史学界重视的。

写一部中国现代通史，就不能不写国民党方面。家英要我们看看邹鲁编写的《中国国民党史稿》。他觉得我们起草的北伐战争时期的稿子，对北洋军阀各

　　1957年，田家英赴捷克参加社会主义运动史学术会议。这是在会议上讨论问题，左一为黎澍，右一为田家英。

派系的兵力部署就写得不清楚。他说，要学习毛主席那样，对敌人了如指掌。对北洋军阀、国民党方面的事情说不清楚，我方的行动也就说不清楚。

　　这部《中国史稿》的现代史部分，由于"文化大革命"的爆发而终于夭折了。这是无可奈何的事情。但是，家英的力气和大家的努力没有白费，这一段时间，对我们来说是终生难忘的。我相信，家英所倡导的历史唯物主义的治史方法，将日益发扬。

忆家英对农村公社和编史工作的一些谈话

■奚　原

毛泽东和他的秘书田家英

　　家英离开我们,转眼已经30年。他被迫害逝世的不幸消息,我是数年后从"四人帮"监狱中出来时才知道,无比的悲愤和痛惜。

　　家英自称"京兆书生",这是表明他从不追求官爵名利的淡泊心怀。然而他并不是一个软弱书生,在他身上更多的是一派志士仁人的刚毅气质。

　　最近,我专门翻腾了"文革"抄家后堆放已20多年的一些残存历史材料。有些早已被老鼠们磨了牙齿,但总算找到我的三本笔记,其中记录着从1959年2月至1961年4月期间家英的16次报告和发言,内容大部分是关于形势、政策和农村工作问题的,小部分是关于编史方面的。我重温这些记录,仍然深受感动,可以说全部内容都贯穿着忧国忧民、爱国爱民精神,许多精辟的见解,蕴蓄着历史的经验教训,至今仍值得深思。

两个阶段

　　家英调任毛泽东的秘书共18年,似可大体分为前10年和后8年两个阶段。

　　从1948年至1958年的前10年,是中国人民取得空前胜利而扬眉吐气的年代,但其后期产生严重"左"倾错误。在这个阶段,家英帮助毛泽东进行了大量工作,他们的关系是协调和谐的。从1959年至1966年的后8年,确切地说是从1959年庐山会议以后,情况逐渐发生变化。由于在社会主义改造和建设过程中"左"倾错误的发展,家英和毛泽东的关系出现曲折,从隔阂、缓和、破裂,直至最后悲剧性的分手。

　　建国初期的形势是很好的。毛泽东仍然特别重视农村问题。他深知要在中国这个落后的农业大国坚持走社会主义道路，必须着重解决占全国80%以上人口的农业的社会主义改造问题，小农经济是不能直接进入社会主义的。他认为通过中国式的农业互助合作道路，可以促使农村个体经济过渡到集体经济，发展农业生产力，为实现国家社会主义工业化奠定基础。当时中央对于合作化过程中出现的偏向，提出了既反对右倾保守、又反对急躁冒进的正确方针，农业社会主义改造的政策是稳健的。

但从1955年毛泽东作《关于农业合作化问题》报告开始，急躁冒进倾向渐渐占据主导地位。到了1958年，又先后发动"大跃进"和人民公社化运动，浮夸风、共产风严重泛滥开来。毛泽东一经发现，便着手纠正实际工作中的这些"左"的错误。然而，1959年7月至8月举行的庐山会议及其以后，却又大批所谓右倾机会主义，许多提出正确意见的同志遭到打击和迫害，纠"左"的进程被打断，刚刚起步的社会主义建设事业继续受到严重挫折，城乡经济日益陷入困境。

在整个后8年，为了顾全大局，家英把忠于毛泽东和忠于人民利益结合起来，竭力通过调查研究向毛泽东反映农村真实情况，积极建议采取各种措施，协助弥补因"左"倾造成的种种失误。他的这些努力，曾在一定限度内起了调节改善作用，却无法解决根本分歧。后8年是家英革命一生中最艰难的阶段。

我和家英相处，恰恰是在这8年。1958年，他承担了郭沫若主编的《中国史稿》现代史部分（五四运动以后）编写任务。由于他在中央的工作很忙，听说我已从部队转业到上海学术界，便经中央办公厅借调来京协助编写工作。我于1959年1月20日离沪赶到北京，随即成立了现代史编写组。家英在开始时便对我说："编写组的主要任务是完成史稿，但也不能关起门来写书，脱离实际不但写不好社会主义时期的历史，也写不好新民主主义时期的历史。"因而编写组除撰写史稿外，还经常参加中央组织的一些重要政策、理论学习和实际调查研究工作。1959、1961、1962、1964年间，编写组同志曾多次参加中央工作组深入全国各地进行农村调查和工商业调查，我从中得到不少教益，与家英也有了多方面的接触。

沉默与宣扬

1959年8月庐山会议结束后，家英和陈伯达都下山回到北京。然而他们回京后的表现却迥然不同。

家英回京后，一如既往地认真执行任务，对编写组的工作也抓得较多了，直到1960年，大部分现代史初稿是在这个时候写出来的。至于对于庐山会议的结局，他既不愿意趋奉，也不能提出异议，所以只好沉默。

陈伯达则不然，刚回到北京，就忙着贯彻庐山会议精神，布置宣扬人民公社优越性。这位善于察言观色，专心窥测毛泽东意图以便投其所好的"风向理论家"，也并不是每一次都能摸准的。1958年"大跃进"期间，他提出废除商品的极左主张，在当年11月第一次郑州会议上受到毛泽东的批评。此后开始纠"左"，持续几个月，他不能不跟着有所表示，但没有料到毛泽东在庐山会议后期又突然转向批右，因此他在会上也受了批评。所以回到北京，便积极组织宣传人民公社优越性，以表明态度。

当时我正在上海参加市委扩大会议。约9月中旬的一天，忽然接到北京电话通知，转告陈伯达的安排：要立即尽量抽人下公社作调查，主要任务是宣传人民公社优越性，批判"彭德怀反党集团"。电话还告知我是分配到浙江省缙云县缙仙人民公社大源生产队（即后来的大队）参加调查。

这里不妨对比一下。家英对下农村调查研究，总是强调不要带框框，脸上不要有"共产气"，要和群众打成一片，让群众敢讲话，反映真实情况和问题。而陈伯达则是把结论做在调查之前，要大家带着"优越性"这个结论下公社搞材料。两者是何其鲜明的对照。

当时各省、市、自治区，也都分别组织进行若干公社调查。这是一次空前的全国性、大规模农村调查，可惜都是先带着结论、挑选较好社队、甚至预先有所布置的调查。

我因为必须开完上海市委扩大会议，所以推迟了几天，9月20日才离开上海，当晚赶到缙云，次日上午抵双溪口，下午步行入山到达大源，与先期来到的同志们会合。

我们以双坑（马加坑和后坑两个生产小队的合称）为重点，展开了约20天的调查活动。双坑是以"挂钩竞赛"而闻名全县的先进单位，位于冈峦起伏的深山沟里，是生产条件很差的贫瘠地区。我们对这里的自然环境、解放前后的历史、土改与合作化等情况，作了全面了解，增长不少知识。但重点是了解人民公社成立一年来的情况，包括公共食堂、大炼钢铁、统一调整土地（插花田）、小队间劳动力协作、生产改制（由每年一熟改两熟和合理密植）、抗灾防灾、多种经营及林木等问题。这个偏僻的穷山窝里也搞了不少批判斗争，所以干部、社员谈到公社问题时，就显得紧张。关于生产发展的数据，大部分是依靠干部提供的，可能有不同程度的水分。

根据访问、座谈及各级干部交谈核对的材料，我们当即起草了调查报告，虽然以反映情况和问题为实际内容，但总的指导思想是宣传人民公社优越性。报告经队、公社、县、地、省各级征求意见和修改，才定了下来。

但是对于报告涉及的有些内容，我感到心里不很踏实。虽然过去战争时期天天和农民在一起，不能说不了解农民，然而农村公社这个敏感事物，我们还不熟悉。因此我向小组建议:"我们是归家英领导的,把这份报告送请他看看吧。"大家同意了。但报告送去后久无回音,我们以为他事情忙,忘记处理了。好在下公社的事热闹一阵过去了,大家都忙着整风检讨,也再没有人来向我们要报告,我们也就没有去催家英。

后来才知道,家英对于这份报告不但不是忘记处理,而且认真看了。只是在当时情况下,他对于宣传人民公社优越性,既不赞同,又不能反对,也只好沉默,把报告姑且放在一边。过了几年,1961年4月和1964年4月,洪廷彦两次随家英南下浙江调查时,家英知道他是参加缙仙公社调查的,故两次都建议他再去缙仙公社看看,并说:"带着原来的调查材料去,自然会知道当时错在哪里。"可惜都因时间不够未能去成。家英对于凡是调查过的点,都很重视隔一段时间再去看看,以继续跟踪了解那里的发展变化情况,这是调查研究的一个重要方法。他虽然没有去过缙仙,在他头脑里却一直关心着对缙仙的跟踪调查。

至于那一次全国规模的宣传人民公社优越性的典型调查,其结果是:从各省、市、自治区的调查报告中选出45篇,由人民出版社公开出版发行;另172篇汇编成两大册,由新华社出版,随《内部参考》发行。但当时人民公社的严重问题正在普遍暴露出来,陈伯达主观上筹划宣扬的所谓"优越性",不能不被客观上无情的现实所淹没。

从调查研究入手

到了1960年,由于纠"左"夭折,农村政策愈加混乱,"一平二调"愈演愈烈,一些社队干部作风问题严重,国民经济继续恶化。面对严峻的局势,毛泽东考虑采取根本解决问题的方策。1961年1月中旬他提出大兴调查研究之风的号召,决心坚持实事求是的原则,切实摸清农村情况,制定真正符合客观实际的政策,以求有效地纠正各种错误。在当时纷乱复杂的情况下,毛经过冷静思考而决定从调查研究入手,是适当的。

正在这个时候,毛泽东早年的一篇文章《调查工作》(即《反对本本主义》)被发现,家英立即呈送给毛泽东,毛就像见到了失去多年的孩子那样喜悦。这是一份珍贵的历史文献,然而此刻它更具有重要的现实意义,它为即将展开的调查研究工作提供了有力武器。

毛泽东在发出大兴调查研究之风一般号召的同时,又亲自组织三个调查组,其中家英带一个组去浙江,各组调查情况直接向毛汇报。

家英对于调查研究,特别是农村调查,既非常重视,又富有经验。这是从毛泽东那里学来的。新中国成立后,差不多每到一个重要时刻,毛泽东就派家英下

1964年在东北。第二排左二杨尚昆、左三李富春、左四田家英、左五宋任穷。

去作调查,为他提供一些据以制定政策或调整政策的第一手材料。如1958年10月下旬,家英等同志被派往河南新乡七里营和修武县作调查后,如实地向毛泽东汇报了"左"倾错误造成的不良后果,这对于促使毛泽东决心纠"左"起了作用,便是典型一例。自庐山会议后,有一年多的时间家英没有再下过农村,但他对农村状况的继续恶化一直关心和焦虑。在他思想里,当时重视农村调查和纠"左"是联系在一起的。时隔一年多,毛泽东提出大兴调查研究之风,家英的心情是很振奋的。他于1月下旬按照毛的指示迅速建立了浙江调查组,选择一个好的点——富阳县东洲人民公社五星大队,一个差的点——嘉善县和合生产队。后来又增加一个更差的点——环二生产队,一个较好的点——王店生产队。4月下旬至5月上旬,又分三路进行专题调查,一路到诸暨枫桥调查手工业,一路到嵊县开元调查山林,一路到绍兴柯桥调查商业。通过不同的典型,全面地去摸清浙江的农村形势。

我们编写组的部分同志,是3月中旬才陆续参加浙江调查组的,我先后被分配到五星大队和开元大队。3月26日,家英于参加广州会议后回到杭州,各小组的同志也同日从点上回到杭州。当晚举行全体会议,家英讲了三个问题:一、关于调查研究;二、关于公社条例(即刚在广州会议上制定的"六十条");三、关于工作布置。他首先通过介绍毛泽东《反对本本主义》一文,认真阐述了调查研究的意义、方针和方法。当时国家正处于困难关头,迫切需要掌握客观实际情况,正确制定政策以扭转局势。他着重讲清这个问题是很必要的。

家英当时关于调查研究的讲话,着重把毛泽东30年前写的《反对本本主义》一文的思想和当前现实情况联系起来,谈了一些很好的意见。他说:

"革命时期,我们很注意调查研究。全国胜利后,一切都是官办了,什么事都是行政命令,所以各方面不像过去那样生气勃勃了。"

"我们办事情,不要急,先搞清楚。公社化以来,像这样的大事情,坐下来调查,这还是第一次。走马看花,是一种调查方法,但主要调查方法是抓住一个点,作全面深入调查。"

"毛主席提出的'没有调查,没有发言权',永远是真理。"

"中国同志要根据中国情况分析问题,很重要,也永远有用。"

"只有原理原则,没有政策,不成为领导,不能解决问题。而政策来源于调查研究。"

"现在我们掌握了政权,更应当注意,不要靠做官吃饭,要靠正确吃饭。真理在谁手里,谁才真正有力量。"

"不从实际出发,而从空想出发,是瞎指挥的思想基础,是造成我们工作损失的重要原因。一切领导干部,都要正确地进行调查研究工作,这是转变作风的基本一环。"

他的这些意见,可以发人深省。

寻求公社出路

从大兴调查研究之风,到制定和推行《农村人民公社工作条例(草案)》,是毛泽东领导全党和全国人民为寻求人民公社出路迈出的决定性的一步。为此,家英在毛泽东的指导下做了大量工作。

中共中央于1961年3月22日郑重发出《关于讨论农村人民公社工作条例草案给全党同志的信》。信中明确指出,这个《条例》是"根据毛泽东同志在1959年3月郑州会议讲话和1959年4月党内通讯(即毛泽东写给六级干部的信)的精神"制定的。这表明条例是根据毛泽东纠"左"时期的指示精神制定的,实质上是对于被庐山会议打断的纠"左"工作的恢复和继续。

中央在信中还指出,制定这个《条例》,是为了"把人民公社工作中发现的问题作一个系统的解决"。当时面对人民公社众多棘手的问题,头绪纷繁,互相联系,大至生产关系,小至社员一竹一木,都不容回避。在这种情况下,如果一个一个问题孤立地研究和制定政策,是难以及时有效地解决问题的,所以必须采取全面解决问题的形式和方法。

在1961年3月26日晚的调查组全体会议上，家英传达了中央的精神，讲解了《条例》，重新布置了工作。他特别强调要实事求是，打破框框。各小组即离开杭州回到点上，以后全部调查工作便以试行《条例》为中心。在这期间，家英和大家常常住在一起，吃在一起，工作在一起，从会议、座谈、专访及平时交谈中，我们进一步了解了他对农村问题的许多真知灼见，也体会到他为解决人民公社一系列难题付出多少心血。

我们不能忽视，人民公社的大量问题，是先天性的。这个新的事物，是在"大跃进"高潮中骤然产生的。从1958年7月陈伯达在《红旗》杂志连续发表文章，传达毛泽东关于人民公社的构想，河南遂平县卫星社立即按照这个构想建立了第一个人民公社。8月下旬中央北戴河会议紧接着作出《关于在农村建立人民公社问题的决议》，并提出"应该积极地运用人民公社的形式，摸索出一条过渡到共产主义的具体途径"。于是很快在全国形成公社化高潮，至9月底全国农村已基本上建立起人民公社。从提出构想到全国普及，前后不足3个月时间，便一举改变了全国农村社会的基层结构，其高速度史无前例。显然，由于缺乏实践经验和理论准备，出现各种问题也就不可避免。对于这一方面，家英当时不可能直接议论，只是在谈话中偶尔间接涉及到。例如他说：

"公社化开始，步子起的大些，有两个方面：一是生产关系变革过急了，一是生产资料变革过齐了。"

"公社化以后，不仅是农业搞乱了，手工业、商业也搞乱了，社会上出现游民式人物，社会结构打乱了。《六十条》的实行，将要解决一些根本性的问题。"

"关于左倾与右倾的界限是相对的，在我国现阶段：一、超越社会主义是'左'，退回个体经济是右；二、超过群众现有觉悟程度是'左'，落后于群众觉悟程度是右。"（"退回个体经济是右"的看法后来有变化，1962年家英便认为某些经济困难地区，可以根据群众要求暂时实行包产到户或分田到户，以利于发展生产。）

当时公社的许多问题，明显的是人为因素引起的，家英几次感慨地对我说："天下本无事，庸人自扰之。"但他的主要注意力并不在追究过去，而是集中于如何解决迫切的现实问题，包括根本性问题，也包括那些看来并不很大而关系亿万人民群众利害的具体问题。在农村调查和试行条例过程中，他对于这些问题都结合实际或争议谈过不少意见。现在只能按照幸存下来的他的部分谈话记录，就几个主要方面分别摘要略作片断介绍，供了解和研究家英及公社问题的参考。

一、关于所有制方面的谈话。家英说：

　　"要尊重农村人民公社的集体所有制。公社是社会主义经济联合组织,是由公社、大队(按:原称生产队,相当于过去的高级合作社)、队(原称生产小队,相当于过去的初级合作社)三种集体经济联合起来的经济组织,自负盈亏。不论公社的上级领导、外部或内部相互之间,都要尊重集体经济的原则。毛主席说,用城市的方法领导农村,用工业的方法领导农业,这实质上是用全民所有制的办法对待集体所有制。对于凡是违反集体所有制规定的,不管从哪里来的,包括从上面来的,都可以提意见,可以抗住,要提倡毛主席说的这种老实作风。"

　　"说人民公社是集体经济联合组织,会不会降低它的社会主义水平?不会。过去合作社是个体的联合,现在人民公社是集体的联合,列宁说过,所有的集体经济都是联合起来的。人民公社一级,从政治上说是政社合一,从经济上说是各生产大队的联合组织(按:当时是以生产大队为基础,即基本核算单位)。对这一点要有深刻认识,它是当前人民公社一切政策的出发点。"

　　"既然是经济联合组织,就有统一的一面,又有独立的一面。对待公社问题的'左'或右,就看在这个问题上能否正确了解和掌握。不承认统一的一面是不对的,不承认独立的一面(这是当前的主要危险)也要犯错误。"

　　"关于人民公社的规模,不宜过大。特别是生产大队不宜过大。生产队是在原来初级社的基础上建立的,一般能不动的尽量不要动,因为最容易造成混乱的是生产队。"

　　"公社的规模过去过大了,生产关系不适合生产力水平,在劳动组织、人与人的关系等方面都不相适应。但又要发挥集体经济的优越性,规模也不能过小。到底以什么限度为好,要慎重调查研究。"

　　"现在是不是后退?从规模上说是后退,退到生产大队为核算单位。从内容上说根本不是后退,而是促进生产发展。"

　　"生产资料所有制的变革不能过早。例如农民的自留地还是要的,否则就没有菜吃了,屋前屋后以外的都破坏了。还有保护山林是个大问题。自留地问题毕竟是短期的,而山林问题是长期的,影响几年、几十年、上百年,后果很远,不堪设想,不仅关系我们一代,而且关系子孙后代。有些地段因山林破坏,水土流失严重;1958年大炼钢铁的后果也逐渐暴露,再不注意就晚了。"

　　"竹园问题,包产也靠不住。每年砍多少要有账,要有奖赔制度和砍伐手续。可以搞一个竹木管理条例。"

　　"生产资料中还有小农具、小工具问题……这种生产资料是永远属个人所有的……将来使用大型机器,这些个人使用的小工具还是需要的,总不能用手去锤钉子嘛。所以保护这些小工具,如同保护人的手脚一样。"

　　"关于社办企业,要实事求是。凡是适合大队经营的,让大队去办,例如养鱼场等。关于畜牧场,公社实在搞不好的,就分养。要讲成本,老百姓养一头猪要多少,公养要多少,算一算账,划得来就养,猪场超过多大限度划不来了,就不要超过。要讲内容实效,经济工作要越做越细。养猪主要是得肥,猪本身赚不了多少钱。至于好看不好看,没有关系,家家户户养猪也好看。徐水把家家户户的猪集中起来给大家看,是演戏,生产和文化娱乐不同。"

家英重视生产关系,首先重视所有制。记得是在嵊县调查的时候,有人来报告,有个地区因为通知桑树归大队所有,长在各个生产队地里的桑树一夜工夫全被砍光了。社员们认为这些树既然是你大队的,长在我们田地里,遮了一大片阴,影响粮食产量,当然应该砍掉。结果给那个地区的蚕业生产造成很大损失。当时家英听了很是痛心,他说,领导机关发指示下命令一定要慎重,这些树原属生产队所有,你在上面加了一个"大"字(归大队所有),一字之差,造成无可挽回的灾难。联系这件事,后来家英又深有感触地和我谈起,在中央工作更要慎重,一定要预计后果,下达一个文件稍有不妥,就会造成损失、死人。

二、关于分配方面的谈话。家英说:

"在农村中要解决分配上的两个平均主义(生产队和生产队之间、社员和社员之间的平均主义),否则发动不了农民,搞不了社会主义。"

"供给制有没有平均主义,或有几分平均主义?它由按劳分配、社会救济、平均主义三个部分组成,超过什么限度就影响性质变化?它是不是共产主义萌芽——按需分配,什么叫按需分配?这些问题都值得研究,不要害怕推翻过去的说法。"

"怎样才是共产主义萌芽——按需分配?生产力高度发展,物质产品极大丰富,已经超过人们的需求,才有可能实现按需分配。在生产力低的条件下,是不可能按需分配的。"

"过去有点唯心主义,不是从生产力的发展状况去考虑,忽视生产决定分配,而是仅仅从分配制度和方式上去考虑。""大包干超产部分,宁可多留点机动粮。放放手,使老百姓家里有点储备,不要搞干了。集体经济中也要有点储备,这样有好处,心就不虚。如果全民所有制、集体所有制和个体手里都有储备,国家就有底子了,遇到困难就好应付。要下决心搞储备。但储备粮拿在手里,要管好,要防火,防贪污,防霉烂,这是老百姓的血汗。"

"对于贫困户,可考虑拿出一部分贫农贷款,帮助一下。但不要造成有些贫农年年依赖贷款,过去在根据地就有过这个教训。要防止只是形式上贷款,实际上不是用去搞生产,而是吃光了。贷款要真正搞生产。"

"对于困难户两个办法:第一创造条件,使能生产;第二实在不能劳动,加以救济。这里也涉及平均主义和供给制问题。"

三、关于群众路线方面的谈话。家英说：

"《条例》上的规定有很多灵活性，好多地方都提到，要根据群众意见办事，真正走群众路线。例如生产队要种秈稻，我们鲜明的态度，按照《条例》，严格由生产队决定。群众说怎么办，你领导就怎么办，是尾巴主义。但凡属群众自己的事，你把意见提出来，经过讨论，最后应由群众民主决定。这里面包括相信群众问题。"

"毛主席最近谈，食堂问题，如果是由于把它定作制度，而不是老百姓自愿办的，则有害于生产，有害于团结，应该解散。经验证明，凡是群众认为不能要的东西都可以解散，并且解散的越快越好。过去宣传食堂是农村中社会主义的阵地，现在取消了，检讨了错误。至于农忙时搭伙互助，在旧社会本来也有的，主要是不应当把它定为一种制度。还有供给制，看来也是越少越好，少到没有。所谓部分供给制，只不过是保留一个名义，实际上是社会主义救济性质。"

"社会主义内部的事情，可以这样办，也可以那样办。例如食堂、供给制，过去的教训是规定太死，你不同意就'拔白旗'，搞得群众不敢说真话。没有食堂、供给制，也是社会主义。"

"关于插秧机，省里的精神非常鲜明，省上给的插秧机，老百姓不要，保退。下面搞的，由下面包退。凡是老百姓不能接受的产品，可以拒绝，有权拒绝，包括县以上的东西。老百姓要不要，不能由我们决定，不能'我觉得可以'。当然，不是不要推广新农具，而是要经过典型示范，使人能够接受。新农具的质量更是关键，保证使用效果，群众才会欢迎。所谓'要不要、用不用、会不会新农具，是对新生事物的态度问题'，提的太高了，不能同意这种说法，不要用高帽子压人，这违反中央精神。老百姓不要，不能强迫。"

"各级领导都要尊重群众，信任群众，放手依靠群众开展工作，不要包办代替。"

四、关于干部方面的谈话。家英特别重视农村干部问题，从干部的领导方法、工作作风到生活待遇等，都发表过不少意见，也摘要介绍如下：

"目前贯彻政策的中心环节是干部问题。有两种情况：一种如环二大队的干部是坏分子问题，另一种大量的是作风问题。他们对许多事情界限不清，缺乏群众路线作风，官僚主义，强迫命令，不负责任，瞎指挥，很容易'左'。有些人就是怕右不怕'左'，毛主席讲过'右倾顽症'，现在这些人是害的'左倾顽症'。"

"瞎指挥，首先是不从实际出发。五瞎：瞎统一，瞎规定，瞎解决（瞎指挥），瞎开支，瞎批判，都是不从实际出发，这是它的思想基础。它的组织基础是事务主义，要瞎指挥，必然大小事自己管，党权不当。"

"怎样支援农业？现在是把破铜烂铁都放到农村，就心安理得，算是支援农业了。人人大办农业,有些人到农村成为瞎指挥的组织路线的执行者,嘉兴弄些女工下农村大检查,天天要浮肿报表,理发员下去要工资三四十元,对农业不起什么作用,相反地加重农民负担,真是'生之者寡,食之者众'。"

"怎样了解以农业为基础?上面机构太大,机关用人太多,非生产性建设花费很多劳动,一个书记一幢房子,与群众居住条件差距太大,与生产水平不相适应。"

"干部一批一批换掉,不解决问题。干部的阶级觉悟,为人民服务思想,落后太远。要从根本上加强干部建设。"

"要建立正确领导。几年来的教训,瞎指挥不如不指挥,但光这样说不够。反对瞎指挥,并不是不要指挥,问题在于培养正确的指挥。要向干部说清楚,不要缩手缩脚,不是取消领导,放弃领导,而是要正确领导。"

"要认真执行民主集中制,实行《条例》中'集体领导,分工负责'的制度,大事一定要集体讨论决定,会前预先准备意见,会上尊重不同意见。如果一个领导者,一坐下来就使人家不敢讲话,那就不像共产党人。"

"嘉兴一个县委书记,过去戴了七顶帽子,他不在乎,口袋里装着毛主席的指示,顶住各种压力,该怎么办还是照办,结果增了产。根本在于是否对人民有利,而不在于是否一时表面热闹。人长着脑袋,不要怕戴帽子,经过实际考验,就可以看出谁是真正建设社会主义的。那些乱给别人戴帽子的人,从某种意义上说是破坏社会主义的。"

"总之,党要走在前面领导群众,又不能脱离群众;党要发扬群众民主,又不能做群众的尾巴;党要代表群众的当前利益,又要符合群众的长远利益;党的领导要适应群众的觉悟水平,又不能消极迁就。正确贯彻这些原则,首先要靠干部的自觉性和坚定性,否则就会犯'左'或右的错误。"

"人民公社党的组织要起领导核心作用,但党委不应包办代替公社各级行政工作。政府是国家行政机关,党的领导是指领导权。党是无产阶级的先锋队,党领导无产阶级专政的国家,但不能代替国家权力,否则就是侵犯。'大权独揽,小权分散。党委决定,各方去办'这种关系现在普遍搞不清楚,结果什么事都要党来办。列宁临去世前写文章(按:指《怎样改组工农检查院》、《宁肯少些,但要好些》等文)检讨了这种情况,建议大力改善和加强国家机关,提高人民委员会的威信和职能。"

"干部驻点,分片包干,是失败的办法。造成三个结果:一、领导机构庞大而分散,但没有了集体领导,削弱了民主集中制。二、驻点的领导干部对下包办代替,当摄政王,太上皇,结果好的作用不多,绝大部分成为瞎指挥的组织路线的执行者,这个办法基本上应当否定。三、对干部形成本位主义,领导干部下去包

1960年夏季，田家英跟随毛泽东在北戴河工作。这是他在办公驻地前。

干，成绩的好坏与自己面子有关，因而对所在单位不是揭露矛盾，而是掩盖矛盾。这个错误来源于不信任群众，不放手让下面工作。这种做法已到了不可不解决的时候。"

"制度和作风的改变，是一个艰苦的过程。坏的东西容易蔓延，好的事情不易贯彻。一些人对坏的东西很坚定，对好的事情却总是游疑动摇。根本问题在于制度与组织要改变，所以要整风，但又要变而不乱。老百姓被瞎指挥惯了，你不指挥，他等着，这是一个习惯。干部不瞎指挥，就没有办法做工作，也是一个习惯。所以，对于这种制度和作风，要做艰巨的工作，逐渐改变。"

家英曾一再说明，当时的《条例》不包括手工业和商业，对于农村中的这两个重要问题，将另行专门研究解决。他有一些关于供销社的谈话，反映了对当时农村商业状况的忧虑。他说："现在的供销社，和官办的一样了，根本不是商业。"

以上是1961年春在浙江农村试行人民公社条例期间，家英各次谈话部分原始记录的摘要。现在虽已事过境迁，从中仍然可以看出当时农村公社化运动的复杂情景和家英为寻找公社出路所作的努力。他常说，共产党员要为人民兴利除弊，要敢于为人民的利益而坚持真理、修正错误，他自己也正是这样做的。

一年以后，1962年春家英又约我和几位同志到浙江原试点社队作连续调查。我们于3月1日上午赶到富阳与家英晤面，研究了复查工作，随即分头下社。我仍参加去五星大队，一部分同志去环二大队。经过近10天的座谈访问了解，总的情况显然比去年有了较好的发展,但并非依靠《条例》,公社的问题就都解决了。在政社合一和集体联合的体制下,仍然存在着种种矛盾。

我们这次到公社时,正值传达学习中央关于改变基本核算单位的指示。这是公社经济的核心问题,群众十分关心。最初以公社为基本核算单位,1961年制定《条例》时下放到大队,现在又下放到队。家英认为这种改变是符合实际需要的,在规模上是后退,在促进生产发展上则是前进。他的辩证看法是对的。生产关系的变革必须与生产力的发展水平相适应,冒进是不行的。我国农村,从战争年代老根据地的互助组到建国后的初级社,走了十多年,直至公社化前尚未普及全国,且存在许多问题,高级社还只是少数。这固然有多方面的原因,但最根本的还是受着落后生产力水平的制约。像我们这个小农经济如汪洋大海、经济发展极不平衡的农业大国,尤其急躁不得,不是把生产关系一变革,生产力就会上去。这次中央决定退到以队为基本核算单位,即退到了原初级社规模,似乎是退到了集体经济的最后极限。然而,一些地区,特别是一些困难社队,仍纷纷要求实行包产到户,实质上是要求从冒进退回到原来的地方。这个矛盾,成为当时农村形势演变的一个重要问题。

1964年春,全国城市、农村正在广泛开展社会主义教育运动(即"四清"运动),中央认为有必要在农村中建立贫下中农组织,作为党在农村工作中的一项组织建设,以便对农村社教工作经常地长期地发挥作用,并决定制定《中华人民共和国贫下中农协会组织条例(草案)》。谭震林要家英承担这个《条例》的起草任务,他遂组织三个调查组分赴吉林、山东、浙江农村进行调查研究。我参加吉林组,于4月间先后到长春市附近的南崴子公社和吉林市附近的河湾子公社,主要与各社队的贫下中农进行座谈,围绕着《条例》听取和交换意见。家英随浙江组南下,4月底南北三个组在杭州会合讨论,我因为有事留在北京。后来才知道,家英对制定这个《条例》有不同看法,他在讨论会上说:"要不要搞贫下中农组织还是个问题。赵树理熟悉农村情况,他就认为农村有了党支部,没有必要再另外建立单独的贫下中农组织。"但不可能改变这个措施。当年6月25日中共中央正式颁发了该《条例》草案。

东北之行,是我最后一次参加家英组织的农村调查。

史稿的中辍

家英在他的最后八年中,除了协助毛泽东和党中央做了大量工作外,另外还做了一件有重要意义的工作,就是编写《中国史稿》现代史部分(包括新民主主义时期和社会主义时期)。

家英对于编写这部史稿是很重视的,这除了由于他一贯地注重历史研究外,还有两个原因:一、编写这部史稿是经过中央认定和受到毛泽东关怀的。他说,这个任务已经在中央会议上提出来了,毛主席在接见一个外国代表团时,也谈到我国学术界正在由郭沫若主持编纂一部通史,要用科学的观点系统地叙述中国的历史。因此,一定要保证质量,写出特色。二、出于对毛泽东的崇敬和热爱,他多次对编写组的同志说,一部现代史,从争取中国革命胜利到新中国建立,都是同毛主席分不开的,我们编写各个时期、各个阶段,都要突出毛主席在那个时期、那个阶段的思想、贡献和作用,这是提高史稿质量的关键。

编写《中国史稿》的主要任务,由中国科学院三个历史研究所(考古所、古代史所、近代史所)负责,尹达协助郭沫若照顾全面组织工作,并分工主持古代史部分,刘大年分工主持近代史部分,田家英分工主持现代史部分。

对于家英主持现代史稿,大家很赞成。他长期在中央机关和毛泽东身边工作,不但熟悉党史和毛泽东思想,而且对中国现代史也颇有造诣,还在延安时期资料十分困难的条件下,他就研究编写了《民国以来大事年表》,一直被使用到新中国成立以后。他编写的《从"九一八"到"七七"》等历史文献,曾发挥了广泛的宣传教育作用。他是一位比较理想的现代史主笔。但因没有专业研究机构相助,便于1959年1月成立了临时性的编写组,全部成员都是从地方、部队院校和研究机关借调来的,流动性比较大,前后参加编写工作的约30余人,大都是具有一定历史教学或研究基础的老同志。因为家英兼任中央政治研究室副主任,编写组便附设于政研室,以利协助工作。

关于《中国史稿》的编写方针和计划,有一个演变过程。现代史是整个通史的一个组成部分,它和党史不尽相同,因而开始就明确要求,应以政治史为中心,同时要对经济史、军事史、文化史、民族史等方面作概括的叙述。起讫时间规定从1919年至 1959年,后来在截止时间上有所议论。史稿的性质,开始提出是普及性的介绍已有的历史知识成果,但随着编写工作的开展,在许多历史问题上不可避免地需要进行学术性探讨。至于计划进度的变化就更大了,在1959年2月和3月召开的工作部署会议上,要求5月即全部完成初稿,6月定稿排印,10月1日前出版,向国庆10周年献礼。这个时间表显然受着当时"大跃进"风气的影响,事实上办不到,整个编写工作不得不转入比较持久的计划。

家英于1959年2月间两次到编写组布置工作以后,便被毛泽东派往四川新繁县农村蹲点调查去了,直到庐山会议以后才回到北京。他抽出较多时间指导编写工作是在1960年间,这一年也是现代史稿初步完成的一年。全部史稿共36节(其中新民主主义时期26节,社会主义时期10节),当年7月底基本上完成了第一稿,进行讨论和修改。9月初家英决定组织通改小组,对全稿进行统一的系统的审改,并准备组织全国部分有关单位讨论和征求意见。

在近两年的编写史稿过程中,家英实事求是、严谨治学的学风,给编写组以很大影响。他坚持以马克思列宁主义、毛泽东思想为指针,强调理论联系实际。首先重视占有大量丰富的历史资料,充实编史的客观基础,他说:"写历史不能发空洞的议论,总要给人以具体的知识,用历史事实来说明历史发展的基本线索。"同时又十分重视学习理论,应用历史唯物主义的观点和方法去探讨解决出现的各种问题,他说:"当然也要防止不分主次的现象罗列,写史不是单纯的新闻纪事,而是要通过重要的历史事件、人物的叙述反映历史的内在联系和规律,把历史逻辑和理论逻辑统一起来。"

当然,他的主要精力还是用于具体指导现代史稿的布局和编写,大体可以分为三个方面。

一、新民主主义时期的党史和政治史。这在全部现代史稿中占主要部分,家英亲自指导较多。他要求不要完全局限于现有的党史体系,力求消除现有党史著述中的一些差误。鉴于做到这些一般同志是比较困难的,他曾表示要促成毛主席、少奇同志、周总理共同拟出一个党史提纲,他认为党的历史的演变,重大历史事件和历史转折,他们三位是最透彻了解的。可惜未能实现这个愿望。

家英就他自己对党史的研究了解,在审稿会上也陆续谈过一些意见。例如1959年2月7日下午第一次编写组会议上,他就拿出一份现代史章节提纲,谦虚地声明只是初稿,可以修改。当时他就对第一章题为"五四运动和中国共产党成立"作了说明:"新民主主义革命的开始是一个过程,必须把这两件事连在一起讲。不能单说'五四'就是开始,无产阶级领导革命是通过共产党实现的,只有共产党成立了,才谈得上无产阶级领导革命了。"

他谈到过去的一些党史本子上有些事实上的差误,需要改正。例如:"一般党史本子写到'一大',都根据陈潭秋的回忆,说会上出现刘仁静与李汉俊的'左'倾、右倾争论,毛主席审阅胡乔木《中国共产党三十年》一文时,删去了这样的话。主席和董老(必武)都说没有这回事。当时幼年的党,会外交谈中可能有些不同的意见,但并未发生像后来那样分明的'左'与右的争论。"

对于党的各个历史时期的看法,家英在几次谈话中反复强调了解解放战争时期的重要性:"毛主席讲,解放战争最重要,是革命最复杂,阶级斗争最尖锐的时期。以前各个时期的理论和实践,都是为这个时期做准备,是决战时期。但过去看得太简单,太粗略,实际上是内容很深刻很丰富,看了《毛选》第四卷就知道了,新华社过去介绍《毛选》,每卷3000字,而第四卷8000字还打不下来。我们应该加强对这个时期的研究和叙述。"

至于现代政治史,应当以党史为主体,同时又必须包括敌、友、我各方及其相互关系。而一般地说,我们对于敌、友历史情况的研究比较薄弱,家英则有意识地加以注意。例如,有一次讨论抗日战争时期的稿子,涉及抗战初期的国共关系,他竟然把当时陈布雷为蒋介石起草的文告背诵了一大段,大家为之惊异。平时他不仅重视党史资料,而且重视敌情、友情资料。例如他不仅重视中央档案馆,而且重视近代史所南京史料整理处(即第二档案馆),对他们整理的《中国现代政治史资料选辑》(包括北洋时期和国民党时期的档案)和《大事月表》(著名报纸材料选辑),以及上海历史所汇编的《现代史史料长编》,都表示赞扬和支持。

二、新民主主义时期的经济史、文化史、民族史。对于这几个专史,家英主要采取请教专家、依靠专家的办法。他和学术界的关系较广泛,两年间经常把一些名家请到编写组来,不但介绍专业知识,提供专业资料,而且为各个时期、各个有关章节的内容安排提出具体意见。编写组的成员大都是从事党史、军事史或政治史研究的,学习这些专业知识,虽是现买现卖,却起了一定的辅助作用。

关于现代经济史,自从第一次世界大战以后,中国的民族资本、买办资本、官僚资本以至"四大家族",也都是新的事物,他们的形成、发展和兴衰,与帝国主义、封建势力、北洋军阀、国民党统治的经济联系和政治联系,在各个时期都有复杂的演变。在我们的史稿中一般不设专节,主要结合政治史撰写,但由于资料的空白,问题研究成果的缺乏,始终难度较大。

关于现代文化史,涉及哲学、史学、文学、教育等各个领域,十分广阔复杂。各个时期设有文化专节,曾反复试写,花的功夫较大。1960年7月2日请胡绳到编写组来谈了一次,他提出在这部现代史稿中不可能全面去写文化史,还是按照"一定的文化是一定社会的政治和经济的反映,又给予伟大影响和作用于一定社会的政治和经济"的范围来写,并将马克思主义在中国的发展和党的文化政策划分为五个时期。7月13日我和杜越凯应约到北戴河与家英晤面,转达了胡绳的意见,家英利用会议间隙又进行了一次研究,认为胡的意见和《新民主主义论》的精神一致,完全同意。

关于现代少数民族史,中央民族事务委员会和民族研究所给予了热情的帮助,他们派专人来作报告,具体参加编写工作,并组织几位同志专门为编写组先后编纂了《中国新民主主义革命时期国内少数民族大事记》和《中国新民主主义革命时期少数民族革命史料简编》。但由于少数民族史中的许多问题尚有待继续研究,家英说:"各民族有其独特的发展史,本当设立专节,但目前条件还不成熟,暂时只好结合在有关章节中写。至于少数民族在各个时期参加革命斗争的史实,应当很好地写。"

综合以上各个专史研究的状况,家英认为:"毛主席说,应先作经济史、政治史、军事史、文化史几个部门的分析的研究，然后才有可能作综合的研究。按照这个要求，看来还须先在专史方面狠下功夫。"

三、社会主义时期的历史。开始规定要写建国10年（1949年至1959年）史，即包括三年经济恢复、第一个五年计划和第二个五年计划中的两年（1958年、1959年）。当时要写这段历史，是我们的最大难题，虽然时间不长，但难以定论的问题却不少，这是当时大家的共同感觉。在研究过程中，多数同志主张先写前8年（1949年至1957年），至于后两年的浮夸风和共产风实在难以着笔。也有个别同志顾虑，不写后两年，不突出三面红旗，恐怕不好交代。最后家英说："苏联社会主义建设的经验还不成熟，我们社会主义建设的经验也不成熟，三面红旗只好留给后人去写吧。"不久便铅印了前八年的征求意见稿。

就在1960年秋，全套征求意见稿被组内一位成员拿出去，抄录其中党史部分，由一家大出版社出版了。此事被同志们发现后，十分不满。10月22日上午有关人员和出版社同志来我处道歉，我也只好婉转批评几句算了。这件事我不能不告知家英，他听后只苦笑了一下。我们当时考虑的并不是什么著作权问题，而是还不成熟的稿子不应当拿去出版。

家英渐渐体会到，要高质量地完成这部现代史，还须继续组织力量从根本上下功夫，特别是应对专史打下必要的基础，再进一步编成通史。然而1961年至1962年他又全力投入农村公社调查，此后形势渐渐发生难以预料的变化，编写组的借调人员也渐渐散去。1964年中央政治研究室被撤销，改组为马列主义研究院，完全在陈伯达把持之下，编史机构已不复存在。1965年7月4日我约杜越凯、洪廷彦、丁守和几位同志到中南海去看望家英，岂知这是最后一次见面。

我感到，30年来现代史研究虽然又有了一些新的成就，但家英所期望的一部高质量的现代史，至今仍未问世。我热望学术界能够早日完成这样一部著作。

1996年7月20日

毛泽东和他的秘书田家英

田家英雁荡论文章

■冠　西

　　三年困难时期的1961年4月,田家英同志奉毛主席之命,来浙江考察农村工作。去温州途中,我们陪他游览东南名胜雁荡山,夜宿灵峰寺。

　　是夜,月朗星疏,远近峰峦,朦朦胧胧,如倚天合掌,如雄鹰展翅,如犀牛望月,如金鸡报晓……千姿百态,诡谲雄奇,发人遐思。

　　望着这迷人的梦幻般的月夜山景,田家英同志忽然似有所感,用他那浓重的四川音对月吟起词来:

　　　　天接云涛连晓雾。星河欲转千帆舞。仿佛梦魂归帝所。闻天语。殷勤问我归何处。

　　　　我报路长嗟日暮。学诗谩有惊人句。九万里风鹏正举。风休住。蓬舟吹取三山去。

　　吟罢低头漫步,唏嘘不已,似有所思。

　　我夸他好记性,李清照的这首《渔家傲》,竟被他一字不差地背了出来。

　　他的沉思被打断,望着我微笑了一下说:"还要听吗?再背一首给你听。"

　　于是,用一种更深沉的语调,吟起了张元幹的《贺新郎·送胡邦衡待制赴新州》:

　　　　梦绕神州路。怅秋风、连营画角,故宫离黍。底事昆仑倾砥柱。九地黄流乱注?聚万落千村狐兔。天意从来高难问,况人情,老易悲难诉!更南浦,送君去。

　　　　凉生岸柳催残暑。耿斜河、疏星淡月,断云微度。万里江山知何处?回首对床夜语。雁不到、书成谁与?目尽青天怀今古,肯儿曹恩怨相尔汝。举大白,听《金缕》。

吟诵之间,流露出忧国忧民的淡淡哀愁和对前途未卜的迷惘。特别是吟到"天意从来高难问,况人情,老易悲难诉"时,更是令人有慷慨苍凉之感。

问他何以记得清这么长的一些古人词作,他似乎有意回避了此时的所思所感,却说起所谓从文的问题。

他说:"历史上的文章家,不可能不会背很多东西。我们也要学会背很多东西才好。这不只是个人爱好问题,而是从文的一种本能和需要。"

我请他继续说下去,他说:"那么就进屋去说。"这样,在僧舍昏暗的灯光下,就开始了一场饶有趣味的、有问有答的、关于文章的促膝漫谈。我也按照当记者时的老习惯,不客气地在他面前摊开了笔记本,尽可能地把他的话记录下来。

以下就是当时所作笔记的片断:

小孩子学说话的规律和人们学写文章类似。小孩子总是听了很多话以后才学会说话。人们写文章总是要看许多文章,才有学会写文章的可能。

所以,我说要学会背很多东西。背得多了,写时很自然地就变来了。背东西非常重要。记了很多语法句子及构造,就能潜移默化、灵活运用。

写文章总是从模仿到创造。要创造,首先要模仿。

句子,归根到底是两种:说明句(事物)、叙述句(过程……了之类)。复杂化以后还有感叹句。但这也属于以上两种。虽是如此,运用起来变化极多。一个句子既是说明又是叙述的也有。

头脑里要有许许多多文章。不光记它的思想、表现方法,还记它的句子。

文法不要讲究得繁琐,但总还要合文法,以便使人看懂。"形势比人还强"之类的句子,人家就看不懂。"呈在大风沙里奔走的岗位们",人家也看不懂。

有复杂的句法,如乔木的;有中国句法,如主席的。

语言总是要提炼。

要下功夫背文章。白话文难背,但也得背些句子。

标点符号也要注意,它本身就有抑扬顿挫。引号前是冒号的,最后一个句点放在引号内。是逗号的,就要放在引号外。

句子还要讲究声韵。中国文字是由单音词至双音词、至多音词在发展的。现在多数是双音词。多音词是外来语。由单音至多音是个发展规律。有些单音词,现在只起字母的作用。如"道",单写这一个就不知道指的是什么。有的文章,意思对,语法也通,但就是念起来不好听。句子的后面,把单音词改为双音词,就好听些。如"警察检查船(只),防被偷盗银(钱)"。文章写出来以后,最好念一念,看顺不顺口。

观点与材料的统一。

现象只是入门的向导，进去以后就丢开了。例：《星星之火，可以燎原》（毛选）。

文章长，一是舍不得丢材料，材料堆砌太多；一是舍不得丢观点，观点摆得太多。这一点，要学八股文——承题，起股，束股。八股文是讲究逻辑的。陈恭禄《殷有三仁焉》（中华书局版）一文有代表性。破题又讲起讲，笼罩全篇。我们的文章，开头往往交待不清，人家不知道你要写什么。

写文章如导游苏州园林。在一个范围内，使人家跟你走，但又不浪费脚步，一程一程引入佳境，又不迷惑。如《一个极其重要的政策》（毛选），要是我们写，几句话就说完了。但主席由近而远，从各个方面来说明这个问题，使人印象深刻。

根本的是抓到问题的中心展开。如《六十条》，可抓分权。总观点抓到，小观点有取舍。

好的文章像一柄伞，有一中心，撑开收起。

方法问题，千差万别。千岩竞秀，万壑争流。总观点可以先写，也可以最后点题。无论如何，都要达到一个目的，把问题讲清楚，而且令人印象深刻。总观点放在开头的，如《目前形势和我们的任务》（毛选）。放在后头的，如《在晋绥干部会议上的讲话》（毛选）。这篇讲话，先讲晋绥的工作，后讲总路线，说明毛病出在对总路线认识得不清楚。

最困难的是抓最主要的东西。

抓住最主要的东西，抓住矛盾的各个侧面，正说，反说，层层分析，加深印象，阐明道理，文章就有了曲折、起伏。

标题是文章的有机组成部分。有时，一篇文章并无突出的观点，可用标题把它统一起来。如《学习和时局》（毛选），这一标题就统一了全篇的观点。否则，文章就显得很散。契诃夫说"标题是最困难的"。标题好比帽子。

主席的文章是为了宣传一个观点。我们的有些文章，往往是奉命宣传。

"斗争出理论"（主席在武汉会议上说的）。文章要有对立面。马克思、列宁都是用了很大的精力反对革命运动中的小资产阶级流派。因为资产阶级思想比较容易识破。

准确，鲜明，生动。

准确与生动往往是矛盾的。如"坐在神坛上的有一千只手的拿着……的菩萨"，准确是准确，但不生动。外延愈多，内涵愈少（逻辑学）。如"圆的漆着红漆的雕花桌子"，也是如此。准确性，往往是外延多。《资本论》的句子就是如此。

准确性，一是指用词准确，一是指说明这事物的性质。总的先交待清楚，后来就用这个词，如"党八股"、"持久战"，字虽少，但人们一看就明白。

准确性就是说清楚。但说清楚又往往不生动。处理好了,二者统一了,也就鲜明了。否则也就不鲜明。

逻辑科学还要读读。

主席讲的这三性,可以作为奋斗方向。既从内容方面说,又从表达方法来说。

既不要对读者要求过高,以为该交待清楚的不交待也可以。又不要对读者估计过低,以为读者什么都不知道,不需要解释,不需要交待的也去解释、交待。写文章要看对象,要了解对象。

博精关系。先博后精较好。基础大,路子宽,砌得高。如砌宝塔。

记忆力问题。记东西要成体系。成了体系,遇到新东西就各得其所。如记历代学者,先有派系轮廓,然后区分某人为某学派,有了新知道的就插进去,这样就容易记住。好比中药铺的药柜有许多抽屉一样。

记忆力一为理解,指深度;一为掌握联系,指一个事物的上下左右或前后的联系、体系等。

作者系浙江省新闻工作者协会名誉会长、高级记者;

原文载《炎黄春秋》1999年第5期

毛泽东和他的秘书田家英

难忘的调查

■马仲扬

在困难时期的1961年,田家英同志带领调查组,在浙江,在天津,在山西,进行了多次调查。我参加了这些调查,无论在调查中所遇到的情况和反映的问题,还是同田家英相处的日子,都给我留下了难忘的印象,虽然时间过去了20多年,可是,今天回想起来,仍然不能平静。感谢董边同志,向我提供了她搜集的一些材料,引起了我不少联想,唤起了我不少回忆,一提笔,田家英的形象就浮现在眼前。

大兴调查研究之风的实事求是年

1961年的调查,是在什么情况和什么指导思想之下进行的呢?

1958年发动的"大跃进"运动和人民公社化运动,使得以高指标、瞎指挥、浮夸风和共产风为主要标志的"左"倾错误严重地泛滥起来,加上1959年错误地进行了"反右倾"运动,以致主观主义猖獗,实事求是难行,整个国民经济严重失调,大大挫伤了人民群众的积极性。这就造成了新中国成立以来没有过的经济困难。党中央和毛泽东同志虽然觉察了问题的严重,但由于对情况缺乏全面深入的了解,提出的一些纠正措施,也未能发挥扭转困境的作用。

1960年12月至1961年1月,党中央在北京相继召开了中央工作会议和八届九中全会。在这两次会议上,毛泽东同志重提了调查研究的问题。1月13日他在中央工作会议上的讲话中指出:调查研究极为重要。并说,今年要搞个实事求是年,大兴调查研究之风,一切从实际出发。九中全会之后,毛泽东同志又亲自组织和领导了几个调查组,分别到浙江、湖南和广东等省农村进行调查。他在3月写给中央同志的信中说:"大队内部生产队与生产队之间的平均主义问题,生产队(过去的小队)内部人与人之间的平均主义问题,是两个极端严重的大问题。"

"不亲身调查是不会懂得的,是不能解决这两个重大问题的(别的重大问题也一样),是不能真正地全部地调动群众的积极性的。"3月还在广州召开了中央工作会议,会上通过了《中共中央关于认真进行调查工作问题给各中央局,各省、市、区党委的一封信》,信中对"大跃进"以来所犯错误的原因及其教训作了分析。指出:"这些缺点错误之所以发生,根本上是由于许多领导人员放松了在抗日战争期间和解放战争期间进行得很有成效的调查研究工作,满足于看纸上的报告,听口头的汇报,下去的时候也是走马看花,不求甚解,并且在一段时间内,根据一些不符合实际的或者片面性的材料作出一些判断和决定。在这段时间内,夸夸其谈,以感想代政策的恶劣作风,又有了抬头。这是一个主要的教训,全党各级领导同志,决不可忽略和忘记这个付出了代价的教训。"信中还规定,各级领导干部要深入基层,"蹲下来,亲身进行有系统的典型调查,每年一定要有几次,当作领导工作的首要任务,并且定出制度,造成风气……总之,一切从实际出发,不调查没有发言权,必须成为全党干部的思想和行动的首要准则。调查是为了解决问题,不是为了调查而调查;调查应该采取客观态度,不应该抱定一种成见下去专替自己找证据;应该发现事物的真相,不要为各种假象所蒙蔽;应该对调查材料作全面的综合和分析,不要满足于孤立的、片面的、看不到事物发展规律的观察。在调查的时候,不要怕听言之有物的不同意见,更不要怕实际检验推翻了已经作出的判断和决定。"此后,毛泽东同志又一再写信督促领导干部进行调查。5月6日他在一封信中说:"请你们在这半个月内,下苦功去农村认真作一回调查研究工作,并和我随时通信。"5月14日他在另一封信中又说:"各级党委,不许不做调查研究工作。绝对禁止党委少数人不作调查,不同群众商量,关在房子里,作出害死人的主观主义的所谓政策。"我之所以引出以上这些话,因为这是田家英在几次调查中,经常传达,经常强调的,并认为是调查者应当时时遵循的思想原则,他确实也以自己的行动认真贯彻了这些思想原则。

在这一年里,中央领导同志都下去进行了调查,刘少奇到湖南调查,周恩来到邯郸调查,朱德到四川、河南、陕西调查,邓小平、彭真到顺义、怀柔调查,陈云到青浦调查。各级领导同志,也都纷纷下去调查。

正是在大量的调查研究的基础上,制定了农村人民公社六十条、工业七十条、商业四十条、高教六十条、科研十四条、文艺八条等一系列的工作条例。田家英称这些条例为调查丰收之年的标志,为整个工作转变奠定了基础。

一封毛主席的亲笔信

调查是从1961年1月毛主席亲自组织三个调查组开始的。田家英是浙江调查组的组长。到浙江之前，田家英召开了一次布置调查任务的会议，在会上他出示了毛主席写给他的关于这次调查的一封信。在一张信纸上，用铅笔写得密密麻麻的草字，还勾画增添了好几处。大家争相传阅和辨认。最后，还是田家英念了一遍。这封信的全文是：

田家英同志：

（一）《调查工作》①这篇文章，请你分送陈伯达、胡乔木各一份，注上我请他们修改的话（文字上，内容上）。

（二）已告陈胡，和你一样，各带一个调查组，共三个组，每组组员六人，连组长共七人，组长为陈、胡、田。在今、明、后三天组成。每个人都要是高级水平的，低级的不要。每人发《调查工作》（1930年春季的）一份，讨论一下。

（三）你去浙江，胡去湖南，陈去广东。去搞农村。六个组员分成两个小组，一人为组长，二人为组员。陈、胡、田为大组长。一个小组（三人）调查一个最坏的生产队，另一个小组调查一个最好的生产队。中间队不要搞。时间十天至十五天。然后去广东，三组同去，与我会合，向我作报告。然后，转入广州市作调查，调查工业又要有一个月，连前共两个月。都到广东过春节。

毛泽东

一月二十日下午四时

此信给三组二十一个人看并加讨论，至要至要!!!

毛泽东又及

我们激动地读了这封信，认真地讨论领会这封信，又在调查实践中遵照这封信的精神开展工作。《反对本本主义》和这封信，成了我们调查行动的依据。在浙江调查组里，田家英比我们都熟悉党的农村政策，领会毛主席的指示也比我们深刻。他在整个调查中，运用解剖好坏典型进行对比的方法，从调查的实际出发，认真倾听群众的意见，从而提出问题和建议，既有胆识，又比较稳妥，既坚持原则精神又有比较灵活的措施。我们感到他在具体地贯彻执行中央的政策和指示时，排除了本本主义，做到了实事求是，从具体情况出发，敢于冲破既有的条条和框框，随时向中央向毛泽东同志提出可行性的建议和措施。就是在这封信中所提的调查时间以及三组到广东会合再转入广州调查的安排，他也根据情况的变化而向毛主席建议作了相应的改变。我认为这些正是田家英可贵的实事求是的精神，因此给我留下非常深刻的印象。

---

①即《反对本本主义》一文。

棘手的食堂问题

调查组进村之后，发现群众有些疑虑，基层干部虽然忙于张罗但也在探听调查组的意图。如何打开这种"捉迷藏"的局面？田家英提出，先不忙于开会，要挨家串户，普遍接触，个别访问，就是地主富农，也一样串户了解。使调查人员同干部和群众很快地融洽起来，以便了解真实情况。调查组的意图通过这种形式，很快就传播开来。

问题是逐步揭开的。首先是食堂问题，因为食堂是当时非常尖锐的问题。1958年，公社化运动中，公共食堂是作为共产主义萌芽而普遍建立的，家家户户都取消了私灶，不管怎样分散，都必须到食堂打饭。"大锅饭"就是这样吃起来的，"共产风"也是从此刮起的。民以食为天，进入困难时期，粮食紧张了，食堂问题就突出地摆在群众面前，成了不可绕开的问题。下去调查的同志都知道，在此之前，为调查食堂问题，有些同志受到了严厉的批判。可是，群众首先向我们提出的恰恰就是这个问题。后来群众说，这是试调查组的胆量的。在调查组内部讨论，大家感到有压力而产生疑虑时，田家英谈了一段非常感人的发自肺腑的话：压力的确是存在的，调查是有一定风险的，可是，我们是共产党员，党中央要求我们，一切从实际出发，我们的任务就是，排除一切干扰，了解真实情况，原原本本向中央反映。我们不直接处理问题，这由中央考虑决定；反映问题不夹杂个人的私心杂念，但要依据客观材料，分析问题，不能把公说公有理、婆说婆有理的东西，一古脑儿端上去。只要是情况属实的，材料是准确的，我负责向中央反映，如果要打屁股，也首先打我的屁股。大家放心收集群众的意见，在吃饭问题上，群众是有话要说的。于是，专门调查食堂问题的座谈会召开了。尽管我们已经做了说服工作，在七八个人的会议上，还是没有人大胆直言，群众也有被批判的经验了。我们听到的只是简单地颂扬食堂的声音，几乎来回重复"食堂好，食堂好"，准备记录的同志，除了写下不同的姓名之外，发言内容都是一样的。会开得很沉闷，发言的人似乎言不由衷。散会之后，一位中年妇女迟迟不走，把调查组的同志拉到一旁，悄悄地问：你们是真听意见，还是让我们表态？会上那么多人怎么敢讲？其实，她对食堂意见很大，一连讲了几条罪状：一是老人小孩病人无法照顾；二是干部有私心，多吃多占；三是人人感到不方便；四是下地干活的壮劳力吃不饱；五是浪费大，谁都不节约。经过串门访问的结果，证明这位中年妇女的意见，是代表了多数人看法的。禁区就这样突破了，使我们了解到真实情况。田家英把这些情况反映给毛泽东同志，毛主席确实给予了极大的关注。

深入见真情

同田家英一起调查，一直是紧张的，不停地提问，不停地跑路，不停地思索和不停地阅读。他采用的方式是找人谈心聊天，使被调查者感到他是个朋友，一见就可以谈"知心话"，用不着说"应付话"，所以他能很快地掌握真实情况。他自己说，这叫深入见真情。

在"浮夸风"盛行的情况下，调查粮食产量是一大难题，阻力很大，干扰特多，在好的生产队里是这样，在差的生产队里更是这样。我在富阳五星大队调查时，仅粮食产量一项，亩产到底多少，其说不一，调查了一个星期，仍然不知底细。基层干部一个意见，老农一个意见，青年一个意见，妇女又是另外一种意见。会上一种意见，会下又是一种意见。我确实坠入五里雾中。在田家英的启发下，我找了一些人谈心，他也亲自找了生产队的会计谈心，会计拿出了第二本账。我们又找生产队长、党支部书记和仓库保管员谈心，大家才交了底，说出真情，意见一致了，账目也相符了。终于弄清了产量，也进一步揭发了"浮夸风"正是自上而下层层下达指标逼着虚报而造成的。通过调查，大家认识到"浮夸风"的危害，直接影响了生产，也影响了人民的生活，以致使人与人之间的关系建立在虚假的基础上，党和群众应有的密切联系被隔绝了。五星大队之所以是个比较好的生产队，是因为几年中生产没有大幅度下降，人民生活水平虽然没有大的增长却也没有大的下降。干部和群众的关系也还是比较正常的。在当时说，这是很少有的情况。为什么这个队能够保持这样的局面呢？从调查中分析，这个生产队在"共产风"、"浮夸风"、"命令风"、"干部特殊风"和"瞎指挥风"流行的情况下，以老农和生产队干部为核心，有组织地抵制了"五风"。例如，他们对来自上面的生产中的瞎指挥，采取了应付官僚主义的对策。为了强调实行密植，上面规定一亩下种子120斤，他们将其中大部分煮熟，当作种子下地入土，上面派人来监督时，确实下了规定的数量，其实煮熟的部分便成为肥料。为了使干部不受批判，路边种得密一些，里边仍照常规，"检查团"来了，路边一走，就过关了。对"共产风"和"浮夸风"，他们都采取了一套对策，既顶住了"五风"，又能继续生产，所以他们没有遭到"五风"带来的伤害。田家英听了这些生动的事实之后，立即肯定了他们的这套"防风林"的做法。

经过调查，查阅了大量的材料，田家英对我国农村合作化的历史得出如下的结论：互助组和初级社是群众最满意的，因为当时真正遵循了自愿、平等、互利的原则。到了高级社的初期，还是正常的，高级社后期，就有些操之过急了。公社化是一哄而起的。现在看来似乎是很简单的问题，可是在当时，不突破很多框框,就很难作出这个肯定的判断。

声泪俱下的讲演

毛主席在信上提出要作比较调查,即调查一个好的生产队,再调查一个坏的生产队。我们调查了比较好的富阳的五星大队以后,转到差的环二大队,没有经过县里的安排,我们是通过一个在五星队乞讨的孩子了解到一些情况后去的。田家英在调查访问时,偶然遇到一个十多岁的孩子在乞讨,他当时就把这个孩子作为访问对象,从这个孩子口中,了解到他讨饭的原因以及他家乡的困难情景。在田家英的倡议下,以这个孩子提供的情况为线索,调查组跟踪转移到富阳环山村的环二大队进行调查。

环二大队是个落后队,调查组的同志在这个队调查期间,心情是非常沉重的。由于口粮短缺,男女老少一致反映饥饿使他们无法生产。我们进村后,逐户串访,相迎的每张脸,几乎都是两腮塌陷,眼大无神,接着便是一阵诉苦或哀号;看看他们的家里,不仅生产资料所剩无几,就是生活资料也当卖一空,有的床上仅有一床破被甚至是一张草席……我们走访一次,不知要流多少眼泪。田家英告诉我,他走过多少农村,第一次见到这样的惨相,像遭过一场洗劫后的情景。在这个大队里不仅没有看到耕畜,而且全队没有一只家禽。当食堂开饭的时候,人们眼巴巴盯着的是大锅里的稀粥。因为每人每天平均只有4两或者3两米。当调查组的同志们端起自己的稀粥时,一口也吃不进,并不是因为别的,而是在我们面前一群孩子正伸出他们的空碗,你怎么能咽得下?!只好把粥分到这些空碗里。大锅粥无法填饱群众的肚子,不少人靠做绿肥用的红花草充饥。这个队,群众的生活是这样状况,可以想象它的生产已难以为继。生产队长是个老实农民,他虽然每天照例喊人、派活,但响应者寥寥无几,因为主要劳动力已经弃家外出,一往江西,二往外村,有的另谋生路,有的出去讨饭。据调查,1960年,一个劳动日值只有0.0302元,农民说,还抵不上一支香烟。结果是,劳动一年,只有2.53元钱,换不回口粮。全队224户,弄得户户倒挂,都成了欠债户,全队共有人口803人,人均欠债48.18元。连续3年没有一个姑娘嫁到这个队。

为什么地处"鱼米之乡"的富春江流域,竟然出现了这样的生产队呢?调查表明,主要是"五风"危害的结果,当口粮发生严重不足时,仍然虚报余粮,增加征购数量,群众到野外自寻野果野菜充饥时,个别负责干部不仅不向上级反映真实情况,反而认为是"往人民公社脸上抹黑"的"捣鬼行为",是"走资本主义道路",进行严厉批判,以至发生吊打群众的事件。这样,引起了群众的极端不满,情绪非常低落。

调查组的到来，牵动了全体社员，引起了广泛的议论。我们很快变成了群众的亲人。在召开的社员大会上，连久病不起的老人，也被人扶到会场，每个调查组的成员都被围得紧紧的。当田家英在会上讲话时，多少双渴望的眼睛盯着他。他首先说，我们来自北京，是中央机关的工作人员，对不起各位父老，我们的工作没有做好，使大家挨饿了！他十分激动，满脸泪水，仍然大声说，共产党的干部，都是人民的勤务员，只能老老实实地为人民服务，没有欺压老百姓的权力！人民群众的困难，就是我们的困难，人民群众的疾苦，就是我们的疾苦。你们的情况，我们了解了，诚恳地接受你们的委托，我一定及时地向党中央、向毛主席反映群众的呼声，反映这里的真实情况。目前的困难总是可以克服的，总是有办法克服的。当干部的遇事要和群众商量，要和群众一起克服困难，我相信会好起来的。这时，会场由寂静变成了欢呼，几乎每个人的脸上都挂着泪珠。一位老人以发自内心的深情说："这才是毛主席身边的人呐！"田家英气愤地斥责了曾经打骂过群众的干部，说这不是共产党的作风。他答应负责将这里的问题向县委和省委反映，并建议采取急救措施，恢复这个队的生产，解决群众生活困难问题。他特别在会上宣布调查组成员的姓名和他们在北京的地址，以便同社员联系，也使社员放心。散会时，群众说，多少年没有听到过这些"暖心的话"了！多少人争着同他拉手，抚摩他的衣服，依依不舍，久久不散。

在"文化大革命"以前的几年里，我们经常收到环二大队社员的来信，详细地介绍我们走后环二大队的可喜变化，既谈他们所取得的成绩和进步，也谈他们遇到的问题和打算解决的办法。环二大队很快地摘去了落后的帽子，跨入了先进的行列。在"文化大革命"中，他们仍然热情洋溢地写信来。可是，他们哪里料到当时我们已无法同他们继续来往了。一直到"四人帮"被粉碎，报纸上公布了田家英追悼会以后，环二大队的社员们方同我取得了联系。他们一直怀念着田家英同志，特向田家英夫人董边同志索取遗像，以示永久的怀念，他们永远也不会忘记曾经给他们留下深刻印象的这位"中央机关的工作人员"！

调查就是学习

我们的调查工作是非常紧迫的，需要边调查边整理材料，特别是同田家英一起调查，他要求很严，催之又急，限期汇报，限期交稿，一不合要求，就推翻再来。他常常开夜车，通宵不眠，一旦完成任务，随即轻松愉快，就是走起路来，也还哼几句川剧或背几首诗词。他经常说，生活要有节奏，一张一弛，需要适度，不然，也会失调。所以，我们调查每告一段落，回到杭州，他便组织大家分别参加文娱活动。他的爱好是逛旧书店收罗明清学者的书法，他还搜集历代古币。

每次调查本有一定的目标和范围，但同田家英一起调查时，就常常不受这个限制，遇到什么问什么，走到哪里问到哪里。在绍兴柯桥的商业调查中，在天津的工厂调查中，在太原的煤矿调查中，他都突出了这一点。他说，调查就是学习，不懂就要问，不管他是谁。因此，他每走到一个地方，都会听到很多意见；他同群众谈起来既生动又引人。他对于认识世界的理论和方法，理解得精辟，运用得熟练。在商业调查时，对柯桥镇商业存在的问题，我们作了如下概括，死、乱、官、紧：死是统得死，管得死，封得死；乱是头绪乱，章法乱，人员乱；官是官办法，官面孔，官待遇；紧是物资紧，市场紧，人心紧。它们又相互影响，相互助长。老商人谈经商之道，批评说：我们政府的过多干预和管理失当，商品不按流通渠道而按行政规划运转，以致逆转倒流，造成浪费，层层设置关卡，形同封建割据；供销社收归国营，失信于民；商品价格极不合理，笋价高于毛竹价格，造成售笋毁竹，竹林难以为继；经商不能无礼，气和才能财活，等等。这些，都得到了田家英的好评和称赞。他提出，不向老商人请教，就不能发挥他们好的经验，年轻的商业人员应请他们去上课。在天津钢厂调查时，陈伯达去了钢厂并召开了座谈会，当他听到有的人反映他右倾时，就恼火起来。在一次吃饭的时候，陈伯达直截了当地问：谁说我右倾，我这个人是不会右倾的。田家英听后讽刺他说：你是《四大家族》的作者，谁能说你右倾？！1959年庐山会议上，早就有人说我右倾了，但我不怕，实事求是嘛，不能歪曲现实！后来田家英告诉我，为了使调查工作正常进行，他才说这番话的。可见，学习也不那么简单，没有无畏的精神，也会随风摇摆！通过调查，使我们认识了"大炼钢铁"以来钢铁生产的真实状况，也使我们了解了"以钢为纲"所带来的工业发展中的问题。从天津钢厂的情况看，生产上的各项指标，除产量以外，都落后于1957年的水平。集中反映在"四低四高"上：产品质量降低，劳动生产率降低，设备利用率降低，利润降低；而计划指标很高，原材料消耗很高，成本高，次废品率也很高。管理工作非常混乱，不注意经济核算，更不讲经济效果。在分配上不能体现按劳分配的原则，工人不满，积极性很难发挥。调查还提出了，以群众运动、阶级斗争的方式搞突击生产是不妥当的，因为它妨碍了正常的生产秩序的恢复。对天津钢厂的调查报告，田家英甚为赞赏，他专门向我说，你们写的报告很好，既真实又生动，杂文式的写法，毛主席已批转给中央工作会议上去了(指1961年8月的庐山会议)。在太原搞煤矿调查时，我们了解了采掘工业的重要，以及怎样科学地开采和运输，同时认识了乱挖乱采的危害并了解到井下工人在生产、生活中存在的问题，还听了老矿工讲旧社会煤矿工人的苦难。田家英带头跟老矿工去爬条件极其简陋又常有瓦斯爆炸危险的小煤窑。我们在狭窄的巷道里，无法直腰，有时需要两手着地，极其艰难地爬行。当我们离开小煤窑时，的确全身大汗，腰酸腿疼，身上脸上同煤矿工人一样黑。

田家英乐得大笑，我们都变成了"煤黑子"！他说，这是体验生活，不然怎么了解煤矿工人的苦处呢！

凡是同田家英一起调查的同志，都佩服田家英知识丰富，才华出众，但他给人更加突出的印象，是能利用一切机会挤出时间勤奋地学习。他不仅向实际学习，读起书来也如痴如醉。在调查中，他不仅对所调查问题的有关理论和政策熟悉，还对调查地点的地理知识、历史知识，以及那里的风景名胜，文人轶事，都想一切办法占有第一手材料。他常说读书是他的嗜好，也是工作的需要，时间是靠挤出来的。在调查期间，一些零碎时间他都抓住不放。

1961年冬，从山西调查回京以后，我将写好的调查报告送给田家英。当我由中南海他的办公室走出来，已经晚上近11点了。他陪我走出了中南海，沿着红墙，边走边谈。他说，从年初的浙江调查，到夏季的天津调查，又到冬季的山西调查，时间将近一年，这一年很不平凡，每次调查，都使我们的认识提高一步，了解了不少东西。他还说，我们做理论工作的，不认真读书不行，只坐在屋子里读书也不行，必须经常深入实际进行调查研究。一次调查，胜读一年书，这一点也不夸张。对现实漠不关心，不深入实际进行调查研究，不可能成为一个名副其实的理论工作者。他的这番话牢牢记在我的脑际，也常常成为我的行动的先导。

想到田家英，就想起1961年同他在一起作调查的情景，难以忘却，就写了这篇回忆。

1986年7月6日

毛泽东和他的秘书田家英

三次同家英到农村调查

■裴 润

60年代,我曾三次跟随田家英同志到农村调查了解人民公社问题。这三次调查,都是在毛主席的亲自安排和指导下进行的。一次是1961年1月下旬至5月上旬的浙江调查,一次是1961年10月下旬至12月底的山西调查,一次是1962年3月至6月的湖南调查。

一、浙江调查和"六十条"试点工作

这次调查,是在极左思潮泛滥、大刮"五风"的恶果已经暴露,国民经济不断恶化,甚至濒临崩溃的边缘,人民生活极度困难,人民公社"一大二公"的弊端也逐渐为人们所认识的背景下进行的。此前,中央于1960年11月3日虽发出了《关于人民公社当前政策问题的紧急指示》(即十二条),但不少地方,"五风"(共产风、命令风、浮夸风、瞎指挥风、干部特殊化风)仍未停止,特别是"浮夸风"造成的高指标、高征购,给群众生活造成极大的灾难。

面临以上严重困难,毛主席提出大兴调查研究之风。1961年1月20日,毛主席写信给田家英,要陈伯达、胡乔木、田家英各带一个工作组去浙江、湖南、广东作调查。田去浙江,胡去湖南,陈去广东。并指示每组调查一个最坏的生产队,一个最好的生产队。时间10天至15天,然后三个组同去广东会合,向他报告。

当时,我和王录同志在中央农村工作部二处(主管人民公社政策研究)工作,被指定参加这次调查工作,我去浙江,王去广东。田家英同志领导的浙江调查组于1月22日到达杭州。经与省委商量,决定分两个小组,一个去嘉善县选一个最差的生产队,一个去富阳县选一个最好的生产队。田家英同志重点抓嘉善县那个最差的生产队——和合生产队,我被分配到这个生产队。

毛主席写给田的信中附了《调查工作》(即《反对本本主义》)一文。我们在赴浙途中即学了这篇文章。按照毛主席的指示,田家英同志对工作组提出:"打开脑筋,敢于发现问题。"他拟了一副对联,作为调查组的守则。上联是"同吃同住不同劳",下联是"敢想敢说不敢做"。在工作组内部反复动员大家打破思想框框,不设禁区,什么话都可以说,什么意见都可以提。只是不准对县、社领导指手画脚,随意指挥。

当时,农民的住房很紧,有些户的多余房子,也被在所谓"六集中"(猪羊、耕牛、农具、人口、公共食堂和自留地)的时候,无偿调用或拆迁了。所以和社员同住做不到。田家英同志和大家一起住在一个四面透风的草棚里,用稻草打地铺。白天分头出去调查访问,晚上回来汇报、议论。没有灯,一团漆黑,几乎谁也看不见谁,但大家真正敞开思想,有啥说啥,议论很热烈。田家英同志把这叫做"瞎吹"。我多年来没有感到心情这样舒畅。

这个生产队原来是一个高级社,共有327户,1236人,3753亩耕地,人均3亩,位于杭嘉湖平原的水网地区,素称"鱼米之乡"。但是,在大刮"五风"中,生产力遭到严重破坏,粮食亩产量1960年急剧下降到291斤,还不及解放前的常年水平(350—380斤)。群众生活十分困难。尤其是上面虚报浮夸粮食高产量,带来高征购,挖了群众的口粮,"上面吹牛皮,群众饿肚皮"。1959年以来,连年闹春荒。1960年完成征购任务以后,每人每天只有半斤米,每天三餐稀粥,蔬菜很少。由于营养不良,1959年开始即出现浮肿病和非正常死亡。据调查,1961年春,共有170个病人,占全队人数的13%,占劳力总数的19%。

我分工查1960年的收益分配账,同时由省委一位同志陪同调查了六个典型户。查了1960年的分配账以后,我概括了四句话:生产下降,收入减少,集体负债,社员倒挂(即超支)。家英同志对这四句话很欣赏。这个队1960年总收入比上年减少39.65%,共欠国家贷款4800元,人均31元多。社员苦干一年,每个劳动日值只有0.163元。人均收入只有21.27元。因而多数户应分的现金不够口粮钱,只得倒挂,倒挂户占总户数的58.8%。

经过几天的调查,把这个队的现状基本摸清了。田家英同志说:这种情况说明,出现了农业危机,其原因,既不是天灾,也不是什么民主革命不彻底,而是"人祸"即"五风"造成的。

田家英同志很重视历史的调查,通过座谈和典型户调查,对这个队从解放前、土改后到互助组、初级社、高级社、公社化的历史得到系统的了解。回顾过去,社员普遍怀念初级社。从高级社以来,产量基本上是逐年下降,生活一年不如一年,"工分一年比一年挣得多,钞票和口粮一年比一年少"。贫农社员王老五说:"小社(初级社)那年(1956年),生产生活最好,粮食亩产400斤,口粮足,钞票多,吃得饱,力气足,心里高兴。"当时他曾想,小社分这么多钱,大社(高级社)更有得分了。哪知道从此以后，年年没钱分，年年倒欠。一部分上中农对于高级化时，耕牛、农具入社折价款（扣除股份基金以外的部分）未退赔，意见很大。

在汇报和"瞎吹"中，有的同志主张办好公共食堂。对于食堂问题，我曾作过调查，我主张办农忙食堂。但是在1959年庐山会议以后的反右倾运动中，受到批评，仍然心有余悸，故虽有不同看法，但未表态。其他同志也未提出异议，这个调查组也未就食堂问题开展调查和讨论。而富阳调查组调查了公共食堂问题，得到田家英同志的支持，并向毛主席作了汇报。这说明我的思想还未解放。记得家英同志在一次同我谈话中，曾批评我思想不解放。我第一次听到对我这样的批评，而在此以前对我的批评都是右倾。我虽心服，但仍存芥蒂。1957年以来，每次反右运动，我都是批判的对象。至此以后，我只是警惕着，说话也很谨慎。

田家英同志把这个生产队的历史和现状，向毛主席作了汇报（当时毛主席住在杭州），同时也汇报了富阳调查的情况，并提出了中央搞一个人民公社工作条例的建议。毛主席听了汇报以后，作了重要指示。田向我们作了传达。我记得比较清楚的是：规模问题，和合生产队太大了，是否分成三个队；起草一个公社工作条例，规定公社三级怎样工作；食堂问题，可以多种多样；退赔问题；自留地问题；干部手脚不干净问题，等等。

2月21日，田家英离开杭州去广州，三个调查组在广州会合。在毛主席亲自指导下，起草人民公社工作条例。3月26日田家英同志回到杭州，带回《关于农村人民公社工作条例（草案）》，并且传达了毛主席在广州会议上的重要讲话。我记得最深刻的是第一次明确提出了两个平均主义的问题。田布置调查组继续在浙江搞"六十条"的试点工作，强调继续打开脑筋，敢于发现问题，提出问题。

我记得田家英同志由省委林乎加同志陪同，带领我们到了越剧的故乡嵊县。我们到了一个生产大队，向干部群众逐条宣读"六十条"，引导群众讨论。"六十条"草案还未明确解决食堂问题。群众提得最强烈的是食堂问题，这个队群众生活也很困难，公共食堂仍是每日三餐粥，没有什么菜，靠挖竹笋做菜。一天早晨起来，我们发现个个嘴唇都是黑的，互相对着发笑，不知何故。当地同志告诉我们，是吃了竹笋的缘故。

浙江调查和试点工作，直至4月底结束。我们于5月上旬回到北京。

"六十条"（草案）是在毛主席直接指导下制定的，但是首先建议起草一个人民公社工作条例的，是田家英同志。在整个调查和试点工作中，表现了田家英同志热爱人民，关心群众疾苦的感情；实事求是，深入下层的作风；坚持真理，敢于直言的勇气。

二、山西调查和起草《中共中央关于改变农村人民公社基本核算单位问题的指示（草案）》

　　1961年5月21日至6月12日，中央在北京召开了工作会议。根据中央各部和各省、市的调查，对《农村人民公社工作条例（草案）》作了修改，制定了《农村人民公社工作条例（修正草案）》。修改部分主要是取消了原草案中关于食堂和供给制的规定。同时，中央发出了《关于讨论和试行农村人民公社工作条例修正草案的指示》。在各地继续讨论和试点中，进一步揭开了所有权和分配权的矛盾。即"六十条"解决了生产资料生产队所有问题，但仍实行以大队为统一核算单位，仍未解决生产队与生产队之间的平均主义问题。同年9月27日，毛主席召开了邯郸谈话会，就基本核算单位问题亲自作了调查。29日，他写信给中央政治局，明确表明自己的意见，人民公社的基本核算单位应是生产队而不是大队。他说："我们对农业方面的严重平均主义的问题，至今还没有完全解决，还留下一个问题。农民说，六十条就是缺了这一条。这一条是什么呢？就是生产权在小队（即生产队），分配权却在大队。"之后，他又指示田家英就这个问题进行调查，并为中央起草一个指示。

　　根据毛主席的指示，田家英同志第二次组织调查组，于10月下旬去山西调查，我和王录又参加了这次调查工作。经过同山西省委和长治地委商量，决定去潞城县魏家庄大队作调查。这个200多户的大队，属老解放区，互助合作起步较早，基础较好。但是，实行大队核算而由大队统一分配，队与队之间在分配上的平均主义依然存在。生产队没有自主权，影响生产队的积极性。后来，又选择了晋城县一个独立核算的生产队进行调查。这是一个小山村， 20多户，原是一个初级社。高级社、公社化以来，一直实行独立核算，自负盈亏。由于生产和分配统一起来，社员直接看到集体生产的好坏同自己的利益息息相关，因而能够自觉地关心集体，参加管理，监督干部，干部的手脚比较干净，社员之间也便于互相监督，因而这个队生产比较稳定，社员生活也比较好。总之，以生产队为基本核算单位有什么好处，在这里得到了答案。

　　大约在11月底，调查组回到太原。首先向省委作了汇报，记得有的领导同志仍然强调大队核算的好处，想多保留大队核算。田家英同志根据我们的调查，讲了自己的看法，说明毛主席的指示是完全正确的。有的主张独村（一个自然村）大队、办得比较好的，仍可维持大队核算。田认为这只能是少数。

　　接着，调查组在太原晋祠招待所起草《中共中央关于改变农村人民公社基本核算单位的指示（草案）》。经过讨论，定下了文件的结构后，由几个人分工去写出草稿，每人一部分，然后由田家英同志统一综合。实际上，文件草案都是由田家英同志亲自动手写成的。为了进一步印证文件的内容，最后，我们顺便到雁北地区，考察了大同县的一些社队，于12月底回到北京。

文件草案先经毛主席审阅后，提交1962年1月至2月间召开的七千人大会讨论。我参加了这个文件的讨论和修改工作。大家一致称赞这是一个好文件。重要的修改就是按照毛主席的指示，增加了"至少三十年不变"的内容，这对于稳定人心，调动农民积极性，起了关键性的作用，解决了农民"怕变"的思想。1962年2月13日，正式发出了《中共中央关于改变农村人民公社基本核算单位问题的指示》。

基本核算单位下放到生产队后，人民公社所谓"政社合一"，从"社"（经济）的方面看，绝大多数已名存实亡，有的叫"清水衙门"，大队一级实际上也变成虚的了。

三、从湖南调查到安徽调查

七千人大会后，1962年2月25日，毛主席指示田家英再组织一个调查组，到湖南作调查，主要了解贯彻执行"六十条"的情况和问题，并指定去湖南湘潭县的韶山、湘乡县的唐家圫和宁乡县的炭子冲。接着田家英同志又组织了一个调查组，我和王录又被指定参加这个调查组，同时又增加了农村工作部的两个同志。3月上旬，田家英带领工作组先去湖北武昌（毛主席当时在武昌）。3月22日，毛主席在武昌东湖招待所接见了调查组全体成员。记得主席一个个地问了每个人的名字，并且问当过县委书记没有，当过地委书记没有。他谈笑风生，讲了一些当时流行的政治笑话，使大家感到轻松而又亲切，接着作了几点指示：要同当地干部，省、地、县、社各级干部相结合，不要乱指挥；头脑里不要带东西（即思想框框）下去，只带一件东西，就是马克思主义；要作历史的调查，这是马克思主义的历史主义观点；看到坏人坏事不要乱说，好的可以说；参加点轻微的劳动。最后，同全体调查组成员合影留念。

3月底，调查组全部到达湖南，分三路到达韶山大队、大平大队（即唐家圫）、炭子冲大队。田家英同志住在韶山，我被分配到韶山大队，住在关公桥生产队。

韶山大队虽然是毛主席的故乡，省地县领导对这里的工作比较谨慎，但大刮"五风"时期，这里也未能幸免，只是比湘潭县或韶山公社的其他大队轻一些罢了。"五风"来得快，去得也比较快，为害时间不长。

在刮"五风"时，实行所谓"组织军事化、行动战斗化、生活集体化"、办公共食堂"六大集中"。全大队25个屋场的居民都集中到六七个屋场。社员迁徙无时，有的户搬家十次以上,耕畜、农具、家禽损失也很严重。瞎指挥,盲目扩大双季稻面积,过分密植,造成人为减产。但是,这里贯彻"六十条"和基本核算单位下放的指示比较认真。尤其是解散食堂、划分自留地、打破"居住集中"的限制以后,从1961年起,生产开始恢复,社员生活也得到改善。

根据历史调查,这个大队从高级社以来就开始减产,农民生活也开始下降,高级社后,从1956年水稻亩产比初级社的1955年下降14%,1960年粮食亩产只有471斤,比1955年下降17%,总产下降27%,农民平均口粮只有354斤(稻谷),比1955年减少 45%。据关公桥生产队调查,这个队的范围(22户),从初级社就开始减产。

为什么初级社时还减产,甚至不如解放前、土改后呢?农民答复是:许多人加入初级社是"口愿心不愿",犹豫不定。当时,上级一面宣传"入社坚持自愿",一面说"入社光荣,单干可耻"。并且在国家贷款、供应农具和商品肥等方面,对单干户排挤,所以不少人是"赤脚板打泥浆",随大流进来的。其次,集体生产单位规模过大。1954年冬,韶山初级社由18户一下扩大到75户,建社准备工作很差,所以从那时起,大家就有了"坐大船"思想,平均主义已经产生,初级社下面的作业组之间,互相怀疑。不少人干活都不如单干的时候精心了。单干的时候,一天要到田头打几个转转,集体经营后,有的人看到田里漏水也不管,因为集体没安排,得不到工分。第三,是耕牛、猪减少,农家肥减少。这个队的范围,1952年有耕牛14头,1955年入社时只剩3头。猪的数量,从1953年以后,就逐年减少,1948年有猪31头,1955年减少到25头,1960年只剩4头猪,都归食堂喂养。

解放以来,农民生活有升有降,穿的用的改善,文化翻身,"吃的一年不如一年"。高级社以来,口粮水平逐年下降,平均每人每年只有400斤左右,1960年最低降到340斤。

田家英同志在武昌出发前就对全体调查组成员讲,这次调查一定比前两次调查有新的水平。经过初步的历史调查以后,他把调查的重点,放在怎样尽快恢复生产的问题上。大队调查表明,稻谷亩产要恢复到1955年的水平,按正常年景,需要三四年。

在关公桥生产队的座谈中,群众不谈合作化的优越性,至于公社化,一谈起来,就像诉苦一样。提到怎样才能巩固集体经济和恢复生产问题时,有人提出包产到户。那时,包产到户是一个"禁区",所以,我们只是向群众进行说服和解释。但是这是一个绕不过的问题。其他生产队也提出包产到户问题,有的呼声甚高。

在调查工作的前期,田家英同志对于包产到户问题,闭口不谈,而且在一次包括大平大队和炭子冲大队的全调查组汇报会上,有一个同志大谈包产到户的好处,少数同志也或明或暗地附和,田还严肃地批评了这位同志。但是,据我观

20世纪50年代末的田家英。这张照片是吴冷西拍摄的，并在背面题写赠言："照片照得不太好，但你的神态总算必（毕）露了。"

察，他在认真思考这个问题。有一次，他问我：怎样才能更好更快地恢复生产？我说，关键是要有一个好的领导班子，搞好生产队的经营管理。他未说话，但从表情上可以看出，他对我的答案是不满意的。坦率地说，我当时不同意包产到户，也不敢想。我认为在集体经济不巩固的情况下，包产到户很可能滑下去，走向单干。这件事又一次表明，田家英同志既守纪律，又面对现实，敢于实事求是，冲破"禁区"，深入思考问题，而我的思想还没有解放。

又过了一段时间，记得是田家英从上海向毛泽东汇报回来以后，态度开始明朗起来。他说：少奇同志提出"要向农民让步"。包产到户，对于尽快恢复生产，克服困难，可能是一种有效的办法。于是他提出到安徽实行责任田较早的无为县进行调查。很快就作出决定，派我和在大平大队调查的两位同志去。

我们一行三人，于6月中旬，从韶山出发，途经芜湖，到达无为县。在县委派人陪同下，考察了三个公社的几个队。这里看到的情况十分惊人！大刮"五风"时，危害最大的是"浮夸风"，由于虚报高产量，带来高征购，有的社队打下的稻谷全部交了征购粮，秋后即靠敲稻秆秆的粃谷充口粮。所以，由于饥饿引起的浮肿病、非正常死亡的严重性，在其他地方未见过。耳闻目睹那种惨状，令人很痛心！所谓"责任田"，实际上是在集体经济陷于瘫痪、集体生产无人负责的情况下，让群众自谋生路的一种办法。所谓"五统一"(生产计划即生产指标和主要作物安排统一，包产部分统一分配，大农活和技术活统一，用水管水统一，抗灾统一)根本没有统起来。找不到会计和记分员，也看不到记分册。群众说是"分啦"(分田到户)！我们认为，实际上是单干了。但是，在那种困难的情况下，群众还是在积极苦干。即使是孤儿寡妇，也请亲戚邻居帮忙，把田种下去了。基本上没有看到撂荒田。因此，我们的意见，即使是单干，作为一种权宜之计，对于渡过困难、恢复生产是有利的，所以不宜急于纠正。

大约在6月底或7月初，我们回到北京。我回到家后，即给家英同志打电话(他们先我们回京)，他让我立刻就去汇报。我如实地说了以上所见所闻和我们的看法。田家英同志听到有的生产队非正常死亡的严重情况后，很动情地说：人都死了，还谈什么集体生产！

四、参与起草《恢复农村经济的十大政策》

我汇报以后，过了几天(大约是7月上旬)，田家英同志在中南海居仁堂楼上一个会议室召开了一个小型会，酝酿向中央汇报并准备起草《恢复农村经济的十大政策》的文件。参加的人除部分调查组成员外，还有一些经济学家和秀才(我记得有马洪、梅行、许立群等)。我同王录也参加了。田家英同志首先根据调查情况，讲了一些意见，大意是，在那些破坏严重、生活困难的地区，应当允许包产到户或分田到户，与其让群众自发地搞，不如我们有领导地搞。他估计，全国已实行包产到户和分田到户的社队约占30%。有领导实行的结果，可能达到40%。另外60%是集体的或半集体的。现在搞包产到户和分田到户是一种权宜之计，等到生产恢复了，再在新的基础上，重新引导到集体经济。

他还说，合作化、公社化的经验教训，应当总结，走过了头就应当退回来，今天的退正是为了明天的进。这件事，不仅关系我们的革命和建设事业，而且对国际共产主义运动也有一定影响。会上除个别同志对分田到户的提法提出疑问外，没有异议。

这次酝酿会后，听说他向毛主席作了汇报，受到了毛主席的批评。又一次表现了他不顾个人得失，为党为人民，敢于直谏的勇气。

我非常同意他讲的"走过了头就应当退回来"的话，这完全是调查中的深刻体会。调查中反映，农民普遍怀念初级社，对公社化、"大跃进"普遍不满。时隔20年，党的十一届六中全会通过的《中国共产党中央委员会关于建国以来党的若干历史问题的决议》指出：农业合作化以及对于手工业和个体工商业改造的要求过急,工作过粗,改变过快,形式也过于简单划一,以致在长时间内遗留了一些问题。接着,取消公社,实行以家庭联产承包为主的责任制,从而使农业生产迅速恢复和发展。历史是最公正的,20多年后,田家英同志以上的话竟兑了现,证明了他的远见卓识。如果田家英同志在世的话,他该多么高兴啊!

8月上旬,中央在北戴河召开了中央工作会议,我和王录作为王观澜同志(中央农村工作部副部长)的助手,也到了北戴河。在会议前期,会内会外,包产到户成为热门话题。后来传达了毛主席关于阶级、形势和矛盾问题的讲话。会议批评了邓子恢和田家英同志。一天晚上,田家英同志到我和王录的住地,向我们谈了批判包产到户的情况。他很担心这次会后,又要掀起一次反右运动,特地向我们打招呼,并且让我们转告其他同志,让他们思想有所准备。这种关心人、爱护同志的感情,使我们很受感动。

五、深切的怀念

我认识家英同志,是在1955年。那时,中央政治研究室就位于万寿路(现为中组部招待所),与中央农村工作部对面。那年上半年,田家英同志主持起草《农业生产合作社章程》,我参加了一部分工作。自那以后,因为住地极近,经常见面,但不很熟悉。真正熟悉到相知,就是参加调查和几次参加修改文件的工作以后。家英同志平易近人,善言谈,也很风趣,在调查和起草文件过程中,工作之余,他爱和我们聊聊,从中国历史到古典文学、诗词歌赋,以及当前问题,无所不谈。特别谈到他1959年四川调查和庐山会议上,因讲了真话,而受到不公正的批判,甚至恶毒攻击,我则和他产生共鸣。对于他那种坚持真理、不畏权势的骨气,我很佩服。

在北京工作期间,我们也不断地有所交往。他很关心农村工作(我以为是主席让他分抓农村工作)、农村形势,特别对劳动农民有一种特殊的感情。他曾多次向我了解农村情况,问我对农村形势的看法,我对他是无话不谈,他很认真地听我的意见,并谈自己的看法。每次交谈,我都感到有所受益。因此,我视他为良师益友。

1965年冬,谭震林同志派我带一个调查组,到长江三角洲,调查那里的农业生产。我先到上海,在华东局农办同志陪同下,先后考察了上海郊区和市属的几个县,江苏省的苏州和无锡地区,浙江省的嘉兴地区。在嘉善特地看了1961年调查的和合生产队,看到那里的面貌已大大改观,非常高兴。最后,于12月中旬到达杭州。得知田家英同志正在西泠饭店,研究为几部马克思主义著作写序的问题。我专去看了他,谈了和合生产队的变化,他很高兴。中午,同他们共进午餐。饭后我即告辞,他把我送到门外,握手告别。万万没有想到,这次竟成为永诀!

大丰人民怀念田家英

■刘冠群

　　1966年5月23日,也就是《五一六通知》下达后的第七天,中国共产党的优秀党员田家英同志含冤离开了人间。

　　这个不幸的消息从中南海慢慢地透出来,终于传到了数千里外的四川省新都县大丰公社。这真是晴天霹雳啊!大丰人民暗暗地伤心落泪,默默地沉思。当时的狂风恶浪能锁住人民的口,却锁不住大丰人民的心。他们了解田家英,他们一直在怀念着田家英在大丰时的一切。

毛主席身边来的人

　　大丰公社原名崇义乡。这个乡位于成都至彭县的公路上,南距成都火车北站只有10公里,交通方便,地势平坦,沟渠纵横,阡陌交错,土地肥沃,农产丰富。川西平原,素有天府之国之称,各县土地的生产能力是大体相当,难分轩轾的。可是,到了"大跃进"年代,崇义公社突然放了一颗"亩产稻谷24000斤"的"大卫星"。省广播电台一广播,崇义公社声名大振。到了征粮时节,粮食一袋一袋地装满去过秤,社员们惶惑了,越来越为肚皮发愁。

　　就在这个时候,1959年初春,田家英率领一个工作组从北京来到崇义公社。"这些人不简单,是从毛主席身边来的。"社员们纷纷议论。田家英是成都人,崇义公社也算是他的桑梓之地。他的主要经历,社员和干部是不难打听到的。田家英原名曾正昌,幼年失怙,饱受人间凄凉,曾一度被迫辍学,在大哥继承的药店中当学徒。他读过省立北城小学和县立中学。十四五岁便在成都一些刊物上初露头角了。"田家英"便是他使用的笔名。1937年抗日战争爆发后,满怀报国激情的田家英在中共地下组织的帮助下奔赴延安,进了陕北公学,1938年参加中国共产党;从1948年起就一直在毛主席身边任秘书;以后又任中共中央办公厅副主任和中共中央政治研究室副主任。

田家英的经历获得了崇义乡人民的钦仰，但也给他联系群众带来了障碍。老百姓和大干部之间有一段距离啊！

田家英一到崇义公社便用他自己的一言一行来逐步消除干群之间的这段距离。

他喜欢走家串院，在院坝里，在田坎上，在马路边，在食堂里，在劳动中和老农、青年、婆婆大娘们摆龙门阵，交朋友。公社给他安排的小灶伙食他不吃，偏要吃农民的大锅饭；现成的轿车他不坐，反而要和社员一道去拉大车；他脱鞋下田，和社员一起割麦子。社员们逐渐和他开起玩笑来了："哟，田主任，看样子，你是个书生，割起麦子来，还是个内行哩！"

为了夺取大丰收，他和全体社员一道大搞积肥。全体工作组成员、公社干部和年轻力壮的社员组成了浩浩荡荡的运肥大军；板车、架子车、鸡公车一齐上阵，到成都拉大粪。他拉大板车，或"稳中杆"或"拉飞蛾儿"，虽然挥汗如雨，却有说有笑，非常愉快。在一段时间里，他们每天下午去成都，有时往返两趟，回到公社时已经是半夜了。有一次，他用长把子粪勺从粪坑里舀粪，知识分子的力气毕竟比农民要差一些，他差一点跌下粪坑去。有一天夜晚拉粪，刚装满粪车，就遇上瓢泼大雨下个不停，田家英和同行的两位同志只好把粪车存下来，到省委招待所去住宿。门卫看见三个身穿布衣、挽着裤脚的陌生人，不让进去。碰巧遇到了招待所的负责人，这才进去住下。

田家英渐渐地和农民、基层干部交上了朋友，农民和基层干部也渐渐地把田家英看作自己的知心朋友。

对党要讲真话啊！

田家英到崇义公社不是单纯的劳动锻炼或体验生活。他的主要任务是调查研究。

那时候，"浮夸风"盛行。粮食产量层层拔高，崇义公社"亩产稻谷24000斤"，这本来凭常识就可以判断出它的虚假性。然而，浮夸既然已经形成了吹遍全国的一股风，要向党中央和毛主席反映这个重要情况，就不能凭常识作判断了。田家英决心脚踏实地，把这一问题搞个水落石出。

他到崇义公社后，和干部、农民天南地北无所不谈，谈来谈去，总要提到一个问题：

"你们每亩田能产多少斤嗬？"

"去年大春，我们的卫星田亩产24000斤！"

"真有那么多吗?"

"四川省广播电台都广播了的,那还假得了?"

"那么,一般的呢?"

"大概两三千斤吧,少说点,总也有一两千斤吧!"

田家英又问:"产量既然这么高,为啥子公共食堂吃的稀饭涝清,还要吃连麸面呢?"

"丰收不忘节约嘛!"

田家英笑了。他问了许多人,回答都是差不多的。

产量究竟有多高,农民自然最清楚。可是在那头脑膨胀的年代里,谁要是透露出真情实话,谁就是给"三面红旗"抹黑。谁不知道"'左'比右好"!因为说真话而摔跟头的人农村里也多的是,谁还愿意担风险呢?

要社员讲真话,谈何容易。

然而,田家英不是来走马观花的,他要了解农村的真实情况,为党中央制定政策提供可靠的依据。他通过敏锐的观察与科学的分析,心中有数了。需要的是进一步落实,查出真凭实据。他明白,要群众讲真话,先得解除群众的顾虑,还要有耐心。

这一天,田家英走出了崇义场,在街口遇到了相识不久的大队书记林功谦。他抚着林功谦,边走边谈。这个年轻的共产党员终于被感动了,他沉重地说:

"田主任,说老实话,充其量只有650斤。"但当他抬头见到田家英身后还有本县的干部时,又转了弯说:"究竟是好多,我回去再查一下。"

实际产量650斤,上报产量却成倍加番,农民还能剩下多少粮食?这会造成多么严重的后果?田家英要亲自查仓,看个究竟。他来到了一个生产队,找到队长马世才问道:

"仓里还有多少粮食?"

"还有3万斤。"马世才硬着头皮回答。

田家英说:"请你打开仓门,我要看看。"

仓门打开了,仓板已经下到还剩两三格。不过,看上去还堆着一片黄谷,确也像3万斤的堆头。田家英跨过仓板,走进仓里,踩上黄谷堆,松泡泡还有弹性;用竹棍捅了几捅,黄谷直往下落,露出了垫在下面的厚厚的稻草。原来上面只是薄薄地铺了一层黄谷!田家英没有责备马世才。批评一个生产队长有什么用呢?他弄虚作假也是出于无可奈何啊!田家英只是幽默地说:"这些谷子的谎壳太多了!""谎壳"是四川土话,就是指无实的空壳。

一天,田家英与公社会计摆龙门阵,这个会计无意中说出 1958年有两本账:一本是假账,是上报产量;一本算是真账,是实际产量。经过深入调查,田家英掌握了大量的真凭实据。于是，他召开了各种形式的座谈会。他的态度是那样的诚恳，讲的话句句说在群众的心上。他说："产量是多少就报多少，少报不对，多报也不对。以少报多，上级不了解真实情况就会出差错，群众也要吃亏，肚皮要受到惩罚的。党与群众是心连心的，对党忠诚就是要实事求是讲真话。这些日子，真真假假，我算是有些数了。今天还要请大家说一说，谁有胆量谁先说。"

那些日子，群众也在观察着田家英，他清仓查账成了群众议论的话题。群众对他信得过了，顾虑也打消了。

查产量、查仓库、查账目，这本来是例行公事，在今天说来，实在没有什么值得大书特书的。可在当时，田家英是在捅一个大家都知道是捅不得的马蜂窝啊！现在的年轻读者难以想象田家英这么做是承担着什么样的风险的。如果您查阅一下彭德怀元帅为什么会在1959年的庐山会议上被打成"右倾机会主义"的历史资料，就会对当年能够坚持实事求是的同志的精神品质有清楚的了解了。

公共食堂无米下锅了

公社化后，崇义公社和全国其他公社一样，迅速办起了公共食堂。田家英经常在公共食堂内外询问着、观察着、忖度着，而且常常和农民一起在食堂吃同样的"饭"。有一天，陈鸭子的老伴儿陈大娘从家里来到公共食堂，好不容易打了全家人的稀饭，颤巍巍地走出食堂，脚一发软便跌倒在台阶上，稀饭泼了一地。陈大娘一阵心酸，一阵抽泣。几口人空着肚皮在家等着喝稀饭，这怎么得了啊！田家英连忙上去，边扶边安慰说："不要紧，另外去打饭就是了。"陈大娘哭丧着脸说："另外打？咋个能够另外打嘛！"田家英掏出自己的5斤粮票，要陈大娘到食堂去称米。公共食堂哪里还有米！陈大娘几经犹豫，最后还是只有交出比黄金还宝贵的5斤粮票，称了连麸面。看到这一切，田家英抑制不住心头的酸痛。20多年来，崇义人民中一直广泛流传着这么一个传说：当时，田家英叉着手，仰望着"公共食堂万岁"的大幅标语愤愤地说："公共食堂万岁，嘿，我看恐怕是公共食堂半岁！"他的话把旁边的群众吓了一大跳。

田家英在崇义时，已经看出了公共食堂的一些弊端，看到了公共食堂越办越困难。人们常常可以从他那紧锁着的两道浓眉下面的眼神里，看出他为群众疾苦而忧虑的心情。

田家英在崇义公社是很辛苦的，夜深了，他的寝室窗户还透出灯光。他在整理资料，研究问题，阅读文件；他在振笔疾书，向党中央和毛主席反映农村的真实情况，提出看法，请求指示。社员们从他夜以继日、日以继夜孜孜不倦的工作中，看到了他的忧国忧民之心。

农业生产要因地制宜啊！

崇义公社改为大丰公社，是田家英提出来的。改名时，田家英和干部群众商量说："崇义，带有封建色彩。粮食产量上不去，社员们连肚皮都吃不饱，你崇尚义气又有什么用？我们最重要的事情就是夺取粮食大丰收，我们把社名改为'大丰公社'好不好？"

随着崇义公社改名大丰公社，田家英激励干部、社员夺取丰收。在全社干部、部分小学教师和成都工学院师生参加的大会上，田家英作了动员报告。有一段话是这样说的：

从前，李太白上韩荆州书说："生不愿封万户侯，但愿一识韩荆州。"什么是万户侯？我看，我们的（公社）党委书记就是万户侯，万多家人的领导嘛！任务是什么？上报国家，下安黎民。拿什么去报国安民？第一就是粮食，民以食为天嘛！国家的粮食储备多多的，老百姓的肚子吃得饱饱的，公社书记的首要任务就算完成了，就是党的好干部，做到"万家生佛"，就是一个好的"万户侯"。

4月，早稻开始插秧，那时"瞎指挥"盛行，各地都在雷厉风行地硬性推广密植，"越密越先进，越密越革命"。农民想不通，干部也为难。

这时毛主席《给六级干部的信》下来了，四川各地都没有在县级以下作传达，可是田家英在崇义公社社员大会上念了三遍，又让广播室连续播放。田家英还召集了一次有老农、中年和青年代表参加的会议，专门讨论插秧问题。田家英说："不是稀大棵好，也不是越密越好。要根据土质、种子、水肥等各方面的情况来作决定，特别要听老农的意见，不能作硬性规定，不能强求一致。"

田家英给大丰社员撑了腰，社员们心情舒畅，干劲倍增。他们可以根据经验和实际情况来决定如何栽秧了。

大丰公社竟然在密植问题上"另搞一套"，这可不是一个小问题。消息迅速传到四面八方，各种不同的议论也就纷至沓来。田家英毫不动摇，他向县、社干部一再说明，搞农业生产，就是要因地制宜，他并不反对密植，但不赞成不顾具体情况的瞎指挥。他向温江地委打了电话，谈了情况和自己的看法。温江地委转告原新繁县委说："大丰有田主任，他在搞试点，应当例外。"

和大丰的群众结下了深厚情谊

田家英是毛主席身边来的人，但他不是钦差大臣。他只是勤勤恳恳、踏踏实实地向党中央反映情况和为人民谋福利。他在大丰，从春初到夏末一共6个月

（中间有两次分别到中央和省里开会），给大丰人民留下的是刚直不阿、坦荡无私、平易近人、勤劳忠诚的形象；他的言行表明了他是党的好干部，是人民的好公仆。

田家英和大丰群众结下了深厚的情谊，他特别难忘那些敢于反映真实情况的人们。离开大丰前夕，在火神庙广场召开的几千人的群众大会上，他向群众讲形势，讲政策，讲希望。他明确地说："向党讲了老实话的同志们，请放心！今后如果有人敢于打击报复，你们就到北京来找我，来回的车票不要你们掏钱！"

大丰人民依依不舍地送别了田家英。

今天，人民公社已经成为历史的陈迹。但是，这个"知今是而昨非"的认识是经过一段漫长而痛苦的过程的。如果我们翻阅当时制定的规章制度等文件和田家英在大丰的工作情况，就可以看出田家英是怎样地竭尽心智贯彻党中央第一、二次郑州会议的精神，为纠正人民公社初创时期便泛滥开来的一些"左"倾错误而奉献的赤胆忠心了。

在大丰6个月的调查研究，对田家英认识农村的客观现实产生了深刻的影响。这6个月既展现了他实事求是为真理而斗争的优良品质，但也给他带来了麻烦。他的夫人——全国妇联原书记处书记董边在《忆家英》一文中说：1959年以后，由于国民经济和人民生活遇到了严重的困难，政治生活中也出现了一些不正常的现象，使得他忧国忧民，思想苦闷。在庐山会议期间，他抱着一个共产党员应有的对人民负责的态度，向党中央和毛主席反映了农村的真实情况，受到了一些不公正的批评，但是，他并没有在压力面前屈服。他为了维护人民群众的利益，始终采取敢于坚持实事求是、敢于坚持真理的态度……他曾写过这样一首诗：

十年京兆一书生，爱书爱字不爱名。
一饭膏粱颇不薄，惭愧万家百姓心。

在纪念田家英同志逝世20周年的时候，我们可以告慰田家英同志，现在，党中央已经总结了建国以来的历史经验教训。新都县（包括原来的新繁县）也已今非昔比了。大丰乡已经有了现代化的大工厂和各种类型的乡、村企业。农民不再为肚皮发愁了，许多农民盖起了漂亮的新房，现代化电器进入了寻常百姓家。大丰人民永远感谢党，大丰人民永远怀念曾经为他们排忧解难谋福利的好干部，大丰人民深深怀念田家英！

原载1986年6月8日《光明日报》

毛泽东和他的秘书田家英

唯实事求是难

——怀念与田家英同志的交往

■路凤翔

我已年迈,往事历历在目,一生中1961年春与田家英同志交往的那段日子记忆最为深刻。

1960年春,浙江省嘉兴县(1958年嘉善县与嘉兴县合并为嘉兴县)已不同程度地发生了"饿病逃荒"的现象,尤其是原来的嘉善县情况更为严重。省委、地委对此甚为重视,即派工作组到嘉善进行调查,根据调查结果,认为发生这种严重情况的原因是当地基层干部作风不纯、民主革命不彻底、社会主义改造不彻底、基层组织的领导权直接或间接地被坏干部所篡夺。为解决这些问题,从5月份起,嘉兴地委、县委根据中央批转河南信阳地委整风整社经验的指示精神,在全县范围内分批分期开展改造落后队运动。但是,落后面貌并没有改变,情况仍在发展,并且越来越严重。

当时,我任中共嘉兴地委常委、副专员。10月下旬,中共浙江省委书记处书记霍士廉同志代表省委找我谈话,要我到嘉善片去开展工作。我遵命带领地委工作队来到了嘉善,按照中央批转河南信阳地委经验的精神,找落后的阶级根源,整基层干部。我当时心里就有疑问:嘉善的基层干部怎么这么快就都变坏了呢?因为1950年5月到1953年5月,我在嘉善担任过县委书记,嘉善的情况,嘉善的群众我很熟悉。目前的这些基层干部,绝大多数是那时选拔培养起来的积极分子,都是出身很苦、在群众中很有威信的贫雇农。但上级的结论难道会错吗?嘉善现在发生的这些情况,可能是因为自己过去在嘉善工作没有做好所造成的。所以这次来嘉善工作,一定要以河南信阳地委经验和省、地委要求,努力把工作做好。

1961年1月2日,干窑公社联星生产队第八小队一位女社员上吊身亡。我们工作队几位队长,认为是一起基层干部"违法乱纪"案件,连夜就组织对几名生产队干部进行批斗。事后调查，这几名生产队干部都是出身清苦的贫下中农，而上台斗干部剥干部衣服的那个社员，在旧社会却是当过土匪的。还有那名女社员的死是因粮食问题引起的，也不能说是生产队干部的责任，这个现实使我震惊。但是上级文件明文指出，产生农村落后问题的主要原因是坏干部篡权。我既不能不执行上级指示，又不能否定心中的疑问，批斗基层干部的手也软了下来，脑海中的问号越来越大。

1月下旬，我得知毛主席的秘书田家英率领的中央调查组已经来到魏塘人民公社和合生产队。为解心中难解之谜，我迫不及待地想见到他们。一天，我以东道主的名义，自掏钞票在招待所包饺子款待田家英和中央调查组的逄先知等同志。一见面，田家英拉着我的手说："你在这里调查，我已听说了。我在和合点上调查，你在面上调查，我们可以很好地点面结合。"我拘谨的心情很快平静下来。我就向他们汇报了嘉善工作的落后情况，承认是与我们没有很好执行上级政策、水平太低有关；同时，也提出了造成粮食减产、人民生活困难的原因，是否与上面对当前农村实际情况估计不准有关的疑问。田家英听后坦诚地说："在共产党内要提倡讲真话，有什么思想不通，政策不对头，都可以坦诚相言。"又说："正确的决策，必须来源于群众中真实的情况。"他要我解除顾虑，把自己的想法说出来。我抱着向毛主席派来的人应该坦言相陈的思想，诉说了公社化以来农村出现的许多问题和最近几个月我在嘉善农村了解到的情况，并认为这些问题的出现，不应该是基层干部的责任。田家英结合中央调查组得到的第一手资料，肯定我反映的情况是真实的，指出发生这样严重的问题，主要是自上而来的"五风"（浮夸风、共产风、瞎指挥风、命令风和干部特殊化风）造成的。近两个小时的交谈，我第一次听到了大胆的、实事求是的结论，内心豁然开朗，坚信这个结论是正确的，深感自己找到了知音。经田家英的指点，我浑身上下如释重负。

是年3月31日至4月3日，我参加了中共浙江省嘉兴地委在魏塘人民公社召开的海宁、桐乡、平湖、嘉兴四县（当时嘉善县尚未恢复建制）领导和部分人民公社领导参加的《六十条（草案）》试点工作座谈会。其间又与田家英有多次的交谈和讨论。田家英在座谈会上先后作了五次讲话，深刻地分析了当前农村发生困难的主要原因是夸大主观意志、脱离实际，这是自上而来的"五风"危害。在以后的实际工作中，我才深深地体会到那是真知灼见。

此后，正当《六十条（草案）》在全国讨论时，魏塘公社和合生产队就已开始进行试点，执行《六十条（草案）》所规定的各项政策措施。如调整人民公社、生产大队、生产队的规模，实行以"三包一奖"、生产队为核算单位的经营体制；废除"供给制"；实行评工记分、多劳多得的分配制度；无论遇到何种灾害的年成都必须保证社员全年口粮标准;停办公共食堂,增加自留地,且自留地不规定种植品种和销售方式等等。它像一股春风,吹绿了嘉善农村,使农村经济迅速得以恢复和发展。嘉善县从此发生了转折性的变化。这应归功于田家英,归功于他率领的中央调查组实事求是的工作作风和工作态度,归功于中央调查组在嘉善调查后上报的《嘉兴县魏塘人民公社和合生产队调查》,给中央决策者提供了符合当时中国农村实际的信息。

1961年4月9日,我被任命为恢复建制后的嘉善县委书记。我努力团结县委一班人,依靠全县人民,在实际工作中,原原本本地、实实在在地执行了《六十条》规定的政策措施,想尽一切方法使农村得到休养生息的机会。全县因此比全国早一年得益,农业生产呈现生机蓬勃的转机。1962年1月,我去北京出席中央召开的七千人大会,田家英专程到我住的北京西郊宾馆看望我们,我们又作了交谈,当田家英听到嘉善农村发生了不同往日的变化和进步,极为高兴,还叮嘱我们应该把《六十条》的政策更深入更具体地贯彻下去。

光阴似箭,日月如梭。我作为一名党的基层干部,在全局与局部、对上负责和对群众负责的矛盾中,经常会遇到问题和困难。田家英那种实事求是的作风,处处想着人民群众利益的品德,无不在此后长时期的工作中影响着我、激励着我,并使我受益。

作者撰文后不久,于1996年2月15日患心肌梗死病逝

毛泽东和他的秘书田家英

怀念书友田家英

■范用

　　爱书人习相近癖相投,遂为书友,有几位已先我而去,黎澍、唐弢、陈翰伯、田家英,思念之余,不免有寂寞之感。

　　50年代初,在人民出版社工作,认识了田家英,他在编《毛泽东选集》,我们称他为"毛办"。

　　初见田家英,只觉得书生模样,看不出是延安的老干部,毫无官气,还不到30岁,像个大学毕业生。我说的是40年代的大学生,某些思想进步的大学生,富有热情,但无浮躁骄矜之气,温文儒雅,谦恭可亲。当然这只是表面印象。有所接触,才逐渐了解家英的才干和为人,虽然他只读过几年中学,但是在长期的革命锻炼中,却成长为政治上走向成熟的干部,"三八"式干部。

　　我们除工作来往,更多的接触是因为彼此都爱书,或者说都有爱看杂书的癖好。

　　他的杂有个范围,主要为清末民国以来的文史著译,包括政治、经济、社会史料。他研究中国近现代史,在延安已经出版了两本有关民国史事的书,早就听说是延安有数的"秀才"之一。那时我在重庆,在《解放日报》读到他写的谈侯方域的杂文,无论如何也不会想到是出自于年轻人之手。

　　我是什么也谈不上的杂,东翻西看,漫无边际,不问有用没有,"拾到篮里便是菜"。

　　他在中南海永福堂有间大办公室,除了一角放办公桌和沙发,几乎大部分地方摆满了书架。我每回去,谈完公事,他都要领我参观藏书,尤其是新搜求到的书。他有跑旧书店的习惯,常去琉璃厂。出差到上海,必去四马路上海书店,收获甚丰,我看看也过瘾。

　　家英读书没有框框,不先分什么香花毒草,不以人废言,这大概跟他长期在毛主席身边工作有关,受老人家的影响。有人说毛主席读书无禁区,凡人又当别论,我不相信此种高论。我向来认为天下只有读不尽的书,而没有不可读之书。好书坏书读了才知道,信不信是另一码事,不可混淆。我可以不信你的,但应该知道你怎么说的,读书要独立思考。同一本书,见仁见智随你,书品跟人品没有必然联系。但也有嗜臭者,比如有人独对"此处删去××字"有兴趣,有人却看了恶心。不必担忧,自有公论,一本书读了,听听议论,七嘴八舌,早晚会水落石出,更上层楼。这也是东翻西看的好处之一。这比封闭起来,只有一家之言好,提倡百家争鸣是自信心的显示,不过说话得算数。

田家英1960年在杭州。

《海瑞罢官》有人认为"要害是罢官",是为彭德怀翻案。家英读了却说看不出什么大阴谋。孰是孰非只有自己读它一遍才能知道是谁胡说八道。家英在这方面一点不含糊,不鹦鹉学舌,人云亦云。

我爱读杂文、散文、笔记,注意到家英收藏周作人、聂绀弩的集子相当齐全,跟我有的相差无几。他说绀弩杂文写得好。

那时周作人的书旧书店有,但内部发行。家英对我说:"你缺少什么,我替你找。"内部售书要凭级别,分几个档次,家英常替毛主席找书,不受限制。我忝为中央一级出版社副总编辑,也还是低档次,有些书连看看的资格都没有。

有时他来出版社,也到我的办公室看书。有一些港台书他未见过,如金雄白的《汪政权的开场与收场》、叶誉虎的《遐庵清秘录》《遐庵谈艺录》、托派出版物、《文艺世纪》杂志等，都借去看。

有一部陈凡编的《艺林丛录》，是大公报"艺林"副刊文章汇编，他很感兴趣，借去看了一两年，几经催索才还来。他在我的藏书印之上加盖了"家英曾阅"、"家英曾读"印记，这在我，还是头一回碰到。

这部书至今还在我的书橱里，每看到它，心里十分懊悔，家英爱看这部书，为什么不送给他，我太小气。

我们常常议论看过的书、知道的书，读书又谈人，谈文林轶事、古今文网、笔墨官司，等等，直言无忌，毫无顾虑。他只大我一岁，生于1922年，我生于1923年，都在15岁那年走进革命行列，我们是同时代人，有共同语言。他知识面广，有见解，我远不及他。抗日战争八年，我多半在重庆，因此，同家英讲四川话，更加投合。有时看法不尽一致，并没有因为他官大，得听他的。不是有句名言"真理面前人人平等"，真理不一定都在官手里。

在家英面前，精神上是平等的。与他相处，有安全感，不用担心有朝一日他会揭发我思想落后。有的人就得防着点，我就碰到这么一位，借我的胡风著作，说要看看，到清算胡风，却说我看了那么多胡风著作，不可能不受影响。我说，读书看报，映入大脑就是影响，难道也有罪过，也得洗脑？

中国历史上的统治者，总是跟读书人过不去，总要在这方面做文章。秦焚书坑儒，明清株连九族，到"大革文化命"，谁家有几本书就会坐卧不宁，甚至可能遭殃。书成了万恶之源，成了祸根，难道教训还不够？

家英不仅买旧书，还醉心搜集清一代学者的手札、日记、稿本，兴致勃勃拿出来给我看，并且详作介绍。近人如黄侃、苏曼殊、柳亚子、鲁迅、郁达夫的墨迹，也有收藏。他买到过一本账簿，上面贴满函牍，写信人和收信人都有来头，他一一考证，如数家珍讲给我听。他说解放初期在旧书店乃至冷摊，不难觅得此类故纸，花不了多少钱就可到手。他买回来装裱成册，汇编成书，自得其乐。

他还买了不少清人墨迹，扇面、条幅、楹联，有心收齐戊戌六君子的墨迹，已经有了若干件。他指着壁上邓石如行书"海为龙世界，天是鹤家乡"五言联告诉我，这副对联曾在毛主席那里挂了一些日子。

在实行低工资年代，家英以有限的工资和稿费收购清儒墨迹，不遗余力，不仅装裱，还要外加布套布函。

家英在十几年中收集的藏品约500家1500件。1989年北京出版的《书法丛刊》以专号介绍"小莽苍苍斋"藏品，可见其一斑。家英说，所有这些将来都要归公，故宫博物院院长吴仲超早就看上了，说都要收去。我想，家英早已有此打算。

1962年，想办一个大型文摘刊物。家英看到我试编的《新华文萃》样本，要了一本。我说上面没有批准出版。他说："我带回去放在主席桌上，他也许有兴趣翻翻。"这桩事,我一直提心吊胆,怕批评我绕过了中宣部,家英好像不在意。我想他是赞成办这样一个刊物的,否则他不会送给毛主席看。一直到1979年出版《新华文摘》,我的这一愿望才得以实现,而家英弃世已经13年,我不能送这本刊物给他了。

最后一次见到家英,是1966年5月。那时丧钟已响,山雨欲来,黑云压城。我在王府井新华书店唱片门市部,遇到家英和逢先知秘书。我是去抢购"四旧"粤剧《关汉卿》、评弹开篇等唱片。过了几天消息传来,家英面对"四人帮"的迫害,用自己的手结束了生命,终年44岁。

据家英的夫人董边同志回忆:家英离世的前一天晚上对她说:"我是江青、陈伯达陷害的。"那天深夜戚本禹还打来电话,家英没接完,就把耳机摔在一旁,还盛怒难平地说:"他算什么东西!"

由此我回忆起大约1964年或1965年去家英处,闲谈中扯到戚本禹的《评李秀成自述》一文,家英很生气地告诉我,在他手下工作的戚本禹,把一封群众来信擅自转给了地方有关组织,会使写信人遭受打击报复,违反了有关的规定。家英把此事交给党小组,用他的话说,"要帮助戚本禹认识错误"。他怎么会想到,就是这个小爬虫后来充当"四人帮"迫害他的急先锋。家英心里明白,早晚有一天要搬出中南海。令人悲哀的是,家英不是活着走出中南海!

我写这篇小文,除了怀念家英,同时想回答一个问题。广州《书报刊》"书写人生"征文启事说:"漫漫人生路,书可能是你的精神食粮,希望爱书的朋友写下最深刻的一点体会。"

我想了一下,我的体会是什么呢?能不能说,读书也是做人的权利:认识世界之权,调查研究之权,知己知彼之权,应无圣人凡人之分。

家英身居高位,我不羡慕,却羡慕他买书方便,读书自由。1964年,我奉命组织班子编《蒋介石全集》,在这方面曾经有过一点小小的方便。现在卸磨养老,买不起书,海外书友偶有寄赠,有一部分由好心人代收了,大概怕我沾染毒菌或者营养过剩,有碍健康吧。如果家英还在,知道了会怎么想?

家英说自己"十年京兆一书生,爱书爱字不爱名"。毕生追求光明,竟为黑暗所吞噬,有人说家英书生气太重。在我看来,书生气比乡愿,比八面玲珑可贵。

我怀念书生家英,我的书友!

毛泽东和他的秘书田家英

忆《中国青年》的老作者田家英

■丁磐石

　　1950年初，我到《中国青年》编辑部工作不久，老社长杨述同志即派我到田家英同志处约稿。田家英，我早已闻名，在我的想象中，这一定是位年纪较大、不苟言笑的学者，哪知见面后却发现他年纪还不到30岁，神采奕奕，风度翩翩，而态度很随和。我还没有讲完来意，他便问："听你的口音，你是四川人吧？"我点头称是。他又问："是四川哪个地方？""成都。""啊！我们是同乡，我也是成都人。你家住在成都哪里？""成都东北部的狮子巷。""哎呀！我们是街邻，我家在方正街。你记不记得，方正街和狮子巷交界的街口，也就是廉官公所那条街的北口，有个中药铺，我就在那药铺里当过学徒。"我惊讶这样一位有名的理论家，毛主席的政治秘书，是小学徒出身。我说，我常到那个药铺去买药，多半见过您。他也很兴奋，继续问我在成都上过哪些学校。我告诉他，我上的小学是省立北城小学，中学上过成都县立中学。我话音刚落，他又叫了起来："太巧啦！我上的也是这两个学校，我们还是先后同学啊！"

　　他对我更热情更亲切了，我也更不感到拘束。回到编辑部，我向杨述同志讲了这情况，杨述同志也很高兴，说："他那里以后就由你联系，你要多向他请教。"

大力宣传毛泽东思想

　　家英同志把他一生的大部分精力都用于研究、宣传毛泽东思想，他对青年工作、青年的影响，首先也是在这个方面。解放初期，他多次到中央团校讲党史，讲毛泽东思想，讲得很系统，有很多独到精辟之见，学员们反应强烈。每听到他要去讲课，好些团中央的干部都要去旁听，没有机会去，也要借听课笔记来看。他从在延安时起，就开始研读毛泽东的著作，曾把书中的论述按专题作了摘录，剪贴在一本本的土纸簿上。这是我国第一部毛泽东著作专题摘录，大有助于学习毛泽东思想。我初次在他的案头看到这几大本摘录,爱不释手。以后,杨述同志就要我把这几本摘录借来,交中国青年出版社印成内部读物,供团中央机关干部、编辑人员学习。1950年,家英同志以这专题摘录为据,拟为《学习》杂志写一系列阐述毛泽东思想的文章,头两篇文章发表后,我们曾要求他把这批文章分几篇给《中国青年》刊载,他说已经答应了《学习》杂志,不好失约,而且那样理论性较强的文章不一定适合青年。他建议我们杂志另行写些较深入浅出、简明易懂的文章。根据他的意见,《中国青年》曾按专题陆续组织了文章来分别介绍毛泽东思想的基本观点,如为人民服务,密切联系群众,开展批评自我批评,理论联系实际,掌握阶级观点,等等,这对促进青年确立革命人生观、培养优良的思想作风,起了积极的作用。学习毛泽东思想的热潮在广大干部和青年中日益高涨。1950年5月,党中央决定编辑出版《毛泽东选集》,毛泽东同志亲自选定了文章,注释工作则由家英同志主要负责。那段时期,我每到他那里,都看见他在专心致志地搞注释,为此常开夜车,把眼睛都熬红了。

1951年,《毛泽东选集》第一卷问世,举国上下都在如饥似渴地学习,而注释也深得好评。在一次学习报告会上,邓拓同志就说:"注释工作是田家英同志主持的,写得很好,值得珍贵,要好好看。"从《毛选》第一卷到第三卷出版,《中国青年》发表社论或文章进行宣传,事前都要听取他的意见。1960年国庆11周年,《毛泽东选集》第四卷出版了,他亲自指导在他身边工作的逄先知同志为《中国青年》撰写了《中国人民革命胜利的伟大记录》的长文,对这部选集详作介绍。文章既阐明了我们党在解放战争中所实施的英明的战略和策略,分析了革命取得全国性胜利的关键原因,还指出了人民民主革命彻底胜利后为何要逐步过渡到社会主义。青年们读了这篇文章后,都深受启发。家英同志对帮助干部和青年学习毛泽东思想,已经做了大量工作,但他还感到自己尚有未尽之责。1964年,他又向党中央建议,编辑《毛泽东著作选读》甲种本和乙种本,分别供一般干部和青年学习。这建议被批准后,他即主持了编选工作。

《中国青年》从1948年底复刊起,就注意刊登革命先烈、老一辈无产阶级革命家的英雄事迹。1952年,李锐同志撰写的《毛泽东同志的早期革命活动》出版了。全书分四部分,第一部分记述毛泽东在学生时代组织新民学会等活动;第二部分是五四运动前后从事革命的情况;第三部分是传播马克思主义,为建党而斗争;第四部分是在湖南领导初期工人运动。书中所引用的资料有毛泽东的手迹、笔记、记录和有关革命烈士的日记、信札、文章,以及其他革命前辈、著名人士的谈话等,全书内容丰富而真切。经过家英同志的推荐,《中国青年》从1953年第14期起,将该书加以连载。每期发稿前,家英同志都要作最后的推敲、审改。这部具有重要历史价值的著作的发表,不仅对培养青年革命斗志有很大的教育作用,而且为研究毛泽东思想和毛泽东本人提供了珍贵的资料。

提倡的重要学习方法

　　家英同志天资较高,而又勤奋好学。他知识渊博,才华横溢,不但精研毛泽东思想,又擅长诗词、文学,更通晓党史、我国近现代史以及古代史。他在延安时,曾编写了《民国以来大事记》一书,全书所据都是当时报纸消息等第一手资料,内容十分翔实。我看见后,曾借回到编辑部与好些同志轮流阅读。他在解放初为《中国妇女》杂志写的《中国妇女生活史话》,我也读得津津有味。我还在他的书架里翻出过他写的关于中国通史的部分手稿,读后也感到有许多新颖之见。看来他曾有撰写中国通史的意图,只是因工作任务繁重,始终未能如愿。家英同志在学习上还有一大特点,就是服从工作需要,干什么学什么。比如1953年,他参加起草新中国第一部宪法,我们去向他请教《中国青年》应如何宣传时,他就讲,自己不熟悉宪法学,为了做好起草工作,既仔细研究了清末到民国以后历次制定的宪章、宪法和约法及苏联、东欧各社会主义国家的宪法,还参阅了英、美、法许多资本主义国家的宪法,又读了不少的有关法学书籍。这次,他又对我们的宣传提了好意见。1954年,《中国青年》为庆祝新中国第一部宪法的诞生,接连发表文章,介绍有关宪法的基本知识,阐明新宪法的社会主义性质及其基本精神,更强调了渗透在这部宪法中的一切权力归人民的民主思想。这次宣传收到了较好的效果,也是与家英同志的指教密不可分的。

　　解放之初,我年只二十来岁,对学习马列的理论,尚不得其门而入。一个星期天,我和社里两个年纪也轻的同志为此去向他求教。他讲他个人的体会是,马克思主义有三大组成部分,即辩证唯物主义与历史唯物主义哲学、政治经济学和科学社会主义学说,学马列,无论从哪一组成部分着手均可,他说他自己则是从政治经济学开始的。这三大组成部分都贯穿着马克思主义的立场、观点、方法,钻通了一个组成部分,就能了解马克思主义的立场、观点、方法是什么。但要做到这点,就必须深入系统地学习马列有关著作。他自己在延安时学习政治经济学,就把能找到的马、恩、列的著作都读了,因能找到的原著有限,为补不足,还阅读了日本早期马克思主义理论家河上肇阐述马克思的政治经济学的著作和我国沈志远的《新经济学大纲》等。下了这一番功夫后,对马克思主义政治经济学就有了比较全面深入的理解。他又补充说,当然,说学马克思主义可先从一个组成部分入手,但并不是意味着就不必学其他组成部分,要知道,也学其他组成部分,学得愈多,就愈能懂得马克思主义。他就是这样学的,如1951年前后,他就说他正在系统读马克思主义哲学。

古今之成大事业、大学问者,必经过之三种境界:"昨夜西风凋碧树,独上高楼,望尽天涯路。"此第一境也。"衣带渐宽终不悔,为伊消得人憔悴。"此第二境也。"众里寻他千百度,蓦然回首,那人却在灯火阑珊处。"此第三境也。

除了教我们怎样学马列之外,家英同志介绍的学习方法还有不少。上面这一段话,出自近代著名学者王国维的《人间词话》,家英同志把它抄录压在自己的玻璃板下,似乎是作为座右铭。他向我作推荐说,这揭示出一个重要的为学之道。是的,学海浩瀚无涯,初学者总难免望洋兴叹,但只要下苦功夫而终不悔,必"衣带渐宽",渐渐入门。坚持下去,"蓦然回首,那人却在灯火阑珊处",必大有所悟,求得真知。

家英同志在学习上堪称是我们的表率,当年我把他提倡的学习方法一一转述给我们编辑部的同志,大家都很感兴趣。好多同志照他的意见进行学习,果然都得到很大的进步。

洁若玉 坚若铁

逢先知同志说,家英同志受毛泽东思想影响最深的,主要是两个基本观点:一是关心群众生活,全心全意为人民服务,一是实事求是。这在他一生的言行中,确有充分的证明。也是在1950年夏秋之间,我们听说家英同志在一个机关的学习会上作了题为"改造自己"的讲演,讲得很有内容,杨述同志便叫我把家英同志请到自己家里,把这讲演改写成文,在那年第45期和第46期《中国青年》上连载。这篇文章就着重阐发了为人民服务的思想,指出应无条件地为人民服务,具体地为人民服务,还介绍说,清代郑板桥写过四个大字"难得糊涂",下面加有注:"聪明难,糊涂亦不易,由聪明转入糊涂更难。"据此,他谆谆勉励青年,对有关国家和人民的大事应该聪明,多用心思,对只关个人的小事,则应糊涂,不要斤斤计较。对此,家英同志自己是身体力行的。1948年冬,《中国青年》即将复刊,他亲自把他写的长诗《不吞儿》送到我们编辑部来,在刊物上连载。此诗描述山西汾河流域贫农不吞儿一家在旧社会逃来逃去,总逃不脱地主租税、高利贷的盘剥,以致父亡母嫁,妹妹给人抵债当丫头,境况极为悲惨。这是真实的故事,全诗情节感人,吸取了许多农民的生动语言,有浓郁的乡土气息,更洋溢着对地主阶级的恨和对农民的爱。这是他1947年到晋绥地区参加土地改革在思想上获得的一个硕果,从此也可以看出他是深入农民群众,与他们同呼吸共命运的。

家英同志具有全心全意为人民服务的高尚情操,"大事聪明,小事糊涂",还具体体现为处处以国家人民利益为重,工作不辞劳累,生活作风艰苦朴素。50年代,他住在中南海静谷的老平房内,一间是他藏书的地方,四壁都是装满了书的

1965年在北京。这是田家英一生中最后一幅照片，几个月后，"文化大革命"爆发，田家英被江青、陈伯达一伙迫害致死，时年44岁。

书架，一间是他的办公室，只有一张桌子和几把木椅，还有一小间是卧室，只有四五米宽，里面仅放一张床，很黑，白天也少见阳光。他就在这里废寝忘食地工作学习，累得患了神经衰弱症，靠服安眠药才能睡觉，还是不肯多休息。他毫不讲穿着，1950年夏季的一个星期天，我和编辑部两个同志去他那里谈完工作后，他得知这两位同志是中央团校第二期的毕业生，就打电话把在中央办公厅工作、她们的同班同学约到瀛台划船团叙。一上船，他就脱鞋袜，要把脚伸到水里。他穿的是布袜布鞋，鞋面破了大洞，露出了脚趾头，大家都笑他，他满不在乎地说："这有什么关系呀！"他出身贫寒，幼年父母双亡，靠哥嫂抚养，刚上初中，哥嫂就强迫他辍学去当学徒。但他立志要"读尽天下书"，想学古文和古诗词，没足够的钱买书，就去买便宜的开明书店的活页文选来学习。哥嫂对他刻薄，他却不念旧恶，能以德报怨。1951年，《学习》杂志把他所写的一系列阐发毛泽东思想的论文汇集为《为人民服务》一书出版，他就把刚拿到的一二百元稿费寄给了他的哥嫂。一天，他请我到东单四川小饭馆喝酒吃家乡菜，饭后同我坐在正义路街口石头上闲谈到这事时就说："他们老写信来叫困难，我把这笔稿费寄给他们，免得他们去找政府救济，这也是在减轻社会负担。"他就是在这样克己为公，为国家人民着想的。

家英同志由衷地敬爱毛泽东同志。解放初期，他对我说过，叔本华曾说，对一个伟人，只能远观，多接近了，也会发现伟人也有很多大毛病，但在毛主席身边工作愈久，则愈觉得他确是伟大。他对毛泽东同志感情深厚，在抗美援朝中，毛泽东同志过度操劳，有一次，我去看家英，家英就控制不住忧虑的心情，向我透露说："毛主席最近身体不好，血压高，满面通红……"他为此很着急。对毛泽东同志的片纸只字，他都注意收集珍藏。也是1950年，我去见他，发现他桌上有张毛泽东同志写在宣纸信笺上的一首诗："钟山风雨起苍黄，百万雄师过大江……"这是毛泽东同志新作的人民解放军占领南京的名诗，我首次看到十分惊喜。他告诉我，毛主席常以练习书法作为休息，有时就写下自己的新作。他常去收拾毛主席的书桌，这是刚发现的，对这些珍贵的墨迹，他都好好保存，准备在适当的时候，影印出版。他当时不许我抄录这诗，我便把它强记下来。回到社里，我把它抄出送给杨述等领导同志看，他们都赞赏不已。

也正因为家英同志以革命利益、人民利益为重，所以他能实事求是。他虽然很敬爱毛泽东，但不迷信盲从，更不阿谀逢迎。他经管毛泽东同志的来往信件，我就亲眼看到，对毛泽东同志给人的复信，他觉得有不妥之处，就写上意见，退请毛泽东同志修改。1960年前后，他多次下农村蹲点，作深入的调查研究，痛感我们在"大跃进"中的工作失误，就敢于直言不讳。反右倾运动刚结束，我去看他，他问我在这次运动中情况怎样。我说："挨批了。"他立刻说："我也受批判了，是啊，这两年出了这么多的问题，大家怎么不会有意见？"以后，他坚持应在农村实行包产到户等正确主张，在如何进行社会主义建设的问题上，毛泽东同志同他有分歧，就不大信任他了。"守其白，辨其黑，洁若玉，坚若铁，马列之徒，其为斯耶。"这是他自撰的铭文，也因为他刚直不阿，疾恶如仇，铁骨铮铮，于是在"文化大革命"一开始，就被江青、陈伯达等迫害致死。我在"牛棚"中风闻他的死讯，心里有说不出的难过。

家英同志辞世时，年仅44岁，我至今还在想，如果他还健在，他必为我们思想理论战线的一位杰出的领导者，必为我们学术文化事业作出更优异的贡献。许多同志都为他英年早逝而哀婉，写了悼文记述他的优良品质和不平凡的一生，东鳞西爪，点点滴滴，拙文聊作些佐证，更是为了表达我个人和曾在中国青年杂志社工作过的老编辑们对这位令人崇敬的师长的深切怀念之情。

毛泽东和他的秘书田家英

记忆中的田家英

■毛崇横

　　我在延安时期就在中央警卫团工作,负责领导同志的安全保卫,直至建国后的17年间。由于田家英自1948年秋担任毛主席的秘书,在主席身边工作了18年,所以我们有较多的机会交往。我们同在中南海大院工作,虽然岗位和工作性质不同,但毛泽东外出,常常在一起,相互交往关系亲近。

　　"文革"后,我退休了,夏季在北戴河休假,多次见到家英的女儿,我给他讲述关于家英的往事,我曾说过,"每个曾同家英交往的人,都会在记忆里储留下良好的印象,这印象不但稳定而且活跃,会长久地不时地显现出来"。

　　我把对家英的片断回忆记成一篇琐记,以作为对他的纪念。

一、《信天游》

　　1948年我随毛主席转战陕北后来到西柏坡,西柏坡是一个仅有60户人家的穷山村,两列山峦中间奔流着滹沱河,平铺着一片平川地,它对于我们久居陕北山沟窑洞的人,给予着些许肥沃的享受。这年秋天,我听说毛主席处从中宣部新调来一位秘书,未得见面。一天傍晚,我在田间散步,看见不远处一个青年和一个村民的孩子在细细的田埂上追逐、奔跑、欢笑着。待我走上前去,发现眼前是一位慧俊且透着书生气的青年,经他自我介绍,方知道他便是新任的毛主席的秘书,"啊,好年轻!"我不禁上下打量了一番,他和我们大家一样,穿着公家供给的已破旧的制服,鞋子也露了脚趾,一看便知是个不拘小节的人。最突出的是他那一双大眼睛,透着智慧和机敏。从此,我们便相识了。

　　这年冬天,我读到一首上千行的长诗《不吞儿》: "风前的灯火霜后的草,旧社会的日月受不了。旧社会世事不公道,乐的乐呀熬的熬。树荫底长草草不高,穷的多呀富的少……"全诗采用陕北民歌《信天游》体写就,讲的是一个陕北贫苦农民的故事。我在陕北住了十年,深爱上了《信天游》调,它有近百种曲调,能让你理解和歌唱那块广漠黄土高原上的风土人情。这首长诗用信天游体,使我非常喜爱,但是我没料到,长诗的作者竟是年轻的田家英。从此我对田家英产生了很好的印象,渐渐地我们的来往也多起来,最终成为相知的朋友。

回想起来也很奇妙,人之相知、相亲,定调的音符是从哪个键盘上打出来的?我和家英都是南方人,竟寻到陕北民歌《信天游》这个根。

在以后的相处中,家英曾和我谈起他对《信天游》的理解: “我一到陕北,就爱上了老百姓天天唱的《信天游》,它是那么质朴,就像高原的泥土。它能出奇地运用生活中最恰当的词汇表达出最生动醉人的意境。”家英这番话正是他为什么采用《信天游》体裁来描写贫苦农民“不吞儿”的原因。

二、浴室求教

进住北京后,我们便同在中南海的一个大院里工作。那时候人和人的关系,不论是上下级之间或是不同部门之间,还保留着进城前在农村时特有的淳朴关系,不存在陌生感、隔阂感。家英又是个特别真诚直爽、简免客套不作应酬的人,相识也便相熟了。家英知识渊博,中南海的人都叫他“夫子”,很少叫名字,我不免利用机会向他求教。

记得在1951年,中南海机关里新添了一个浴室,大家都到这里洗澡,这里成了我们晤面交谈的新场所,常常大家站在淋浴下,边洗边聊天。

我们这些人长期以来在农村包围城市的战争环境生活,进城后,大城市的文化生活,一时还不能接受。对那些演帝王将相、才子佳人的戏剧,那些以花鸟虫鱼、仕女山水为题材的绘画,存在着很深的隔膜和排异。我记得有一幅毛主席和朱总司令站在牡丹花丛中的肖像画,被人批评说这花是表现封建阶级荣华富贵的,画无产阶级领袖不能用!这里边明显地有一个文化观的问题,而当时文化部门又在“割尾巴”,割掉作品里错误的、有害的、庸俗的尾巴。到底文艺作品中什么是“有害的”标准,我们心存疑问,一次洗澡相遇,我向家英道出了自己的困惑。

家英是个坦荡爽直的人,朋友之间交谈,他怎么想就怎么讲。他说:“我认为对许多作品我们是欣赏它的艺术,从而得到精神享受,获得学问。许多作品,在剥削者手里就为剥削者服务,在革命者手中就为革命者服务。艺术作品本身没有阶级性。至于说作者属于哪一个阶级,属于哪种政治倾向,这与作品将为谁服务,不一定有必然的联系。”

那时用政治标签见事物就贴的形而上学之风很盛,对于"文艺为工农兵服务"口号有着机械的简单的理解。家英的这番见解,对我认识事物大有裨益。

三、难得的见解

我记得大约是在新中国成立之初,中央规定不准宣传领导同志个人。50年代中期,新闻界中有人突破规定对从未报道过的领袖人物的生活细节作了一些公开生动的报道,引起公众的兴趣。这些报道文章中常常出现把领导人的生活小事冠以政治内容或提高到具有伟大意义的高度。一顿素食、一件旧衣都归纳为体现一个人的思想、作风。

我向家英探讨道:这类"好心"的报道文章读来让人感到很不自然,而且有悖于领导人本意,当如何正确地报道?

家英似早已有所考虑,他说:个人生活就是个人生活,领导人的个人生活同一般人的个人生活都是个人生活,大家都可以粗食旧衣,也同样具有简朴的意义。当然领导人的生活作风较一般人相比,是应提倡宣传学习的,这是其特殊之处。我以为,领导人的个人生活作风是党的作风在个人身上的体现,然而不能说个人生活作风好就一定党的作风也同样好,不能彼此替代、互相等同。他进而说道:每个人都有私生活,不应该是一样的嘛!他还说:只是领导人从事政治活动,因其内容不同,所以意义大小也就有些不同罢了。

家英给我的解答,在当年的历史背景下,是很难得的见解。

四、问卜和淘书

人们都知道,毛主席喜爱杭州,几乎每年都去,或开会、巡视,或休息。杭州自然成为我们随同外出最多的地方。去的次数多了,附近的景点不免去转转。吴山之麓的城隍庙边,是寻探命数、问卜时势的处所,卜易师,纷列道旁。我们路过看看热闹而已。一次家英从外边归来,他说,吴山的卜易师讲,他为人卜凶测吉的哲学,和马克思的哲学一样的准确,家英叫我明天和他一起去找那人辩论。家英绘声绘色地描述自己如何向卜易师讲身世、问前程,引得我们止不住地大笑,家英却严肃地分析说,这些占卜的人不同于那些迷信鬼神的巫师,他们按《周易》的道理,以理推命,某些道理是有用的。他们很有这方面的学问,只不过为了赚钱胡说的内容太多了,我们应该去深入了解,才有条件批判它,才可能吸取有用的东西。家英这样辩证地对待已被人们视为糟粕的东西,给我留下深刻的印

新中国成立初期，田家英在中南海静谷。

象。怪不得他博学多才。他遇事多用脑子分析，从不盲从。我对家英说：听君一席话，胜读十年书啊。他则说，你去找占卜师谈谈吧，亲自感受一下，也许以后就不再有这种职业了。

在杭州时，家英最爱去的去处还是古旧书店。杭州是文化悠久的城市，古旧书摊很多，家英有时约我随他一同前往，说在那里可以出较低的价钱买到北京找不到的版本，而这些版本如果再不收藏将来可能绝版了。家英在这方面很内行，北京琉璃厂、杭州旧书店的古董商虽然从业一生，也不敢在版本上敷衍他。他蹲在书摊前从一堆堆的旧书中淘出几册珍贵的书，返回的路上，他得意地向我们显示他的收获，不断赞赏版本的可贵，受他的感染，我们常得以与他分享在拯救古文化之中的快乐。

五、独到之处

新中国成立初期，大部分干部从农村的环境进到大城市，名誉、地位、待遇、享受，向每个人的人生观、价值观发起了挑战。

怎样树立革命的人生观、世界观的课题摆到日程上来。树立什么，改造什么?我又登门向家英求教。这确实是个大题目,尤其改造的对象是机关里的老干部。

家英对某些干部产生的混乱思想既很了解也很忧虑。他蹙起眉头说:主要的原因在于不学习,不懂得学习的重要。每日晃晃荡荡逝去时光,拿糊涂去充空虚,还自以为得计。这种人如何能改造,如何能做好工作。

他说,毛主席的《在延安文艺座谈会上的讲话》不单单是解决文艺方针问题的,也是解决文艺工作者人生观、世界观改造问题的,而《讲话》的精神同样也适应所有从事革命活动的人。他认为人人都需学习它,用以指导自己的思想。他要我认真钻研钻研,会大有裨益的。

1953年是我们干部队伍思想大动荡的时期,家英有如此的看法和见解,可见他对于人们世界观、人生观的建设问题已给予极大的关注,对于毛主席《在延安文艺座谈会上的讲话》的精神有独到的见解。

六、久愧于斯民

1961年家英在浙江搞调查后到杭州向毛主席汇报工作,我们又在杭州相遇,同住在刘庄。以往吃饭时,我们知道他肚子里的故事多,又擅长摆"龙门阵",饭前总是央求他给讲个故事,让大家开开心。这次他是受毛主席的委托到浙江调查农村的困难情况。他看着饭菜,神情严肃,再没有心思讲故事摆龙门,他说:农民兄弟太困难了,有一户农民因搞公社化搬了七次家,办食堂占了他的房屋,搬到庙里,庙又被征用办工业,住到亲邻家,整个村子又叫搬迁,只剩下一条扁担可以担走的全部家当,下步迁到哪里还不知道,真叫人看不下去。眼前这种集中劳动、集中吃饭、集中管理的办法,打乱了农村的生产和生活,不能维持。现在解决问题最大的障碍是干部缺少负责的精神和为老百姓做主的勇气。公社等待县里,县里等待省里,省里等待中央,自己不去解决问题。这时,他忧郁地讲了那个楼下的老头夜晚睡时必须听见楼上少爷两只靴子掷地的声音后方能入睡,某夜为了听到第二只靴子声而坐待天明的故事。我们都没有乐。他坦诚地希望我们都下去作些调查。但他说眼前搞调查的困难是干部和社员群众都不敢讲真话,而我们这些深居中央机关的人是太不了解北京以外的情况了。他深深地责备自己久愧于斯民,感叹地说:一饭膏粱颇不薄,惭愧万家百姓心啊!

后来我听说,这次调查后,家英向毛主席反映了农村的真实情况,提出一系列重要的见解和意见,受到毛主席的重视。

七、"给我找瓶茅台"

家英能饮酒,且酒量大,逢年过节大家聚在一起热闹,他能成碗地豪饮。平时也常喝,但没有听说他邀聚酒友喝酒,看来他不是嗜酒,大概是以酒助兴,在夜以继日的紧张写作的时候,靠酒提神助兴。三年困难时期的一个冬日,他找到我把手一拱,半开玩笑地说:"求你救驾来了。这一段事情太多,都得开夜车赶,没有茅台我赶不出来了,供应分内的酒已喝完了,你知道别的酒我不喝,不能帮助写东西。"我看见他的眼球充着血,声音也沙哑了。我帮他找了一瓶茅台,他和平日一样赶忙频频拱手,接过瓶子转身匆匆而去,没有一句话,确实太忙了。以后我知道了他的规律,故意逗他说:"夫子一要茅台,就是要赶大文章了。"他听了哈哈笑道:"我这点底都叫你给摸去了,知我者,毛崇横也。"

八、不如此,便不是家英

家英给我留下的印象,概括地说,他是一个开朗的人,又是一个内向的人,既开朗又内向是他性情的两个层面。这话该怎么理解呢?在我看来,他的勤读、博览、敏思、洒脱、诙谐、精于四川人特有的"摆龙门阵",这属开朗;而他的不入世俗、关门研究、刻苦从业、坚持己见,这属内向。他开朗的一面乍看起来同他生命最后时刻的选择是矛盾的,可是在我们这些熟悉他的人中,无不感到在那特殊的岁月,他的选择恰是他性格的体现。家英用死来体现了自己的价值!

1966年夏天我不在北京,得知家英弃世的消息。当时我也十分地不理解。若干年后我理解了,似乎一切又都在情理之中,不如此,便不是家英!

原载于《人物》杂志

毛泽东和他的秘书田家英

苟利国家生死以 敢因祸福避趋之

■史 莽

　　被林彪、江青、陈伯达这伙贼子残酷迫害而含冤去世的田家英同志，离开人世已有14年了。"正邪自古同冰炭，毁誉而今判伪真"，党为田家英同志平反昭雪，也已有半年。我早就有心写篇文章纪念他，可是未能如愿，于心久久不安。

　　记得今年3月28日傍晚，接到北京寄来的治丧小组的书面通知：28日下午4时在北京八宝山举行田家英同志追悼会。我看了看表，已经5点多，追悼会已在举行；而我又远在数千里外的杭州，送花圈、发唁电都已来不及了。当天晚上，久不成眠，回忆、愤慨、悲痛交织在一起，难以平静。直到深夜，才静下心来，给家英的爱人董边同志写了封长信，表达我的哀悼。

　　29日清晨在报上看到了中共中央办公厅为田家英同志举行追悼会的报道。我怀着激动的心情细读悼词，当读到"尤其值得提到的是，当党内斗争出现错误倾向的时候，在最关键的时刻，田家英同志为了维护党的团结，保护同志，不惜牺牲自己……"我再也忍不住眼泪。

　　7月乘北京开会之便，我拜访了家英的遗属，见到了他的爱人董边同志和女儿小英、二英。董边同志被"四人帮"强迫劳动了10多年，小英下乡8年，二英下乡7年，小儿子在下乡10年后却不幸去世了……真是苦难重重，感慨万千呵！

　　家英生前随着毛主席多次来浙江。他参加会议，起草文件，搞调查研究。他为浙江人民作出的贡献，我想熟悉他的同志一定会著文纪念他的吧。我只想从个人的交往中，如实地简述他的为人、治学、风格、情操方面的"一鳞半爪"，使更多的人了解他、纪念他。

　　我认识家英大约是1963年，刚从诸暨枫桥搞社教运动回来。一天晚上林乎加同志派人来邀我去玩。到了西泠宾馆，只见林乎加同志与一位年纪和我相仿、满口四川话的同志在交谈。一介绍，才知道这位四川同志就是久闻其名的田家英。我早知道他从解放战争时期起就担任毛主席的秘书，现在是"八大"代表、主席办公厅副主任、中共中央办公厅副主任,又是中共中央政治研究室副主任。我当时在省委政治研究室工作,一般干部而已,论职位是"下属",于是乎不免有点矜持,态度比较冷漠。不料家英却热情、坦率、开朗,不在乎什么职位高低,一见如故地跟我谈论起清人的书法来,还拿出一副赵之谦的对联给我看。我看了看说是假的、赝品。他问我根据何在。我谈了自己的看法,并说赵书喜用侧锋,比较容易鉴别,他同意我的看法。

从赵之谦的书法谈到他的篆刻,从篆刻又谈到浙派篆刻名家"西泠八家"。谈起"西泠八家",家英忽然遗憾地说:"八家中七家的字我都有,独缺最重要的一家——丁敬。"我告诉他,丁敬的字在杭州比较容易买到,因为丁是杭州人。他就托我为他觅一张。我答应到杭州书画社去看看。家英于是问我是否收藏字画。我告诉他,我不收藏字画,只买一些与工作有关的古籍和古代工艺品。他颇以为然,认为搞学问要有专长,收集这类东西也要随学问而有所专注。

过了几天,征得杭州市文化局负责同志的同意,杭州书画社把两张内柜出售的丁敬的字送去让家英选购。一张是丁敬送人的,立轴,写得端正,裱得讲究。另一张是丁敬的《豆腐诗》草稿,写得随便,印章也是后人补盖的;但是内容好,字也天趣盎然。家英一时决定不下来,又邀我去帮他下决心。我力主买《豆腐诗》。他同意了,花了60块钱。"诗、字都好,就是价格太贵了。"记得买下后我说了这样一句话。因我总感到靠工资过活的我辈花这么多钱买一张字,有些犯不着;虽然我有时也做类似的傻事。家英察觉到我在顾虑他的经济负担,就解释说:"我没有什么嗜好,一个月的工资省出一点钱来买一二张字,还是负担得了的。"我没有再说什么,只是心里有些不安,因为此事是我促成的。

记不得过了几天,一天晚上家英忽然来我家辞行,告诉我第二天就要返北京了。他的来访,说实话,很出我的意外。这使我看出他与众不同的风格:平等待人,看重同志之间的情谊。那天晚上我们谈得比较多。他告诉我,他专门收藏清朝人的字,现在已近千件,十几年的工资,除了衣食以外,几乎都花在这上面。为什么要孜孜不倦于此呢?记得他讲了三层意思:一是欣赏祖国的这门古老艺术——书法。二是收集近三百年来的史料,如他曾收集到龚自珍的诗文、鲁迅的书信、李大钊的文稿等。三是"人舍我取",一般人多欣赏绘画而不看重书法,更不看重年代较近的清人的字,倘不及早收集,不少作者的作品有散失、泯灭的危险。

家英的话我是能够理解的,因为深有同感。我告诉他,为了收集研究文学史和艺术史而用的古籍和实物资料,我也省衣节食,耗尽了十几年微薄的工资,有时甚至断炊、负债,做"举鼎绝膑"的蠢事,被人当作傻瓜看待。家英深有感慨,也带鼓励地说:"无论做什么事,干工作也好,搞学问也好,都得有这么一股傻劲。"那天谈得很晚才走,我送他出门,路上已没有什么行人了。

延安时期的田家英。

这是我认识家英的开始。

以此为始，家英每次随毛主席来杭，我们总是见面的。工作之余，有时邀我到他下榻的宾馆去，更多的是来我家里。三年的交往，使我逐步了解了他的身世、思想、学识和为人，深深感到他是一位值得钦佩的好同志。不少反映出他的风格的往事，时过十几年，尚历历在目，记忆犹新。

有个时期我在研究浙江的古木刻，可巧他上我家来。他见我写字台上堆满了古木刻集，其中有一部是30年代鲁迅和郑振铎两位先生合编的《北平笺谱》，就问我有没有另一种他们合刻的古木刻集《十竹斋笺谱》。我说只有《十竹斋画谱》，《笺谱》没有。他就慷慨地说："我有一部，是郑振铎送的。我不搞艺术，留着没用。'宝剑赠壮士'，送给你吧。"他言而有信，返京后不久就托上京开会的汪弘毅同志把这部名著带杭送我。这是一部纸墨精良、绸面锦函的精装本。我打开书衣，在扉页上发现他盖的一方印章："以俭养廉，将勤补拙"——这大约是他的"座右铭"之一。

提起"座右铭"，我记起他还有两方给我印象更深的印章。这两方印章是意思相连的一副对联："苟利国家生死以"，"敢因祸福避趋之"。这副对联是鸦片战争中抗英禁烟名臣林则徐的诗句。鸦片战争后，卖国投降的清王朝为了惩罚林则徐，把他远远遣戍到新疆边陲伊犁。57岁的林则徐在告别妻儿时，写下了一首十分感人的七律《赴戍登程口占示家人》。上面的两句诗就是此诗的"颔联"，用了《左传》上的故事，即郑国大夫子产改革军赋制度遭人诽谤，子产说："何害？苟利社稷，生死以之。"（见昭公四年）林则徐这两句诗的意思是："如果有利于国家就不顾生死去做，哪敢为了个人的祸福而躲避或追求它。"不难看出，这两句诗表现出一种只求有利国家、不计个人得失的高尚情操。家英看重这种高尚情操，才把它刻成印章，作为"座右铭"的吧。

又有一次家英来我家，见我在翻阅各种《砚史》，就开玩笑地问："你想做当代的拜石米癫吗？"我向他解释，石刻是造型艺术中的重要门类，存有不少不朽的艺术精品，故石工在鲁班殿上是坐第一把交椅的。但是研究起来很困难。古石窟太远，石牌坊太大，石印章又太小；石砚是最适宜我这类业余搞艺术史研究的有关石刻艺术的好资料。有时在铭文、题跋中还能得到意想不到的"绝妙好辞"和珍贵史料。为了证实我的话有理，我把自己收藏的几方有代表性的石砚给他看。他兴致勃勃，边欣赏，边品评。他的艺术欣赏水平很高，不大看中那些精雕细刻的，而喜爱那些加工少、品格高的巧作。不过他尤其爱好学者的"著书砚"，对一方清初学者万寿祺所用、后又为汪为霖和查士标所藏的紫端砚，摩挲不已。他兴趣十足地说："我也有几方学者的著书砚，将来凑成十方，刻它一颗印章：'十学人砚斋'。"

还有一次，家英从嘉善魏塘搞农村调查回杭，先要逢先知同志送给我一些湖州土产酥糖、粽子。我估计他可能会抽空来看我。不出所料，没几天他来我家了。大约工作顺手吧，他那天情绪很好，在我的小楼窗前，相对而坐，喝着清茶，畅谈起来。他谈嘉善魏塘的调查，我谈上虞梁湖的社教；他谈成都的杜甫草堂，我谈绍兴的陆游沈园。接着又谈起上一次我给他看的"别下斋"的一千多封清代信札，他认为是一批难得的晚清史料；从史料又转而谈到我当时在看的杂文集——马叙伦的《石屋余沈》。我说："想不到《石屋余沈》中保存着四一二反革命政变的史料，蒋介石作出'清党'决定，当时作会议记录的竟是马叙伦！""这书我也看过，他还有一本《石屋续沈》，你看过吗？""没有。""我替你找一本，里面有不少杭州的史料。"

从杂文中保存着史料谈起，话锋一转，谈起治学的问题来。我知道《毛泽东选集》前四卷的近千条注释，家英是主要的撰稿人和审定者，而当时他年纪不大，40岁左右。我就问他用什么方法掌握这样大量的史实和知识。他坦率地谈了他的身世，说他自小是个孤儿，兄嫂抚养的，没有上几年学。16岁就投奔延安，在工作中刻苦自学，"太忙就挤，不懂就钻"，逐渐积累起知识来。他写过长诗，编过史书。至于《毛选》注释，他说除了看原稿、查档案、翻正史外，还得力于这几条：一是提纲挈领地编写大事记，如他在延安时就编写过《民国以来大事记》，解放后仍不断修改、补充；二是多看杂文，他收藏的近代人的杂文有十几书架之多；三是收集清人翰墨：书法、信札、日记、文稿等等，有时会有意想不到的收获。家英那天谈得很多，可惜大多我已记不清了。还记得我当时的思想活动是：一面听他的叙述，一面在脑海中浮起马克思的名言："在科学上面是没有平坦的大路可走的,只有那在崎岖小路的攀登上不畏劳苦的人,有希望到达光辉的顶点。"

家英最后一次随毛主席来杭是1965年冬,工作繁忙,住得较久。他住的宾馆与我家只有一街之隔,相距极近,故跟往常一样,工作之余就上我家里来,一杯清茶,畅谈半天。

一天他陪来了艾思奇同志等3位客人,都是从事哲学研究的。艾是云南人,矮矮个子,安详沉着,年已花甲,还锐意读书。刚买了2000多册的《四部丛刊》,看到我的《百衲本二十四史》,仍感兴趣,托我也为他觅一部。那天5个人稗史野闻、掌故文物,谈得很随便。最后家英邀我第二天陪他们上凤凰山寻找南宋故宫遗址。我说南宋故宫在元初被髡贼杨连真珈糟蹋殆尽,目前遗址虽存,却没有遗物了。家英不肯罢休:"到了杭州,哪能不看看南宋故宫的?剩下遗址也要看。"我知道他好学,随时随地增进自己的知识,当然不好扫他的兴。第二天,只得带了《咸淳临安志》,陪他们跑了一趟凤凰山。不过收获还好,金碧辉煌的深宫大殿虽已荡然无存,还是看到了一些当时的遗物:宫前的"排衙石"、宫后的"御花园",以及御道石阶、宫内古井和一根巨大无比的石门槛。

这次家英来杭给我印象最深的,是一次雪夜来访。那天大雪飘了一整天,晚上仍纷纷飘洒不停。我难得地升起了一盆炭火,翻读文物出版社出版的木刻大字本《毛主席诗词十九首》。忽然家英意外地来了。雪夜客来,分外高兴,不过我没有什么好招待的,恰如古人所说"寒夜客来茶当酒",仍旧是一杯龙井清茶。他兴致很好,围着炭火,古今中外地又谈开了。

大约家英看到我在读毛主席诗词,这夜谈了一些毛主席的事,当然是关于学问方面的。家英非常钦佩、爱戴毛主席,他说当代人中间,学识称得上博大精深的首推两个人,一是毛主席,一是鲁迅。我谈了一点自己的肤浅感觉,说毛主席不仅对祖国的历史非常熟悉,见识卓越;好像对《老子》、《唐诗》也很熟,他的字有点像怀素。家英认为我的感觉是对的,说毛主席不但通读了《资治通鉴》,还在通读《二十四史》;各种注释本的《老子》和各家编选的《唐诗》也收藏不少,能一字不差地默写出白居易的《琵琶行》;至于书法,他确实欣赏唐朝长沙僧人怀素的草书。家英还谈到我看的这部木刻大字本《诗词》,说毛主席对这些诗词自己作过注释,就是眉批在这版本上的;并说将来如果发表,他一定按毛主席批注的原样替我过录。谈话偶尔也涉及到1957年以来、特别是1959年庐山会议以来的党的工作,家英反映出来的情绪却比较低沉。他说1959年他在四川农村作过调查,当时农村工作中存在的问题和人民的疾苦他是知道的,但他无能为力。在三年困难时期,他曾写过这样一首七绝表达他当时的心情:"十年京兆一书生,爱书爱字不爱名。一饭膏粱颇不薄,惭愧万家百姓心。"

临行时我告诉他,后天我又要到梁湖搞社教去了。他想了一想说:"好,明天为你饯行。"我说："又不是出远门，饯什么行。"他却很坚决："一言为定。"

第二天晚上，家英果然搞了一些好菜，开了一瓶茅台，为我"饯行"。同席的仍是艾思奇同志等3位。我不会饮酒，他开玩笑地说："李太白斗酒诗百篇，你不会饮酒，如何写诗？"临别，我把几年前他赞赏的万寿祺的著书砚送给他，预祝他早日凑成十方，做"十学人砚斋"斋主。他风趣地说："'十学人砚斋'的印章，我早就刻好了！"万万想不到，这次分手，竟是我们的生死诀别！

我得知家英逝世的不幸消息，是1966年秋。当时"文化大革命"初起，全国沸腾。我也受到运动冲击，失去了自由。有位秘书同志隔离比我迟，外面的情况知道得比较多。一次我们在一起劳动，他偷偷告诉我："田家英同志去世了！""什么？！……这消息可靠吗？"我震惊，简直不敢相信。"绝对可靠！"他看看四周，悄悄地答了一句就走开了。

回到隔离室，我独自久久地枯坐着，反复思考这个惊人的、伤心的消息。开始我认为这像"石头变鸡蛋"一样，是不可能的；后来想想自己的遭遇，一个早上共产党员变成了"反革命别动队"，那么，家英的受冲击以至逝世，也不是不可能的。转而想想，这类事情地方上固常发生，中央机关不至于如此吧？但联系当时的现实，国家主席、党的总书记尚且被"打倒"，德高望重的老师、副总理都被"炮轰"、"火烧"、"油炸"，那么含冤去世这类不幸的事，有什么根据一定不可能发生在家英身上呢。同时想到家英的为人：坦率、耿直、不说违心话，敢于直言忠谏，揭露虚假，鄙弃浮夸，憎恨邪恶；想到他的"苟利国家生死以，敢因祸福避趋之"的精神，敢于为党、为人民挺身而出，承担风险……想到这些，就觉得这个不幸的消息一定是千真万确的。家英当时44岁，他的早逝，使我深深感到悲痛。党失去了一位年轻有为、博学多能、高风亮节的优秀干部，我失去了一位知心好友。在隔离室的昏暗灯光下，我匆匆写了一首悼诗，当时无心推敲平仄，事后也不忍重写。这诗收在《冰河集》中，现抄录出来，作为我献给家英灵前的花圈吧：

　　　　耗讯忽从京都来，西子湖畔哭英才！
　　　　烽火连天担重任，大雪纷飞见风采。
　　　　集艺楼中赏书砚，凤凰山头觅楼台。
　　　　谁知一别成终古，怅望云天雾不开。

　　　　　　　　1980年秋再稿于西湖北岸

原载1981年《浙江学刊》第一期

毛泽东和他的秘书田家英

我心匪石

■陆 石

吟诗怀故，本是人之常情；而一旦人亡诗在，贸然触发，则倍觉神伤。此种情景，这些年我已经历过多次，每次都令人怅然久之，悲愤难抑，而此次尤烈。这天偶然翻阅《诗经》，读到《柏舟》①一篇，我的两眼一下定住了。

> 我心匪石，
> 不可转也；
> 我心匪席，
> 不可卷也。

似乎，一个人从诗行中站起，向我微笑……"噢，这不是田家英吗！？"倏地，一桩桩往事，波涌似的从心底泛起……

窑洞初逢

1940年，5月的延安，春漫延河花满山。同学们每次上山，总要撷回花束，或插在屋里，或供在书桌上，把斑斓多姿的春意带进紧张的生活。

星期天早晨，我特地上山采了一束鲜花，换上五一节新发的列宁服，兴冲冲地奔向马列学院所在地蓝家坪——要去拜会一位慕名已久的人物。

马列学院，是延安的最高学府，是高级干部和理论干部进修学习的地方。走进大门，心底立刻升起肃穆之感。院里很清静，很整洁。走上山坡，面前岔开三条

---

①《柏舟》诗，系一首描写古代妇女不甘屈服，坚守自己信念的抒情诗。匪，古非字。这四句的意思是：我的心不是鹅卵石，不可以随便转来转去；我的心不是席子，不可以随意卷来卷去。

小路,分别通向三排窑洞。他住在哪一排窑洞呢?

正在犹豫,身后忽然传来问话声:"同志,你找谁?"

我回头一看,一位英俊青年,手提铁壶,正信步走上山来。

"找田家英同志。"我忙回答。

青年好奇地打量我:"你认识他吗?"

"不认识……"

"请跟我来吧。"他爽快地跨到前面去引路。我很感谢这位热心同志的帮助,跟他走到第二排第四孔窑洞跟前。他推门进去,放下铁壶,见我还站在门口呆等,便笑着说:·

"请进来吧,我就是你要找的人。"

"啊,你就是……"

我迟迟疑疑地走进屋。许是眼光透露出又惊又喜又带点惶惑的神情,惹得他哈哈大笑。

"你是想刚才为什么不告诉你吧?既然来了,话准不少。与其站在太阳地里讲,不如进家来消消停停地坐着谈。你说对吗?"

接过开水碗,我这才仔细地打量他。白面书生的样子,瘦高个头儿,穿一身灰布制服,浓黑的眉毛下面闪着一双大而有神的眼睛,直直的鼻梁支撑着宽阔的前额。

"你真的就是田家英?"我有点拘谨地问。

"怎么,你还认识另一个田家英?"

一句反诘,弄得我有些惑然,忙辩解说:"不,不……哪一个我也不认识……"

我见他笑,悟出自己的话不合逻辑,也忍不住跟着讪讪地笑了。

我送上一束山丹丹花。

"谢谢。"他接过花,看了看,闻一闻,显然很高兴。"你倒是个有心人。贵姓?"

"姓陆,叫陆石。"

"你是'青干'校的?"

"你怎么知道?"

"你这身列宁制服,不是'青干'和'女大'特有的么?你又不是女的,显然是'青干'的啰。"

他拿着花在屋里转了两转,想找个什么家什把它插起来。

这个人的观察力够敏锐的——我心里想。目光追随他的走动,粗略浏览一下窑里的陈设。除了那张二屉桌外,还有一个书架,一个文件柜,一把椅子,一张方凳,三块木板搭张床。床上叠着印花被面的被子;地上搁着一只熟铁壶,一只镔铁壶，一个脸盆和一个搪瓷茶缸；桌面放着一垛书，一个土瓷笔筒，一瓶用变色铅笔化成的紫墨水；还有一盏煤油灯，这是对教员的优待品。东西虽杂，却放置得各得其所，井井有条，显出一派清爽雅致。

我正在端详桌上的笔筒，田家英顺手就把山丹丹插了进去。

"不错的。"我说，"不过得加水把它养着，这样，花就不会早凋。"

"对，就按你的意见办。"他立刻抽出几只铅笔和蘸水钢笔，提起镔铁壶往笔筒里掺上凉水，又向花冠洒了一些水。鲜花一沾水，显得格外精神。他左看右看，高兴地说："花可是个好东西，不管开放在山野，还是点缀在室内，都能给人增添生气、活力和色彩丰富的想象。"

真没想到，一束山丹丹引起他这么强烈的反应。是的，凡是热爱生活的人都热爱鲜花。重新落座，从花谈起，我们就这么认识了。

"你说是特意来找我的？"

"可不是，我慕名而来。"

"慕名？慕谁的名，我的，还是马列学院的？"

"当然是你的。"

"你在讲笑话吧？无名之人，何慕之有！"

"绝对不是笑话。我知道你已经好些年了，访你也访了好些年。我慕你那'神童'之名！"

"哦！神童？"

他忽然纵声大笑，笑得开心，笑得呛咳，扑哧一声几乎把喝在口中的开水喷了出来。

"神童"及其注释

1936年，四川省成都市曾掀起一场笔墨论战。一位姓刘的老教授写了一篇论文学救国之道的文章，说是"文学欲救国，不得自作主张，非以国府(国民党政府)之方略为准不可……"文章登出后，田家英起而驳之；刘教授不服，撰文以争。几经较量，因田文论据充分，立言严谨，笔锋犀利，无懈可击，对方无言以对，甘拜下风。

笔战休止，刘教授揣度他的论敌可能同自己一样是位学者，或系某左翼作家的化名，特意前往拜识；相见突然瞠目，原来是个年仅十四五岁的中学生！

"神童！真是神童！"刘教授愣对一张娃娃脸，不禁连声啧啧。

于是，"神童"田家英之名，盛传蓉城学界。

1937年端午节，我从重庆返故里南川县，送给启蒙老先生彭德元一支方竹手杖——在竹面一寸见方之地刻着唐初少年诗人王勃的《滕王阁序》。他用放大镜仔细观察镂文，慨然而叹：

"七百余字包容了多大的天地，无怪人称王勃此作是'神来之笔'，确算一代神童！"

由古代神童谈到蓉城的神童，两相比较，今尤胜昔。彭老先生盛赞田家英年少志宏，自幼过目成诵，博览群书，"真乃蜀中奇才，国之望也。"

我当时18岁，在渝读书。只要遇见来自成都的学生，概要打听"神童"的情况。神交既久，倾慕愈炽，后来好容易趁个机会上蓉城，可是遍访不遇，只得怏怏而返。

田家英自幼不幸，父母早逝，只得仰赖哥哥和自私自利的嫂嫂过活。父亲遗下的一爿中药铺，被兄嫂继承，不事经营，只讲吃喝，弄得家境每况愈下，迅速萧索下来。嫂嫂尤其泼悍，辍了小家英的学业，逼他上中药铺当了学徒。

逆境砥砺有志者。小家英虽然当了学徒，上进的心愿更切。他把药房当书房，柜台做书案，生意闲暇便专学文章，勤奋攻读，夜以继日。

"你是哪一家的少爷？成天抱一本祭文，要我把你当祖宗供起来呀！"嫂嫂下禁令了。

"就是要读！"小家英居然敢于反抗，"你们不想上进，未必我也不想上进？"

嫂嫂火冒三丈，抓过书来，一下摔在地上。"你还嘴硬！你晓不晓得，长兄当父，长嫂当母？你不听哥哥嫂嫂的话，就是违抗父母之命，这还了得！"

谁知小家英并不吃封建伦理那一套，拾起书来，故意"啪啪"地拍灰。

"兄爱则弟敬，嫂贤则家和；不爱不贤，家败之源！"

然而，家英毕竟太幼，赌吵的结果是挨了骂又挨了打。后来，经过亲朋劝解，还是让他复了学。风波表面上平息了，但嫂嫂视他如仇，特别当开饭的时候，不是拉长脸子，就是冷语伤人。生活折磨加上精神虐待，逼使小小的家英更加勤奋地学习。他决心冲破这个笼子，到广阔的天地间去飞翔，发狠要"走遍天下路，读尽世上书"。

升入中学，接触的人和事多了，眼界逐渐开阔。他经常同一些进步同学谈论时事，对国内的军阀混战和蒋介石的专制独裁深恶痛绝，尤其憎恨反动势力屠杀共产党人和爱国学生的暴行。他们痛感国难当头，民族危亡，社会黑暗，从而意识到有志者肩上重担的分量。从14岁起，家英就在《华西日报》上发表文章，针砭时弊；后来又主编一个小刊物，宣传救国救民的思想。

1936年，田家英接受中共党员侯方岳同志的启迪和帮助，开始从事中共成都市地下党组织领导的革命运动，成为党的外围群众团体"救国会"的积极分子。

往返蓉城几次，有关田家英的传闻轶事打听了不少，可惜始终未能晤面。原来，不满16岁的他，于1937年7月抗日战争爆发后，在党的指引下，同几个进步学生，已经冒着生命危险奔赴了延安，奔向了光明。这是直到后来我也到了延安，方才知道的。

现在他见我追叙"神童"之往事，不禁爽朗地笑着，指着我说：

"陆石，我看你挺喜欢童话。什么神童，你快把我描写成一个传奇式的人物了！"

"不对，"我分辩道，"我讲的都是真实的事。"

"你这个人也太老实了，太天真了，那样容易上当受骗！"

我愕然："怎么叫受骗呢？难道你的驳斥文章是假的？那场笔墨官司也是虚的？"

"文章不假，论战也实，不过，什么神童鬼童，完全不是那么回事！"

"此话怎讲？"

家英同志见我惑然莫解，就止住笑，挪过凳子靠我坐下。

"刘教授为什么连呼'神童'？那样大的名气，同学生娃儿打笔仗竟然输了，他不但不恼，反而赶着给论敌贴一张金字标签。陆石，你看他的用意在哪里？"

"哦！还是你有见地。"我恍然大悟，笑着说，"你是神童，他自然就是仙人了。只有仙人才配同神童较量。要不，他那老脸往哪里搁，他又如何能泰然下台？"

"聪明！这才是问题的实质哪！"

家英同志高兴地拍拍我的肩头，起身踱步。我再一次惊讶地发现，他那眼里忽又闪起明澈而智慧的光辉。

"我们可不能轻信，不要不经分析就盲目地承认一切。世上有那么一类人，为了某种需要，往往利用人们的善良和无知，编造出'神童'一类的谎话，去迷惑人，也抬高自己。你不见，那些算命的，拆字的，看相的，不也挂着'小神仙'、'铁嘴'之类的幌子招摇过市吗？不论什么人，只要头上加一顶'神'冠，就会招来一种盲目的崇拜和迷信——这是几千年封建社会给咱们民众留下的一副沉重的精神镣铐。这副镣铐，也许还得戴许多年，但是作为革命者，我们应该首先把它砸碎。所以我说，陆石，抛弃你那关于'神童'的神话吧。"

在通向桃林的路上

家英同志是研究历史的，当时在马列学院当历史教员。他对中国史和世界史都很有研究，尤其精于中国近代史和现代史。我对历史也很喜欢学，特别对春秋战国时代的学术思想概况感兴趣，所以常去向他请教。只要提出问题，他都很耐心很明晰地给以满意的解答。他劝我学历史最好采用"逆学"，就是先学现代史,再学近代史,然后学古代史,西洋史也可借鉴——这样对我们现在的革命斗争更有用。论年龄,我痴长两岁,论学问,却望尘莫及。他是那么成熟,思想又那么敏锐和深邃,而我却往往显得幼稚而笨拙。所以,我以师事之,心悦诚服。

1941年秋,家英同志调到中央政治研究室,住在杨家岭西邻的王家沟。我也调到鲁迅艺术文学院工作,住在桥儿沟。相距20多里,来往虽然不如以前近便,但我仍旧有空就去看望他。我们讨论的问题并不限于历史,文学、哲学、政治经济学,等等,都讨论。我发现他研究的对象极广博,治学态度也很严肃,从不信口回答我的提问。发表意见不仅持之有据,而且总是同当时的实际斗争紧密结合的。分析一个具体问题,他常列出几种不同的方案,反复比较,从中挑选一种更合乎实际的;对其余的也决不简单地否定了事,不对的,说明它为什么不对,不完全的,指出它哪些地方不完全。他那种科学的态度,求实的精神,民主的作风,对同志推心置腹的品格,深深地感染着我,影响着我。

有一天,我们漫谈着走下王家沟,打算逛一逛桃林。

桃林,坐落在王家坪外一片平川上,离王家沟不远,它同延安人一样单纯而质朴。二十来株桃树,组成一座林园,春天是一片绯红的花朵,夏秋则是一片青翠的绿叶。树下置放着十来张石桌,配上石头条凳,可以供人喝茶,谈天,下棋玩扑克;节假日之夜,还可以组织露天舞会和广场演出。可以毫不夸张地说,它是延安唯一的公园,是延安各机关学校的同志们休息、聚会的地方。

我们沿着延河前行。迎面横过一群毛驴子,那是从三边①回来的,一头头驮着沉甸甸的食盐口袋。几个老乡吆喝着。其中一个年轻的老乡,头缠雪白的羊肚子毛巾,甩了一下响鞭,用他那陕北高原特有的男高音,迢声夭夭地唱起《信天游》——

　　　　一道道沟来一道道湾
　　　　赶上那毛驴走三边哟
　　　　哦,得咧咧咧……

另一个小伙接着唱——

　　　　山丹丹开花背洼洼红
　　　　咱陕北出了个毛泽东啊

---

①"三边",原是陕北的安边、定边、靖边三县的统称,抗日战争时期是指陕甘宁边区的一个分区,当时辖定边、盐池、靖边、吴旗等县。盐池盛产食盐。

歌声洋溢着胜利的豪情。延河对岸在菜地里干活的八路军战士们，应声直起腰来，挥着手，接着乡亲的余音齐声唱起来——

　　红瓤瓤西瓜香又甜
　　八路军同老乡心相连
　　共产党领着咱们闹革命
　　打垮反动派穷人大翻身

歌声此起彼伏，延河两岸一片欢腾。

那边的战士拖长嗓音喊道："喂——老乡，你们辛苦了！"

领头的老乡立刻高声回答："啊——同志，你们受'熬煎'啦……"

春风把那边愉快的答谢又送过来："莫啥——延安的小米'美的太'①！"

好一派军民鱼水情！行人们停立观看，一齐拍手而笑。

家英同志微笑着向我耳语："看见了么，这就是我们力量之所在！"他仿佛忘了游桃林的事，转身随运盐队走去。

我紧追几步赶上了他，正想拽回他来，他却操着陕北话同一位年纪大的老乡攀谈起来。

"老大爷，咱们相跟上走行吗？"

"有啥不行的。"老乡瞅了我们一眼，抹去胡须上的尘土，笑了一笑。

于是结伴同行，一问一答，越谈越热乎。那老乡姓耿，极自然地谈到他的个人生活，家庭境况，婆姨娃娃，锅碗瓢勺；又回忆他3岁时怎么从山东荣成老家逃荒出来，他父亲把他放在梨筐里，一头挑口破锅，一头挑上他来到陕北；又讲起1935年闹土地革命的情况，一直叙到他参加南区运输合作社当上了运盐队长……

"而今的日月一年赶一年兴旺，这都托共产党、毛主席的福哩。"耿大爷乐呵呵地说。

家英同志说："好好干，往后的年月定比现在还要兴旺。相信吗？"

"那咋不信！"耿大爷扬鞭抽出一声脆响，"驾！运咸盐，走三边，心里痛快！"

我一面听他们谈话，一面暗自琢磨，家英同志有一种什么力量，使得这位素昧平生的老乡，经过短短的交谈就如此信任他，而乐意把自己的一切毫无保留地对他讲呢？是因为他具有文雅而不显清高、庄重而不现刻板的气质呢，还是由

————————

①"美的太"，陕北方言，美极了。

于他爽朗而坦率的性格呢?恐怕兼而有之;更重要的是他感情真挚,尊重群众,谦逊待人,所以才深深地打动了老乡,使老乡觉得他是一个信得过的好干部。

分手时,耿大爷一再邀请家英同志(也捎带我)去他家做客。我们连忙点头答谢。

返回原路,我们默默地走着。

"一部近代史,就是人民斗争的历史。"家英同志若有所思地说,"作为一个历史学家,如果他只晓得钻书本,啃案头,而不接近人民,了解人民,可以断言他什么都不懂,只不过是一个书蠹罢了。"

红枣与蜜瓜

1942年春节,我踏着皑皑白雪去看望家英。1月8日,他在《解放日报》上发表了一篇文章《从侯方域说起》,非常好,我一气读了两遍。听说毛主席很赏识,特地叫他去谈了一次话。

不巧家英外出未归,窑洞前堆着一个大雪人,好像留着它看门似的。我在门上留了一张字条,就去看丁冬放同志。冬放同志在青干校当过政治经济学教员。1941年调到中央政治研究室工作。应我的要求,他转述说,主席称赞家英那篇文章立论正确,旗帜鲜明,切中时弊,有气魄,有锋芒,文字也是好的。主席指出:抗日战争进入相持阶段,很需要这样的文章,给"大后方"那些因看不见国家前途而消极悲观、空虚颓废的人抽一鞭子,促使他们猛醒,不要倒退……

"就这些?"我听得出神,忙追问,"对家英个人,主席还谈了什么?"

"对家英同志嘛……"冬放同志正在沉思,家英一步跨进门来,笑着说:

"搞自由主义呀!背后说人的怪话呀……"

冬放同志指着家英说,"真是说曹操,曹操就到!"然后转向我,"你问本人吧。"

回到家英的窑洞里,他脱下棉衣,拨旺盆中炭火,动手煮红枣。

"大年初一,没什么好东西款待老朋友。不过,这红枣又大又甜,是很好的补药呢。"

"呃,不要说你这个补药了。最好的补药,还是讲讲主席给你谈了些什么。"我几乎是在央求他。

"丁老师不是给你讲了吗?"

"就那么一点?打了埋伏!"

家英同志笑而不答,只顾侍弄煨在火盆上的红枣缸子。"哎,你最近研究什么学问……"他试图引开话题呢!

我没答理他。我深知，他最鄙视某种人——偶尔同伟人或名人见了面，谈几句话，甚至仅仅握一下手，就拿来到处宣扬、炫耀，借以抬高自己的身价。所以，他不愿意多谈毛主席同他谈话的事。

搪瓷缸子里的水开了。红枣上下翻滚。他用小铜勺把漂在水面上的一层白沫撇去，又把红枣翻了翻，还说如果不及早撇掉白沫，红枣和汤都将带苦味……

"你怕我泄密是不是?"我急了，拿话激他。

"什么泄密，"他仍然装作不懂，"吃红枣!"

"人家跟你说正事，你反倒王顾左右而言他!"

"你莫气，"他见我要恼，便说，"我有啥子不能跟你说的?毛主席讲的话，重要的是精神，其余全是次要的。"

我了解"其余"二字的含义。毛主席除了评价他的文章外，当然也会关心他本人，比如问起他的身世、现状，给予鼓励，等等。而这些，他是无论如何也不肯说也不愿说的——这是他的性格。

他把铜勺递给我，让我吃红枣。我接勺在手，舀起一枚红枣，却不忙着吃。

"你今天要是不讲，这红枣吃起来有啥味道?"

他沉思，一双发亮的眸子瞅着我一转，脸上挂起一丝神秘的微笑。

"有韧性!游击战术算你学到家了!看在你今天是客人的分上，为了不辜负这又甜又面的红枣，我们就边吃边谈吧。"

他把红枣倒进碗里。我一面津津有味地嚼着，一面听他讲述。

主席指出文章的不足之处，在于对侯方域的政治本质没有明确点出来。侯方域反对阉党余孽阮大铖本来是动摇的，他还不如那个秦淮歌女李香君。后来，他赴清朝的乡试，中了副榜，为清朝官府镇压农民起义出谋划策。从动摇派走向投降派，这是他必然的归宿。现在，在抗日阵营中，类似侯方域那种清谈抗战高调、骨子里要投降者，大有人在。

家英同志站起来，情绪有些兴奋。他把已经拈起的一个红枣又丢进搪瓷缸里，踱来踱去地抒发自己的见解。

"主席指出这点非常重要。其实，大后方确有那么一批空言国是、实则营私的投机分子，他们不正是今天的侯方域吗?翻开二十四史看看吧，大凡唱高调、讲大话、务名不务实的人，都是不讲原则的;而不讲原则的人是什么都可以出卖的。从洪承畴到吴三桂，以至侯方域，不是连国家和人民都出卖了吗?所谓明末四公子中，真正具有民族气节的要算冒辟疆。冒辟疆是比较着重实际的，清兵入关后，他就隐居山林，不事清朝，全节而终。所以我常想:为私者务名，念国者务实;务名者可卑，务实者可贵。"

一顿红枣，吃得十分快意。不慕荣利，理论联系实际，恰是家英同志的工作特色。而我们党,正因为有了千千万万像家英这样的务实家,所以能从实际出发,组织民众,赢得了抗日战争和解放战争的胜利。

1945年,各路解放军遵照朱德总司令的命令,迅速开赴敌占区的城市和交通沿线,执行接受日军投降的历史使命,延安各机关、各学校的干部,也纷纷奔赴前线。

听说家英同志行将离开延安,我赶紧去给他送行。那天是中秋节,我特地到自种的瓜地里,挑了两个大西瓜。背到杨家岭他的窑前,门未上锁,但窑里无人。我推门进去,见屋里的东西纹丝未动,不像要动身的样子。难道消息不确?我正在纳闷,忽听他吟着杜甫的诗句走来:

> "花径不曾缘客扫,
> 蓬门今始为君开。"

我忙走到门旁,拉长腔调续了两句:

> "闻君远征将上马,
> 区区微忱送瓜来。"

他刚理毕发,拉了一条毛巾擦着湿漉漉的头发,作古正经地一指那两个大西瓜:"你这瓜是酸的!"

"怎么会酸?这是刚从我自种的瓜地里摘的,最大最甜……"

"酸秀才种的瓜,焉能不酸?"

他大笑。我想起自己刚才摇头晃脑吟哦打油诗的样子,也跟着大笑。瓜打开了,真不错,红沙瓤的,味甚甘美。于是,我们一面吃瓜一面谈话,从瓜谈到种瓜的地,种瓜的人,从而引出他的计划和去向。

他提出一个极重要的问题,就是深入地全面地了解农民。在中国,农民是受压迫最重生活最苦的阶级,是中国革命的主要动力。因之,他决定到前方解放区的农村去,参加那里的土地改革工作——那是调查与实践相结合、认识世界与改造世界相统一的最好的课堂。他将与农民朝夕相处,甘苦与共,滚一身泥土,沾两脚牛粪,那样,不仅可以磨掉一些书生气,更大的收益是可以亲自摸到农民的心思,掌握头一手资料。中国幅员辽阔,各地区农民的境遇不同,因此他们想的也不尽相同。我们不要以为,了解一处就懂得了全面,更不能走一步看一步,应该看得更深看得更远。了解农民将是一项长期的任务,决不是不花大力气一次就可以完成的。

"作为一个共产党员,尤其是一个做研究工作的共产党员,对这关系革命成败的重大课题,却不能扎扎实实地回答,你说惭愧不惭愧!"

"你不是马上就要去了解了吗?"

"是呀,再不去真该挨板子了!"

他从桌上的书垛中抽出毛主席的《农村调查》,说这部书他已读了十来遍,每读一遍都受到新的启发。这次他去农村,定要在实际中学会运用毛主席倡导的调查研究的工作方法。

"产生于实际调查的知识,方才具有实际运用的价值。决不能把想当然的、自以为是的观点强加给农民,那样,小则误事,大则误国,结果将适得其反。"

临近中午,家英说刚收到一点稿费,要我陪他去新市场买些日用品,当我们走到北门外的小饭馆门前时,他不走了,固执地邀我进去。他要了一个回锅肉,一个"三不沾"①,还要了两碟小菜,两碗陕北的黄米酒。这在当时,已是很丰盛的午餐了。我喝着黄米酒,骤感离情别绪,真有点"别是一番滋味在心头"啊!

我心匪石

时光如流,战争年代,我们天各一方。全国解放之后,虽然都在北京,相距不远,但他早已担任了毛主席的秘书,工作非常繁忙,而且还经常下农村调查,一去就是半年,所以见面的机会,反而不如延安时期多了。即使如此,我们还是相聚数次。

1951年"七一"前夕,我去中南海看他。他迎住我笑道:"想不到今天住进皇帝的宫廷里来了。"那时,他正在校对他的长诗《不吞儿》。我读了校样,觉得情真意切,很受感动。"不吞儿"是个贫农女儿的真实名字,题材是他在晋绥解放区参加土改时搜集的。这部描写真人真事的长诗,通篇倾注着家英同志和人民群众共患难、同命运的阶级感情。他笑了笑,说参加了几期土改后,对农村和农民的了解比较深刻一些,过去许多不很清晰的观点现在明确了。他语重心长地说:"现在我们胜利了,要建设新国家了。如果农民的问题解决不当,建设社会主义将遇到极大的困难。"

1961年春节后,我从河南信阳地区回京去看家英同志。我介绍了信阳地区生产凋敝、群众困苦的境况。我说,群众宁可自己饿着,也没有去动一粒国家仓库的粮食,他们对我们党和国家的忠诚真称得上"动天地而泣鬼神",可那里的领导干部都在干些什么哟,简直是作孽!他默默地听我讲述,神情很严峻,往常

---

①"三不沾",当时延安的一种菜肴,即油炸鸡蛋羹,吃时不沾牙,不沾匙,不沾碗,故名。

我所熟悉的那种幽默感消失了。

"中国老百姓是世界上最好的老百姓，"他说，"全国解放已经11年，而农村情况反而变坏了。这究竟是怎么回事？"

1959年春，他曾带着这个问题回到我们的老家——号称天府之国的四川，在新繁县蹲点调查了半年。浮夸风，共产风，急躁冒进……把农民逼到了绝境。庐山会议开会之前，他向毛主席汇报了农村的严重情况，结果得罪了四川省委某一位领导同志。那位领导同志声色俱厉地责问他，被他有理有据地顶了回去。

"近来我常想，我这个人是不是太书生气了，为人民尽力太少啊……"他拿出一首诗给我看，说这是他近年心情的写照。

> 十年京兆一书生，
> 爱书爱字不爱名。
> 一饭膏粱颇不薄，
> 惭愧万家百姓心。

我默默地吟诵，心情变得更加沉重。我说："我们欠老百姓的债太多太多，往后怎么还啊？"

"是呀，"他悲愤难抑，凛然的浩气溢于言表，"姑不论是非曲直，但只要欠下老百姓的债，总是要还的，这一代还不了，下一代也得要还！"

我很理解他这句话的分量。他认为某些只关心自己的"乌纱帽"不关心人民的疾苦，只爱听恭维话而拒不接受劝谏的领导人，很不可取。"他们搞坏了农业，对农民不负责任。那样的共产党员，不用说党性，就是做人的品行，也是有愧的！"

天下起雨来了。他留我在中南海的干部食堂吃午饭，各人一菜一汤二两大米饭。他说："看看，生产的萧条，也反映到中南海的伙食上来了。不过，这比起你在信阳吃红苕藤来，简直算是天堂了……"他的话，引得同桌吃饭的人都瞅我。他向大家介绍了我，又说，"不用担心，天堂般美妙的日子，总会到来的。"

转眼之间到了1965年。这年9月，我从西藏自治区回到北京之前，机关的一位负责同志告诉我，家英同志负责编辑了一部《毛泽东著作专题摘录》，嘱咐我去向他要一套。

家英同志自从1948年担任毛主席的秘书之后，长期参加《毛泽东选集》的编辑和注释工作。从《毛选》的第一卷到第四卷，每卷论著他不知读了多少遍，每写一篇文章的注释，他都要查阅大量的历史档案和资料，而且反复修订。他的夫人董边同志告诉我，他经常工作到深夜，紧张时通宵达旦，写不合意就食不甘味，寝不安席。所以，他对毛泽东同志的著作有深刻的研究和领会，曾经写过大量的文章宣传毛泽东思想，特别是对毛泽东思想的精髓——从实际出发，实事求是，更有精辟的理解和论述。1951年出版的《学习〈为人民服务〉》一书，就是他学习宣传毛泽东思想的成果，其中一篇专论《从实际出发》的文章，还被翻译介绍到国外。

当时，他已担任国家主席办公厅副主任兼党中央办公厅副主任多年，寓所已从"静谷"搬到了"永福堂"。那地方不大好找，不得不询问警卫战士。不料他已来半路相迎，引着我转弯拐角穿过好几重门，才进到他的办公室。我一进门，就被满屋的书惊住了。房子高大而轩敞，大概是"永福堂"的正殿。屋内整整齐齐摆放着高大的书架，摆满了书，估计有近万册。我环指屋内的藏书说：

"你的书真多呀！你不是发奋要读尽天下书么，这下该如愿以偿了吧？"

"整天跟书打交道的人嘛，"他情不自禁地向那些书投去欣慰的一瞥，"除了读书这个嗜好之外，此生别无他求。"

紧靠正门门厅东壁后面是他的办公处，一张写字台，一把椅子，一套旧沙发和一张茶几，——一切仍然保持着延安时代简朴的生活作风。

9月里，天气还有点热。他穿了一件白绸子的长袖衬衣，一条灰色长裤，脚上还是一双平底布鞋。他按我坐下，沏来一杯茶，问我要不要开电扇？我说已经9月了，这屋子又很阴凉，就不必了吧。他说他也是备而不用的。我把单位要书的介绍信递给他。他看后放在写字台上，脸上露出一丝幽默的微笑。我忙说这是奉命，公事归公事办吧。他的嘴动了一下，但没有说什么，便走到东头的书架前，取出一套《专题摘录》，用大信封装好，放在我面前的茶几上。

相对默然。算来他不过四十几岁，身体却已发胖，眼角也牵上鱼尾纹，眼神显得很深沉，好像有什么心事。方在狐疑，忽从门外跑进一个小女孩，穿一身白色连衣裙，佩着红领巾。她一溜风跑到家英同志跟前，见我坐在旁边，想说什么又停住了。

"这是陆伯伯……"

"伯伯，你好！"孩子笑嘻嘻地朝我行了个鞠躬礼，随即指着我的近视镜说，"爸爸，你看伯伯的眼镜多像瓶子底……"

我们忍俊不禁地笑。家英正想嗔她，她却一溜风跑出去了。多么天真活泼的孩子！恍若一只乳燕，忽地飞进来，又忽地飞出去，给秋天带来了春天的喜悦。

我欠身去取《专题摘录》，他按住我的肩膀，让我再坐一会儿。他说，这部书是应那些大秀才的要求，给他们提供一个查阅原著的线索而编印的，是一部索引性质的书。如果写文章或起草文件需要引用毛主席的话，还是查原著为好，因为这部书所摘录的是否准确，是否有违原意，尚未经过周密的研究，所以在书的扉页上特别注明"不能引用"的字样。

我当时觉得,他慎重地交代这些话,符合他对待理论著作的一贯严谨的态度。然而,问题远远不在这里。

他认为,马克思、列宁和毛泽东的经典著作,是人类社会发展的精神产物,不是格言集成,不是警句集锦,他们的每一篇文章,都有它独特的历史背景及论述问题的侧重。所以,我们必须采取认真的严肃的科学的态度来学习、研究和运用,不能带半点随意性,不能采取引字摘句的办法来传播马列主义、毛泽东思想,更不能用"语录"来指导我们的革命运动和革命工作。

说着,他拉开写字台的抽屉,取出一本《毛主席语录》给我看。

"你见过这本小册子吗?"

"见过。"我说。

他把《语录》翻得沙沙作响,情绪很不平静。

"这本小册子,从《毛泽东选集》里东摘一句,西抄一段,断章取义,割裂历史,不成体系,不讲逻辑。但是,那些人反而确认这是毛主席著作的精华,句句是普遍真理,用它来指导我们的思想和行动,指导我们什么事该怎样想,怎样做,不该怎样想,不该怎样做——这种搞法,简直是拿马克思主义当儿戏,抽掉了毛泽东思想的精髓。这样下去,会坏事的!"

他的话有如雷声,醒人迷梦。当然,现在看来,这些道理已为众人所知,而且已被历史证实。然而,正因为如此,反衬出他在当时那种政治空气下目光的犀利和坚持真理的勇气。老实说,当时我就存在着盲目迷信,认为既然是毛主席语录,还有什么问题呢?听了他的精辟见解之后,我才如梦方醒,茅塞顿开。家英同志不愧是一个真正的马克思主义者,真理在他这一边。我张大两只眼睛望着他,问:

"你阐明过这些见解吗?"

"我从来不隐瞒自己的观点,当然讲了。"他的回答很剀切。

"结果呢?"

他微微一笑,鄙夷地说,"结果吗,当然是预料中的事——冒犯了几个大人物……你大概有所风闻吧。"

我摇摇头。只听说在庐山会议时,他赞成彭德怀同志的意见。有人一直想把他打入所谓的"军事俱乐部"里去,后来受到几位中央领导同志的保护才过了关。这一回只是听说有人胆敢反对《语录》,不知究竟指的谁?

"就是指的我!"他又淡淡一笑,"看来,庐山会议的事并不算了结,这回人家可要新账老账一齐算了。"

我很为他担心。我明白,他所说的"冒犯"了几个"大人物",是指林彪、江青、陈伯达和康生之流——在1965年他们已经勾结在一起,狼狈为奸了。林彪借口所谓批"大比武",把矛头指向几位老帅。江青、康生、陈伯达则借所谓"京剧改革"和"教育改革",把矛头指向中央的几位领导同志。他们造谣中伤,挑拨离间,双管齐下,紧锣密鼓,"文戏""武戏"一起唱,搞得政治空气相当紧张。实际上,所谓"文化大革命"之风,早已起于"青萍之末"了。在这种情况下,我真替老友捏一把冷汗。

"你怎么办呢?"我急切地问。

他非常镇静地说:"不怎么办。要来的总是要来,是祸躲不脱,躲脱不是祸。你该记得,林则徐有句名言:'苟利国家生死以,敢因祸福避趋之。'作为一个共产党人,更应当如此,个人的安危祸福又算得什么!问题是我们这个伟大的党,伟大的国家,伟大的人民啊……"

他的眼里闪起一种深沉忧愤的光泽,而睫毛却渐渐地润湿了。我们两人再次相对沉默,过了一会儿,他情不自禁地吟诵起《诗经》上的几句诗:

> 知我者,
> 谓我心忧;
> 不知我者,
> 谓我何求?

我也情不自禁地接念道:

> 悠悠苍天,
> 彼何人哉!?

是的,"彼何人哉"?今天已是尽人皆知了。林彪、江青、陈伯达、康生那伙反革命算些什么东西!但是,在1965年,他们却是炙手可热的。特别是林彪,那时候骄横不可一世,谁惹得起?谁要碰他一下,那是要罹杀头之罪的。可是,真正的共产主义战士是不信那个邪的!

那天,家英同志告诉我,在另外一个重大理论问题也是实际问题上,他和罗瑞卿同志就与林彪存在着根本原则的分歧。当林彪发出所谓"顶峰论"的谬论时,他们立刻提出了尖锐的批判。这件事,恐怕至今也很少为世人所知,所以我有责任如实地记下来。

有一天晚上,罗瑞卿总长突然打电话给家英,说林彪提出"毛泽东思想是马克思主义发展的顶峰",他对此持怀疑态度。

"家英同志,你看那个提法在理论上站不站得住?"

家英同志当即斩钉截铁地回答:"那个提法是错误的!"

"错在哪里?"

"错就错在'顶峰'这两个字上。因为马列主义、毛泽东思想是人类社会发展的产物,是科学,是真理,而科学的真理是随着人类社会的不断前进而不断发现,不断发展,不断丰富的。所谓'发展的顶峰',其含义很明显,就是说马克思主义发展到了毛泽东思想就到了头了,不再发展了。怎么能这样说呢?所以,'顶峰'的提法,是违反科学的,违反辩证唯物主义的,是站不住脚的!"

罗总长很同意家英同志的观点,遂把这些见解用自己的语言在一次会议上讲了。这一来,可闯下滔天大祸了。林彪知道以后,恼恨在心,咬牙切齿地指控他们"反毛泽东思想"——那个罪名可定得不轻啊!

家英同志起身拿暖瓶斟茶,手臂微颤,开水洒在杯子外面。他苦笑了一下,慢慢放下水瓶,取抹布拭净茶儿,又慢慢坐下来。看得出,他在竭力抑制自己激动的心情。

"究竟是谁反毛泽东思想呢?"他呷了一口茶,尽量放缓音调,"说心里话,我给罗瑞卿同志讲的,留了很大的余地。实质上,所谓'顶峰'的提法,不仅是错误的,而且别有用意,不仅是反毛泽东思想的,而且连整个马克思列宁主义都反掉了。你想想看,'顶峰'者,绝顶也,尽头也。这个意思很清楚,既然马列主义、毛泽东思想发展到了尽头,不能再发展了,当然就没有生命力了。怎么办呢?那就必须用一种别的主义或别的思想来代替啰。什么主义呢?鬼知道,反正不是马列主义、毛泽东思想!这才是'顶峰论'的实质。难道不是秃子头上的虱子,明摆着的么?你不要看'顶峰'那两个字,听起来抬得很高,实际上是贬得很低的。哼,那个人真还懂得一点'辩证法'哩,哈哈哈……"

他长长地舒了一口气,微笑了,但我明白他的心情很复杂,自己也觉得心里沉沉地压着一块石头。

他有些忧虑地说:"我很担心你那位老首长罗瑞卿同志的日子不好过。"

"会怎么样?"我急灼地问。

"很难说。不过我想,那'风'既已起于'青萍之末',必然要'浸淫谿谷',以至'盛怒于土囊之口'的①。且看他们的表演吧!"

"那你呢?"我忧郁地望着他。

他从沙发上一跃而起,两臂叠放胸前,偏着头久久地端详我。

"我算得什么。"他坦然地说,"我不是讲过,我们这些人都是普通人么,沧海

---

①此处所引的文句,出自楚国宋玉的《风赋》。

之粟而已。可记得《诗经》里那首《柏舟》的诗，里头有这么几句——

我心匪石，
不可转也；
我心匪席，
不可卷也。

几千年前的一个妇女，尚且对自己的信念如此坚定，难道我们今天的共产党人，还不如古时候的一个普通妇女么？我们应当坚信辩证法，坚信真理在自己一方。做人就应该堂堂正正，哪怕泰山崩于前，而志不移！"

我怀着沉重的心情，掖着他编辑的那部《毛泽东著作专题摘录》，依依地同他道别。他送我出了"永福堂"，一直送到大路上……谁知道，从此一别，竟成永诀，我再也见不到他了！

1966年5月23日，即宣布所谓"无产阶级文化大革命"开始的《五·一六通知》公布后一个星期，林彪、江青、陈伯达、康生那一伙反革命阴谋家，迫不及待地给田家英同志加上莫须有的罪名，将他置于死地。继而他的亲属受到株连，姐姐同儿子被迫害致死，夫人董边同志和两个女儿也备受折磨……

《诗经》在手上抖索了，不是手颤，是我的心痛楚得抽搐。诗行显得模糊了，不是头晕，是我的眼里含满了悲愤的泪。我清楚地感到书的重量，不是诗句太沉，而是"匪石匪席"的你一位卓有见地刚直不阿的共产党人应具的重量！

天网恢恢，奸佞尽除；真理彰新，长虹贯日。家英啊家英，要是你能活到今天，对中华之崛起将作出多么重大的贡献啊！

多少如你的沉冤已经昭雪了。我们的党不愧是伟大的党，正领导人民意气风发地建设着新的生活。家英，倘若你的英灵有知，也当含笑于九泉之下吧？

原载1984年《现代作家》第三期

毛泽东和他的秘书田家英

书海文苑一知音

■方 行

　　家英同志谈笑风生的神态,常常浮现在我眼前,不管再过多少年也决不会忘怀。

　　我和家英同志初次见面,是在上海天平路市文物保管委员会内。那次,他因公来沪,顺便到文管会鉴赏所藏的明清人书法,时间大概是1958年或1959年。此后我们就常相往还。其实,早在1954年全国讨论新中国第一部宪法草案的时候,我们就在电话里互相认识了。当时,我在上海参加综合讨论情况的工作,要把综合的情况用电话及时向北京汇报,家英同志在北京负责汇总全国讨论的情况,有时电话就是由我打给他的,所以彼此的姓名,均已耳熟,一旦见面,大家并不感到陌生,谈话也就很随便。

　　家英同志在中央工作,有时去各省市进行调查,在繁忙之余,致力于学术研究。他对清代学术史与中国近、现代革命史造诣尤深,搜集了大量清代学者和近代革命家的书法以及信札之类。他有感于某些文物单位,以为清人去今未远,不很介意,即使留意的也只限于著名书家的作品,对并非以书法著称的清代学者的墨迹,往往漠视。他却认为这是研究清代学术史所不可或缺的,如不及时收集,就有被湮没的危险。他身体力行,所到之处,总是利用闲隙随时收集。

　　上海朵云轩,是家英同志每次来沪时常去的地方,我曾多次与他同往。他和该店的同志很熟悉,不仅提供他看在门市部尚未摆出来的东西,还陪他到仓库去拣选。从堆满架上的卷轴,乃至尘封的残帙,他无不看个明白,常常弄得满身灰尘,两手墨黑,他仍怡然自得,若是有所发现,更喜不自胜,连连称道:"不虚此行,不虚此行。"

　　"淘"旧书,我们有同好,逄先知同志亦乐此不疲。上海旧书店是我们常去的地方,大家先在门市部漫步,然后店里的同志把我们带到楼上的书库里。一排排林立的书架,我们穿行其间,寻觅的目标多是有关革命史方面的书刊,每有发现，都欣喜相告。家英同志的目光最为锐利，以他"发掘"出来的资料为最多，质量亦最高。最后，抱了一大堆旧书怀着喜悦的心情而归。家英同志常讲，治革命史一定要充分掌握正反两方面的资料，认真辨明史实及其来龙去脉，决不可含糊，对那些以讹传讹之谈，尤为鄙视。

无论发现了书法还是书刊，家英不仅极其高兴，还邀我们至其住处，把它摊开来和我们共同鉴赏、品评，大家边看边议，有时还引申开去，谈得满座皆欢，不觉时已深夜，大有欲罢不能之势。

家英同志曾数至我家，清茶一杯，随便聊天，彼此感到非常愉快。有次他和逄先知同志同来，拿出一枚小巧的圆押印，上面铸一个"方"字，说是在北京地摊上只花几角钱买的，特带沪赠我，还风趣地讲，此印姓方应"物归原主"。我即欣然受之。他对图章颇有研究，看到我有几方篆刻家吴朴刻的章，甚赞其刀法。吴朴同志与我同事，我说你如爱好他的篆刻，可为代求。后来请吴朴同志刻了几方图章，家英满意地一再托我代为申谢。

我赴北京，都是为开会去的，只有休会时或星期天才能抽身。家英同志知道我到了，就于这时来看我，大家谈谈近况，或同去琉璃厂逛旧书店，各自拣些旧书。他知道我们把征集到的李大钊遗札准备编印，有次特地问起此事进行得如何。我说北京有的单位及私人处，亦藏有大钊同志遗札，要请他们提供照片，你能否予以协助。他立即表示同意，并郑重地告我，近来他觅得了大钊同志手钞的黄石公《素书》一册。一听之下，我为他这非同寻常的发现而惊奇。他就邀我到他家里去看，我即联袂同往。此册首页上有"阁斋李大钊手钞"字样，用的是印有"斋手钞"的蓝格子纸，每页16行，字字清劲，英姿焕发，是大钊同志早年的墨迹，共12页。大钊同志号斋，恐知者甚鲜，我是此刻才知道的。接着，家英同志兴致勃勃地取出所藏的大批清代学者书法，一件件打开卷轴，共作鉴赏，对有些稀见之品，他还为介绍如何访得的经过。我们边看边谈，只看了一小部分，时已午刻。我因下午有事，就起身告辞。他坚留便饭，对尚未看的约定改天再来续看。即同到他宿舍前的食堂里进了午饭。这天我去他家时，见到了董边同志，虽是初识，但很热情，此刻她正要出去开会，还为我沏了杯茶才走的。

第二次我去家英同志家是与高履芳同志同去的，到达时主人已在等候我们。方才坐定，他就告诉我，要拍前谈大钊同志遗札的照片，已与收藏者接洽，同意提供，一俟取到，便即寄沪。他从不轻诺而办事又迅速敏捷的作风，实在值得钦佩。这时我向他又提了个建议，能否把大钊同志手钞的《素书》，由上海影印为文献本。他随即首肯，立时取出交我。他不以珍品自秘而爽朗的胸襟，更为难能可贵。于是，他就继续把藏品展开来给我们看。他藏清代学者书法之富，虽不能说各家俱备，但已可构成系统，我提出可把它辑为专集，影印出版，必为爱好者所欢迎。他只是莞尔而笑，别未作答。正当大家看得意兴很浓的时候，逄先知同志来了，就谈得更加热烈。转瞬暮色降临，家英同志就要大家同去四川饭店，尝尝他的家乡风味。我们四人围坐，各抒胸臆，主人兴趣特好。因我明天就要返沪，请他到时候能来审阅印样，他说，今年恐没有时间，明年一定来沪。他频频劝酒，我多饮了几杯，已微有醉意。他用车送我回到住处，殷殷握手告别，此为1965年秋天。无论如何没有想到，这就是我们的最后一面，从此永诀。

次年春，上述两书已印出样张，顾廷龙同志还为书简的次第写了考证。我们一再盼望家英同志来沪共同探讨。可是，非但没有来，连去信也不复，此为从未有过的现象。这时"文革"爆发了。不久，我就受到冲击，打入"牛棚"。忽从人们的窃窃私议中，传来了家英同志的噩耗。我决不相信这会是真的，但我身不由己，又无从探问，只是惶惑不解而已。有一天，北京来了一批杀气腾腾的造反派，要我交代与田家英的关系，并揭发他"死有余辜"的"罪行"。听到一个"死"字，耳鼓欲裂，原来家英确实被迫害死了，我除皮肉遭灾外，有什么可揭发的呢？此后我被单独囚禁五年之久，这期间造反派为家英同志来"提审"过我两回，只能任由他们血口喷人。直到1973年因我身患重病才放出来就医，这才知道家英同志在1966年5月间，即被江青一伙迫害致死。

家英同志忠心耿耿，积极为党工作，正气凛然，宁死不屈；他秉性和蔼待人真诚，在我们的交往中，从政治上到治学上，均益我良多，是不可多得的诤友。他曾写给我许多封信，在"文革"中均被抄没，唯赠我的圆押印尚存，将永作纪念。党的十一届三中全会拨乱反正，于1980年春，他的沉冤得到昭雪，举行了追悼会。家英有知，想可含笑于九泉。

前几年，有次我去北京开会，遇上史莽同志，我们同往探望董边同志，知她正在整理家英同志的遗作，希望能早日出版，被抄走的家英同志大量藏品，尚未全部发还，这是家英同志心血所在，要好好保存。

家英同志离开我们已20年了，近承董边同志寄给我一卷同志们悼念家英同志的诗词，清夜展卷，为之怆然！当年家英同志支持影印的大钊同志遗墨文献本在印就后还没有来得及装订，"文革"浩劫来临，即束之高阁，到"四人帮"被粉碎之后，不知弄到哪里去了，经多方寻找，最近才从报纸堆中觅得百余册，不日可装订成书，但他已不及亲见。睹物思人，益增缅怀！

家英同志精神不死！

1986年11月于上海

毛泽东和他的秘书田家英

一点往事的回忆

■杨 述

> 忧患与君识，
>
> 重燃稚子心，
>
> 聚时常赌气，
>
> 别后自伤神。
>
> 吵争谁伴我，
>
> 讽诵孰为邻，
>
> 何当同窗日，
>
> 不语自成春。

这首诗是我在延安马列学院时写的，记录田家英和我的友谊。所说的"吵争""赌气"，都是我们在马列学院的学习生活。争吵的内容，都是有关马列主义理论问题。谈来谈去，意见不同就吵起来了，一会儿又好了，像小孩儿似的。这时候的田家英是一个到延安来追求真理的青年，天真烂漫，才气纵横。我记得那时他常诵读辛弃疾的词："我见青山多妩媚，料青山见我应如是……不恨古人吾不见，恨古人不见吾狂耳。"

后来，他分配到杨家岭中央政治研究室工作，时常可以见到毛主席。记得在胡宗南进攻，他随毛主席撤离延安时，曾写一首诗，表示对于敬爱的领袖愿尽全力爱戴保护的意思。这首诗他曾写给我。可惜在"文化大革命"中被抄家抄丢了。另外，还有他告别延安的诗，我还记得两句是"回首嘉岭山上塔，俯视行人若有情"。还有一首词，头两句是："如此时局，当慷慨悲歌以死"，末句是"弃毛锥荷枪卫边区，去去去"。可以想见，他当时爱党、爱延安、爱毛主席的心情。

1948年党中央到了平山之后，决定调他到毛主席身边担任秘书(解放后任中央办公厅副主任)。初担任秘书时，他曾悄悄地郑重地告诉我，觉得任务重，只怕自己做不好。他对毛主席是忠心耿耿的，在毛主席身边工作，不论毛主席的片纸只字，他都细心收集保存，而且用宣纸裱成册页。有一次他来我家，看我保存着的毛主席给新华社写的原稿手迹，见我没有裱，他还说了我两句。有时连毛主席自己都记不得的旧作，由他抄存得以传出。如"钟山风雨起苍黄"一诗，在解放初期他曾抄给我看。后来《毛主席诗词》（三十七首本）在1963年出版时，他把这首诗送给毛主席，毛主席说忘了还有这一首，就由他取出抄本，经过核对，毛主席重写了的。

他对我说过，在抗美援朝期间，那时毛主席工作十分紧张，吃饭只顾吃跟前的菜，离开远一点的菜都想不到吃了。他注意到这一点，一方面是更加尊敬毛主席，同时，也是怕毛主席的身体受损，很忧心。

所有这些，都说明了他是用整个的心在爱戴毛主席的。他也感到，毛主席爱护他，如待子侄。解放初期，他曾说过，毛主席教他用游学的方法，到全国各地去"游学"。后来，在庐山会议上，突然据说有个"军事俱乐部"的活动，毛主席曾怀疑这个组织和他有些牵缠，后来还派一位领导同志进行调查，调查的结果是没有牵缠，毛主席也相信了。他当然是十分感激这位实事求是的领导同志的。但是没有料到，"文化大革命"初期，一群以戚本禹为首的"造反派"，却从田家英身上开刀，竟说他和那位领导同志有"反党"的联系，又说他是反毛主席。这实在太冤枉了，完全把事实颠倒了。这个有志气有才华又不甘委屈的人，终于未能慷慨悲歌以死，却是负屈含冤而死，死于这伙小人之手。我不知道他临死时，回首平生，曾作何感想？

他死了已经十几年，我没有可能写一个字来追悼他。但是他的案子实在是极大的冤枉，极大的颠倒黑白。现在平反了！让我们在哀悼他的同时，大声控诉那些冤枉他的"四人帮"及其他坏人吧！

原载1980年4月1日《人民日报》

倾听人民呼声 做好信访工作

■陈秉忱 吕 澄 朱 囶

1966年5月23日,田家英同志遭陈伯达、江青及其追随者诬陷,被迫害致死,饮恨含冤离开了人间。14年后,党中央为家英同志平反昭雪,恢复了他的名誉。这对他的亲属和同他共过事的同志来说是莫大的慰藉。家英同志在九泉之下如果有知,也会瞑目了。

在社会主义革命和社会主义建设的峥嵘岁月,家英同志和我们生活在一起,我们在他直接领导下工作了17个寒暑,他既是我们的益友,也是我们的良师。他那为党的事业日夜操劳的献身精神,密切联系群众、全心全意为人民服务的品德,光明磊落、刚直不阿的风格,锲而不舍、钻研好学的态度,关心干部、平等待人的作风,永远铭记在我们心中。

家英同志长期担任毛泽东同志的政治秘书,还兼任了其他一些重要职务,为党、为人民做了大量工作。协助党中央处理人民来信来访工作,就是其中的一项。家英同志出于对人民群众的高度热情,对信访工作非常重视,倾注了大量的心血和精力。在党中央以及中央办公厅主任杨尚昆同志的领导下,他同其他同志一起,对新中国的信访工作的建设,作出了重要贡献。

一

全国解放以前,在革命根据地时,党中央和毛泽东同志就非常重视人民来信来访。随着解放战争的胜利,党的七届二中全会以后,党中央由西柏坡搬到北京,人民来信来访数量逐渐增多。开始一段时间,家英同志自己一人协助中央书记处的同志处理人民给党中央的每件来信;后来,适应新形势的要求,成立了中央书记处政治秘书室(后改名中央办公厅秘书室),信访工作由这个机构承办,家英同志具体领导。

新中国建立后,为了密切党和人民政府同人民群众的联系,进一步体现人民群众当家做主的人民政权的性质,加强信访工作的建设,当时,已成为我党面临的一项重要政治任务。家英同志从这样的考虑出发,花了很大精力抓政治秘书室信访工作的建设。他首先具体地指导秘书室的同志,把群众写给党中央和毛泽东同志的信件一件一件地处理好,满足群众的正当要求;同时,还告诉我们,要善于集中群众意见,及时写成综合材料,送给党中央作为制定方针、政策的参考。后来他同杨尚昆同志一起把这种工作方法概括为"分别处理,综合反映"的原则。

为了适应中华人民共和国成立后各级党政机关信访数量增加的新形势,家英同志又考虑如何在全党、全国加强这项工作。他领导秘书室的同志在作了调查研究之后,于1951年给党中央和毛泽东同志写了报告,反映了某些领导机关对人民来信来访不够重视的情况,提出了正确对待人民来信来访的基本观点和意见,建议各级领导机关根据信访数量,指定专人兼管或设置专门机构负责处理这项工作。毛泽东同志赞同和肯定了这些观点和意见,在这份报告上加的批语中说,这是专门为我处理人民来信的秘书室写的报告,我认为这个报告的观点是正确的。"必须重视人民的通信,要给人民来信以恰当的处理,满足群众的正当要求,要把这件事看成共产党和人民政府加强和人民联系的一种方法,不要采取掉以轻心置之不理的官僚主义的态度。"毛泽东同志的批语连同秘书室的报告,由党中央转发全党贯彻执行,大大推动了全国信访工作的建立和发展。直到今天,毛泽东同志根据这个报告作的批语,仍然是指导信访工作的根本方针。

二

家英同志关心群众疾苦,全心全意为人民服务的思想,在信访工作中得到充分体现,而且不论在任何情况下,是始终如一的。他时常说,群众给党中央、毛主席写信,要求帮助解决困难,反映情况和问题,提出意见和建议,这是人民群众对党信任的表现,是我们党真正代表群众利益的一个标志,如果不认真对待,不负责处理好,怎能对得起党,对得起人民?他不但要求同志们对每一件来信来访分别作出妥善处理,做到件件有交代,案案有着落;而且还要求从个别问题上,从大量的具体问题中,看到有代表性和带普遍性的问题,提供中央领导同志从政策上考虑解决。1949年秋,上海市有些人民来信反映那里有许多人失业,生活发生困难。家英同志了解到这个情况向毛泽东同志作了汇报。后来,中央就作出了"三个人的饭五个人匀着吃"的重大决策,指示全国各级党委和人民政府,对包括国民党军政人员在内的人,给以工作,给以饭吃。当年9月,毛泽东同志在《唯心历史观的破产》一文中,用这个事实驳斥了艾奇逊攻击我党解决不了失业问题的谰言。1950年,家英同志看到一封反映北京大学学生功课负担太重,营养不足,学生健康水平下降的来信,他认为这是一个很值得重视的问题,立即送给了毛泽东同志,毛泽东同志批给有关部门认真研究解决。经他们调查研究提出改进意见,报中央批准后实施,提高了全国大专院校学生伙食费标准,改变了功课太多太重的状况。在经济严重困难时期反映农村缺粮的信件比较多,当时有些同志思想上有些顾虑,不敢向上反映。家英同志面对这种情况,深有"己饥己溺"之感,心情十分焦急,连夜里也睡不好觉。他说:"共产党员是为人民服务的,怕丢乌纱帽,就不给老百姓办事,这像什么话!先天下之忧而忧做不到,难道连后天下之忧而忧也做不到吗!"他督促有关同志赶快把这方面的情况综合起来向中央反映,并说:"如果出了什么问题,由我田某负责。"同时,他还大胆地从政策上提出调动农民生产积极性的包产到户的措施,以尽快恢复农业生产,解决农村缺粮问题。家英同志这种为了人民的利益而不顾个人得失勇于讲真话的高贵品质,是永远值得我们学习的!

三

家英同志对我国社会主义经济建设事业,对农业、工业生产和科学技术的发展,极为关心。对工农群众和科学技术工作者报告生产情况和科研成就的来信,他总是满腔热情,通过自己的工作给予支持。他经常叫我们注意把这类来信送给毛泽东同志和其他中央负责同志看,并提请他们给来信人复信,以资勉励。其中,有的由毛泽东同志亲笔作复;有的由秘书室代为拟稿,请毛泽东同志审查修改,亲笔签名;有的提出由秘书室代复的建议,经毛泽东同意后作复。例如,1953年,鞍山钢铁公司全体职工给毛泽东同志写信,报告他们在三项建设工程上的成就。家英同志看到后叫我们立即送给毛泽东同志看,毛泽东同志复信称赞他们的成就,说"这是你们为实现我国工业化作出的重大贡献,希望你们继续努力,争取更大的成就"。家英同志对科技工作者的辛勤劳动非常尊重,给以崇高的评价,时常对我们说,这些专家学者们的工作,对发展我国的科学技术,促进我国社会生产力的发展,赶超世界先进水平,建设高度工业化的社会主义强国,占有举足轻重的地位,一定要鼓舞他们充分发挥自己的聪明才智,为祖国经济建设事业作出贡献。他叫我们遇到这类来信就送给毛泽东同志和其他中央负责同志,使他们从中了解科学技术战线的情况,并请他们复信予以勉励。

四

家英同志对于危害人民利益的官僚主义、命令主义和违法乱纪行为是深恶痛绝的,勇于旗帜鲜明地与之进行斗争。他经常向我们讲,司马迁笔下的侠客朱家、郭解,尚能不计个人安危,路见不平,拔刀相助,救人急难,解人困厄。共产党员为了党和人民的利益,做不到这一点,岂不扪心有愧。他这样说,也是这样做的。对于检举揭发危害人民利益问题的来信来访,他总是要求秘书室的同志严肃对待,认真处理,其中的重要案件,他都仔细审阅,提出拟办意见后,送请中央领导同志批示,并且细致地审查处理结果。1953年,他指导有关同志对这方面的情况进行分析研究,写成综合报告,并且提出解决问题的建议,报给了中央,得到中央领导同志的同意。中央把这个报告转发各级党委,毛泽东同志的批语说:要"从处理人民来信入手,检查一次官僚主义、命令主义和违法乱纪的情况,并向它们展开坚决的斗争。凡典型的官僚主义、命令主义和违法乱纪的事例,应在报纸上广为揭发。其违法乱纪情形严重者必须给以法律的制裁,如是党员必须执行党纪"。这场"新三反"斗争,对于克服官僚主义、命令主义和违法乱纪现象,促进党和人民政府同人民群众的密切联系,起了极其重要的作用。1961年,不少群众来信揭发某些干部不顾群众生活困难,对上级隐瞒真实情况,只报喜不报忧,并对向上级如实反映情况的人进行打击报复。家英同志对这种情况感到十分忧虑,说应该通过信访工作保障人民的民主权利,并要秘书室同志注意向中央反映这方面情况。后来,刘少奇同志看到反映,指示说,凡是反映重要情况和揭发干部错误的来信,不转原件,将来信人姓名、地址和可能找到来信人的有关字句抹掉,打印转办,这就解决了既保护来信来访群众,又把他们所反映的问题转交有关部门处理的问题。这个办法,在中办秘书室,一直作为制度坚持下来。在1964年的社会主义教育运动中,由于这类来信较多,全部打印确有困难,不得不将部分原信转交省级以上领导机关处理,但为了保护来信人,家英同志让有关同志起草了给各省、市、自治区党委的通知,请他们一定不要再将原件下转。

五

在来信来访工作中,家英同志贯彻执行中央的方针、政策和决议十分严肃认真。

他非常重视正确区分和处理两类不同性质的矛盾,特别注意防止和纠正把人民内部矛盾扩大为敌我矛盾的偏向。1961年前后,在经济困难时期,有些人给中央写信表示不满。有些同志认识不清，把其中某些带有谩骂词句的信当作政治问题对待，转给了公安部。他发现后，及时作了纠正，并就这类信的处理原则，专门请示了毛泽东同志。毛泽东同志指出：除了要从根本上打倒共产党的以外，一般表示不满意见的，都不要当作反动信看待，不要转交公安部门追究写信人。信中谈到的具体问题，能够处理的，就交有关部门处理；不能处理的，可以存档不办。家英同志连夜从广州（他当时跟随毛泽东同志在广州）打回电话，逐字逐句地传达了毛泽东同志的意见，叫秘书室联系实际，认真讨论，坚决贯彻执行。

家英同志领导秘书室的同志对来访情况反复进行分析研究，把取闹的人分为无理取闹和有理取闹，又对有理取闹的人提出了"两案处理"的原则，这就是：对他们扰乱社会秩序和机关工作秩序的取闹行为，进行批评教育，必要时由公安部门予以制止；同时，对他们提出的要求中的合理而又可能解决的部分，认真处理，给以解决。

家英同志对毛泽东同志等中央领导同志由衷崇敬和爱戴，他始终坚持按照党的七届二中全会决议，引导群众对无产阶级革命领袖不歌功颂德，不赠送礼物。许多群众出于政治热情，自发地写信对毛泽东同志、周恩来同志、刘少奇同志、朱德同志以及其他中央领导同志表示衷心爱戴，颂扬他们为人民立下的丰功伟绩。家英同志叫秘书室同志学习他们的高度政治热情，并且叫给来信人回信感谢他们的盛意，向他们说明今后不要再这样做的道理。有一次，家英同志发现个别部门动员群众写这样的信，他立即提请中央予以制止了。对群众寄给中央领导同志的礼品，凡是能够原物退回的，都原物退回；不便原物退回的，如易腐的果品之类，都按照市价付款。同时，都复信致谢。这在中办秘书室，也形成了一种制度，始终坚持着。他还不止一次地代中央起草禁止给领导人送礼的通知。

党的十一届三中全会以后，林彪、"四人帮"及其追随者强加给田家英同志的所谓"在信访工作中推行了一条反革命修正主义路线"、"为刘少奇资产阶级司令部提供反党炮弹"等等诬蔑不实之词，终于被彻底推倒了。田家英同志的高尚品德，他全心全意为人民服务的热忱，坚决贯彻执行党的方针、政策，同各种损害党和人民利益的倾向作斗争的精神，将永远是信访工作战线的同志们学习的榜样。

1980年

指导我们做好图书资料工作

■刘立凯　于佩秋　高兴国

　　田家英同志离开我们整整20周年了。我们怀着崇敬的心情,缅怀这位好领导。田家英同志是一生为共产主义事业而奋斗的忠诚战士,是一位敢于捍卫真理的无私无畏的革命领导干部。不幸的是,他在"文革"初期受到"四人帮"一伙的诬陷和迫害,年仅44岁就过早地离开了我们。他的死,使我们每一个同志都深感悲痛。

一

　　在田家英同志领导我们工作的几年中,使我们感受最深的是他对革命事业的高度的责任心。当时我们几个人都在中共中央政治研究室图书资料组工作。那时他工作很忙,除了担任毛泽东同志的秘书、中央政治研究室副主任职务外,还担任其他多项重要职务。可是田家英同志却尽量抽出时间抓图书资料的建设工作,付出了不少精力。由于政治研究室刚成立,图书资料基础很差,需要补充大量图书资料。他根据政治研究室工作的特点,提出要建设一个有特色的以近现代出版的有价值的平装书为主的图书馆。他多次对我们讲,对文学、历史、哲学、经济等各方面的平装书要尽量多地搜集,同时还要购置一批丛书、工具书。我们根据他的指示,在很短的时间内就买到了一批丛书,如《四部丛刊》、《四部备要》、《古今图书集成》、《丛书集成》、《万有文库》、《中国文化史丛书》、《大学丛书》等等。他一方面指导我们如何搜集和做好图书资料工作,另一方面,他亲自领导我们抓这项工作。他经常同中央各机关和各省市机关联系,了解有无剩余的图书资料可以调拨,并派人去搜集。在他的多方联系下,国务院机关事务管理局曾送来一批报纸和刊物合订本。1954年各个大区撤销后,华北局图书馆有一批藏书,这批书是原晋察冀边区图书馆从抗战时期就开始积累的,在全国解放后迁入北京。1956年,田家英同志亲自同有关单位联系,这一批书就拨归中央政治研究室了。又如《大清实录》,当时在全国已比较难找,他亲自写信给原吉林省委书记吴德同志,说明中央政治研究室很需要这部书。不久,吴德同志回信告诉我们,《大清实录》一部已整理好,即将寄来。田家英同志很重视整理和利用原国民党的大批档案。在他的积极建议下,南京第二档案馆编印了《中国现代政治史资料》(原国民党的档案)。田家英同志还及时提醒我们,说这部分书很重要,叫我们及早去信同该馆馆长联系。后来该馆很快就把第一批《中国现代政治史资料》包装寄来了。这批材料在中央政治研究室参与编辑《毛泽东选集》各卷的过程中发挥了重要的作用。

田家英同志对书籍有一种特殊的感情和爱好。逛书店和旧书摊是他最大的乐趣之一,他经常不辞辛苦地背着书包,乘坐公共汽车或步行到书店和旧书摊去。有时他一个人去,有时带着我们一起去。他非常熟悉出版界新出了一些什么书和旧书摊上摆出了一些什么书,要我们及时去选购。当时的东安市场(后东风市场)、西单商场、琉璃厂、厂甸、隆福寺、宣武门、交道口等地都有旧书摊,田家英同志经常去光顾。很多旧书店(包括琉璃厂小巷内的小书摊)的售书人都认识他,有的还同他交上了朋友。他每次出差到各省、市,甚至一个小城镇,必然要到那里的书店转一转,看一看。他甚至能清楚地记得他到过的城市的一些书店里藏有什么书。每次出差回来,他经常带回他为公家购买的一些书。

田家英同志在购买图书方面,总是精益求精。他多次指示我们为公家买书一定要节约用钱。同时谆谆教导我们要识别书,指出哪些书是有价值的,必须把它买到;哪些书没有什么价值,不要滥花钱。例如,当我们买到一套《中国文化史丛书》的时候,其中缺少一本《中国疆域沿革史》。田家英同志说,这一本书很有价值,嘱咐我们一定要把它配全。有一次,我们买了几本与政研室业务没多大关系的书,价格又比较贵,他发现后,就半开玩笑地批评我们说:"花这么多钱买这么一本书,反正不是你自己的钱,拿着国家的钱不心痛,若是花你自己的钱,恐怕总得考虑一下买还是不买。"他这种真诚、爽直的批评,使我们很感动。在1955年至1958年短短的几年中,政治研究室图书资料室在他亲自经营和指导下,可以说是从无到有,图书馆藏书已达10万册,这为以后政治研究室在图书资料建设方面奠定了基础。现在,当我们得心应手地使用这一批藏书时,怎能忘怀田家英同志付出的辛勤劳动。

二

将图书搜集来后,还要进行整理和科学管理,对资料进行分析研究,以便于研究工作者使用。为此，田家英同志进行了多项具体耐心的指导。在如何分类的问题上，组内曾引起热烈讨论。有的主张按刘国钧的图书分类法，比较容易分类；有的主张突出政治，干脆自己拟订一个新的分类法。那时机关的民主生活很活跃，田家英同志平易近人，没有官架子，有时他也参加我们的讨论。他认为，一方面分类是一门科学，如果分类不科学，图书资料存放势必混乱；另一方面，又要考虑政治研究室有关研究马列主义、毛泽东思想方面的图书特别多的特点。因此在分类上要突出，单列一类，而不能完全按一般旧分类法去分类。经过充分讨论，大家一致同意他的意见。

　　对图书的分类及上架，田家英同志也有具体的要求。有时他到书库翻阅书时，发现有的书分类不准确，即给我们纠正，或者看到书架上的书排歪了，他就随手把书放整齐。他还特别嘱咐我们要保管好精装书和线装书。精装书要把书挤紧，不让书皮翘起来；线装书不能竖放，要平放，以免损坏。

　　在整理好图书资料的基础上，田家英同志又进一步向我们提出了要求，即

　　1962年七千人大会期间，田家英与参与浙江调查的浙江省委同志在中南海留影。前排右二起：田家英、林乎加、薛驹、王弘毅；后排右一为逄先知；前排右一为李伯钊。

进行图书资料的研究工作。在这项工作中,他要求我们要及时反映当前思想理论界的动态,发现有关理论上、学术上的新思想、新见解,提供给各个研究组参考。为此,他建议出关于思想理论动态的"简报"。每期的"简报"定稿后,他都逐字逐句地修改后才付印。为了做好图书资料的研究工作和办好"简报",他号召大家刻苦读书,认真阅读马列主义和毛主席的著作,广泛阅读历史、哲学等书籍和当前报刊上的理论文章,学习各种科学知识,提高自己的文化、理论水平。他说:"你们的知识面越广,就越能及时主动地为'简报'提供有价值的资料。"

三

田家英同志在他自己带头搞图书资料建设工作的同时,还经常教导我们要提高对图书资料的重要性的认识,要端正对图书资料工作的态度。当时政治研究室刚成立,图书资料组的干部都比较年轻,新来的大学生也比较多。那时,我们不少同志对于图书资料工作的重要性认识不足,思想波动。有的人认为图书资料工作很简单,谁都可以做,认为做这项工作是大材小用;有的人不安心工作,想上大学。为了提高同志们对图书资料工作的认识,田家英同志曾召集几次座谈会同大家谈心,谆谆教育我们要认识到图书资料工作在革命和建设事业中的重要性,他特别强调在党中央机关做图书资料工作的重要意义。他说,我们搞到的资料,如果中央领导同志采用了,那将会发生多么大的作用和影响!懂得了在党中央机关做图书资料工作的重要意义,就应该甘当"无名英雄",不为名、不为利,全心全意地去做好这项工作。他还说,图书资料工作是一项基本建设工作,即使你要做思想理论研究工作,也要首先掌握和熟悉大量材料,因为占有材料是思想理论研究工作的基础。没有材料,怎么开展理论研究工作?为此,他主张刚毕业分配到政治研究室的大学生不一定马上到各研究组去,而应先做一段图书资料工作,从基础做起,掌握积累资料这个理论工作的基本功,一段时间后,再根据每个人的专业分到各研究组去做研究工作。他在对这些青年进行教育时,用自己的切身体会说明图书资料工作对理论研究工作的重要意义。他说:"我原来就是做资料工作的。我深深体会到资料工作做得越扎实、系统,写出的文章质量就越高。"对想考大学的年轻干部,他经常耐心地进行教育。他说,作为一个革命干部考虑问题,首先要从党的工作需要出发,即使是为了提高自己的文化、理论水平,也不一定非离开工作岗位去考大学不可。在实际工作中,如果能够刻苦学习,同样也能达到大学的水平。说到这里,他又"现身说法"。他说,我没有读完初中,就在中药店当学徒,我的知识主要是在实际工作中自学得来的。我们这个理论研究机关,就是个大学校,这里有许多专家,你要学什么科,都有教授作辅导,咱们这里像胡绳、黎澍等同志,不都是难得的大学教授吗?这就要看你能不能刻苦学习。只要有恒心、有毅力,坚持自学就一定能够成才。经过他多次细致的思想工作,真诚热情的帮助,终于使同志们心服了。原来不安心工作的同志,都端正了工作和学习的态度。在他的亲切教育和鼓励下,图书资料组的同志们,掀起了一股认真读书的热潮。那个时候,同志们几乎每天晚上都在办公室认真读书,一般都在十时半以后才回宿舍休息。至今,我们还很留恋那段时间的学习生活。由于大家的努力学习,我们图书资料组的大多数同志后来都成了理论研究工作和图书资料工作的骨干。

四

图书资料的搜集整理和保存,只不过是这项工作的一个环节,一个组成部分。而更重要的是对它的运用,使它在党的理论宣传工作中,在革命和建设事业中更好地发挥作用。在这方面,田家英同志为我们树立了榜样。

田家英同志很喜欢研究现代史,特别是党史。早在延安时期,他就很注意积累党史方面的资料。因此,那时只要有中央负责同志作有关党史的报告,他都认真地记录下来。如在1942年延安整风时,周恩来同志曾作过关于党史的报告,对于王明的错误路线进行了批判,也有他个人的经验总结。田家英同志认为这个报告对于研究党史很有价值,于是就抄录了全文,作为内部资料加以保存。从1948年起,田家英同志开始担任毛主席的秘书。为了做好这项工作,他首先从整理资料开始,对毛主席著作的重要内容和精辟的论述,一段一段地用工整的钢笔字誊写摘录,按问题分类,整整齐齐地贴在用土纸装订的本子上。这个摘录本,他一直带在身边。全国解放后由中国青年出版社出版,题名为《一个同志的读书笔记》,作为内部读物。

解放初期,为了在干部和群众中宣传和普及毛泽东思想,田家英同志根据他长时间积累的丰富材料,并结合当时的思想倾向和实际工作中的问题,写了许多文章,发表在《学习》和《中国青年》上,1951年《学习》杂志将这些文章汇辑出版了《学习〈为人民服务〉》一书,受到广大读者的欢迎。这本书曾9次印刷。

田家英同志由于长期积累资料,并经过认真的研究,他对毛泽东思想已能熟练地掌握和运用。记得《毛泽东选集》第四卷刚出版时,他在作报告时,用渊博的知识,简洁的语言,精辟地论述《毛泽东选集》第四卷的内容,并把它概括为"敢于斗争、敢于胜利"八个字,可以说是真正抓住了《毛泽东选集》第四卷的要领。他的报告,博得了广大干部和群众的好评。政治研究室的同志,曾在田家英同志亲自指导下,按专题分编、分节编辑出版《毛泽东著作专题摘录》一书,1964

年由人民出版社出版,供内部使用。

在经济建设方面,田家英同志搜集和积累了相当多的资料。特别是关于工业方面,他做了很多经济情况数字的卡片。有同志问他记这么多数字干什么?他说,平时要积累,不然怎么进行研究。他自己购置了很多图书,其中光是平装书就有万册之多。

五

田家英同志担任政治研究室领导工作期间,曾多次到农村进行调查研究。在调查中,他深入群众,获得了真实的第一手材料。在此基础上,他敢于将真实情况向党中央和毛主席汇报,诚恳坦率地指出我们工作中存在的缺点和错误,提出自己对改进工作的意见和建议。在三年困难时期,他从农村调查回来后,我们看到了他那种十分焦虑的神情。那几年中,每当我们政治研究室的同志回家探亲回来,他首先就要询问当地农民的生产和生活情况。

田家英同志是一个诚实的、正派的人,是一个在大是大非问题面前从不随声附和、从不阿谀奉承的好同志。当党内民主生活遭到破坏时,他不顾个人荣辱安危,坚持真理,坚持实事求是,讲真话,讲实话,表现了对革命事业的无限忠诚。例如在庐山会议期间,他曾对彭德怀同志的正确意见表示过同情;在批判吴晗同志的《海瑞罢官》一剧的问题上,他反对说吴晗同志是为彭德怀翻案;在处理人民来信来访的问题上,他反对极少数官僚主义者对群众的压制与粗暴处理,支持和保护了来访群众应有的民主权利;他对于混进党内的坏分子陈伯达、江青之流,进行了不妥协的斗争,表现了一个共产党员无私无畏的革命精神。他把林则徐的两句诗请人刻在图章上:"苟利国家生死以,敢因祸福避趋之",作为自己的座右铭,他一生都遵循着自己的这个座右铭。

田家英同志为我们树立了一个光明磊落、无私无畏、全心全意为人民服务的共产党人的光辉形象。他虽然离开我们20年了,但他的革命精神和崇高品德以及对于图书资料工作的指导却永远铭记在我们心中。

1986年

毛泽东和他的秘书田家英

少年时代的家英

■张文澄

　　田家英这位五六十年代的名人，幼年和少年是在有"锦官城"之称的成都度过的。

　　他本名曾正昌，田家英是他发表文章的笔名。他幼年失去父母，跟着兄嫂生活，家里开了一家中药店，稍长时，嫂子便叫他在店里当学徒。但他聪颖过人，靠着自学，几年之后考上了有名的成都县立中学；从1935年在《华西日报》副刊发表诗文，田家英之名便逐渐引起人们的注意。当时，他才13岁。

　　成都的政治环境，由于30年代初期军阀的残酷镇压，白色恐怖严重。但是，受红军长征经过川西北和"一二·九"运动的影响，不少年轻人不怕艰难险阻，迎着时代的潮流，奋然肩负起抗日救亡的责任。少年田家英在文艺活动中结识了一些进步青年，其中对他影响较大的是汪道凯（笔名瞎巴）和叶兆祺。1936年下半年，成都有两个进步青年的秘密组织，一个叫"中华民族解放先锋队成都部队"（简称民先队），一个叫"海燕社"。田家英即是结识汪道凯之后加入了"海燕社"的。

　　1936年和1937年间，田家英发表在成都报刊上的新诗、散文、小说较多，文字清新流畅，思想活跃、意境新颖，表现出他的非凡才气。文艺界的朋友们得知他年仅十四五岁，便不约而同地称之为"神童"，对他十分喜爱。我当年也忝列成都文坛，与他成为文字之交，事隔五十余载，对他那少年英俊的形象和才华过人的文采，记忆犹新。惜乎手边没有多少他的作品可资介绍，只保存着几年前陈思苓同志赠送的《金箭月刊》第二期上他的一篇散文，题名《去路》，署名田家英。

　　《金箭月刊》系文艺刊物，编辑人陈思苓，发行人王隐之，实际上是成都文艺家协会的机关刊物。"七七"抗战后创刊，1937年8月15日出第一期，我手边的第二期是9月15日出版的。田家英的《去路》结尾处注明"九月十号夜深忙中写成"，足见他在成都文坛的活跃及其与《金箭月刊》的关系。

中学时代的田家英。

《去路》是一篇三千多字的散文,题目之侧还有副标题"忧郁的故事之六",记得不久前见到《金箭月刊》第一期上他的另一篇散文副题是"忧郁的故事之三",可以想见,只一个月时间,他写了4篇这样的散文,当时他还在成都县中念书,这样勤于笔耕,成文之快,当时专业从事写作者也难与之相比。

《去路》的内容,写一位姓黄的朋友,如何经过思想斗争,重新走向东北游击战争前线。从行文中可以看出作者的思想,特别是作者对追求光明去路的决心。在《去路》发表之后仅约两个月,田家英就偕同友人经武汉奔赴延安,开始了他在党中央直接领导下进行战斗的光辉历程。

《去路》中有几段文字,是作者与友人的对话。当谈论到对一本书的评价时作者说道:"我爱这里面的人物,这些人,他们只有斗争,生与死的斗争,连系着人类的命运。他们不怕××的炮火,倒下去一个,会有更多的人起来,他们的斗争,决不是刽子手的鞭子可以毁灭掉的。他们时时有新的,更有力的拳头,向帝国主义捶击过去!"对于写这段话的心情,作者还作了如下描述:"我的话像是从心里说出来的……我感到我的全个心都在说话了,最后我加上一句:'他们的生活,不是最有意义,而且最美丽的吗?'"这正说明作者心里对光明生活的憧憬和渴望已经到了奋起参与行动的时候了。所以,文章中又借友人的答话说:"是的,我应当走了。我为什么要远远地离开自己的一群呢,我为什么要看着他们的活动,看着他们的血一滴一滴地流呢!我要去,为了友人,为了自己,我应当把声音变成行动,是我应该交出一切的时候了,我去交出我的生命……"

因此可以说《去路》无异是田家英决心奔赴延安投身革命的表白书,也无异是向成都友人们的临别誓言。他终于走了，走他选定的去路。当这位成都文坛的"神童"宣称"我去交出我的生命"时，绝未料到，竟不是在硝烟弥漫的战场上，或繁重的劳累中交出，而是在二十八年之后，于"文革"初期，在江青、康生、陈伯达之流的迫害下含冤交出去的啊！

田家英还常用别的名字写文章。记得他曾署名"莲舆"在《华西日报》副刊发表诗作，一时传闻"莲舆"是田家英的恋人的名字。问他本人，则故弄玄虚，似有若无，曾使人猜度羡慕不已，其实这是他自己的另一笔名。

少年田家英被称为"神童"，不仅因他的文章才华出众，而且其他方面也确实有过人的资质。他看书快，可称

幼年田家英和疼爱的他的姐姐曾熙芝

一目十行；记忆力也特强，阅读一遍，即可长久不忘，可称过目成诵。记得1954年春天，我到北京参加全国宣传工作会议，他到我的住地（沙滩北京大学旧址）看我，约我在沙滩前街一家四川小馆子里小酌叙旧。他居然问起："还在写诗吗？你的长诗《射手之歌》给我的印象很深哩！"我的天！那首诗是1936年春天，在四川大学办的《文艺月刊》上发表的，事隔18年，连我自己都记不清楚了，而他这位在毛泽东主席身边工作的大秘书，那样昼夜繁忙，却还能娓娓道及这么一件陈年小事，没有惊人的记忆力是不行的。

这样一位才子，正当年富力强的时候便含恨而终，真是令人惋惜。更何况我们这些昔年的知友。一经念及，内心的沉痛确实是难以言宣的！

原载《红岩春秋》

毛泽东和他的秘书田家英

非期苟免先为别

——怀念田家英

■杨 翊

　　我与家英是1946年在延安相识的,当时我在延安大学新闻系读书。第一次见到家英,他虽仅比我年长三岁,却已是有八九年革命经历的"老"同志了。他给我的第一个印象是才华洋溢、勤奋刻苦,好学深思而又热情奔放,对人有股吸引力。他当时在中宣部工作,我们都住在中共中央所在地的杨家岭,有不少共同的朋友,不多久就互相认识熟稔起来。

　　家英为人热忱、诚挚。我的母亲许文煊是新民学会会员、湖南共产党创建时期早期党员。1946年2月她带着女儿从重庆到延安。母亲身体不太好,一次她生了病,急需过河去买中药,当时,正值延河涨水,无法再踩着石头过河,河上又没有桥。家英就毫不犹豫地冒险游过河去,把药及时捡了回来。有的同志经济上一时有困难,他经常尽其所有解囊相助。另一方面家英又坚持原则,对同志爱之以德。有时,他发现我对一些问题认识有偏差,总是直言不讳地提出来,耐心加以解释,并推荐我读些有关的书。毛岸英烈士在延安时,因与他同在中宣部工作,过从较密。后家英给岸英当老师,对岸英的某些缺点,他也是及时坦率相告,岸英对他一直很信服。我的父亲易礼容、母亲许文煊青年时代和毛泽东、杨开慧是朋友,所以我和岸英也算是"世交",情同莫逆。于是家英、岸英和我三人亦成为很好的朋友,我们有时聚在我母亲的窑洞,更多时是在徐特立老人的窑洞里,听老同志讲述建党初期的历史。

　　家英在同辈人中堪称学识渊博。这除了他资质过人外,主要还来自他的勤奋。他奔赴延安参加革命时才15岁,是名中学生。通过孜孜不倦的刻苦学习,他成长很快,在19岁时就开始为中共中央机关报——延安《解放日报》——撰写社论。党的七大前夕,当时他刚二十出头,组织上指定他给从全国各个解放区聚集延安等候开会的代表们(主要是工农出身的老同志)讲党史。他曾对我说,不少同志党龄已和他年龄相差无几,有的人甚至还要长些,他是怀着崇敬的心情去向老同志虚心请教的,而且确实获益不小。但是我知道,一些老同志很喜欢家英的讲授,认为条理分明,逻辑清晰,佩服他对党史的理解既全面,又具体。在他住的窑洞里,到处堆满了书,连床上和床底下也是书。当我劝他稍加整理时,他还笑着说,他丢放都有一定规律,这样更便于随时找到他要的书籍。每逢周末,许多同志都去礼堂看演出或在汽灯照耀的晒谷场上参加舞会,他却多是关在窑洞里看书。他博览群书,既攻读史籍,也钻研理论和政策,还阅读文学作品。家英曾将当时解放区出版的《毛泽东选集》作了许多摘录,分门别类加以整理,进行学习和研究。他曾同我谈过毛泽东关于理论联系实际、实事求是和群众路线的论述,作了精辟的有创意的阐释。在蒋介石发动内战企图进攻延安时,他受命为《解放日报》撰写评论,揭露国民党的阴谋。为了用更有力的词句痛击敌人,他通宵达旦,苦苦推敲,直至想出满意的措词为止。解放初期,在全国人民代表大会期间,他参与部分文件的起草工作,我们在怀仁堂碰面时,他谈起来,仍然是那样兢兢业业、一丝不苟地琢磨文件的内容和表述方式。

家英自1948年开始,担任了毛泽东的政治秘书,还曾任主席办公室副主任,负责政治研究室工作,直至1966年5月他被迫害致死。由于他一贯认真负责,忘我工作,也由于他才识超群,机智过人,文笔优美,家英工作得很出色,在相当长一段时间,颇得毛泽东的信任与赏识。家英对他也知无不言,绝不随声附和,有时甚至犯颜进谏。当毛泽东晚年的错误思想日渐发展后,同家英的务实精神产生了隔阂和矛盾;在"大跃进"和1959年庐山会议后,家英逐渐失去信任,不受重视,走上了悲剧的道路。

家英性格豪放,襟怀磊落。他酷爱词赋,特别欣赏陆游、辛弃疾的"抚时感事"之作,而摒弃那些轻靡浮艳的词派。他填过一首《沁园春》,是专门谈"词"的,记得其中有两句是:"吾人论词,独推辛陆"。他填的词气概昂扬,表现了对共产主义理想的献身精神,对伟大祖国的无限忠诚,以及对人民大众的满腔热爱。他曾抄过几首诗词给我,可惜都在动乱中丢失了。只有一首《满江红》,是家英在敌机空袭延安时在防空洞里填写的,我因经常吟咏,尚能完整地背下来。这首词概括了家英的革命情操,现把它抄在下面,作为对他的怀念。

满江红·空袭

空袭来时,小窗外,天青日白。闻警报,暗中辨识,解除紧急。忧患风霜餐已饱,鞠躬尽瘁果何惜。论平生无畏历多艰,吾何怯。

身在斯,心飞跃、耻下泪,甘流血。虽万千人在,吾能往也。忍看独夫蟹行遍,非期苟免先为别。把片片微力集合起,摧顽敌。

文如其人。家英就是这样一个人,他想的是国家,是人民。在艰难险阻面前,他的态度是坚定明朗的。是"鞠躬尽瘁果何惜",是"非期苟免先为别"。他同江青、陈伯达之流的长期斗争,熟悉他的同志多少知道一些,但没想到这么快、这么早,这伙卑鄙无耻的小人竟利用"文革"浩劫发动之机,将他置诸死地。当我获悉这一噩耗时,真是满腔悲愤,不能自已。我痛悼的不仅是失去了一位益友,更多的是惋惜我们国家失去了一个人才。家英离开我们时才44岁,正是年富力强而又比较成熟,能够大有作为的年华。今天,许多老同志在四化的征途中重新迸发了革命的青春,但对于家英,我们却只能洒泪祭奠了。

哀痛之余,抚今追昔,只有牢牢记住包括家英在内的多少同志为之奋斗和献身的这段历史,并努力消除悲剧重新上演的根源。

毛泽东和他的秘书田家英

忆家英

■董　边

　　家英含冤逝世整整15年了。当我翻阅家英青少年时期写的大量文章时，我的心情久久不能平静，引起了我对过去年代的回忆。

　　1938年春，我和家英都在延安陕北公学学习，但并不相识。1941年夏，中央决定成立中央政治研究室，从马列学院调了一批干部到政研室工作，其中就有家英和我。于是，我们来往就比较多了。他对人热情诚恳，说话幽默，爱摆龙门阵。1942年整风运动开始后，我们常在一起学习整风文件，写思想自传，进行自我解剖，这时彼此交谈得很多。他倾诉过童年时代的不幸遭遇，也叙谈过青少年时代的苦恼和转变。

　　家英生于1922年1月，世居成都，原名曾正昌。他父亲经营一个小药铺，在家英3岁时就去世了。母亲是一位聪明贤良的家庭妇女，很喜欢家英，不幸的是当家英9岁时她也去世了。家英父母双亡之后，就由大哥抚养着。大哥对他不好，在刚上初中一年级的时候，就不让他读书了，要他在家里开的药铺当学徒，当时他才13岁。

　　家英虽然辍学，但是并没有停止学习。他在蚊帐上挂了一副对联，上联是"走遍天下路"，下联是"读尽世上书"，立志自学。他没有多少钱买书，就花几分钱买活页文选，或者借书阅读。他爱好文学，喜欢读历史书、古文、诗词，喜欢读鲁迅的杂文和诗。他记忆力过人，那时已能背诵许多古文、诗词和鲁迅的诗文。经过两年多的自学，他在语文、历史知识方面打下了一些基础，1936年秋，考上了成都中学。因为大哥不让他上学，他和家里断绝了经济关系，依靠卖文为生。从1936到1937两年中，他用田家英等笔名写了很多文章，有小说、散文、随笔、书评、诗，发表在成都《华西日报》副刊和其他刊物上。从这些文章中，可以看到家英在青少年时期思想的发展变化。在西安事变前，他写的文章中，反映了他思想很苦闷，想找到光明之路，在黑暗中摸索和苦斗。西安事变后，在他写的《去路》、《九月的歌》、《十月夜记》、《纪念"九·一八"》等文章中，充满了爱国主义思想，

"我们的心燃烧起来了,谁个不爱自己的国家,给敌人以'铁'和'血'的回答",一扫过去彷徨苦闷的情绪。

1936年,抗日救亡运动在全国波澜壮阔地开展起来,家英积极参加了救亡运动。他在学校读书时,先后参加了成都文化界救亡协会、学生救亡联合会。后来又参加了成都各界救国联合会。 1937年春,参加救国会组织的下乡抗日救国宣传队。当时他认识了成都救亡运动的组织者、成都地下党的侯方岳同志。方岳同志介绍家英参加了海燕社和中华民族解放先锋队,引导他阅读社会科学的书籍。这对家英一生来说,是有重要意义的。从此,他在党组织的影响教育下,一步一步走上了明确的革命的路。

不久,因为参加救亡活动,家英被学校开除了。这时,他和几位主张抗日又爱好文艺的青年一起,先后创办了《极光》、《散文》、《金箭》等文艺刊物。他担任《金箭》的编委。这个刊物在发刊词中,明确提出"全民抗战","民主政治","各党派联合结成巩固的抗日阵线"等主张,反对"主和派",反对"唯武器论"。这个刊物是当时成都文艺刊物中办得较好的一个,但只出了五期,就停刊了。

七七事变后,进步青年都向往革命圣地延安。1937年11月,不满16岁的家英和赵石英、黄怀清等几位青年,由成都地下党组织介绍,经过许多艰难险阻,终于到达了朝思暮想的延安。他谈起这段历史的时候,曾对我说:"我走上革命道路,一是抗日救亡运动唤醒我的民族责任感;一是接受了地下党的教育,指明了前进的道路,我一辈子也忘不了侯兄(即侯方岳同志)对我的帮助。"

家英同志到延安陕公学习不久,就在1938年2月加入了中国共产党。他在思想自传中,讲到为什么要入党的时候,曾这样写道:"我的入党动机是由于我从生活中感到旧社会不合理,认识到知识分子要为祖国有所作为,只有站到党的旗帜下,成为党组织的一分子,为共产主义奋斗终生。"这不是空话,而是他切身的体会。

家英在陕公学习两个月毕业后,就分配在陕公校党委工作。1939年秋,组织上又送他到马列学院学习。毕业后,在马列学院中国问题研究室任研究员,并担任中国现代史助教。当时他只有19岁。

家英在政治研究室也是年龄较小的一个。他勤奋学习,攻读马列主义著作,重视自我改造。记得在整风运动中,组里讨论他的思想自传时,同志们肯定了他的优点,同时也诚恳地批评了他存在骄傲自满和"自由主义"的毛病。当天晚上他没有吃饭,躺在床上哭了。我下山买了两个烧饼放在他枕头底下,问他为什么哭?他说:"思想改造是要自觉的,不经过痛苦的思索,不想清楚产生错误的根源,是改不了的。"家英是一个很认真的人,对待工作是这样,对待思想改造也是这样。为了改掉自己身上的毛病,他积极响应杨家岭党委的号召,利用业余时间,做群众工作,接受教育和锻炼。他到杨家岭理发室上课并做理发员的思想工作。不管刮风下雨，晚饭后总要到理发室和同志们谈心，交朋友。1944年，家英被选为模范工作者，出席了杨家岭表彰模范大会。

1942年12月12日，我和家英结婚了。延安时代的婚姻，是真正摆脱了物质限制和传统习俗的自由婚姻。我们没有举行任何仪式，只向党支部书记写了一个请求结婚的条子，经过同意，就结了婚。

1942年和1943年，是苏联反法西斯战争最激烈的年代，大家都很关心苏德战争的形势。我和家英每天5点起床，天麻麻亮，就拿着报纸，带上地图，上山读报，把苏军占领的地方用红笔画上圈，一周分析一次形势。我们每天都要阅读国民党统治区的大量报刊，研究形势动态。家英对国民党蒋介石推行独裁、分裂、倒退的反动政策，对反动派在大后方迫害青年、摧残文化，十分气愤。从1942年到1946年这一段时期里，他写过不少文章，发表在延安《解放日报》上，绝大部分是揭露国民党的反动政策的，也有的是研究抗战时期工业合作社运动的。

解放战争时期，1947年春，蒋介石为了挽救其垂死的统治，大举进攻陕甘宁边区及党中央所在地延安。家英随中央机关撤出了延安，后来到达晋绥根据地，参加了那里的土地改革运动。他住在一位贫农老大娘家中，大娘把他当作自己的儿子一样看待。贫雇农身受的苦难，深深地教育了他，他忘不了土改中活生生的场面和人物。1947年到河北平山西柏坡以后，他写下了长诗《不吞儿》（贫农女儿的名字叫不吞儿）。这是一部反映农民在旧社会的血泪生活的真实故事。它以朴素的语言、生动的情节和浓厚的乡土气息，给人以很强的感染力，曾得到著名诗人萧三同志的称赞。1951年中国青年出版社印了一个小册子。这是他参加土地改革运动在思想上结出的一个果实。

1948年12月，正当解放大军围攻北平的时候，我从冀东来到平山。很不凑巧，家英去东北了。我被分配在中央妇委工作，住在东柏坡。一天下午，家英和毛岸英同志突然来到，一见面，岸英向我鞠了一躬，叫了一声"师娘"，我涨红了脸，莫名其妙。后来才知道从1948年起，家英就在毛主席身边工作。毛主席让他当岸英的老师，教语文和历史。这天晚上，我搬到家英住处，他拿出几册毛主席著作摘录的剪贴本给我看。对我说："组织上决定要我做毛主席的秘书，我感到很胆怯，一定要下功夫读毛主席的著作，很好地领会毛泽东思想。"我一面听他说，一面翻看着摘录本。只见用清秀的钢笔字誊写的一段段毛主席著作摘录，按问题分类，整整齐齐地贴在用土纸装订的本子上。这个摘录本，家英是非常喜爱的，一直带在自己身边。解放后，曾由中国青年出版社出版，作为《一个同志的读书笔记》，印成内部读物。

解放初期，从1949年到1950年，是家英写作较多的两年。这一时期他写的文章，绝大部分是宣传毛泽东思想的。他曾经对我说，解放后，进城了，人们的思想比延安时复杂多了，在干部和群众中宣传和普及毛泽东思想非常重要。他在这一时期写的文章，发表在《学习》和《中国青年》上。1951年《学习》杂志曾将这些文章编辑出版了《学习〈为人民服务〉》一书。这本小册子曾9次印刷，可见当时人们多么渴望学习毛泽东思想。这些文章都是针对当时实际工作中和人们思想中的问题而写的。过了30多年，虽然情况发生了很大变化，但是文章中所阐明的毛泽东思想的许多基本原则，在今天仍然是有现实意义的。

自1951年以后，家英集中全力参加了《毛泽东选集》和毛主席其他著作的编辑、注释和出版工作，参加了中央有关文件的起草工作。他经常深入农村作调查研究。在工作之余，家英很喜欢研究现代史，特别是党史。他曾是中国科学院哲学社会科学部学部委员，郭沫若同志主编的《中国史稿》的编委之一，负责主编现代史部分。他还研究清史，几乎把工资的大部分都买了清代学者墨迹。他对中国古代史的知识也比较广博。解放初期，在《新中国妇女》上连续发表的《中国妇女生活史话》，就是他阅读研究中国古代史书的一个成果。可惜，由于当时工作太忙，未能完稿。

1955年以后，家英除继续在毛主席身边工作以外，还先后担任了中华人民共和国主席办公厅副主任、中央政治研究室副主任、中央办公厅副主任等职务。他经常对我说："一个人的职位不等于他的办事能力，群众要求的是给他们办事，并不需要你的职位。"他进城以后，职位高了，生活好了，但是，他关心群众生活，密切联系群众的良好作风和高尚品质始终没有改变。

在新中国成立后的头七年里，他对当时国家经济的发展，人民生活的改善，从心里高兴，干劲十足。不论是1954年参加我国第一部宪法的起草，还是1956年参加"八大"文件的起草，都是夜以继日地忘我工作，任务紧急时，常常通宵不眠，心情十分愉快。但从1959年以后，由于国民经济和人民生活遇到了严重的困难，政治生活中也出现了一些不正常的现象，使得他忧国忧民，思想苦闷。这年春天，他带着工作组，到四川新繁县，和社员同吃同住同劳动，进行系统调查达半年之久。当时浮夸风严重，农民生活水平下降。在庐山会议期间，他抱着一个共产党员应有的对人民负责的态度，向党中央和毛主席反映了农村的真实情况。他在庐山会议上，虽然同其他一些坚持实事求是的同志一道，受到了一些不公正的批评，但是，他并没有在压力面前屈服。他为了维护人民群众的利益，始终采取敢于坚持实事求是、敢于坚持真理的态度。这一点，凡是熟识的同志都是知道的，也都是称赞的。

1961年到1962年，正当经济困难时期，家英在毛主席的直接指导下，带领工作组，又先后到浙江、山西、湖南等省，深入调查农村人民公社。他提出过不少有价值的意见和建议，包括制定农村人民公社工作条例。他参加了这个重要文件以及其他一些重要文件的起草工作,为改进党在农村的工作,克服经济困难,尽到了自己的一份责任。

在三年困难时期,家英常常为国家的境遇和人民的困难忧心忡忡。作为一个共产党员,他感到内疚。他曾写过这样一首诗:

> 十年京兆一书生,爱书爱字不爱名。
> 一饭膏粱颇不薄,惭愧万家百姓心。

他把这首诗刻在图章上,以表达他对不起群众的心情。

家英忧国忧民,但是他的情绪不是消极的。当时家英负责中央办公厅信访部门的领导工作,他排除种种干扰,不计个人得失,如实地向党中央反映下边的真实情况和群众的呼声。当时在一种宁"左"勿右的思想影响下,有的同志把一些对现实情况不满的群众来信,不分青红皂白,统统转到公安部门。家英为此很生气,严厉地批评了这种错误做法。在他的主持下,通过来信来访,及时向党中央反映了人民群众的呼声,为人民群众解决了大量实际问题,支持和保护了人民群众应有的民主权利。家英在他革命的一生中,总是把群众利益看得很重,把个人得失放在次要的地位。他很喜欢林则徐的两句诗:"苟利国家生死以,敢因祸福避趋之。"这也是他的处世格言之一。他把这两句诗篆刻成章,作为座右铭,激励自己。

人无完人。家英自然也有过这样那样的错误,但他胸怀坦荡,勇于承认和改正,而这正表现了一个共产党人的优秀品质。

家英对党对人民一片忠心,却遭到江青、陈伯达之流的无情打击和残酷迫害。早在1962年北戴河会议时,江青就诬陷家英是资产阶级分子,到处散布流言蜚语。这不是偶然的。家英同志和江青相处18年,对她的丑史丑行是十分清楚的,对她的态度是避而远之。江青对他是必欲除之而后快。家英同志和陈伯达共事25年,对陈的恶劣本质,深有了解,而且作过长期的不妥协的斗争。因此江、陈对他恨入骨髓。在"文化大革命"序幕刚刚拉开,1966年5月23日,家英就被他们置于死地。家英在含冤离世的前一天晚上对我说:"我是江青、陈伯达诬害的。常言道,善有善报,恶有恶报,我不相信这些恶人会有好下场。"他留下的遗言中这样写道:"相信党会把问题搞清楚,相信不会冤沉海底!"

历史是公正的。在党的十一届三中全会的正确路线指导下,家英的冤案彻底平反了。

今天,我国人民正在党的领导下,为建设社会主义现代化强国而奋斗。他的战友、他的亲人也正在这场新的长征中昂然前行。我想,这是足以告慰家英于地下的。

原载1981年《人物》第5期

在延安和家英相识相爱

■董　边

　　我怀念延安的生活,怀念我和家英相识相爱的美好时光,我和孩子们讲过,"那真是一段令人难忘的日子"。

初次接触

　　家英在家乡成都参加抗日救亡活动时,和一位叫刘承慧的进步女性比较要好。以后家英离开故乡到延安,组织上把刘承慧留在成都搞地下工作。刘承慧的妹妹刘承智,也是一位追求进步的青年,对家英有很好的印象,以后也去了延安。1940年家英在马列学院时,和刘承智结婚了。

　　1941年7月,毛主席提议成立中央政研室,我和家英同时从马列学院抽调到政研室。到研究室后,家英全身心地读书学习,搞研究,写文章。刘承智则喜欢活动,好玩,好跳舞。两人兴趣不一致,女方提出离婚。延安的婚姻,只要一方提出意愿,就可以离婚。刘承智给组织上写了报告。

　　家英思想上不同意离婚,但是鉴于女方坚持离,他情绪很不好,躺在炕上不吃饭,不工作,也不起来。周太和是政研室支部书记,他把我叫去:"董边,你是支部委员,去做做家英的工作,他和爱人离婚了,情绪不好。"我接受了任务去劝他,"你要想得开,工作仍然要作,饭也要吃,不能白天都睡着不起来"。开始家英很不愿意和我接近,后来去多了,他不好意思了,就起来了。

　　一次说到交谊舞,家英说,什么交谊舞,应叫"顶肚皮"。从苏联学来的交谊舞,在延安火得很,我那时也是舞迷。家英的固执,使我生了气:"你不跳就算了,不要胡说别人。"有意思的是,我们吵了嘴,反而相互有了好感。也许是被对方的单纯和执著所感染。

建立感情

接触多了，渐渐地我和家英熟悉起来。

在延安，大家起床非常早。5点多天不亮，我就去叫他。他的门不锁，没有衬衣，就穿着那一身灰军装和衣而睡，我一叫，他爬起来就走。

那时正是德苏大战的时候，我们拿上书报、地图到山顶上看报。看苏德战争的战场打到什么地方，就在地图上画出来。每天早上都去，就在我们窑洞的山顶上。山上没有人，也没有石头，没有树，就是些土堆堆。

王家坪军委所在地的外边，有一片树林，叫桃林，周末大家都在桃林跳舞。没人的时候，我们也到树林里散步，谈心事，有什么话说什么话。晚上在树林里散步，非常惬意。桃林离杨家岭政研室驻地二三里路。

延安人对延河是很有感情的，洗衣，洗脸，洗澡都在延河里。洗澡还分男区、女区，大家跳到水里边洗。阿胖徐方略说家英那时只有一身衣服，把衣服洗干净晒到岸上，光着身子泡在水里，等衣服干了再上来穿上。李锐文章中也说过，"一次家英在河里洗澡，碰上一群女同志来洗衣，他在水中起不来了，因为他只有一条裤衩，刚洗过晒在河滩上了"。

延安的生活的确是这样，衣着非常简单。家英和我结婚前，就只有一条裤衩。

我们好了以后，常常一同去延河洗衣服，边洗边说，不知不觉衣服洗完了。

洗完后，我们就背靠背地坐在河边石头上聊天，有时聊到晚上12点。延安很安全，不用担心天色多晚了。望着天上的星星，我们聊小时候的事情。家英说他从小在家乡无父无母，哥嫂对他很刻薄，生活上很少温暖，从13岁就脱离了家庭，靠卖文为生。他坚持自学，最后考上成都最好的中学。而我的家庭，受封建重男轻女思想影响严重，因我是第三个女孩子，没人呵护，5岁就到地里干活，从未得到家庭的温暖。小小年纪曾以绝食和父亲抗争，要求读书，直奋斗到太原读了高中。家英生活在城里，我生活在农村，我们却有着相似的童年，都过早地领受了人间的世态炎凉。

我们交心地聊着，相互感到很温暖。

整风中加深了解

我和家英在思想上渐渐加深了解，还是在延安整风以后。

1941年开始的整风学习，互相交换看自传，互相提意见。这样对对方的思想和历史有了更深的了解。

家英的自传,给我印象最深的是他在家乡办刊物,他们几个十四五岁的青年自办的《金箭》杂志,在成都地区影响还不小呢。第二个印象,就是他受侯方岳兄的影响。在救亡运动中他接触了地下党组织,侯方岳同志介绍他读马列主义和《斯大林传》等书籍,使他从参加救亡运动的爱国主义者,成为追求共产主义理想的青年。

前几年我曾向中央组织部要过田家英在延安时填写的自传,但没找到。延安时写的思想自传,有万把字长,对研究人物的思想成长很有价值。

思想整风,家英哭了

延安整风,思想入党是个关。1942年5月毛主席《在延安文艺座谈会上的讲话》发表,主席说:"有许多党员,在组织上入了党,思想上并没有完全入党,甚至完全没有入党……头脑里还装着许多资产阶级的脏东西,根本不知道什么是无产阶级思想,什么是共产主义,什么是党……要从组织上整顿,首先需要在思想上整顿。"这段话对大家震动很大。像我这种学生出身的党员,思想单纯简单,想不通为什么已经入党了,可思想上还没有入党?究竟入没入党呢?

组织上要求每个人深刻检查"思想入党"的问题。邓力群是政治组的组长,吴俊扬是党小组组长。我们这个小组是在吴俊扬和家英同住的窑洞里开会。讨论时,话题很热烈。家英一开始就对主席的《改造我们的学习》、《整顿党的作风》、《反对党八股》三篇文献心服口服,学得认真,讨论问题,发言也是很积极的一个。

1942年3月,乔木在《解放日报》写了一篇《教条和裤子》的社论,把教条主义和我们的缺点比作藏在裤子里的尾巴,"大家怕脱裤子,正因为里面躲着一条尾巴,又必须用刀割,还必须割出血"。"共产党在爱护自己的人们面前严肃地表露自己,是则是,非则非,为什么不是有百利而无一弊呢"?这篇文章对大家敞开思想,大胆提意见,起了很大推动作用。

在逐个讨论某某够不够"思想入党"时,大家对我的评价还好。对家英,则指出他较多的缺点。大家提出他有骄傲自满、自由主义、自由散漫的毛病。家英认为这些意见提得太尖锐了,"自由主义"就是小资产阶级的代名词,思想上不好接受。开会的当晚,饭都没有吃,躺在床上蒙着头哭。那时我和他已经恋爱了,两个人互相交换"思想自传",谈得很多。他没有吃饭,我心里也不是滋味,很心疼,下山给他买了两个烧饼,塞到他的枕头底下。我劝他,思想变化,是要经过自己的痛苦的斗争的,但是饭还是要吃。家英人非常聪明,也很要强,但他确实思想上较脆弱,听不得过重的批评意见,这和他平时思想敏锐比较自负有关系。我给他烧饼,又劝了他,他很快把饼子吃了。

他后来和我说:"思想转变,不经过认真的思想斗争是不可能的。"他对大家的批评一时接受不了,但经过认真的思索和反思,最终想通了,还是接受下来。

延安整风,对每个人都可以说是一次思想的洗礼。人们的思想尽快地成熟起来。

"看,伊凡把田儿打扮得多漂亮"

在政研室,家英和谁都能说得来,非常善于说话。而我却不善说,但和家英相熟后,我们俩很能说到一起。

家英给人的印象,不拘小节。走路蹦蹦跳跳的,在陕北公学时,同班的金岚给他起了个外号——"田鸡",说他活像一只小青蛙。从此大家都叫他田鸡,家英不但不生气,还索性把笔名改作"田基"。到政研室,他年龄最小,阿胖叫他"田儿子",他也不生气。以后大家都亲切地叫他"田儿",没有人叫他田家英。

家英衣着不讲究,邋邋遢遢,鞋子经常是破得露出脚趾头,衣服只有外边的一套,里边也没有衬衣。开饭时,大家都用搪瓷缸子吃饭,家英人小,个子不高,但饭量大,吃得特别多。他头上顶着个搪瓷大钵子,盛得满满一钵小米饭,打回窑洞边看书边吃。和家英相好后,我给他做了一双布带编成的凉鞋,还用他从家乡带到延安的一件粗呢子大衣给他做了一条罩裤,用大衣里子做了内衣和内裤。家英穿上后,政治组的同志见了,开心地笑他说:"你们快看,伊凡把田儿打扮得多漂亮啊!你们看到没有呀。"(伊凡是我在延安时的名字)家英穿上新衣也非常高兴,这是他到延安后第一次穿有人专为他做的衣服,心里当然暖烘烘的了。大生产运动后,我又和老乡换工,我纺线,让老乡帮我织布,换回蓝条粗布,给家英做了衬衣,还做了一床被子。

那时的物质条件非常差,延安八年,每人就做过可数的几件衣服,平日全部的家当都放在一个枕头套里。如果有人结婚,就带上自己的行李,两个人搬到一个窑洞,就算结婚了。但那时人们的精神世界却那么的美好,内心深处有着无限的憧憬,为了中国革命和世界革命的胜利,我们每天都有新的希望,新的企盼,充满了活力。

和家英定了关系后,我们还相约到延安医务室看在那工作的刘承智,见到时,他们好像曾经并没有婚姻关系,就是同志关系,两人也没有生气。我和刘承智是女大的同学,但不是一个班的,来往不多,只是跳舞时认识,当时知道她是田家英的爱人,两个人个性不合。

进城后在中南海,刘承智还去看过家英。那次我不在家。家英告诉我刘承智来过,说她结婚了,两个孩子,生活很困难。我说:生活困难你帮助她一点吧。

逄先知告诉我,家英解放后和他提起过刘承智。说她长得特别漂亮,眼睛很大,像七仙女。谢静宜也说过:家英在杭州开会,没事时常爱和他们聊天,记得家英提起过离开家乡赴延安前,去和女友告别,走到家门口,向里边望,看见女友坐在屋里,背向着门,没有发现他。那个女孩梳着一条大辫子,他望了好一阵,一转身,想到反正是要走,不告别也罢。便把心一横,心头念道:罢了,罢了,随她去吧。为了革命,为了求真理,走一条奋斗的道路,家英这个极重感情的人舍掉了个人感情。家英从很年轻的时候就是个重感情的人。

"我的所爱"

家英的记忆力过人,诗歌看过几遍就背下来了,在研究室谈恋爱时,从我们住的地方到家英住的地方,排着三层窑洞。家英住在最高一层,我们住在第二层,下边还有一层,两个人你追我追,绕着山追时,他就边跑边大声地背着鲁迅讽刺小资情调的拟古新打油诗《我的失恋》,引得我哈哈大笑。

"我的所爱在山腰,想去寻她山太高,低头无法泪沾袍。爱人赠我百蝶巾;回她什么:猫头鹰。从此翻脸不理我,不知何故兮使我心惊……

我的所爱在豪家;想去寻她没汽车,摇头无法泪如麻。爱人赠我玫瑰花;回她什么:赤练蛇。从此翻脸不理我,不知何故兮——由她去罢。"

……

这么长的诗家英一字不落地背着。他还背过许多白话诗,徐志摩、郁达夫、郭沫若等人的,都是些非常有意思的诗。

家英酷爱文学,背旧诗作新诗,都是他的所好。早在陕公时,我们女生晚上睡下闲聊天,"田家英又作什么新诗了?"都成了大家议论的话题之一。家英和我说过,他想写一部小说:两个青年人追求自由、追求理想,投身革命,在战火中洗礼的故事。我笑他,以为他说说而已。后来他真写了一篇《小红萝卜》的小说,描写一个儿童在战火中的故事。他拿给我看,我给他泼了冷水,"你没到过前方,更没有战地生活的体验,小说是编的,缺少真实感。你还是多写写杂文吧"。他听了我的反对意见,没有生气,也没有把这篇小说送报社。

晚年,我听他的一位朋友说,新中国成立后家英对他的"小说"念念不忘,说今生不写出一部小说来,死不瞑目。听到这话,我不禁想起和家英在延安的日子。

我们结婚了

整风以后,两个人思想感情更深了。结婚是家英先提出来的。

有一天我们到山上读报,读完了,他忽然把我抱住说:"咱们俩结婚吧。"我吓了一跳,说:"结婚这么大的事,想一想再说吧,不要那么仓促。"谈到结婚,我说了自己的想法,到政研室之初,我就不愿意蹲机关,随时准备上前线的。我从学校来延安,没有到实际中锻炼过。延河两边的山沟都是公家的窑洞,中央机关都在杨家岭。平常看见老百姓,离得很远,听见他们唱着信天游赶着驴子过去了,从没有接触过老百姓。

我没有马上同意,为此我们商量了约法三章,即:"第一,家里的事要由女方做主;第二,互相帮助,共同进步;第三,不能因为工作调离了感情就分离。"

那时已快到1942年底了。我提出来后他同意了。我们商量结婚不拘形式,只要和党支部说一声就可以了。我让他去,他不好意思,让我去,我便去找了支部书记周太和。我向他报告了:我和家英决定结婚,但不拘形式,请他为我们保密。周太和同意我的意见。1942年12月12日晚上,我们约了彭达章,三个人在炭火上烧了一缸子红枣,彭达章是经济组的,又是支部组织委员,和我们关系很好。正在吃红枣,王惠德跑来了:"听说你们结婚是真的吗?"我说:"没那回事,我们在这谈学习呢。你愿意来就来参加吧。"他说:"那我不来了。"说完便跑掉了。第二天一宣布我们结婚了。他大叫一声:"我昨天受骗了,受骗了。"

我们的第一个孩子

我是1944年6月生的第一个孩子。发现怀了孩子,我曾到延安中央医院,要求打胎,接待我的是一个苏联大夫。他说你是第一个孩子,如果打了,第二个孩子就落不住了,不同意打。没办法,只好随孩子在肚子里长吧。我自己为了让孩子流产,在草坪上又拉又跳,但那时年轻,孩子特别结实,怎么也掉不了。到1944年初夏,快要临产了,心想,只有生了给人吧。没生之前,我就想好了,生下来,孩

1953年，和夫人董边、女儿曾立在一起。

子要给人。因为那时一般干部生了孩子，只有回家带孩子，根本没法再工作。我提出后，家英也同意了。

延安生孩子，预产期一到就住到医院去，因住地离医院较远，临产了再去，没有交通工具，就只好抬担架了。中央医院在马列学院的后头，离杨家岭挺远的，有十来里路。到了预产期，家英牵了个骡子把我送去的。

在中央医院，住了大概一个月我才生。这期间家英来过几次，给我送来苏联小说《青年近卫军》，我还做了两双鞋，交给公家参加大生产。

同住的都是要生产的妇女，也有老百姓在那生孩子。我认识了枣园后沟西沟村村长的媳妇吴桂花。出去散步时，大家都是挺着大肚子，摇摇摆摆的，常在一起聊天。且住房也是几人住一间，几个大肚子觉得互相都很可笑。点灯时大家排队站在一起，影子照到墙上，大肚子扭来扭去的，大家哈哈大笑。

我了解到，吴桂花这次怀孩子已是第三胎了。前两胎生下来都死了，她很担心这次孩子能否活下来。我说："你别着急，如果生下没活，我的孩子送给你。"她有些不相信，说："要等丈夫来了商量一下。"她丈夫来了把我叫去，很不理解地问我："你为什么要把孩子给人？"我说，像我们这样的干部没有专门人帮助带孩子，公家也没有托儿所，延安的保育院只收首长的孩子和烈士子弟。要上前方，要打日本，带着孩子怎么办呢？

说实话,如果和当地的老乡关系熟悉,也可以给老乡带。而我们在延安机关工作,和老乡不来往。如果像后来在河北冀东工作,每天都和老乡打交道,肯定把孩子放在谁家都可以带。

说了这些情况,吴桂花的丈夫还是不太放心。以前两个孩子都死了,吴桂花很伤心,我劝她莫伤心,我生了给你。她丈夫讲:"你们干部的话我们信不过,如果给了,就不能再要回去,要写字据为证。"我当即给他写下字据:"我愿意把我的孩子送给吴桂花养育,永远不要,立此为证。"

吴桂花先于我生的,果然孩子又是死胎。我在她后边生的,生的时候很困难,因我的骨盆小,又是头胎,生了三天三夜,生下一个男孩,一口我的奶也没吃,就抱给她了。孩子抱走了,我的奶水好,涨得要命,不断用吸奶器往外吸。生后六七天,我去看过孩子,白白胖胖的。

生产后,家英和研究室的张云天一起来看我。家英也去看了孩子,回来后和我讲:孩子长得像他,可惜不能抚养,流露出不舍的感情。我说:"像谁也不行,已经给人家了。为了工作,为了将来上前方,现在我们只有忍痛牺牲,别无选择。吴桂花是位老实的农民,她会抚养好这孩子的。"

十来天后,吴桂花的丈夫来接她出院,我送他们到门口。以后我的确再也没有去看过那个孩子,答应不要了,就坚决不去看了。最初听到有人传来话,说孩子长得白白胖胖的,以后又传来信,说孩子死了。我没有相信,我认为是老乡怕干部以后再把孩子要走,故意传的话,好让干部死了心。其实我没有半点要回来的想法,但毕竟是自己的亲生骨肉,听到这个信,我就想是老乡在骗我们,孩子一定生长得挺好的。

解放后家英还想托人找延安的孩子,他和彭老总说过。是我拦住了,和人家有协议,怎么能反悔呢。

大病中,得到家英无微不至的照顾

生孩子之后,我大病了一场。家英无微不至地照顾我,使我战胜了病痛,又恢复了身体。

我是1944年6月生的孩子,回到杨家岭,因身体虚弱,再加上窑洞里潮湿,一个月后气喘病犯了,病得很重。生孩子后人很虚,光盗虚汗,没办法,我只好拿棍子支着被子,不到一个月就发起哮喘病了。

家英拿稿费到延安新市场买了两只鸡,拴在牲口尾巴上,结果鸡一扑腾马还惊了,差点把家英摔下来。回来不会杀,还是吴俊扬帮助杀的。收拾好的鸡放到窑洞里,等到做时,看到苍蝇爬得满满的。那时一点生活经验也没有,结果鸡没法吃了,只好丢了,非常心痛。那时买只鸡也是很不容易的。

我发病了,组织上照顾把我调到中宣部,和家英住在一起。吃饭、医疗都是家英照顾的。这次一病就是半年。

延安的女同志生了孩子可以吃一个月的小灶,勤务员给打饭。以后就都是在大灶吃了。窑洞里有炭火炉子,用大茶缸子在上边煮半碗挂面,没有菜,家英便把他在杨家岭食堂的那份菜,吃一点,给我剩下大半碗带回来,他每天省下自己的菜给我,我说:你别都留给我,自己也吃一点。但他仍然每次带菜回来,家英饭量大,但为了我他自己一点也舍不得吃。

晚上睡觉,因为喘得厉害,我根本躺不下去。延安没有枕头,枕头套里装上几件衣服就算枕头,我坐着没有的靠,家英见我喘得厉害就坐在我身后边,让我倚在他身上。靠一会儿,我想他第二天还有工作,说:你睡觉去吧,我能坐着。他不离开,用他的身子的热气给我取暖。

那次大病有半年的时间。病中,乔木来看过我,他一进来看到我的样子吓了一跳,觉得病得很重,以为我快不行了。乔木回去出面请了杨家岭医务所的一位老先生,每天来给我打针,也不知道打的什么针,一个月的样子,病渐渐好了。

乔木对我的病印象太深了,1962年我到陕西临潼搞调查,接到乔木的信,是他从报上剪下来的一个治哮喘病的土方子。我当时很感动,他工作那么忙,还记得我有这个病根,那已是多少年前的事了啊。

在延安发哮喘病,第一次起因是感冒后刷钢板;第二次就是生孩子,是最重的一次,给我印象非常深,从此我便得上了这个跟了一辈子的鬼病。病中,家英无微不至地关心我,我们真是互相照顾,互相爱护,渡过了难关。春天来了,病渐渐地好起来。

以后家英到乔木处编解放区语文教材,一个星期回来一次。我则参加审干甄别工作,以后我在中宣部,搞生产运动,兼作研究延安的报纸。

从1942年到1945年,我和家英共同生活了三年。

送别桥儿沟

1945年8月抗战胜利了,延安组织大队人马去前方。我和家英商量也想上前方,我的这个心愿很早以前就有。调来政研室时,我就向陈伯达提过想做实际工作的要求,陈答复我说:"你再提就枪毙你。"他这么个态度,我哪敢再提。

1945年10月,杨家岭组织了上前方的队伍。因政研室就我一个女同志,我便给蔡大姐写了一封信,要求上前方,希望和中央妇委的同志在一起。蔡大姐第二天就回信了,同意我参加妇委支队。我和冉实、孔筱分在一个支队。(孔筱是我太原高中同学,我们一起参加的八路军。)

家英也想去前方,但组织上没有同意他走。乔木主持中宣部工作期间,家英在他领导下编解放区中学语文教材,乔木很赏识他,不放他走。

为送我走,家英到东风市场买了牛肉,在炭火炉上,焙成牛肉干,做我路上的干粮。

冉实是研究室吴俊扬的爱人,要和我一起走。家英和吴俊扬是好朋友,他们一起送我们,从杨家岭一直送到桥儿沟,大概有十几里路。我们让他们俩别再送了,回去吧,他们不舍得回,还是往前送,送了一程又一程。我一再说"回去吧,在前方见",他俩才站住了,一直站了很久。这一次送别,吴俊扬也记得非常清楚。

我们的队伍每天行军七八十里,到张家口,冉实被分配赴东北,我分配赴冀东。在张家口,我们看到卖水果糖的,这是1937年到延安后头一次看到水果糖,兴高采烈地买了两斤,托人捎回延安给家英和吴俊扬,也不知家英他们是否收到了。后听吴俊扬讲:1946年5月,他也离开延安到前方了,走的时候,家英让他给我带去十几个银元,是他的稿费,吴俊扬到张家口后,便交去冀东的人代捎,但因路途远,转托的人也多,没有捎到。我今天确实不记得有人捎来银元的事。

"鸿雁飞来泪两行"

到绥德,部队分开了,绝大多数人到东北去了,只有七八个人到冀东。我和诸太乙、李振平被分配赴冀东。

到冀东,与延安通信很困难。后来家英来信告诉我,我走后,他感到很寂寞,休息时还学了拉胡琴。一次他接到我的来信,正在杨家岭给学员上课,拆开信一看是我的字,当时就流下了眼泪,学生说: "哎呀,老师哭了。"家英只好讲:"今天不上课了。"以后他在给我的信上作了一首很长的诗,其中有: "惊闻冀东烽火起,鸿雁飞来泪两行"。

还有一次,家英托一个从延安来冀东的熟人带来一首诗,只记得一句:"少年夫妻百事哀……"其他都不记得了。我有一个小红本,家英给我的诗和我给他的不成诗的诗都抄在上边,是表达当时的思想感情的。解放后放在妇联机关办公室的抽屉里, "文革"抄走,再也没有还回来,可惜极了。那些记载着当年我们相互传递感情的诗信都不在了,只记得这两句诗。

冀东三年,我在冀东区党委民运部,做民运工作,减租减息、土改,落实五四指示等。在这期间,担任过土改工作团的副团长,在遵化二区工作担任过遵化县二区区委书记。当时组织上想培养妇女干部,邵青华是遵化县的县委副书记,白云是区长,我是区委书记,还有一个女同志也是区委书记。我在二区当区委书记一年多。这时已经打内战了。

内战时期,干部要在战区工作下去,的确是群众保护了我们。记得敌人刚进遵化县,我还穿着部队的军装,一位老大娘看到我:"哎呀,你穿这样的衣服,敌人一看就知道你是干部",她马上把自己黑大襟衣服脱下来给我穿上。那时和老百姓是真正的鱼水关系。长期在群众当中,和群众建立了深厚的感情,那段日子对我一生都很有帮助。

三年中还有一次和家英通信是土改时。从西柏坡有人回冀东,家英给我捎来了《土地法大纲》,他和毛岸英都参加了少奇主持的土地工作会议。书里边夹了张小字条。我在土改中认真学习了这本书,对工作很有帮助。

分别三年,虽然我们很少通信,但互相都非常想念。

回到西柏坡

1948年12月,我从冀东回到西柏坡,那时家英已经任毛泽东主席的秘书了。我到西柏坡时,他正被主席派到东北作调查,托陈伯达关照我,直到转年家英从东北回来。

这期间,陈伯达要我去党校学习,我没同意。我找了邓大姐,参加了中央妇委第一次妇代会的筹备工作,从此,走上了妇女工作岗位。家英则在中央核心部门工作了18年。

我们都开始了新的生活。

一首没有诗味的小诗

20世纪90年代,我为家英编书,回忆整理家英的生平资料。晚上睡不着时,常常想念和家英在延安的日子,作过一首没有诗味的小诗:

> 回忆亲人不入睡,愉快生活在圣地。
> 桃林散步谈心事,延河洗衣细语归。
> 清晨山头读书报,整风学习苦苦思。
> 自传总结相互传,思想入党互相帮。

约法三章结伴侣，一线风筝比翼飞。

抗日胜利上前方，远送亲人迟迟归。

惊闻冀北烽火起，鸿雁飞来泪两行。

少年夫妻百事哀，盼望胜利早到来。

晚年，孩子们要我讲讲往事。回顾一生，我说：我这辈子最幸福的就是在延安的八年。延安生活虽然艰苦，但人们的精神世界非常充实饱满。我们这些青年学生在延安得到党组织的关怀培养。我从陕公、党校、女大到马列学院，以后又到中央政治研究室，天天都在进步，积极向上。反法西斯战争中，我们始终充满了必胜的信心。我和家英在政研室相识相爱，走到一起，一同工作和生活。那真是一段令人难忘的时光。

毛泽东和他的秘书田家英

爱书爱字不爱名

■曾 自

1980年春，随着政策落实的进展，中央办公厅退回父亲田家英的遗物。那是装得满满一卡车的书和字画。见物思人，看到满屋满地的书，眼前又浮现出父亲在灯下孜孜不倦地读书、工作的身影。仿佛又听到他那带着浓重四川乡音的话语。

捧起父亲看过多少遍的书，我禁不住泪水夺眶而出。爸爸，您离开我们后这些年里，女儿有多少苦苦的思念啊！无论是在东北插队的几度春秋，还是转到山西知青点的蹉跎岁月；无论是在粉碎"四人帮"举国欢庆的十月，还是一家人听到为您平反昭雪的欢乐时刻，女儿的心，无时无刻不在呼唤您……多年来，这强烈的思念化作一个真诚的心愿——写一点什么纪念父亲，也激励自己在人生的路途上不断进取。近几年，从父亲的老同志、老朋友的文章和谈话中，也从妈妈深情的回忆中，我越来越了解了父亲，越来越清晰地看到了父亲的精神世界。我感到，虽然父亲生前没有更多的时间教育我们，然而，他却以身后留下的精神遗产，为我们指引着人生之路。

诗言志。父亲曾以"十年京兆一书生，爱书爱字不爱名。一饭膏粱颇不薄，惭愧万家百姓心"的诗句表达自己的心志。在这篇短文里，我想从父亲留下的这些书和字画谈起，写写他一生"爱书爱字不爱名"的往事，以寄托我对父亲深深的思念。

一

"爱书"，这是父亲一生中最大的癖好。他自幼酷爱读书，对各种知识都有浓厚的兴趣；参加革命以后，为了他所献身的事业的需要，为了对他所热爱的祖国和人民作出更多的贡献，更加如饥似渴地读书学习，不断吸取新知，探求真理。

父亲寻书、"淘"书的劲头是熟悉他的人都知道的。20世纪50年代中期，他兼任中央政治研究室副主任期间，住在西郊万寿路，人们常见他进城逛书摊串书店。北京是文化古都，建国初期琉璃厂、西单、隆福寺、东安市场等处是古旧书店集中的地方，这些地方父亲经常光顾。由于常来常往，他和书店的老板都很熟悉，琉璃厂松古堂的老板就经常帮助父亲选购一些好书，有时还亲自送到中南海门口。父亲对每个书店的家底也摸得很清楚，常常径直到书库中去翻找。每逢走进书店，父亲便一门心思扑到书堆中，忘记一切疲劳和烦恼。他在高高的书架上一格格搜寻，或到旧书堆里东翻西找，为了"淘"出一本执意寻找的书，他会不辞劳累地把旧书一摞摞地搬来移去，不顾手上、衣袖上沾满尘土，有时意外地发现一本有价值的书，他会像孩子似的高兴。当年我们常随父亲逛书店访书摊。父亲领我们出中南海穿灵境胡同到西单中国书店，或沿故宫护城河到王府井东安市场的书摊。每逢这时，父亲兴致特高，总是边走边说笑话，开心极了，现在想起来，那是多么甜蜜的时刻啊！父亲寻书"淘"书不仅限于北京，每次外出开会或去各省调查，到一处总要先询问哪里有书店、书市，像上海、杭州、广州、武汉、成都等文化名城的书店书摊他都跑遍了，自然每次外出回来，他都是大有收获的。父亲把工资的绝大部分用在买书和字画上了。所以在我的印象中，家里最显眼的就是书架特别多。父亲的藏书总共有三十几书架，他的办公室和卧室里、妈妈的房间里，都是三面墙排满了书架，大房间里还放置两排书架，每个架子都装满了书。我们小的时候，常常在林立的书架之间捉迷藏。

父亲的爱书、买书、藏书，不同于文人雅士的欣赏玩味和夸耀博学，而是为了革命工作的需要。父亲常说"书到用时方恨少"，"要学以致用"。正是为了应用一切有利于革命工作的书本知识，他才如醉如痴地到处去寻书买书，视如家珍般地精心藏书。父亲曾在一篇文章中写道："……我爱着那些为我讲述真理故事的书本，它对我是一种诱惑，一种魅力，它指示给我一条坚决的道路，使我看清现实，它要我皈依真理，教我在应当交出生命的时候，就把一切全交出来。"他曾自定两句格言："理必归于马列，文必切于时用。"并把它刻成朱文和白文两方印，盖在他心爱的书上，用以自律。这不仅表达了他平生学习研究理论和作文章的主张，也道出了他酷爱读书的根本目的。

父亲从1948年到1966年5月，担任毛泽东主席的秘书，长达18年。他深感自己责任重大，不敢有丝毫的疏忽。同时他也深知，没有丰富的知识，不详细地占有历史的和现实的资料，是无法完成为主席服务的艰巨任务的。因此，父亲买书藏书的重点，放在马列著作、毛泽东著作、政治理论书和古今中外历史书方面，并随着工作面的拓展，分门别类有系统地收集经济、哲学、文艺理论、各国有关宪法等方面的书。他特别喜爱杂文，只要见到好的杂文集子就买。在父亲的书架上，不仅有全套的马克思、恩格斯、列宁、斯大林、毛泽东全集和选集，专题文集和各种单行本，还有不少主要经典著作的不同版本。父亲一贯提倡读马列主义原著，不大喜欢读那些对马列原著作解释性的小册子。他认为，马克思、列宁和毛泽东的著作，都是在特定的历史环境和时代条件下，针对特定的问题展开论述的。我们学习他们的思想理论，应当尽量多读原著，必须采取严肃认真的科学态度学习研究他们的著作，学会运用书中的立场、观点和方法解决现实中遇到的实际问题，而不能带半点随意性，他也编过毛泽东的语录，但他反对断章取义，反对实用主义，反对形而上学。他曾指着林彪搞的《毛主席语录》对一位友人说："这本小册子，从《毛泽东选集》里东摘一句，西抄一段，断章取义，割裂历史，不成体系，不讲逻辑。但是，那些人反而确认这是毛主席著作的精华，句句是普遍真理，用它来指导我们的思想和行动，指导我们什么事应该怎样想，怎样做，不该怎样想，怎样做。这种搞法，简直是拿马克思主义当儿戏，抽掉了毛泽东思想的精髓。这样下去，会坏事的！"在这个重大原则问题上，父亲与林彪、康生等针锋相对，这也是他在"文革"刚刚爆发即遭迫害的原因之一。

父亲主张，研究任何问题都应该放到更宽泛的范围加以考察，从历史发展的角度去思索。因此，他买书的范围相当广，尤其注重收集五四以来出版的政治、历史、经济、哲学以及文艺等方面有价值的平装书。他很早就着手购置了一批史书和工具书，如《二十四史》、《资治通鉴》、《纲鉴易知录》、《清鉴》、《古今图书集成》、《中国文化史丛书》等。他注意考究版本，曾十分得意地对书友说：我收藏的《二十四史》是平装本中最好的版本。对于现代出版的书籍，父亲称赞商务印书馆和中华书局的书，凡见到这两家出的书大都不放过。父亲在工作中涉及史学知识最多的部分是现代史、中共党史，这方面学术价值较高、史料性、系统性较强的著作，他都设法买来。在父亲的藏书中，现代历史学家如郭沫若、范文澜、周谷城、吕振羽、罗尔纲、尚钺、翦伯赞等人的著作都收全了。父亲主张研究历史要全面了解各派史学观点，广泛阅读各家各派的史学著作。他认为，尽管有些史学书的立论观点是错误的，甚至是反动的，但只要它有史料价值，就应当看。所以，有些资产阶级史学家的著作他也注意收集。例如，中国近代史方面的著作父亲已收了不少，但他还是设法把原国民党驻美国大使蒋廷黻著的《中国近代史》买来。他认为这本书的作者站在资产阶级立场上落笔修史，片面推崇洋务运动、推崇清同治年的"自强中兴"，是应当批判的，但他代表一派之言，且说理简要畅达，叙事清楚周密，有可借鉴之处。对于参考价值较高的史书，父亲更是想方设法去收集。比如30年代商务印书馆出版的《中国文化史丛书》，对我国各个领域发展史介绍得较全面系统，全书有近百个分册。父亲认为这部书史料丰富，涉及面很广，是治史的必读之作。于是他花费很大精力，一本本地从各个书店、书摊把这套丛书配齐了。其中《中国疆域沿革史》分册当时很难找到。但父亲认为疆域史是中央制定某些方针政策、处理某些外交问题不能不用到的知识，这本书的参考价值较高，一定要想法买到。最后还是政治研究室图书馆的同志从某书店一下买到两本，放在图书馆一本，帮父亲配齐一本。

由于父亲非常喜爱中国古典文学，他收藏的各种版本的唐诗、宋词和其他诗词集很全，中国古典小说平装本也几乎买全了。父亲记忆力很强，很多名诗名篇他都能成篇或大段地背诵，背古诗词成为他生活中的一种享受。早年在延安和父亲共过事的同志提到他，都爱讲到他背诵古诗词的情景。在枣园和杨家岭时，人们常见父亲工作疲累了，站在窑洞口舒心地背诵一段。有位老同志告诉我，他至今还记得父亲昂首吟哦辛弃疾的《贺新郎》时的情景："我见青山多妩媚，料青山见我应如是……不恨古人吾不见，恨古人不见吾狂耳。"那自信好胜之心，陶然如醉之态，给他留下极深的印象。父亲在中国古典文学方面和毛主席有共同的爱好，毛主席经常和他谈论古诗词，让他帮助查考某句诗的出处或作者，父亲总能凭着自己在这方面的深厚功底和熟练准确地使用工具书，很快把答案送给主席。对这一点，一起工作的同志们都很佩服他。

父亲对近现代文学作品也很喜欢。他青少年时代曾搞过文学。后来历史把他推上了政治舞台。1962年在政治上失意之后，常常后悔自己当初不该改行从政，如果搞文学创作可能作出点成绩。他同近代文学结下了不解之缘，直到逝世。在他的藏书中，近现代著名作家的文集和传记，像《鲁迅全集》、《瞿秋白文集》、《郭沫若文集》、《茅盾文集》、《闻一多文集》和30年代其他左翼作家的著作集，占有很大的比重。人物传记，野史正传，各种笔记，他也收集了很不少。父亲很称赞吴晗写的《朱元璋传》，也称道《张居正大传》等传记著作。蔡东藩写的那套《中国历代演义》以及《清朝野史大观》等等，都是他枕头边上经常放的书，他习惯睡觉前躺下看一会儿书，这几套书他总爱随手翻看几段。

父亲的藏书，到60年代已有上万册，他把书按科学分类，码放得井井有条。父亲爱书惜书，凡买到破损的旧书，总要动手裱糊补好。书架上的书从来都是整整齐齐的。父亲的记忆力惊人，妈妈说父亲看过那么多书，从未见他作读书笔记，都是用脑子记。1951年7月，为纪念中国共产党成立30周年，中直党委在中山公园召开干部大会，请父亲作党史报告，他讲了两个半天，不拿一个字的稿子。同志们称赞他逻辑思维强，党史资料运用自如，非常熟悉。这是父亲平日勤动脑、勤思考、勤学习的结果。父亲对自己的图书，也是非常清楚，上万册图书哪本放在哪，大致讲些什么内容，用到哪时，随时可信手拈来。同父亲来往的同事朋友较多，每逢书友临门，父亲常常高兴地拿出新购到的好书向人介绍，遇有志趣相投的朋友时，一壶香茶或一瓶茅台，更添谈兴。

父亲没有进过大学的门。他能以浅少的学历，达到相当的思想理论水平和文字水平，掌握丰富的中国文史知识，直接为毛泽东主席服务18年，为党做了大量工作，主要靠刻苦读书、勤奋自学。正如杨尚昆同志所说："他那种浓厚的读书兴趣，强烈的求知欲望和顽强的学习精神，在我们党内干部中是不多的。"的确如此，读书已成为父亲生活中不可缺少的一部分，觉可以少睡，但书不可不读。在延安时，他为了讲好中国近代史课，通宵达旦地攻读鲁迅著作；新中国成立后，尽管工作繁忙，担子很重，他坚持边工作边学习，干什么就学什么钻研什么；他走到哪里，把书带到哪里，一年365天看书学习从不间断。他以"向上应无快活人"、"将勤补拙，以俭养廉"刻成图章盖在心爱的书上，砥砺自己刻苦学习。他勤于读书，善于思考。在长年读书自学中摸索出一套读书方法：对经典著作、基础知识、理论著作和重要历史书籍，一定要精读深钻，重要章节甚至熟到能背下来；有些书只要粗知大概内容，到用时能够找到就可以了，这就是把精读与博览结合起来的读书方法。父亲正是这样读书的，他对马列和毛泽东的经典著作，反复研读，钻得很深，因为他参加编辑出版《毛泽东选集》，每篇文章读了不下20遍，熟悉到只要谈到主席的某个思想、观点，很快就能翻出有关论述在书中的哪几处。对于大量的知识性、史料性的书，父亲读得既广又博，且读的速度很快。他每次从街上购回来的一大摞书，工作再忙，也要当晚粗翻一下，知道书的大概内容，书不翻完是不上架的。在父亲卧室门口的长条桌上还堆放着一些港台书籍，这是当时中办为中央领导同志定期选购的参考读物，购来先拿到父亲处，他抽空都要翻看一遍。

读书是父亲生活中不可或缺的内容，伴他度过四十来年生命的历程。父亲酷爱读书的往事，激励我努力工作和学习。

二

"爱字"，说的是父亲长年坚持在全国各地收集清代文人学者和书画名家的墨迹。父亲在这方面的用心，并非限于翰墨情趣，更在于研究清代历史的志向。

父亲认为，清代是我国封建社会最后一个王朝，是封建社会集大成的有代表性的朝代，它的历史很值得研究，然而，直到50年代还没有一部真正好的清史。早在延安时，父亲曾读过萧一山在20年代写的《清代通史》，对萧一山在二十几岁时就凭一人之功完成一部史学巨著的治学精神和勇气，极为赞佩，但遗憾的是作者受时代和世界观的局限，作品存在许多缺陷，还不是一部理想的清史书。父亲曾表示，要在有生之年写一部唯物史观的《清代通史》。他的想法也向毛主席提过，主席不肯放他去搞学术研究。但多年来父亲这个夙愿始终没有放弃。

从50年代中期开始,他着手收集清人墨迹,直到1966年他去世,十几年里,无论多么忙他一直坚持不懈地收集、积累和研究。

父亲把收集清人墨迹作为研究清代历史、学术活动的一部分,注重按年代、学术流派、历史人物的作用有系统地寻觅。他在办公桌上放一本萧一山编的《清代学者著述表》,随时翻阅查核,按表中所列逐个有目标地去寻找,得到一件墨迹,在表中对照其姓名画个红圈,作为已收到的记号。他曾对朋友戏言:此书乃清朝“干部”登记表也。他希望尽最大努力把表中所列一千几百名学者的墨迹收全。虽然到他逝世时尚未实现全部愿望,但他确实取得了可观的成果。他的藏品除“文革”中陈伯达等人掠去一些精品遗失外,现存的还有一千几百件。其年代跨度从明末到民国初年前后300余年;人物包括清代学者、书画家和官吏约500余人;品种有条幅、楹联、册页、手卷、扇面、信札等。这些墨迹中,巨幅的有钱南园手书14米长卷,小到高南阜左手反字尺余横幅;有皇帝的御笔,也有农民的卖田契;有学子骚客著书立说的文稿、诗稿,也有官吏附庸风雅之作。从书体上看,真草隶篆、甲骨金文及铁线飞白体无不在藏品中见到。

父亲的藏品,从史料价值上看,囊括了清代各个时期文人学者中一些代表人物的手笔。明末清初主要收了一批抗清志士和著名文人的墨迹,如傅青主、八大山人、孔尚任、顾贞观、朱彝尊等。藏品中数量最多且质量也较好的当属乾隆嘉庆年间的名人(人称乾嘉大师)之作。当时几大学术流派的代表人物及其弟子追随者的作品,几乎都全了。如师法汉儒的“汉学”吴派代表人物惠栋及与其齐名的戴震和他的弟子段玉裁、王念孙、王引之等人的作品;提倡程朱理学的桐城派代表人物方苞、姚鼐等人的作品,这些重要学术流派人物不下几十人,父亲基本都收齐了。这一时期还有扬州八怪、西泠八家等艺术大师之作,也收得较全。1840年鸦片战争后,中国进入近代历史时期。父亲对这个风云变幻的年代造就的一批杰出人物的墨迹尤为重视。一幅龚自珍的条幅,成为父亲收藏的珍品,每有朋友临门,他常拿出来请大家共同欣赏。爱国民族英雄林则徐的墨迹,颇受父亲的喜爱,他保存了林则徐的条幅、楹联、扇面、书简若干件,其中有一幅中堂,是林则徐写给友人的。其中写道:“观操守在利害时,观精力在饥疲时,观度量在喜怒时,观存养在纷华时,观镇定在震惊时。防欲如挽逆水之舟,才歇力便下流。从善如缘无枝之木,才住脚便下坠。”这幅中堂是研究林则徐这位著名历史人物的珍贵史料,备受父亲重视。戊戌变法的代表人物谭嗣同、康有为、梁启超、康广仁、杨锐的手书,父亲均有收藏。他感到遗憾的是,六君子中杨深秀、刘光第的墨迹只收到影印本。“六君子”中的谭嗣同,被难时年仅33岁,墨迹传世很少,他的一幅扇面《赠宋恕》,汉隶行草参半,写得清秀俊逸,是父亲藏品中的一件稀有之作。父亲不仅喜欢谭嗣同的字,更敬重这位爱国义士舍生取义的气节。

他把谭嗣同的书斋"莽苍苍斋"前面冠一"小"字,以"小莽苍苍斋"为自己的书斋命名,并解释说:"莽苍苍"是博大宽阔、一览无际的意思,"小莽苍苍"即以小见大,寓含对立统一之意。在父亲的字画和书籍上,几乎每件都盖有"小莽苍苍斋"的印章。

从父亲的丰富收藏中确实可以感到他在这方面所下的功力,但遗憾的是,我们未能见到父亲留下片纸文字的东西,对于他研究的成果,撰写清史的计划等,现已无从查考,只能从他留下的这些藏品中寻找他当年的一些思索轨迹。在父亲的藏品里,人们不仅看到许多手卷、书扇,更为引人注目的是其中大量清人往来的书简、信札。父亲认为由于不少史学家和收藏家往往忽视学者或官吏的书简,而使得很多学术研究价值的史料散失。他注意到这些书简涉及范围很广,很有时代特色,遂下了很大功夫四方搜集寻求。十几年里,他共收到二百多家四百多通书简。这里有千言长书,也有简短小札,甚至还有三言两语的名片;写信的学者不少是在经、哲、史、地、音韵、金石或天文历史等方面有所造诣的人。他们往来的书简信札,有的讨论学术问题,有的交谈写作计划、读书心得、考据成果,有的诗词互答,有的谈及对社会政治、经济问题的见解,有的描述民间风土人情……这些书简,对研究当时社会政治、经济、文化、学术问题,有相当的参考价值。父亲把收集到的信札一封封辨认,整理,考证,然后拓裱成册,汇编成集。如《平津馆同人尺牍》就是将赵翼等九位学者写给平津馆主人孙星衍的信合成一集,又如《梅花溪同人手札》是把钱大昕、翁方纲等人给钱泳的信合为一集。像这样合成专集的书简有好几大本。他还把一些与某历史事件有关联的书简汇到一起,如在收有冯桂芬、郑官应、杨锐、康有为、梁启超等人的专集上,注明:"此册所收乃晚清输入新思想者"。现代学者收有章太炎、苏曼殊、柳亚子、鲁迅、郭沫若等人的书信。从这里我们多少看到一些父亲当年收藏的目的及用心之所在。

父亲的藏品除其史料价值外,为专家称道的还有其书法艺术价值。清代书法,草书虽不如唐代,但篆隶两体都有一些造诣很高的文人。篆书首推邓石如,人称斯冰(李斯、李阳冰)之后第一人,他的字父亲存有好几幅。翁方纲精通金石之学,篆隶行楷皆蜚声一时;金冬心擅长隶书,首创漆书;郑板桥的八分行楷,罗振玉的甲骨文,章炳麟的小篆结合籀文,以及许多书法大家,如何绍基、赵之谦、张裕钊、翁同龢、徐三庚等,他们的字体得力于碑学,但又各有其创新,自成一体。上述各名家的书法真迹,父亲收集均不止一件,父亲的藏品如展示出来,恐怕称得上是清代书法大观了。

父亲在收藏中,有两条原则,即一有二好和审慎辨识,决不盲从。他主张在"有"的前提下,尽量选择内容好,研究价值高的精品。1963年父亲去杭州开会,托史莽同志去寻一幅丁敬的字，以补"西泠八家"之缺。送来的两张中，一是写得端丽、裱得考究的应酬之作；另一件是随手写来，印章亦为后人补盖的丁敬"豆腐诗"草稿，但内容好，字又写得天趣盎然。最后父亲选了后者，而且不惜为之付出60元的高价。在收藏中，父亲从不盲从他人，审慎辨识真伪。有一次为鉴别一件顾炎武的手卷，他花了一个夜晚的时间认真研究《顾亭林文稿》，从书上顾炎武的手迹中，反复琢磨寻找顾写字的运笔规律和结构特点，最后判定那是一幅伪作。

还有一次在山东见到一幅被称为蒲松龄手迹的条幅，写的是两首聊斋诗。上面还有著名学者王献唐的"卧观三日，颇有桑下之恋"的跋语。但父亲没有盲从名家，坚持从其诗文入手考证，指出其靠不住的因素居多。正是由于父亲在这项学术活动中坚持了刻苦钻研、科学求实的态度，使他不仅收到许多精品，而且成为鉴赏能力颇高的行家。这一点虽然在他生前并不为社会上所了解，但在党内却有一些懂行的老同志是他的知音，如陈毅、谷牧、李一氓、胡绳、陈秉忱等老同志，都常在暇时到父亲那里欣赏品评一番。父亲还常把他收到的书法价值高的草书送请主席欣赏。毛主席也让父亲代找各种草书字帖。1958年10月16日毛主席在信中对父亲说："请将已存各种草书字帖清出给我，包括若干拓本（王羲之等），于右任千字文及草诀歌。此外，请向故宫博物院负责人（是否郑振铎？）一询，可否借阅那里的各种草书手迹若干，如可，应开单据，以便按件清还。"父亲更喜爱毛主席那气势磅礴的草书，平时总爱把主席练字或为人题词选剩下的废页零张收集起来，拓裱整齐收藏了一大本，成为小莽苍苍斋里的瑰宝。

父亲将工资和稿费大部分付出经营了清代文人墨迹的专项收藏，目的是为了保存我国文化遗产，研究清代历史。他早就讲过，这些藏品最终都要交给国家，这是我们民族的财富。他的治学精神和为学术事业奉献的品格，是值得人们学习的。近年来一些从事文博工作几十年的老专家看了父亲的藏品无不十分感慨，全国文物鉴定委员会副主任史树青老先生说：过去知道家英收藏清人墨迹，只当是收收而已，想不到竟这样齐全、系统，他的鉴赏能力之高，收藏之丰，令人佩服。史先生还说：搞了一辈子文物鉴定，有些名家只知其名，未见其字，这次从家英藏品中大饱了眼福。过去国家博物馆征集文物，注意力往往集中在年代久远的文物，对离现在较近的清代的东西重视不够，现在要想再收集到这样系统齐全的清人墨迹，恐怕是不可能的。家英同志在这件事上的眼光和做法早了我们整整30年。

为了实现父亲生前的凤愿，我们请有关专家协助，着手编选一套《田家英收藏清代学者墨迹选》，并希望在历史博物馆建立新馆时，将父亲的藏品放到国家博物馆，列为专室，供人们欣赏和研究，使父亲收集的这批文化遗产发挥作用。

<h1 style="text-align:center">三</h1>

"不爱名",是父亲平生情操的自白。

"爱书爱字"作为一种高雅的情趣,倘若与个人的某种私利的追求相连,会成为追逐名利的手段和资本;如果与一种伟大的事业相连,则能使人达到一种高尚的精神境界。熟悉父亲的人都知道,他不仅一生都执著追求知识,追求真理,敢于直言己见,倔犟地为真理而斗争,时刻关心群众疾苦,勇于反映群众真实意愿;而且还把甘当无名英雄、不慕荣利、不图功名作为平生的操守。父亲鄙视那些为个人名利到处钻营的人。在他的房间里,常爱挂"扬州八怪"之首金冬心题"竹"的四屏联,其题记中言称所画之竹,用来垂钓,只是为了钓些小杂鱼,以此讥讽那些视名利过重、似乎人只是为了名利而活在世上的沽名钓誉之徒。父亲赞赏这辛辣的讽刺,暇时常诵读品味一番。父亲曾对友人说:"为私者务名,念国者务实;务名者可卑,务实者可贵。"他还请人刻制了"无我有为斋"、"忘我"和"苟利国家生死以,敢因祸福避趋之"的图章,盖在自己心爱的书籍和字画上,以之自勉自律。父亲参加革命几十年,为党和人民做了不少工作,不计较个人的名利和地位。作为一个忠诚的共产党人,他始终以党的事业的需要作为最高的利益,无条件地服从党的安排,党让干什么就钻什么,干好什么。

父亲担任毛泽东的秘书,这个工作岗位,直接为党的高层决策服务,既需要相当的思想理论水平、广博的学识、忘我的工作热情和严谨的工作作风,更需要甘当无名英雄、无私奉献的思想品德和革命精神。在这个岗位上,无论参与多少关于全党全国的重大活动,付出多少艰辛的劳动,都只能作为组织和集体活动的一部分留在历史中,而不能作为个人成就记到个人账上。新中国成立以后,父亲把主要精力倾注在毛泽东著作的编辑出版、研究和宣传的事业中,参加了《毛泽东选集》第一卷至第四卷的编辑工作;主持撰写一至四卷的注释,和一至三卷注释的修订工作;还主持编辑了供广大青年和一般干部学习使用的《毛泽东著作选读》甲种本和乙种本;协助毛泽东编辑了《毛主席诗词十九首》和《毛主席诗词》(三十七首)。他整理的毛泽东讲话稿,不仅忠实地表达了原记录的思想内容,而且成功地体现了毛泽东在文学上的风格和气质。为了完成这个艰巨而光荣的任务,父亲反复研读毛泽东著作学习其文风,包括语法结构以至用字遣句等等,阅读了浩繁的历史资料,真正做到了孜孜不倦、呕心沥血,为宣传和普及毛泽东思想作出了自己的贡献。然而,这一切都是在默默无闻中,任劳任怨、兢兢业业干的。父亲从毛泽东思想在我们伟大事业中发挥巨大威力,看到了自己劳动的价值,感到无比光荣和欣慰,却从没有想过人们是否了解他付出多少心血和艰

1959年在庐山会议期间，田家英和好友王敬先在一起。

辛劳动。

50年代初，为起草我国第一部宪法，父亲阅读了不少关于宪法的书籍和资料，在参与起草和修改草案过程中有时累得吐血。50年代末60年代初，为制定我国农村政策，他带领调查组，多次深入各地农村社队，作艰苦细致的调查研究，了解农村经济生活的真实情况，取得了大量有价值的第一手材料，为中央制定农村政策提供了可靠的依据，并在起草诸如《农村人民公社工作条例（草案）》等重要文件的工作中，付出了心血和劳动。当父亲看到这些政策在农村经济形势发展中发挥积极作用时，和全国人民一道欢欣鼓舞，而从不顾及个人得失。

"念国者务实"，对于父亲来说，只要是对国家和人民有利的工作，事无巨细，他都认真做好；对有些被人们看轻却又是党的事业不可缺少的工作，他更是格外关注，总是以身垂范地带动大家把它做好。一些从前在中央政治研究室和父亲共过事的老同志，现在还常常回忆起父亲指导他们搞图书资料工作的往事。

科学研究工作离不开必要的图书资料。父亲多次提出，政治研究室要建设一个有特色的为研究工作服务的图书资料室。父亲当时已任中央办公厅秘书室主任、中央政治局主席秘书、中华人民共和国主席办公厅副主任、中央政治研究室副主任等重要职务，他却不顾工作繁忙，也不以自己职位自诩，乐此不疲地亲自为搜集图书资料操劳，积极向各省市联系，搜集大批历史资料和图书。比如，他与上海市委联系，弄到一批成套的重要杂志《东方杂志》、《劳动者》、《劳动音》、《向导》等等；还从一些革命战争年代的老根据地收集到不少大革命时期的小报、杂志、传单等。50年代中期华北局撤销时，父亲得知华北局图书馆有一批从原晋察冀边区图书馆带过来的图书，其中有不少是延安时期的出版物，他立即直接出面向有关方面联系，经过多方努力，终于把这批五六千册宝贵的图书拨归政研室图书馆收藏。正是由于父亲这样具体的指导和直接为之奔走，使中央政研室图书馆从1956年到1958年，仅用三年的时间，就由最初的几千册书，发展成为一个拥有10多万册藏书、具有鲜明特色的研究机关的图书馆了。当年参与创建工作的老同志说：家英同志是中央机关负一定责任的干部中最早抓图书资料工作的人。父亲心甘情愿地做这些默默无闻的服务性工作，正是他不为名不图利情操的具体体现。

在整理父亲遗物的过程中，我曾怀着一种急切渴望的心情在一堆堆书和大包小捆的清人墨迹中翻找寻觅，期望发现父亲写作的手稿，哪怕是几页废弃的零张散页也好……但是没有，留下的只有一本"文革"时期中央专案组为罗织罪证，从成都收集到的一批父亲早年发表的文章。那是父亲14岁离家后靠卖文维持生计和学业时，在当年的《华西日报》副刊等报刊上发表的一些小说、散文、随笔、书评等。翻阅着父亲早年的文章，不禁又联想到他成长历程中的一幕幕情景：一个13岁的少年在昏暗的油灯下全神贯注地读书，床边挂的对联写着"走遍天下路，读尽世上书"；一个16岁的爱国青年背着一部他心爱的《康熙字典》走在奔赴革命圣地延安的征途上；一个19岁的"小教员"在延安马列学院的讲台上侃侃而谈，讲述着中国现代史；一位26岁的共产党员，来到毛主席身边，作为伟大领袖的秘书，开始了刻苦学习、忘我工作的新篇章……随着这些联想，一个萦回在心中的问题由朦胧而变得鲜明起来：父亲有如此的秉赋、志趣、学习精神和不寻常的经历，应该留下甚丰的个人著述文字，为什么如今却找不到一纸手稿呢？长时间里我从各方面寻找答案，曾以为是十年浩劫中散失了，却又觉得不尽然。这次在写纪念父亲文章时，答案逐渐在脑子里明晰起来，当我反复诵读、琢磨父亲的诗句"爱书爱字不爱名"时，似乎从中悟到了许多。

1989年11月

毛泽东和他的秘书田家英

父亲和他的印章

■*曾　立*

　　我父亲田家英的遗物中，有近百枚印章。每当我看到它们，总感到仿佛是又坐对父亲，聆听他的教诲。许多难忘的往事，伴随他的音容笑貌，便不断浮现于眼前，久久不能去怀。

　　父亲生前繁忙工作之余的最大嗜好，便是收集清人翰墨。记得他说过，收藏的目的有三：一是为欣赏祖国的书法艺术；二是积累近三百年来的史料，以便更好地研究最末一个封建王朝的历史；三是"人舍我取"，补他人不重视清代文人墨迹之缺憾。多年来，他几乎倾尽工资、稿费所得，集得上自明末、下迄民初近三百年间学者、官吏、书画家、诗人约五百多位所作条幅、楹联、手卷、信札等千余件。父亲将珍藏清人墨迹的收藏室命名为"小莽苍苍斋"。"莽苍苍斋"是戊戌六君子之一谭嗣同于变法运动时期，为其在北京宣外大街北半截胡同浏阳会馆所居小屋的题名。谭嗣同是主张冲决一切封建网罗的斗士，为救国而捐躯的先烈。父亲敬仰他以生命殉事业的精神，故借用其斋名。他请人刻斋名章、收藏章十余枚。因我家原籍成都，祖上姓曾，所以斋名前多冠有"成都曾氏"四字。他常用的收藏章有"成都曾氏小莽苍苍斋"、"成都曾氏小莽苍苍斋藏书印"、"家英所藏清代学者墨迹"、"家英辑藏清儒翰墨之记"。父亲生前曾掌管毛泽东的印章，因而结识了不少治印名家，像钱君匋、沙孟海、方介堪、陈巨来、叶露渊、顿立夫、吴朴堂等先生，他们都曾为毛泽东镌章刻印，父亲的印章也多出自他们之手。担任过国务院副秘书长的齐燕铭同志，善书法篆刻，也曾为父亲治印四枚。

　　在父亲的身边常备有萧一山编撰的《清代学者著述表》一书。他戏称这本书是清朝的"干部花名册"，凡书中提到的学者，他都千方百计寻找其墨迹，每觅得一件，总是反复鉴赏，精心研究，往往还要挑选一枚合适的印章盖上。有时边钤印边吟诵谭嗣同的诗句"我自横刀向天笑，去留肝胆两昆仑"，如醉如痴。

　　在收集清人墨迹的同时，父亲还兼寻墨砚一类，他尤爱清代学者的著书砚，因为从这些著书砚的铭文和边款中，能得到意想不到的珍贵史料。他请人刻"十学人研斋"印一方，准备凑足十位学者的著书砚。在父亲的案头有一方钟形砚，为其常用之物。他的挚友陈秉忱、梅行，一位善书，一位擅刻。父亲写下"守其白，辨其黑。洁如玉，坚若铁。马列之徒，其如斯耶"这样一段肺腑之言，请他们二位隶镌于砚后。可惜这方有纪念意义的砚台，在十年浩劫中遗失了，只留下了一帧拓片。在父亲去世周年之际，我们找出他珍藏的黄任、袁枚、桂馥、姚鼐、赵之谦等学者的著书砚，请人拓出，与那张幸存拓片一起，精心装裱，终成《十学人研斋砚谱》一册，以示我们对他的怀念。

除收藏印章外，父亲还请人将他所喜爱的名言警句刻在印上，这些印章是他的座右铭，也是他磊落一生的写照。

父亲很小失去父母，因家境贫寒，只上过几年学。他以"走遍天下路，读尽世上书"的意志，刻苦自修，几十年如一日，终于成为党内的"秀才"。"向上应无快活人"、"以俭养廉，将勤补拙"等印章就是父亲多年治学的体会。在中南海居住十几年，周末的舞会父亲从不光顾，电影也很少看。他认为时间就是知识，善于抓住点滴时光，用以孜孜不倦地读书。他的一位好友在谈及他的勤学时，曾告诉我们，在延安时，父亲每日以背诵古文为最好的休息。天长日久，贾谊的《过秦论》等名篇，他都能背诵如流。

父亲还有一个嗜好——逛书店。他是琉璃厂的常客，设在西单商场内的旧书店也是他爱去的地方。我们长大后，父亲经常带我们一起去书店。如去离家较近的西单，往往是步行。一路上，他总是讲些历史典故，轶事趣闻。记得有一次，他对我们谈起他小时辍学后的往事，那时为了学习，他四处借书，也到书摊上去看书，老板见他只看不买，时间长了，就赶他走，于是他转一圈回去接着看，常常是一本书要往返数次才能读完。有时他也给我们讲解些古诗词，并要求我们每周背一首。他总是告诫我们，小小年纪多背点东西，将来一辈子受益，人要太舒服了，成不了大事。可惜我常常偷懒，没有坚持，现在每每回忆，总有一种后悔莫及之感。不过如今自己对中国古典文学的一点点爱好，确实是始于那时。

"理必归于马列"、"文必切于时用"、"实事求是"这几枚印章是方介堪和沙孟海为父亲刻的，是他在工作中恪守的准则。父亲任毛泽东秘书18年，他以国家和人民的利益为重，敢于直谏，敢于讲逆耳之言，如实反映人民群众的疾苦。1959年，父亲带领工作组到四川新繁县大丰公社搞调查。在那头脑膨胀的年代，老百姓不敢讲真话，父亲与群众同吃一锅饭，同拉一车粪……进行系统调查达半年之久。庐山会议期间，他实事求是，向党中央和毛泽东反映了农村的真实情况，尽管这样做使他遭到不应有的批评，但他从未屈服。他说过，庐山会议可以把我压碎，但不可以把我压扁。三年困难时期，他再次带工作组深入浙江、湖南

1954年，田家英在杭州参加新中国新一部宪法的起草工作。这是他和女儿曾立在驻地花园中。

农村调查，向党中央反映群众疾苦，提出有价值的意见和建议。那时全国人民都勒紧腰带，我家的餐桌上也常是粗粮。每次从农村回来，父亲总是手捧窝头，无限感慨地说：老百姓连这也吃不上啊。他那忧虑的神情，我至今不能忘却。他的诗"一饭膏粱颇不薄，惭愧万家百姓心"以及"苦吾身以为吾民"、"忘我"、"无我有为斋"等印章，都记录了他那个时期的真实心情。

60年代中期，党内生活很不正常，党的政策越来越偏离正确的轨道，父亲忧心忡忡。他请陈巨来将林则徐被贬发配，与家人志别诗中"苟利国家生死以，敢因祸福避趋之"两句刻成图章，借以抒发他将个人安危生死置之度外，只求有利国家，有利于民的决心。诗经曰："我心匪石，不可转也；我心匪席，不可卷也。" 1966年5月23日，在那场史无前例的历史悲剧即将开幕之时，父亲离开了我们。想到他的死，我总感到痛惜，因为他不仅是我的慈父，而且他算得上是一位鲁迅称之为"中国的脊梁"式的人。

今夜，当我再度审视父亲的遗物，不禁思绪万千。灯下漫笔，遂成以上文字。如果能使读者从中了解到父亲的人品及情操，我将感到欣慰。

毛泽东和他的秘书田家英

悼念一位执著追求真理的战友

■侯方岳

初识英姿锦官城,抗日吼声冲霄云;

大川饭店"八·二四",日寇特务受严惩。

游行示威日继夜,没收日货援义军①;

一月数晤消疑惧,多次谈心识君名②。

文坛露角显才华,年少不过十五龄;

天才来自勤苦学,父丧母逝幼孤零。

"海燕"群中年最少③,文笔战线不后人;

抗日歌声满街巷,救国宣传遍农村④。

半载苦读破百卷,眼明心亮识鹏程;

卢沟桥畔炮声隆,蓉垣后援人沸腾⑤。

宣传募捐支前线,鼓舞川军出夔门⑥;

家英自请赴"圣地",参加"八路"扫寇氛⑦。

锦江夜月意绵绵,握手话别励远征⑧;

---

①1936年8月24日,成都人民反对日本在成都设立领事馆,抗议日本侵占我国东北、吞并华北,愤怒捣毁日本特务机关所住的大川饭店,继之游行示威,没收日货,拟拍卖寄援抗日义军;家英同志参加了这次爱国斗争。

②我与家英同志多次晤谈,始知他原名曾正昌,笔名田家英。

③"海燕",指当时成都地区在共产党员领导下的半公开的抗日救亡团体"海燕社",家英同志15岁参加该社。

④1937年3月中旬成都各界救国联合会公开宣布成立,在市内和附近农村开展抗日救国宣传,家英积极参加了这次爱国行动。

⑤1937年7月10日成都各界组成"华北抗敌后援会",募捐支援前线。

⑥指当时的国民党四川省主席、川军将领刘湘通电出川抗日。

⑦1937年秋田家英与赵石英、黄怀清(羊路由)、刘纪元等"民先"队员请求赴延安参加八路军。经地下党介绍,他们于当年12月到达延安。

⑧田家英离开成都前夕,我与他在锦江边谈到深夜,鼓励他努力学习马列主义理论。

巴山秦岭多虎豹，三峡滩险莫心惊。

乘风破浪降蛟龙，夺关越岭奔延城，

南北分离十二载，鸿雁不度衡阳行①。

胜利聚首中南海，开国大典话别情②，

肝胆相照如当初，诚挚坦率更感人。

主席身边掌机要，调查接访极认真，

件件真情报中央，民间幽微仔细陈。

精选毛著详注释，字字句句细酌斟，

五四再聚燕都城，起草宪章用心勤③。

五七风暴幽燕起，告诫战友勿乱鸣。

耿耿丹心似明月，骨鲠正直如铁铮。

五八全国办公社，山河沸腾"大跃进"，

虚报浮夸满天飞，家英件件陈实情。

五九庐山风云变，纠"左"突转反右倾，

刚直不阿护真理，是非爱憎最分明。

邪曲害公毁销骨，谗谄蔽明众铄金，

环顾周遭望前途，道路坎坷多陷阱。

俯视人民灾难重，不顾峻峨肩重任，

深入农村作调查，"六十条"文书夜勤④。

争过诿功护同志，绝甘分少让友人，

揭破挑拨保团结，维护领导斥奸佞。

"普罗米修"难持久，临深履薄祸将临⑤。

明知"死无葬身地"，正气堂堂策马行⑥。

"海瑞罢官"风潮涌，诤言吴君无恶心⑦。

"五·一六"夜狂飙起，誓不低头陈真情。

---

①田家英赴延安后，我仍留在南方工作，与家英分别长达12年，没有书信往来。

②1949年我到北京参加中国人民政治协商会议和开国大典，有机会多次到中南海与家英畅谈。

③1954年田家英参加在毛主席主持下的《中华人民共和国宪法》起草工作。

④1961年田家英受毛主席派遣，带领调查组到浙江农村作实际调查，接着他参加起草《人民公社工作条例》
（即"六十条"）。

⑤普罗米修斯是希腊神话中造福人类的神，在欧洲文艺作品中，是个敢于抗拒强暴，不惜为人类幸福牺牲
一切的英雄形象。

⑥1963年夏，田家英在与我谈到坚持真理说真话要冒风险时说"将死无葬身之地"。

⑦1965年冬，吴晗写的新编历史剧本《海瑞罢官》被认为有政治阴谋，田家英不同意这种说法，认为该剧本
无政治问题。

怒斗奸佞遭迫害,捍卫真理不顾身[1],
忠魂泉下见马列,四四年华胜万春。
千万方里天地阔,忠骸何处可觅寻。
十年灾难身先殉,后继屡屡不乏人[2],
群星陨落天地暗,神州大地日月昏。
燕山苍松垂叶哀,峨嵋斑竹泪泣声;
昆仑秦岭六月雪,黄河长江浪悲鸣。
"四五"人民悼总理,亿万恸哭示齐心,
一夜粉碎"四人帮",大地重光天地明。
坚持真理留英名,华夏歌颂超千龄,
八〇追悼伸冤屈[3],君可含笑九天云。

①"文化大革命"刚刚开始,田家英即遭到江青、陈伯达等人的诬陷和迫害,当年5月23日含冤而死。
②指田家英去世后,刘少奇、彭德怀等一批领导人相继被迫害致死。
③1980年3月28日,中共中央办公厅为田家英开了追悼会。

沁园春·忆家英

毛泽东和他的秘书田家英

■汪大漠

　　海燕初飞①,学步文坛,共痛国危。昔救亡声疾,街头茶社,下乡宣讲,顿起春雷。郊外林中,校园壁上②,激浊扬清树战旗。锋芒露,看"民先"队里③,剑舞晨鸡。

　　锦城惜别多违,三十载京华隔海陲④。想暮云春树,屋梁落月;忠遭谗毁,千古含悲。萧艾丛生,芳菲俱歇,凤死梧桐啼也凄。归何处?伴长征万里,魂返峨嵋。

原载1982年6月6日《重庆日报》

①1936年冬,田家英参加成都地区共产党员领导的抗日救亡团体"海燕社"。
②1936年至1937年,我们和田家英等青年在各自读书的学校办壁报和反动派斗争,有时在郊区林中集会,共同商讨抗日救亡运动。
③1937年田家英参加成都民族解放先锋队。
④田家英和我一起在成都搞学生救亡运动,又一同去延安。后来他一直在中央工作,我先在华东,后在海军工作。

毛泽东和他的秘书田家英

悼田家英(四首)

■曾彦修

侦骑汹汹戚耗传,锦城风雨忽凄然。
贾生地下迎新客:世上于今革命难?

年少英资未足奇,一生奋勉最宜师。
书生不解逢迎术,遂为斯民哭健儿。

亩产千钧四海喧,春来何事少炊烟?
乡村遍历容颜槁,但敬人民不畏天。

伤时忧国太情深,千载文章喜过秦。
口碑独立斜阳里,为君我愿作驴鸣①。

第一首1967年夏作,其余1980年3月作。

附志:

1967年(或1968年夏),一批抓"叛徒特务走资派"的小分队,自某地来沪找我外调。答以某君之事我知之甚少,转介十余人。俱云:"一个也不能见了。"再告以田家英,回答更是如雷轰耳:"田家英早已死了!"(原话当然比这难听得多)感谢这批同志比所有向我外调的人都要讲理得多(但他们表面上仍然是声势汹汹的),他们还告诉了我一些重要情况。当天,我即在牛棚中,偷偷地吟成了上列的

①驴鸣,事见《世说新语》《伤逝》。文中载:"王仲宣(按:即王粲)好驴鸣,既葬,文帝(按:指曹丕)临其丧,顾与同游曰:'王好驴鸣,可各作一声以送之。'赴客皆一作驴鸣。"——作者注。

第一首诗。我于1937年秋初识家英同志于成都，故有"锦城风雨"之句。家英同志聪明特异，记忆力之强，尤为少见。于古诗文之短篇佳作，往往过目成诵。其最喜背诵者，为贾谊《过秦论》，如此长文，随时背诵如流，一气到底。知道此项情形者，当不止一人。我与家英同志在抗日战争及解放战争年代，曾四次同住一间小窑洞，熟知其晚间每以背诵（从来不用书，全部是背诵）古诗文为娱乐。我于此道，一窍不通，后之稍有兴趣，可说全是由他熏陶出来的。其背诵古诗文时，豪放与目中无人之态，憨然可掬："何也？仁义不施而攻守之势异也！"此景此声，至今犹在耳目，能不痛哉！

家英同志在"文革"之前多年，因愤于江青、陈伯达等人的粗暴、蛮横与无耻，早已与江、陈等闹翻，并为江、陈等十分衔恨，"书生不解逢迎术"，盖指此也。

原载1980年《人物》第三期

纪念田家英

■刘大年

其一：

> 早岁才华未易攀，
> 廿年相许辨经还。
> 柏坡长忆案头字，
> 灯火阑珊王静安。

自注：1948年与家英在西柏坡见面，他的书案右侧墙上贴一字幅，书王国维人间词话三境界说。

其二：

> 一页翻过三十霜，
> 瀛台回首小沧桑。
> 桓桓合与彭元帅，
> 浩气同存永福堂。

自注：永福堂原为彭德怀居住，彭以后家英移住此堂。杜甫北征诗：桓桓陈将军，伏钺奋忠烈。

1996年4月24日

毛泽东和他的秘书田家英

满江红·永恒的怀念

■章嘉乐①

　　洛水东流，难说尽苌弘②凝碧。况复值，林园劫后，杜鹃啼血。锦里来人哀"海燕"，华亭③不复闻啼鹤。忆昔年把酒论文豪，歌新阕。

　　年正茂，花正发，倾国艳，难再得。十三年过后，奇冤昭雪。冀北花翻红杏雨，淮南客梦青山月。问姬娥，何处觅忠魂，山千叠。

①章嘉乐，四川人，1936年冬和田家英一起参加成都抗日救亡团体"海燕社"。新中国成立后，曾任合肥市长，安徽省教育厅副厅长等职。

②苌弘，周灵王时人，因能招致神异遭人嫉恶，终而见杀，死后血流成石，或言成碧，不见尸体。

③华亭，古代地名，晋代陆机世居于此。陆机是古代有名的文人，被谗诮遭杀害，临终前说："华亭鹤唳，岂可复闻乎！"

毛泽东和他的秘书田家英

心祭家英

■徐方略

杨岭东踞延水西，
"泪洒江南"忆田儿①，
捧报瞻容犹昨日，
新征路上望魂归。

一生革命亦无私，
磊落忠贞硬骨儿，
道是学徒多苦水，
何期更苦临终时。

复忆小英诉苦时，
株连雏女不胜悲，
复杂旧情今已矣，
阳光雨露丽晴辉。

①在延安时，与家英一道工作的同志戏称他"田儿"。

毛泽东和他的秘书田家英

回忆与怀念

■余 修

清凉山下初识面①，
君来巴山蜀水间。
倜傥如君多胆识，
秀风内蕴临风前。

鼙鼓声里国步艰，
山河半壁已沦陷。
难忘请缨入党日，
坚信马列宣誓言。

长年效劳元戎前，
经纶万卷添慧眼。
京华数度倾灼见，
感我启蒙入门槛。

娥眉谣诼总无端，
"浩劫"初起遭构陷。
横扫之日难瞑目，
吾党竟丧一忠贤。

---

①1937年，田家英和余修同在延安陕北公学学习，不久，余修成为家英的入党介绍人。余修，大革命时期参加革命，新中国成立后曾任山东省政协副主席兼省党史资料征集委员会副主任。著有《鹊华诗草》，吊家英诗，即刊登在此诗集中。